Jahr

Ereignis

Jahr

Ereignis

Jahr

Ereignis

Valentin

zeitreise 2

Sven Christoffer
Wilfried Dähling
Andreas Dambor
Helmut Heimbach
Arno Höfer
Klaus Leinen
Peter Offergeld
Dirk Zorbach

Ernst Klett Verlag
Stuttgart · Leipzig

1. Auflage 1 11 10 9 8 | 2017 16 15 14

Alle Drucke dieser Auflage sind unverändert und können im Unterricht nebeneinander verwendet werden. Die letzten Zahlen bezeichnen jeweils die Auflage und das Jahr des Druckes.

Internetadresse: www.klett.de

Autoren: Sven Christoffer, Wilfried Dähling, Andreas Dambor, Helmut Heimbach, Arno Höfer, Klaus Leinen, Dr. Peter Offergeld, Dirk Zorbach
Redaktion: Dr. Birgit Scholz, Berlin; Anja Barthel, Leipzig

Gesamtgestaltung: Kassler-Design, Leipzig
Piktogramme: Erhard Müller, Leipzig und Kassler-Design, Leipzig
Kartographien: Kartographisches Büro Borleis & Weis, Leipzig
Grafiken: Rudolf Hungreder, Leinfelden; Kassler-Design, Leipzig; Lutz Erich Müller, Leipzig; Sandy Schygulla, Leipzig
Herstellung: Karena Klepel
Reproduktionen: Meyle + Müller, Medien-Management, Pforzheim
Druck: Himmer AG, Augsburg

Printed in Germany
978-3-12-425020-9

9 783124 250209

Inhalt

Industrialisierung und soziale Frage 78

Das deutsche Kaiserreich 118

So arbeitest du mit diesem Buch

Dieses Buch hat sechs Themeneinheiten. Jede beginnt mit einer Auftaktdoppelseite. Die große Karte hilft dir, dich in den Ländern und Kontinenten, um die es gehen wird, zurechtzufinden. Ein Bild und ein kurzer Text sagen dir, was dich in dieser Themeneinheit erwartet.

Auf dem Zeitstrahl siehst du, durch wie viele Jahre oder Jahrhunderte du in dieser Themeneinheit „reisen" wirst.

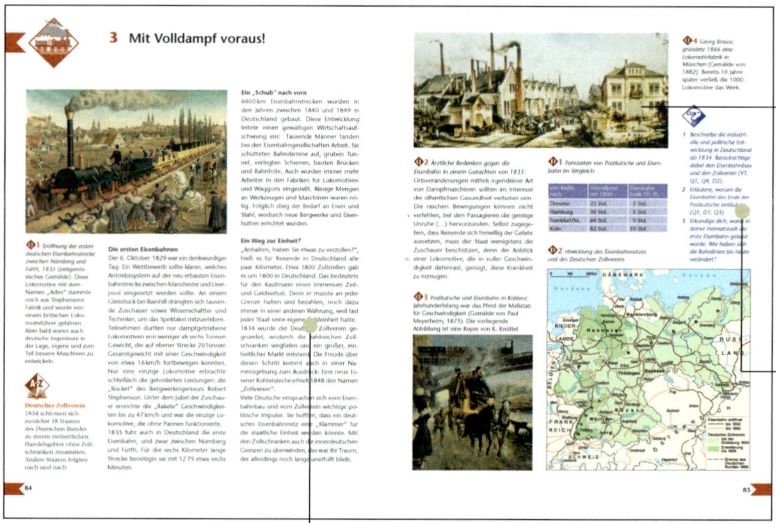

Zum anderen erhältst du verschiedene Materialien zum Thema: Abbildungen von Funden aus vergangenen Zeiten, Fotos und Zeichnungen, dazu Texte aus früheren Zeiten oder auch Berichte von heutigen Forschern.

Fragen und Anregungen helfen dir, die Texte und Materialien zu erschließen.

Jede Themeneinheit ist in mehrere Kapitel eingeteilt, jedes Kapitel steht auf einer Doppelseite. Auf diesen Doppelseiten findest du zum einen Verfassertexte (VT), die unsere Autorinnen und Autoren für das Buch geschrieben haben.

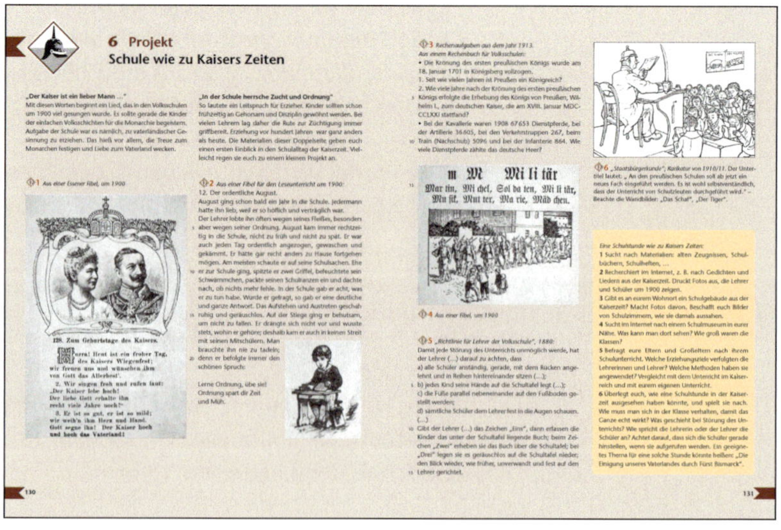

In jeder Themeneinheit gibt es auch eine Projektseite. Auf diesen Seiten bekommen du und deine Klasse verschiedene Anregungen für Projekte, die ihr selber durchführen könnt.

Wenn du eine solche farbige Seite aufschlägst, weißt du sofort: Hier wird eine Methode vorgestellt, die dir beim Lernen in Geschichte hilft. Auf diesen Seiten übst du beispielsweise, Bilder genau zu betrachten, mit Statistiken umzugehen oder alte Lieder zu verstehen.

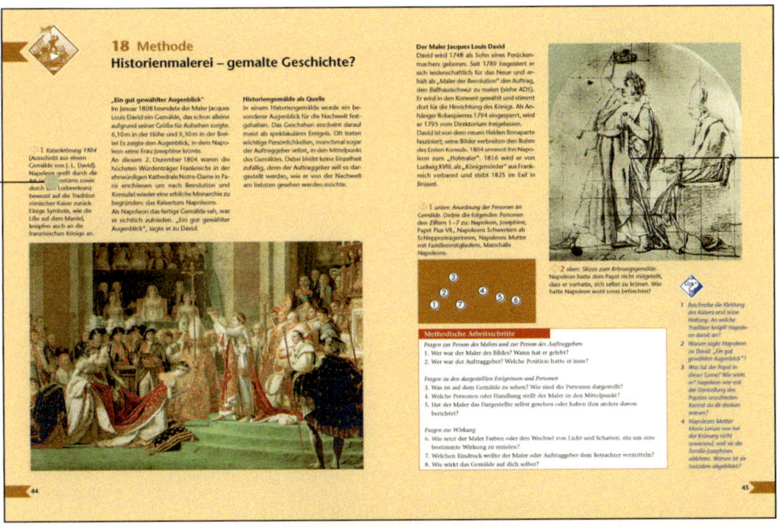

In dem Kasten mit dem roten Rahmen stehen die methodischen Arbeitsschritte, auf die es bei dieser Methode ankommt. Du findest alle Methoden noch einmal gesammelt am Ende des Buches im Methodenglossar.

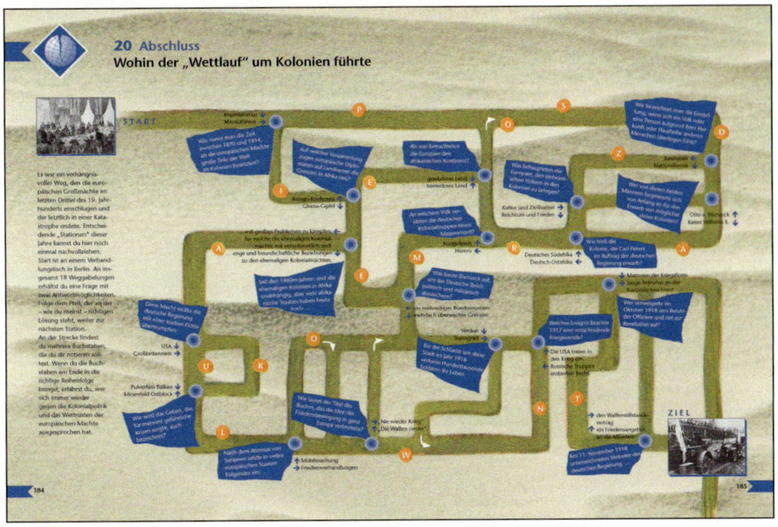

Auf der letzten Doppelseite einer Themeneinheit gibt es ein Spiel, Quiz oder Rätsel, wo es noch einmal um die wichtigsten Dinge aus den Kapiteln geht. Die Lösungen sind kein Problem – entweder weißt du die Antworten sowieso noch oder du schlägst einfach in den Kapiteln nach.

Kleine Symbole helfen dir, dich in den Kapiteln zurechtzufinden:

Jede Themeneinheit hat ihr eigenes Bild. Du findest es auf jeder Doppelseite links oben in der Ecke.

TIPP

Hier findest du Vorschläge für Projekte, Lesetipps und Adressen von Informationsstellen.

A-Z

Erklärung von wichtigen Fachwörtern und schwierigen Begriffen.

Fragen und Anregungen zur Erschließung des Textes und der Materialien.

Hinweis aufs Internet und das Zeitreise-Software-Angebot. Zusätzliche Tipps und Materialien gibt es im Bereich Zeitreise-EXTRA: www.klett.de/extra

Standpunkte

Über geschichtliche Ereignisse wird oft gestritten. In den Standpunkte-Kästen findest du unterschiedliche Meinungen zu einem Thema.

Die erfolgreichen Revolutionen in Nordamerika und Frankreich stärkten den Freiheitswillen anderer Völker. So entstanden in Mittel- und Südamerika Widerstandsbewegungen gegen die spanische Kolonialherrschaft. Nur Brasilien löste sich ohne Krieg von seiner Kolonialmacht Portugal. Liberia entstand als ein Staat für die freigelassenen nordamerikanischen Sklaven und erklärte sich 1847 zur Republik.

Über Jahrhunderte lebten die Menschen in Europa unter der Herrschaft von Fürsten und Königen. Doch ab dem 18. Jahrhundert lehnten immer mehr Menschen diese Regierungsform ab. Oftmals waren sie auch bereit, für die Ideen von Freiheit und Gerechtigkeit zu kämpfen.
Hinzu kam, dass Schriftsteller, Philosophen und Naturwissenschaftler die Menschen aufforderten, alles mit ihrem eigenen Verstand infrage zu stellen, was sie bisher durch Tradition und Überlieferung kannten – auch die bestehende Ordnung des Staates. Diese neue Denkweise nannte man schon im 18. Jahrhundert „Aufklärung".

1607

Englische Siedler gründen Virginia, die erste Kolonie in Nordamerika.

1748

Der französische Aufklärer Charles de Montesquieu veröffentlicht seine Idee der Gewaltenteilung.

1776

Am 14. Juli erklären die 13 englischen Kolonien in Nordamerika mit der „Declaration of Independence" ihre Unabhängigkeit.

1789

Die Verfassung der USA trit[t in] Kraft; George Washington w[ird] zum Präsidenten gewählt.

Das Zeitalter der Aufklärung und der bürgerlichen Revolutionen

Der „Ballhausschwur" am 20. Juni 1789 (Gemälde von Jacques Louis David, um 1790). Die Abgeordneten der französischen Nationalversammlung schwören, sich erst zu trennen, wenn Frankreich eine Verfassung erhält. Diese Szene hat so allerdings nicht stattgefunden, sondern wurde vom Maler besonders ausgeschmückt.

1789

… Paris stürmen Menschen …n 14. Juli die Gefängnis…stung Bastille; am …8. August beschließt die …ationalver…mmlung die …klärung der …enschen- und …ürgerrechte.

1791

Die französische Nationalversammlung beschließt eine neue Verfassung.

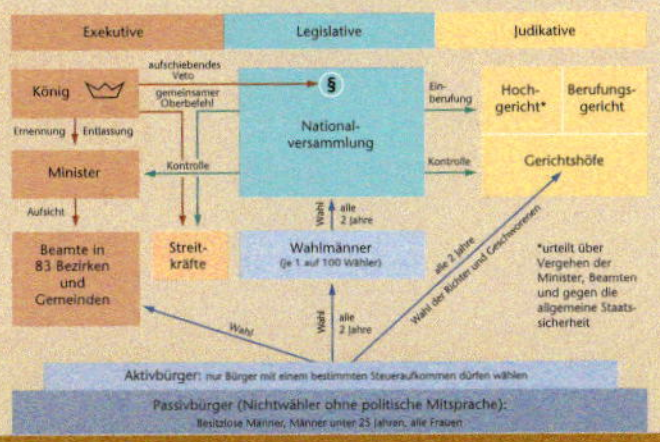

1793/94

Schreckensherrschaft der Jakobiner

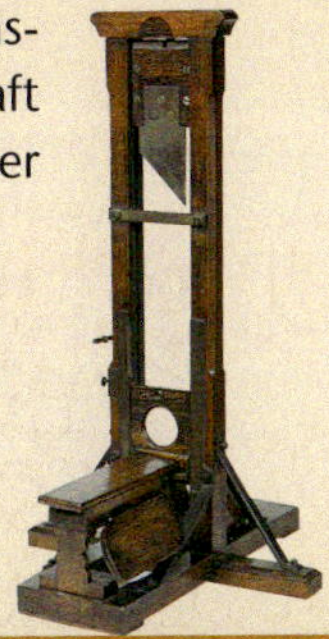

1799–1804

Napoleon Bonaparte übernimmt die Macht und krönt sich 1804 zum Kaiser von Frankreich.

Die Aufklärung

1 „Habe Mut, dich deines eigenen Verstandes zu bedienen!"

Aufklärung
heißt ursprünglich „hell bzw. klar machen". Der Begriff bezeichnet eine neue Denkweise im 18. Jahrhundert, die darauf abzielte, alle Gebiete des Lebens durch die Vernunft zu erklären und Erkenntnisse kritisch zu überprüfen.

Bürgertum
Das war zum einen die kleine, sehr angesehene Schicht von Händlern, Kaufleuten und Fabrikbesitzern. Zum anderen gehörte auch die Schicht der „Gebildeten" zum Bürgertum wie Professoren, Lehrer, Juristen oder auch Theologen.

Eine neue Vorstellung von der Welt …

1603 gründeten einige Gelehrte in Rom eine Akademie. Sie wollten durch Experimente und vernünftiges Nachdenken die Vorgänge in der Natur erklären. Einige beobachteten mit dem gerade erfundenen Mikroskop das Leben in Wassertropfen, andere suchten mit dem neuartigen Fernrohr den Himmel ab, wieder andere maßen die Ausdehnung von Luft und Wasser bei unterschiedlichen Temperaturen.

1610 bestätigte Galileo Galilei die These, die bereits 100 Jahre zuvor von Nikolaus Kopernikus aufgestellt worden war: dass die Erde sich im Laufe eines Tages um ihre eigene Achse drehe und in einem Jahr die Sonne umkreise. Allerdings verbot die katholische Kirche Galileo diese Lehre zu verbreiten. Denn in der Bibel hieß es, die Erde sei unbeweglich.

Aber der Fortschritt in den Naturwissenschaften ließ sich nicht aufhalten. Immer mehr Forscher führten Beobachtungen und Experimente durch und gewannen damit völlig neue Erkenntnisse. So erkannte Johannes Kepler die Gesetze, nach denen sich die Planeten bewegten. Daraus leitete Isaac Newton 1666 sein Gesetz der Schwerkraft ab. Der deutsche Physiker Otto von Guericke wiederum entdeckte, dass sich Gase beim Erwärmen ausdehnen und beim Abkühlen wieder zusammenziehen. So setzte sich nach und nach die Erkenntnis durch, dass in der Natur alles nach bestimmten Gesetzen verläuft, die sich durch genaues Beobachten und scharfes Nachdenken erkennen lassen.

Q1 *oben: Isaac Newton (1643–1727),* englischer Physiker, Mathematiker und Astronom (Gemälde, 1689). Seine physikalischen Gesetze gelten zum Teil noch heute. *unten: Immanuel Kant (1724–1804)* lehrte in Königsberg als Professor für Philosophie, Geografie und Naturwissenschaften.

… und ein neues Menschenbild

Seinen Verstand gebrauchen, aus Beobachtungen Schlussfolgerungen ziehen – das blieb nicht nur Sache der Naturwissenschaftler. Einige Philosophen und Schriftsteller machten sich Gedanken darüber, warum so viele Menschen ihre unglückliche Lage als gottgewollt hinnahmen. Vor allem stellten sie die Frage: Wie frei ist der Mensch in seinen Entscheidungen? Ist er an göttliche Vorsehung und an die Vorschriften der Kirche und der Fürsten gebunden?

Die Antwort war revolutionär und setzte sich auch gegen den Widerstand der Kirche langsam durch: Der Mensch hat einen freien Willen, er kann sich grundsätzlich frei entscheiden. Aber wenn er frei ist, nach welchen Wegweisern soll er sich richten? Wie kann er Gut und Schlecht unterscheiden, wenn nicht mehr die Religion die einzig richtige Antwort gibt? Die Philosophen meinten darauf, jeder Mensch habe ein klares Orientierungssystem, das ihm bei seinen Entscheidungen helfe: seine Vernunft.

Die Aufklärung verbreitet sich

In vielen Städten Europas wurden „Akademien" gegründet, in denen Wissenschaftler zusammenkamen. Die Ergebnisse ihrer Forschung wurden diskutiert, in Nachschlagewerken zusammengefasst und den Menschen in Bibliotheken zugänglich gemacht. Da aber die meisten Leute nicht lesen konnten, verlangten die Aufklärer die Schulpflicht für alle Kinder.

Besonderen Anklang fanden die neuen Ideen bei den Menschen im Bürgertum. Sie strebten schon länger nach den gleichen Rechten wie die Adligen sie besaßen. Aber sie stießen immer wieder an Standesgrenzen: Der Adel hatte allein durch Geburt mehr Rechte. Dies widersprach den Gedanken der Aufklärung, denn hier war der Einzelne und nicht seine Herkunft das Entscheidende.

Q2 *Der französische Mathematiker und Philosoph René Descartes forderte, dass die Menschen „den Kopf richtig anwenden“ sollten. Dazu stellte er 1637 folgende Regeln auf:*

Es ist nicht genug, einen guten Kopf zu haben; die Hauptsache ist, ihn richtig anzuwenden (...). Die erste (Regel) war, niemals eine Sache als wahr anzunehmen, die ich nicht als solche deutlich erkennen würde, d. h. sorgfältig die Übereilung und das Vorurteil zu vermeiden und in meinen Urteilen nur so viel zu begreifen, als sich meinem Geist so klar und deutlich darstellen würde, dass ich gar keine Möglichkeit hätte, daran zu zweifeln. Die zweite: Jede der Schwierigkeiten, die ich untersuchen würde, in so viele Teile zu teilen, als möglich und zur besseren Lösung wünschenswert wäre. Die dritte: Meine Gedanken richtig zu ordnen; zu beginnen mit den einfachsten und fasslichsten Gegenständen und aufzusteigen allmählich und gleichsam stufenweise bis zur Erkenntnis der kompliziertesten. Die letzte: Überall so vollständige Aufzählungen und so umfassende Übersichten zu machen, dass ich sicher wäre, nichts auszulassen.

Q3 *Den Wahlspruch der Aufklärung stellte Immanuel Kant 1783 in seinem Werk „Beantwortung der Frage: Was ist Aufklärung“ dar:*

Aufklärung ist der Ausgang des Menschen aus seiner selbst verschuldeten Unmündigkeit. Unmündigkeit ist das Unvermögen, sich seines Verstandes ohne die Leitung eines anderen zu bedienen. Selbstverschuldet ist diese Unmündigkeit, wenn die Ursache derselben nicht am Mangel des Verstandes, sondern der Entschließung und des Mutes liegt, sich seiner ohne Leitung eines anderen zu bedienen. „Habe Mut, dich deines eigenen Verstandes zu bedienen!“, ist also der Wahlspruch der Aufklärung.

Faulheit und Feigheit sind die Ursachen, warum ein so großer Teil der Menschen, nachdem sie die Natur längst von fremder Leitung freigesprochen, dennoch gerne zeitlebens unmündig bleiben und warum es anderen so leicht wird, sich zu deren Verwundern aufzuwerfen. Es ist so bequem, unmündig zu sein. Habe ich ein Buch, das für mich Verstand hat, einen Seelsorger, der für mich Gewissen hat, einen Arzt, der für mich die Diät beurteilt usw.: So brauche ich mich ja nicht selbst zu bemühen.

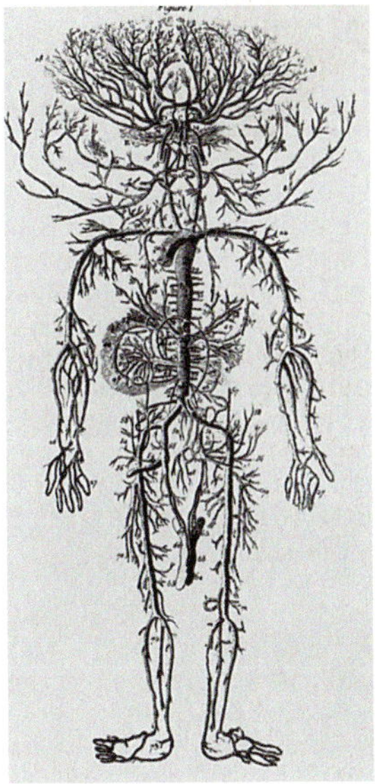

Q5 *Die Naturwissenschaften und die Medizin* machten in der Zeit der Aufklärung große Fortschritte. Die Abbildung zeigt eine Lehrtafel zur Anatomie, auf welcher der Verlauf der Arterien festgehalten ist.

Q4 *Otto von Guerickes Versuch mit den Halbkugeln* (Kupferstich von Caspar Schott, 1664). Guericke entwickelte verschiedene Luftpumpen, mit denen er Luft aus Gefäßen absaugen und so ein Vakuum herstellen konnte. In Magdeburg zeigte er 1657, dass zwei aufeinandergelegte und leer gepumpte Halbkugeln nicht einmal von 16 Pferden auseinandergerissen werden konnten.

1 *Erkläre den Begriff „Aufklärung“ mit eigenen Worten (VT, Lexikon).*
2 *Gib die wichtigsten Forderungen der Aufklärer wieder (VT, Q2, Q3). Was war daran revolutionär?*
3 *„Du bist deines eigenen Glückes Schmied.“ Untersuche, inwieweit dieser Spruch mit dem Menschenbild der Aufklärung zusammenhängt. In welchen Fällen trifft der Spruch deiner Meinung nach zu, in welchen Fällen erscheint er dir unangemessen?*

2 Politische Ideen der Aufklärung

Q 1 *Charles de Montesquieu* (zeitgenössischer Stich)

„Der Mensch wird frei geboren"

Die Aufklärer waren davon überzeugt, dass alle Menschen von Natur aus frei seien und gleiche Rechte hätten. Solche Vorstellungen waren nicht mehr mit der absolutistischen Herrschaft eines Königs „von Gottes Gnaden" zu vereinbaren. Denn wenn der Mensch ein vernünftiges Wesen war, dann konnte ihm die persönliche Freiheit nicht vorenthalten werden. Bereits Luther hatte sich auf dem Wormser Reichstag 1521 auf die Vernunft berufen und Gewissensfreiheit für sich in Anspruch genommen. Dies war allerdings noch auf den Glauben bezogen und auf das Verhältnis zwischen Gott und dem einzelnen Gläubigen.

Einen besseren Staat schaffen

Im 17. Jahrhundert wurde in England dieser Anspruch auf die Politik übertragen. Man stellte die Frage, ob es wahr sei, dass Gott die Fürsten in ihr Amt eingesetzt habe, ob es richtig sei, dass sie allein regierten und für ihr Handeln nur Gott Rechenschaft schuldig seien. War nicht jeder Mensch von Natur aus frei geboren und hatte Gott nicht alle Menschen gleich geschaffen? Folglich war die Macht der Könige nur vom Volk freiwillig ausgeliehen mit dem Auftrag, die Untertanen vor Verbrechen und äußeren Feinden zu schützen.

Widerstandsrecht

Was war aber, wenn der König sich nicht an diese Abmachung hielt? 1689 verjagten die Engländer ihren König, weil dieser versucht hatte, die absolutistische Regierungsform wieder einzuführen. Der englische Philosoph John Locke rechtfertigte dieses Vorgehen damit, dass das Volk nur so lange einem Herrscher Gehorsam schuldig sei, solange dieser nicht gegen die Rechte der Untertanen verstoße.

Die königliche Macht wird beschränkt

Im 18. Jahrhundert griff in Frankreich der französische Staatsphilosoph Montesquieu die Ideen aus England auf. Er meinte, die Menschen könnten nur dann als freie Bürger leben, wenn keiner zu viel Macht hätte. Die Befugnisse im Staat müssten daher klar aufgeteilt werden: Ein gewähltes Parlament sollte als gesetzgebende Gewalt Regeln für das Zusammenleben der Bürger im Staat aufstellen. Der König, seine Minister und die Beamten hätten als ausführende Gewalt dafür zu sorgen, dass die Gesetze eingehalten und die staatlichen Aufgaben erledigt würden. Daneben sollten unabhängige Richter sicherstellen, dass Herkunft und Vermögen des Angeklagten vor Gericht keine Rolle spielten. Sie dürften allein auf der Grundlage der Gesetze Recht sprechen.
Nach diesem Modell, das man Gewaltenteilung nennt, funktionieren heute alle modernen Demokratien. Der König ist allerdings durch einen gewählten Regierungschef ersetzt. Das kann zum Beispiel ein Präsident, Ministerpräsident oder Kanzler sein.

A-Z

Gewaltenteilung
Trennung der Staatsgewalt in Gesetzgebung (Legislative), Vollziehung (Exekutive) und Rechtsprechung (Judikative). Die Gewaltenteilung ist der wichtigste Kern von demokratischen Verfassungen. Auch in Deutschland haben wir das Parlament als Legislative, die Regierung als Exekutive und die Gerichte als Judikative.

Q 2 *Über den Ursprung politischer Autorität äußerte sich Denis Diderot 1751:*
Kein Mensch hat von Natur das Recht erhalten, über andere zu herrschen. (...) Wenn man genau prüft, kann man politische Autorität immer auf folgende zwei Quellen zurückführen: entweder auf die Stärke und Macht eines Mannes, der die Autorität an sich gerissen hat – oder auf das Einverständnis der Menschen, die sich der Autorität durch einen Vertrag unterworfen haben, der zwischen ihnen und dem Träger der Autorität geschlossen oder unterstellt wurde.
Die Autorität, die durch Gewalt errungen wird, ist nichts als eine Usurpation (d. h. Anmaßung der Gewalt). Sie dauert nur so lange, wie die Macht der Befehlenden größer ist als die Macht der Gehorchenden. Wenn Letztere die Oberhand gewinnen und das Joch abschütteln, dann tun sie es mit ebenso viel Recht und Berechtigung, wie es ihnen der andere aufgezwungen hat.

Q 3 *Über die Freiheit jedes Menschen sagte Jean-Jacques Rousseau 1762:*
Der Mensch wird frei geboren, und überall ist er in Ketten. (...) Solange ein Volk gezwungen wird zu gehorchen und gehorcht, so tut es wohl; sobald es aber das Joch abwerfen kann und es abwirft, so tut es besser (...). Rechtmäßige Gewalt kann nur auf einer Übereinkunft der Menschen gründen (...). Auf seine Freiheit verzichten, heißt auf seine Menschheit, die Menschenrechte, ja selbst auf seine Pflichten verzichten. Eine solche Entsagung ist mit der Natur des Menschen unvereinbar.

Q 4 *Grundgesetz der Bundesrepublik Deutschland von 1949:*
Artikel 1: (1) Die Würde des Menschen ist unantastbar. (…)
Artikel 2: (1) Jeder hat das Recht auf die freie Entfaltung seiner Persönlichkeit (…).
(2) Jeder hat das Recht auf Leben und körperliche Unversehrtheit. Die Freiheit der Person ist unverletzlich.
Artikel 3: (1) Alle Menschen sind vor dem Gesetz gleich. (…)
Artikel 4: (1) Die Freiheit des Glaubens, des Gewissens und die Freiheit des religiösen und weltanschaulichen Bekenntnisses sind unverletzlich. (…)
Artikel 20: (2) Alle Staatsgewalt geht vom Volke aus. Sie wird vom Volke in Wahlen und Abstimmungen und durch besondere Organe der Gesetzgebung, der vollziehenden Gewalt und der Rechtsprechung ausgeübt. (…)
Artikel 97: (1) Die Richter sind unabhängig und nur dem Gesetze unterworfen.

1. *Stelle die wichtigsten politischen Gedanken der Aufklärung zusammen (VT).*
2. *Welchen Eindruck machen die Gäste im Salon der Madame Geoffrin (Q5) auf dich? Beurteile ihre Kleidung, ihre Haltung, ihren Gesichtsausdruck.*
3. *Vergleiche die Texte Q2 und Q3. Überlege, warum manche Aufklärer auf Befehl absolutistischer Könige ins Gefängnis geworfen wurden.*
4. *Lies den Auszug aus dem deutschen Grundgesetz (Q4). Welche Gedanken der Aufklärung finden sich darin wieder?*

Q 5 *Im Salon der Madame Geoffrin* (zweite von rechts). Das Gemälde zeigt den Aufklärer d'Alembert 1745 beim Vortrag seiner Gedanken. In den Salons gebildeter und wohlhabender Frauen kamen Schriftsteller, Philosophen und Bürger zusammen, die frei und ungehindert diskutieren wollten.

Die Vereinigten Staaten von Amerika
3 Siedler gründen Kolonien

Q 1 *Die Halbinsel Manhattan* kaufte der Holländer Peter Minnewit den Indianern 1626 für ganze 24 Dollar ab. So viel hatte er für die Glasperlen, Messer und Beile bezahlt, die er den Indianern gab (Stich aus dem 19. Jahrhundert). Minnewit gründete auf Manhattan die Siedlung Neu-Amsterdam und machte sie zur Hauptstadt einer niederländischen Kolonie. 1664 unterwarfen Engländer sie der britischen Herrschaft und nannten die Stadt New York.

A-Z

Puritaner
Anhänger einer Reformbewegung innerhalb der Kirche von England. Sie wollten die Kirche von katholischen Einflüssen „reinigen". Die puritanische Lehre lehnt sich an die strenge Lehre Calvins an. Als die Puritaner ab 1580 immer stärker verfolgt wurden, wanderten viele von ihnen nach Nordamerika aus. Der puritanische bzw. calvinistische Glaube wurde zu einer der stärksten Religionen in den Kolonien.

Die Weißen kommen nach Nordamerika
Mitte des 16. Jahrhunderts unternahmen Abenteurer aus den südamerikanischen Kolonien Erkundungsfahrten nach Nordamerika, um dort nach Gold zu suchen. Gegen Ende des Jahrhunderts kamen die ersten Kaufleute und Siedler nach. 1584 gründete der englische Seefahrer Sir Walter Raleigh an der amerikanischen Ostküste den ersten Handelsstützpunkt und nannte ihn „Virginia". Ihm folgten andere, vor allem Engländer, aber auch Franzosen, die ebenfalls Handelsniederlassungen gründeten.

„Auf nach Amerika!"
Zwischen 1607 und 1732 gründeten englische Siedler und Seefahrer an der Ostküste Nordamerikas 13 Kolonien. Hierhin wanderten zunächst Männer, Frauen und Familien aus England ein, bald aber auch Iren, Deutsche, Niederländer und Franzosen. Die meisten kamen, weil es in ihren Heimatländern für die schnell wachsende Bevölkerung nicht mehr genug Ackerland und Arbeit gab. Andere wurden wegen ihrer Religion verfolgt, so zum Beispiel die englischen Puritaner. Von ihnen landeten im Jahr 1620 102 Frauen und Männer mit ihrem Schiff „Mayflower" an der nordamerikanischen Küste und gründeten dort die Kolonie Massachusetts.
Doch auch in der Neuen Welt erwartete die Siedler ein hartes Leben: Ein ungewohntes Klima, Sümpfe und giftige Pflanzen, unbekannte Krankheiten und fehlende Lebensmittel führten dazu, dass viele Menschen in den ersten Jahren in ihren Siedlungen starben.

Siedler und Ureinwohner
Die ersten Siedler waren von den nordamerikanischen Ureinwohnern freundlich aufgenommen worden. Als sie vom Hungertod bedroht waren, brachten die Indianer sogar Lebensmittel und zeigten ihnen, wie man Maisfelder anlegte. Andere Europäer trafen auf kriegerische Stämme oder forderten den Zorn der Indianer heraus, weil sie ihnen Land und Jagdgebiete wegnahmen, ohne ihnen etwas dafür zu geben.

Frei und selbstständig
Die Zahl der weißen Siedler wuchs schnell: um 1750 lebten schätzungsweise 1,5 Millionen Europäer in den 13 englischen Kolonien. Mit dem Anbau von Getreide, Reis, Mais, Tabak und Baumwolle, aber auch durch Fisch- und Holzreichtum, Handel und Gewerbe kamen viele Bewohner der Kolonien zu Wohlstand. Das machte sie selbstbewusst und stolz auf ihre Leistung. Die Regierung im Mutterland England kümmerte sich dagegen zunächst wenig um die Besitzungen in Nordamerika. Die Kolonisten hatten daher viele politische Freiheiten und konnten sich weitgehend selbst verwalten.

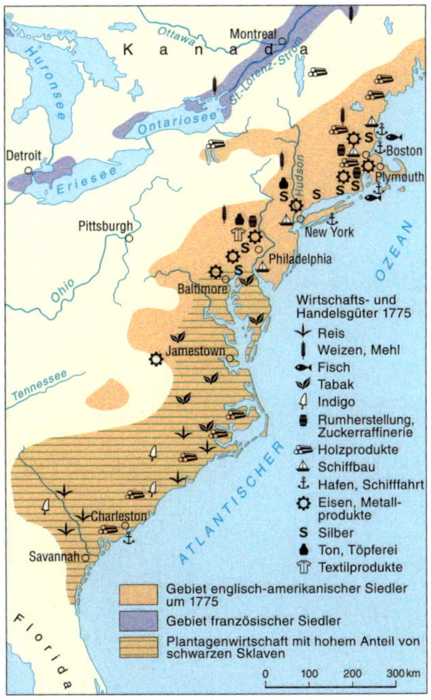

D 1 *Die englischen Kolonien in Nordamerika*

Q 2 *Im Jahr 1642 beschuldigten die holländischen Siedler von der Manhattan-Halbinsel die Indianer, ihnen ein Schwein gestohlen zu haben. Wie die Holländer gegen die Indianer vorgingen, berichtet ein Augenzeuge:*

An der Mutterbrust trinkende Säuglinge wurden mit Bajonetten durchstochen und aus den Armen der Mütter gerissen und ins Wasser geworfen. Andere Kinder warf man lebend in die Flammen. Babys, die in kleinen Tragkörbchen schliefen, wurden mit Säbeln in Stücke gehackt, den schreienden Eltern und Großeltern hieb man Glieder vom Leib, stach sie nieder oder schlug ihnen die Schädel ein.

Q 3 *Der Häuptling der Manhattan-Indianer, Metacoment, rief seine Stammeskrieger zur Gegenwehr auf:*

Es ist unmöglich, mit diesen weißhäutigen Raubmenschen in Frieden zu leben. Man kann sich nur von ihnen zerstören lassen oder versuchen, sie selbst zu zerstören. Das ist aber nur möglich, wenn wir einen Krieg nicht so führen, wie wir es gewöhnt sind, sondern wie sie ihn selbst führen, also einen Krieg aus dem Hinterhalt und mit dem Willen, alles, was eine weiße Haut besitzt, zu töten.

Q 4 *Der schwedische Naturforscher Pehr Kalm, der 1753 bis 1761 die englischen Kolonien bereiste, schrieb:*

Jeder, der Gott als den Schöpfer, Erhalter und Herrscher aller Dinge anerkennt und nichts gegen den Staat oder gegen den allgemeinen Frieden lehrt oder unternimmt, kann sich hier frei niederlassen, kann bleiben und seinem Gewerbe nachgehen, auch wenn seine religiösen Grundsätze noch so merkwürdig sind. Niemand wird hier wegen irriger Lehren, denen er nachhängt, belästigt, wenn er die oben genannten Grenzen nicht überschreitet. Und er wird durch die Gesetze so in seiner Person und seinem Eigentum geschützt und genießt solche Freiheiten, dass man von einem Bürger hier geradezu sagen kann, er lebe in seinem Haus wie ein König. Es würde schwer fallen, jemanden zu finden, (…) der in größerer Freiheit leben kann.

1 *Beschreibe den Ablauf der Besiedlung von Nordamerika (VT, D1).*
2 *Stelle dar, wie sich das Zusammenleben von weißen Siedlern und den indianischen Ureinwohnern entwickelte (VT, Q2, Q3).*
3 *Welche Vorteile genossen die Siedler in den Kolonien gegenüber ihren Landsleuten in Europa (VT, Q4)?*
4 *Arbeite anhand von D1 und D2 heraus, wie sich die Nord- und Südstaaten voneinander unterschieden.*

D 2 *Lebensverhältnisse in den Nord- und Südstaaten*

	Nordstaaten	Südstaaten
Klima	kühl-gemäßigt	subtropisch
Wirtschaft	Handel, Handwerk, Kleinbauern	Baumwoll- und Tabakplantagen
Gesellschaft	breite Mittelschicht: Kaufleute, Handwerker	Großgrundbesitzer, Sklaven
Religion	calvinistisch	katholisch

4 Der Kampf um die Unabhängigkeit

Q 1 *Das Massaker von Boston 1770* (zeitgenössischer Stich). Als die englische Regierung neue Steuern auf Tee, Blei, Glas und Farben einführte, kam es in Boston zu einem Aufstand der Siedler. Die englische Regierung setzte daraufhin Soldaten ein. Dabei wurden fünf Kolonisten getötet.

D 1 *Die nordamerikanische Flagge 1775*

Die „Boston-Tea-Party"

Boston, Nordamerika, 1773: Im Hafen der Stadt liegen Schiffe der englischen Ostindien-Handelsgesellschaft, beladen mit Tee für die Siedler in der Kolonie Massachusetts. Plötzlich stürmen Männer, die wie Indianer aussehen, an Bord der Schiffe, überwältigen die Mannschaften und werfen 342 Kisten Tee ins Hafenbecken. Der Überfall geht als „Boston-Tea-Party" in die Geschichte ein.

Die Indianer waren nicht echt. Männer einer Geheimorganisation hatten sich verkleidet, um unerkannt gegen die hohen Zölle auf Tee zu protestieren. Die Aktion wurde von den meisten Siedlern begrüßt. Sie sahen nicht ein, dass sie Steuern und Zölle bezahlen mussten, aber nicht wie die Bürger Englands im Parlament darüber mitbestimmen durften. „No taxation without representation" – „Keine Steuern ohne eigene Vertreter im Parlament", so lautete ihre Losung.

Die Kolonisten wagen den Kampf

Die englische Regierung setzte Soldaten ein, doch damit brachte sie die Bürger der Kolonien erst recht gegen sich auf. Diese waren erbost darüber, dass die Regierung in London eine Reihe von Gesetzen nur zum Nutzen des Mutterlandes erlassen hatte. So schrieb ein Gesetz von 1660 vor, dass die Kolonien Waren wie Zucker und Tabak nur nach England ausführen durften. Ein anderes untersagte es den Kolonisten, Eisenwaren herzustellen. 1765 wurden sogar Steuern auf alle Drucksachen und Dokumente erhoben. Diese Steuer begründete die britische Regierung damit, dass sie einen kostspieligen Krieg gegen die Franzosen in Nordamerika geführt hatte.

Ein neuer Staat wird geboren

Die Kolonien brauchten eine gemeinsame Organisation, wenn sie ihre Interessen durchsetzen wollten. Sie schickten daher Vertreter zu einem Kontinentalkongress, um über eine gemeinsame Antwort an die englische Regierung zu beraten. Als britische Truppen 1775 bei Lexington ein Waffenlager der Rebellen fanden, kam es zu Gefechten. Die Kolonisten wählten daraufhin den Tabakpflanzer George Washington zum Befehlshaber ihrer Freiwilligenarmee.

Am 4. Juli 1776 erklärten Vertreter aller Kolonien in Philadelphia ihre Unabhängigkeit von England. Das nahmen das englische Parlament und der König nicht einfach hin. Es kam zum Krieg zwischen den Kolonien und England, der bis 1783 dauerte. Letztlich siegten die Siedler und gründeten aus den 13 Kolonien die „United States of America" (USA). 1787 kamen Vertreter der ehemaligen Kolonien zusammen, um dem neuen Staat eine Verfassung zu geben. Mit ihr wurde die erste moderne Demokratie begründet. 1789 wählten die Amerikaner George Washington zu ihrem Präsidenten.

Q 2 *Darf ein Herrscher abgesetzt werden? Darüber dachte schon der Engländer John Locke (1632–1704) nach:*

Die Vernunft lehrt allen Menschen, dass wir alle gleich und unabhängig sind, dass daher keiner dem anderen in Bezug auf sein Leben und sein Eigentum schaden soll. Wenn wir betrachten, in welchem Zustand sich die Menschen von Natur befinden, so sehen wir: Dies ist ein Zustand völliger Freiheit (...). Gebraucht der Herrscher die Gewalt gegen das Volk ohne Vollmacht und im Gegensatz zu dem Vertrauen, das in ihn gesetzt wurde, (...) so hat das Volk das Recht, die Gewalt durch Gewalt zu beseitigen. Unter allen Umständen ist es das richtige Hilfsmittel gegen ungesetzliche Gewalt, ihr mit Gewalt zu begegnen.

Q 3 *Der Amerikaner Thomas Paine forderte 1776 in einer Flugschrift, dass sich Amerika von England loslösen sollte:*

Ich fordere den hitzigsten Vertreter der Aussöhnung auf, nur einen einzigen Vorteil zu zeigen, der diesem Kontinent aus der Verbindung mit England erwächst. (...) Nicht ein einziger Vorteil kann daraus hergeleitet werden. Unser Getreide wird auf jedem europäischen Markt seinen Preis bringen und für importierte Waren müssen wir bezahlen, wo immer wir sie kaufen.
Die Nachteile und der Schaden aber, die wir durch eine Verbindung erleiden, sind unzählbar; (...) Denn jede Unterwerfung unter oder Abhängigkeit von Großbritannien wird geradewegs darauf abzielen, diesen Kontinent in europäische Kriege und Zänkereien zu verwickeln, uns in Gegensatz zu Nationen zu setzen, die sonst unsere Freundschaft suchen würden. (...) Da Europa unser Handelsmarkt ist, sollten wir keine partiellen politischen Verbindungen mit dem einen oder anderen Teil eingehen. (...)
Alles, was richtig und vernünftig ist, spricht für eine Trennung. (...) Selbst die Entfernung, die der Allmächtige zwischen England und Amerika gelegt hat, ist ein starker Beweis, dass die Oberherrschaft des einen über den anderen nie die Absicht des Himmels war. (...) Es hat etwas Absurdes an sich, anzunehmen, ein Kontinent solle ständig durch eine Insel regiert werden. In keinem Fall hat die Natur Satelliten größer als ihre Hauptplaneten gemacht. Da England und Amerika in dieser Beziehung die gewöhnliche Ordnung der Natur umkehren, ist es offensichtlich, dass sie zu verschiedenen Systemen gehören: England zu Europa, Amerika zu sich selbst.

Q 4 *Frauen und Männer kämpfen für die Unabhängigkeit* (zeitgenössischer Stich). In der Mitte sieht man Molly Pitcher im Gefecht. Ihr Mann ist vor wenigen Augenblicken als Kanonier gefallen; an seiner Stelle hat sie die Kanone geladen, die nun gegen den Feind gerichtet wird.

Q 5 *Die Unabhängigkeitserklärung der 13 englischen Kolonien wurde am 4. Juli 1776 in Philadelphia unterzeichnet. Sie beginnt mit den Menschenrechten:*

Folgende Wahrheiten erachten wir als selbstverständlich: dass alle Menschen gleich geschaffen sind; dass sie von ihrem Schöpfer mit gewissen unveräußerlichen Rechten ausgestattet sind; dass dazu Leben, Freiheit und das Streben nach Glück gehören; dass zur Sicherung dieser Rechte Regierungen unter den Menschen eingesetzt werden, die ihre rechtmäßige Macht aus der Zustimmung der Regierten herleiten; dass, wenn immer irgendeine Regierungsform sich als diesen Zielen abträglich erweist, es das Recht des Volkes ist, sie zu ändern oder abzuschaffen und eine neue Regierung einzusetzen und ihre Gewalten solchermaßen zu organisieren, wie es ihm zur Gewährleistung seiner Sicherheit und seines Glückes am ratsamsten erscheint.

1 Erkläre, aus welchem Grund sich in den 13 nordamerikanischen Kolonien eine Unabhängigkeitsbewegung bildete.

2 Arbeite aus Q3 die Argumente heraus, die laut Paine für die Unabhängigkeit Amerikas sprechen.

3 Vergleiche die beiden Bilder Q1 und Q4 und beschreibe, wie sich die Situation der Kolonisten verändert hat.

4 Vergleiche die Quellentexte Q2 und Q5. Wie hängen beide miteinander zusammen?

D 2 *Die nordamerikanische Flagge 1789.*
– Erkläre die Veränderung zu 1775.

5 Methode
Ein Verfassungsschema interpretieren

Staatenbund
In einem Staatenbund besitzt jeder Staat die volle Souveränität (Unabhängigkeit). Der Zusammenschluss dient nur der Verwirklichung gemeinsamer Ziele.

Bundesstaat
In einem Bundesstaat werden die Aufgaben zwischen einer zentralen Regierung und den Länderregierungen geteilt.

Von Mai bis September 1787 fand in Philadelphia eines der großen Experimente der Menschheitsgeschichte statt: Ein Staat sollte konstruiert werden, wie es ihn vorher noch nicht gegeben hatte.
Gewählte Vertreter aus den 13 Einzelstaaten verhandelten über die Form des zukünftigen Staates. Eine Frage war besonders umstritten: Sollten die USA in Zukunft ein Staatenbund oder ein Bundesstaat sein?

Teilung der Staatsgewalten

Das Ergebnis war ein Kompromiss. Nach dem Modell des französischen Aufklärers Montesquieu wurden die Gewalten klar geteilt: Die gesetzgebende Gewalt (Legislative) liegt beim Kongress. Er setzt sich aus zwei Häusern zusammen, die die Interessen des Bundesstaates und der Einzelstaaten berücksichtigen. In den Senat entsendet jeder Staat zwei Senatoren. Die Abgeordneten des Repräsentantenhauses werden direkt aus jedem Bundesstaat gewählt; wie viele es sind, hängt von der Bevölkerungszahl des Staates ab. Der Präsident als Chef der ausführenden Gewalt (Exekutive) wird indirekt, nämlich über so genannte „Wahlmänner", von den Bürgern gewählt. Er ist anders als ein deutscher Bundeskanzler nicht auf eine Mehrheit im Parlament, also im Kongress, angewiesen. Das gibt ihm große Macht und Unabhängigkeit. Der Präsident ist Staatsoberhaupt und Regierungschef.
Der Oberste Gerichtshof entscheidet als richterliche Gewalt (Judikative), ob Gesetze mit der Verfassung übereinsimmen.

D 1 *Die Verfassung der USA.* Sie besteht seit 1787 in ihren wesentlichen Elementen. Durch so genannte „Zusätze" ist sie allerdings immer wieder ergänzt worden. Das geschah 1791 zum ersten Mal, als die Grundrechte der Bürger formuliert wurden. Dazu gehörten Glaubens-, Presse- und Versammlungsfreiheit, die Unverletzlichkeit der Person, des Eigentums und der Wohnung.

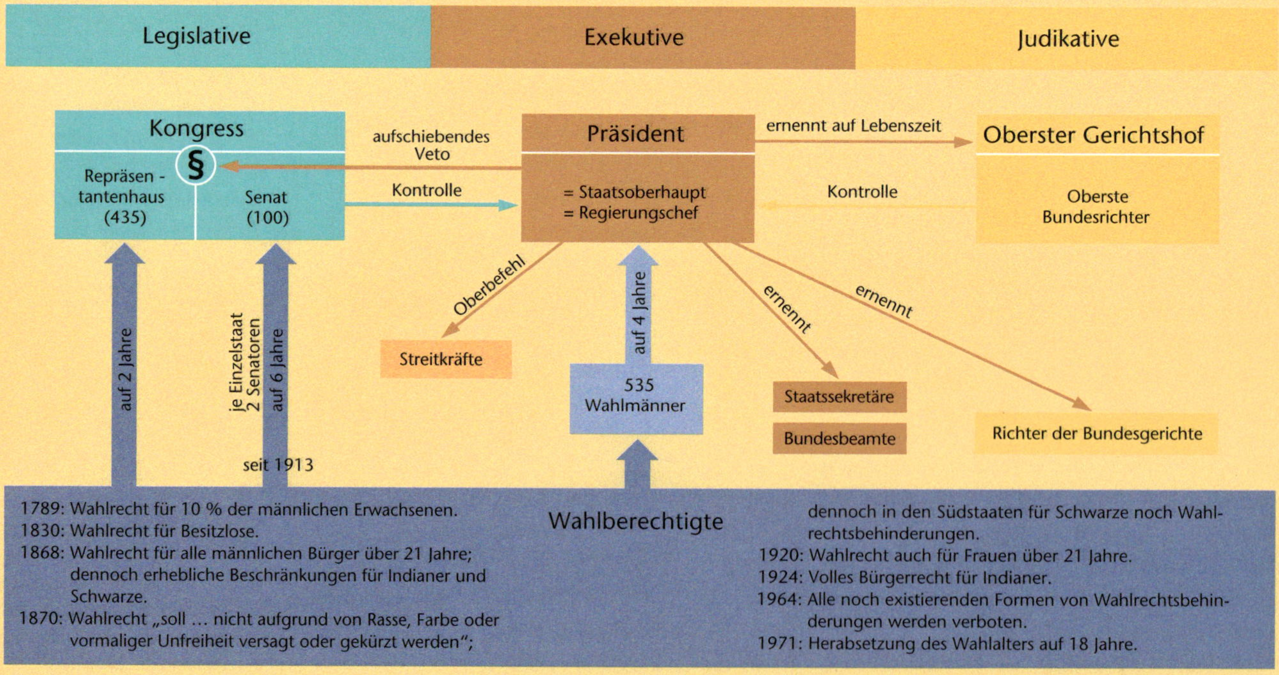

Methodische Arbeitsschritte

Das Schema nach Gruppen und Personen zerlegen

1. Wie ist das Schema gegliedert? Lassen sich verschiedene Blöcke, Farben und Symbole erkennen?
2. Wie sind die Blöcke miteinander verbunden? Welche Richtung und Bedeutung haben Pfeile und Linien?
3. Gibt es Begriffe, die du im Lexikon nachschlagen musst?

Verfassungsmerkmale Machtausübung, Gesetzgebung und Rechtsprechung

3. Wer darf Gesetze vorschlagen? Wer arbeitet sie aus? Wer erlässt sie?
4. Wer sorgt dafür, dass Regierung und Bürger sich an die Gesetze halten?
5. Wer regiert den Staat, d.h. übt Macht mithilfe der Gesetze aus?
6. Wer kann durch seinen Einspruch dafür sorgen, dass ein Gesetz vorläufig nicht in Kraft treten darf? Wer darf Gesetze sogar rückgängig machen?
7. Gibt es Grundrechte, die kein neues Gesetz verletzen darf?

Verfassungsmerkmal Wahl

8. Welche Ämter werden durch Wahl besetzt, welche nicht?
9. Wer darf wählen, wer nicht? Wer darf gewählt werden?

Verfassungsmerkmale Machtverteilung und Machtkontrolle

10. Welche Macht haben die verschiedenen Personen bzw. Gruppen im Staat? Wo ist besonders viel Macht konzentriert?
11. Wo sind „Sicherungen" in der Verfassung eingebaut, damit Einzelne ihre Macht nicht missbrauchen können (z. B. um eine Diktatur zu errichten)?

Q 1 *George Washington* war der erste Präsident der Vereinigten Staaten von Amerika (1789–1797).

D 2 *Wer spricht hier?* – Ordne die Sätze den richtigen Personen im Schaubild zu.

„Wir sind auf Lebenszeit ernannt, damit wir völlig unabhängig die Regierung kontrollieren können."

„Wir werden alle vier Jahre von den Bürgerinnen und Bürgern gewählt. Unsere einzige Aufgabe besteht darin, den Präsidenten zu wählen."

„Wir sind zusammen 535 Männer und Frauen, auf zwei Häuser aufgeteilt."

„Wir sind von den Bürgerinnen und Bürgern unseres Bundesstaates für sechs Jahre gewählt worden, damit wir uns an der Gesetzgebung beteiligen."

„Ich ernenne die Obersten Richter, damit sie meine Amtsführung kontrollieren."

„Ich regiere die Vereinigten Staaten von Amerika."

„Auch wenn wir im Staate nichts direkt entscheiden können, so besitzen wir doch die eigentliche Macht. Wir bestimmen nämlich in regelmäßigen Abständen neu, wer für uns Gesetze macht und wer sie ausführt."

1. *Untersuche das Verfassungsschema der USA und stelle die demokratischen Elemente heraus. Nenne aber auch die Einschränkungen, die bis 1924 bestanden.*
2. *Welche Aufgaben im Staat erfüllen die drei Gewalten? Wodurch ist sichergestellt, dass keine zu viel Macht hat?*
3. *Die „Väter" der amerikanischen Verfassung mussten sich zwischen einem Bundesstaat und einem Staatenbund entscheiden. Welche Vorteile, welche Nachteile sind mit dem jeweiligen System verbunden?*
4. *Wie heißt der jetzige Präsident der USA? Wer war sein Vorgänger?*

6 Sklaven in einem demokratischen Staat?

Q 1 *Illustration aus dem Roman „Onkel Toms Hütte"* (deutsche Ausgabe von 1853). Vor dem Kauf überprüfen Plantagenbesitzer die Gesundheit der Sklaven.

TIPP

Den Roman „Onkel Toms Hütte" von Harriet Beecher-Stowe gibt es heute auch als Jugendbuch (Arena Verlag, 1997)

Plantagenwirtschaft im Süden

In den Südstaaten war das Klima günstig, um Tabak, Baumwolle, Zuckerrohr und Reis anzubauen. Diese Rohstoffe wurden in die Nordstaaten und nach Europa weiterverkauft. Reiche Grundbesitzer bewirtschafteten riesige Plantagen, auf denen sie billige Lohnarbeiter, aber vor allem schwarze Sklaven für sich arbeiten ließen.

Die Sklaven waren Männer, Frauen und Kinder aus Afrika, die entweder von Sklavenjägern gefangen oder von ihren Herrschern an die europäischen Sklavenhändler verkauft worden waren. Zu Hunderten wurden sie auf ein Schiff verladen und wie Vieh auf Sklavenmärkten verkauft. Beim Kauf nahmen die Plantagenbesitzer keine Rücksicht auf Familien, sondern trennten Männer von ihren Frauen oder rissen Geschwister auseinander. Auf den Plantagen lebten die Sklaven in schäbigen Hütten, wurden häufig von brutalen Aufsehern bewacht und konnten nach Belieben weiterverkauft, bestraft, ausgepeitscht und sogar getötet werden.

Handel und Industrie im Norden

Die Nordstaaten, die eine breit gefächerte Wirtschaft mit Handwerk und Industrie hatten, lehnten die Sklavenhaltung ab und forderten, die Sklaverei grundsätzlich abzuschaffen. 1852 veröffentlichte die Schriftstellerin Harriet Beecher-Stowe den Roman „Onkel Toms Hütte", in dem sie die Unterdrückung der Schwarzen anprangerte. Dieser Roman gab den Nordstaaten neue Argumente gegen die Sklaverei.

Der Konflikt zwischen Nord- und Südstaaten spitzte sich zu. Dies lag vor allem daran, dass die Südstaaten, deren Wirtschaft auf der Sklaverei beruhte, sich in ihrer wirtschaftlichen und politischen Unabhängigkeit bedroht fühlten. 1860 wurde Abraham Lincoln, ein entschiedener Gegner der Sklaverei, zum Präsidenten gewählt.

Amerikaner bekämpfen Amerikaner

Die Südstaaten erklärten daraufhin ihren Austritt aus den USA und gründeten die „Konföderierten Staaten von Amerika". Lincoln hatte nicht vor, die Spaltung zu tolerieren. 1861 kam es schließlich zum Bürgerkrieg, der über 600 000 Soldaten das Leben kostete. 1863 verkündete Lincoln die Sklavenbefreiung.

Zwei Jahre später mussten die Konföderierten kapitulieren, weil sie kaum noch Nachschub an Kriegsmaterial und Soldaten beschaffen konnten. Die nationale Einheit der USA wurde mit dem Sieg der Nordstaaten wieder hergestellt und die Sklaverei abgeschafft. Das bedeutete aber nicht, dass die Schwarzen nun gleichberechtigt gewesen wären. Sie waren weiterhin in fast allen Lebensbereichen benachteiligt: bei der politischen Mitsprache, dem Einkommen oder den Bildungschancen. Eine strenge Rassentrennung, die erst 1954 für verfassungswidrig erklärt wurde, sollte den Kontakt zwischen Weißen und Farbigen verhindern.

Q 2 *Ein ehemaliger Sklave berichtet, wie er und seine Familie verkauft wurden:*
Meine Brüder und Schwestern wurden zuerst versteigert, einer nach dem anderen, während mich meine Mutter, gelähmt vor Schmerz, bei der Hand hielt. Dann kam sie an die Reihe und sie wurde an Mr. Riley verkauft. Als für mich Geld geboten wurde, drängelte sich meine Mutter durch die Menge und warf sich Mr. Riley zu Füßen. Halb von Sinnen aus Angst, von allen ihren Kindern getrennt zu werden, flehte sie ihn an, so wie es nur eine Mutter kann, doch mich zu kaufen. So wäre wenigstens ihr jüngstes Kind bei ihr. Der Mann machte sich mit brutalen Schlägen und Tritten von ihr los. Meine Mutter sah ich nie wieder.

Q 3 *Über das Ziel des Krieges äußerte sich Präsident Lincoln gegenüber dem Herausgeber der New Yorker Zeitung „Tribune":*
Mein höchstes Ziel in diesem Ringen ist die Rettung der Nation, nicht die Bewahrung oder Abschaffung der Sklaverei. Wenn ich die Union retten könnte, ohne einen einzigen Sklaven zu befreien, dann würde ich es tun; und wenn ich sie dadurch retten könnte, dass ich alle Sklaven befreite, dann würde ich es tun; und wenn ich sie retten könnte, indem ich einige Sklaven befreite und andere nicht, dann würde ich auch das tun.

Q 4 *In seiner Proklamation der Sklavenbefreiung sagte der amerikanische Präsident Lincoln 1863:*
Und kraft meiner Macht (...) ordne ich an und verkünde, dass alle in den angeführten Staaten und Teilen von Staaten als Sklaven gehaltenen Personen frei sind und fortan bleiben sollen; und dass die Vollzugsorgane der Vereinigten Staaten, einschließlich der Militär- und Marinebehörden, die Freiheit besagter Personen anerkennen und gewährleisten.

Q 5 *rechts: Die Sklavenfrage* (Lithografie aus der satirischen Zeitschrift „Punch" von 1856). – Beschreibe und erläutere die Karikatur. Wen stellen die Personen links und rechts dar? Versuche, auch die Bildunterschrift zu übersetzen.

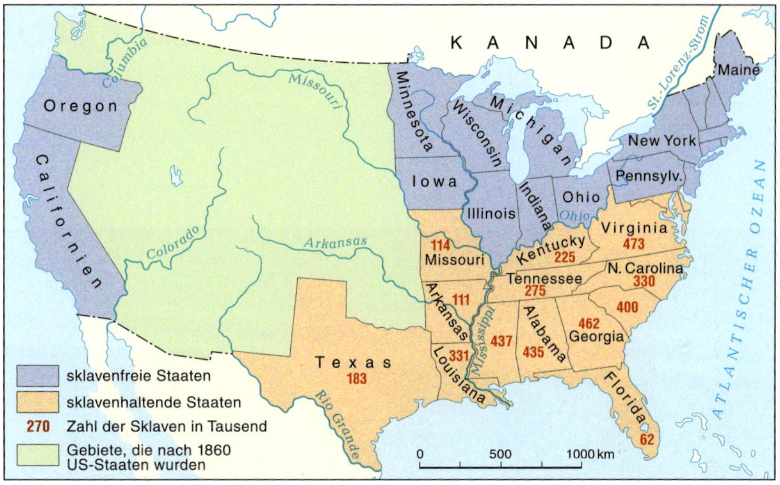

D 1 *Verbreitung der Sklaverei in den USA um 1860.* – Erkläre die Ausdehnung und den Umfang der Sklaverei.

Q 6 *1865 besuchte Präsident Lincoln die Stadt Richmond in den Südstaaten. Admiral Porter, der ihn begleitete, schrieb:*
An der Anlegestelle stand ein kleines Haus, hinter dem etwa zwölf Neger mit Spaten gruben. Ihr Anführer war ein sechzigjähriger Alter, der sich, als wir landeten, aufrichtete und eine Hand über die Augen legte. Dann ließ er seinen Spaten fallen und sprang auf uns zu. „Gesegnet sei Gott", rief er. „Da kommt der große Messias. Ich ihn sofort erkennen, er schon in meinem Herzen lebt lange Jahre. Und nun er ist gekommen, um zu befreien seine Kinder aus der Knechtschaft." Er fiel vor dem Präsidenten auf die Knie und küsste ihm die Füße. Die anderen folgten seinem Beispiel und in einer Minute war Mr. Lincoln von diesen Leuten umringt, die sein Bild, das sie von Fotografien kannten, in ihrem Herzen getragen hatten und seit Jahren nach ihm ausschauten als ihrem Retter, der sie aus ihrer Gefangenschaft befreien würde.

THE DIS-UNITED STATES—A BLACK BUSINESS.

1 Stelle gegenüber, wie man in den Nord- und in den Südstaaten zur Sklaverei stand (VT).
2 Beschreibe das Leben eines Sklaven oder einer Sklavin auf einer Plantage (Q1, VT).
3 Erläutere, wie es zum amerikanischen Bürgerkrieg kam (VT, Q5).
4 Worum ging es Abraham Lincoln vor allem? Lies dazu Q3 und Q4.
5 Überlege, warum die damaligen Sklaven noch lange Zeit diskriminiert und als Menschen „zweiter Klasse" behandelt wurden.

7 Die Weißen erobern den Kontinent

Q 1 *Zug der Tränen* (Gemälde von Robert Lindeneux, 1942): Die amerikanische Armee führte im Winter 1838/1839 eine Umsiedlungsaktion durch. 15 000 Cherokees wurden gewaltsam aus ihrer angestammten Heimat vertrieben und in ein Reservat gebracht. Mehr als 4 000 Indianer starben auf dem Zug, weil die Armee keine Rücksicht auf Kranke und Schwache nahm.

Westwärts!

Nicht nur die Nachrichten über Goldfunde in Kalifornien zog viele Amerikaner von der Ostküste Richtung Westen. Sondern auch die Hoffnung, in einem freien Staat leben und sich im Westen des Kontinents Land erwerben zu können, veranlasste im 19. Jahrhundert Millionen Menschen, in die USA auszuwandern.

Die Besiedlung des riesigen Landes westlich der 13 Staaten an der Ostküste erfolgte in drei Schüben: Den Trappern, die auf der Suche nach Pelztieren das Land durchstreiften, folgten Siedler, die als Farmer leben wollten. Die Trapper vermittelten zwischen ihnen und den Indianern. Die meisten Menschen kamen aber mit dem dritten Schub: Die amerikanische Regierung übertrug ihnen Land, wo sie dann Kirchen, Schulen, Geschäfte und Handwerksbetriebe bauten. Die Niederlassungen entwickelten sich zu dauerhaften Siedlungen und kleinen Städten.

A-Z

Reservat

Durch Verträge traten die Indianer den Weißen ihr Land ab. Teile davon wurden ihnen als Lebensraum „reserviert“. Von den heute rund eine Million Indianern leben ca. 40 % in Reservaten.

Indianervölker werden verdrängt ...

Leidtragende der Besiedlung waren die vielen verschiedenen Indianerstämme, die weit verstreut in dem riesigen Land lebten. Sie ernährten sich vor allem von der Jagd und der Landwirtschaft.

Durch die Besiedlung des Westens wurden die Indianer aus ihren angestammten Lebensräumen vertrieben. Die Jagd der Weißen auf Büffel und anderes Wild vernichtete die Existenzgrundlage der Indianer, und der Ausbau des Eisenbahnnetzes zerschnitt und zerstörte ihr Land.

... und vernichtet

In unzähligen Kämpfen setzten die Indianer sich zur Wehr, doch sie waren den Weißen nicht gewachsen. Denn die amerikanischen Siedler waren gut mit Waffen ausgerüstet und erhielten häufig noch Unterstützung durch die Armee. In mehr als 30 großen Indianerkriegen und zahllosen kleinen Kämpfen wurden die Ureinwohner Amerikas weitgehend ausgerottet. Schließlich richtete die amerikanische Regierung Reservate ein, die den Indianern als Lebensraum zugewiesen wurden. Doch zu diesem Zeitpunkt waren von ursprünglich etwa einer Million Indianern nur noch 200 000 am Leben.

Und heute?

Entgegen den vertraglichen Abmachungen wurde der Lebensraum der Indianer immer weiter eingeschränkt. Die amerikanische Regierung versuchte zunächst, sie in die Gesellschaft der Weißen einzugliedern und erkannte ihnen 1924 die Bürgerrechte zu. Doch dies gelang nur zum Teil, denn die Indianer kämpften – und kämpfen auch heute noch – für ihre Eigenständigkeit. Das Vorgehen der weißen Siedler bei der Besiedlung des Landes wurde dagegen zum „Pioniergeist“ verklärt und in Romanen und Filmen verherrlicht.

Q2 *In einem „Reiseführer“ von 1837 über die USA wird geschildert, wie sich die Besiedlung der westlichen Gebiete vollzog:*

Die meisten Ansiedlungen im Westen haben drei Klassen von Siedlern erlebt, die, wie die Wellen des Ozeans, eine nach der anderen herangerollt sind. Zuerst kommt der Pionier, der seine Familie in der Hauptsache mit der natürlichen Vegetation und seiner Jagdbeute ernährt. Er benutzt primitive, meist selbst hergestellte Ackergeräte und Werkzeuge und legt nur ein Maisfeld und einen Küchengarten an. (…) Er baut sein rohes Blockhaus (…) und wohnt hier, bis er sein Land einigermaßen kultiviert hat und das Wild knapper wird. (…)
Die nächste Klasse der Neusiedler kauft das Land, fügt ein Feld nach dem anderen hinzu, legt Wege an und baut primitive Brücken über die Flüsse, errichtet Häuser aus behauenen Baumstämmen mit verglasten Fenstern und Ziegel- oder Steinschornsteinen, legt hier und da Obstgärten an, baut Mühlen, Schulen, Gerichtsgebäude usw. und zeigt dabei das äußere Bild und die Formen eines schlichten bescheidenen zivilisierten Lebens. Dann kommt eine neue Welle: die Leute mit Kapital und Sinn für organisierte Unternehmen. (…) Aus dem kleinen Dorf wird eine ansehnliche Gemeinde oder eine Stadt. Man errichtet große Häuser aus Ziegelsteinen, bearbeitet große Felder, Obstplantagen und Gärten, richtet Colleges ein und baut Kirchen. Feine Wollstoffe, Seide, Strohhüte, Schleifen und alle anderen Luxusartikel, Frivolitäten und Moden halten ihren Einzug.

Q3 *Wem gehört das Land?*

a) In einer amerikanischen Zeitung hieß es im Jahre 1845:

Die reichen und schönen Täler von Wyoming sind dazu bestimmt, von der angelsächsischen Rasse in Besitz genommen zu werden. (…) Die Indianer müssen der immer weiter vorrückenden und immer mehr anschwellenden Flut der Einwanderer weichen oder sie wird sie hinwegspülen. Das Geschick der Einwanderer ist in Lettern geschrieben, die nicht zu missdeuten sind. Der gleiche unerforschliche Gebieter, der Rom zum Untergang verurteilte, hat die Vernichtung der roten Menschen in Amerika beschlossen.

b) Häuptling Joseph (1840–1904) vom Stamm der Nez Perés schrieb:

Nie habe ich gesagt, dass das Land mir gehört (…). Nur der kann über das Land verfügen, der das Land geschaffen hat. Ich beanspruche nur das Recht, auf meinem Land zu leben, und euch gestehe ich das Recht zu, auf eurem Land zu leben. (…) Ich habe einige der weißen Häuptlinge gefragt, woher sie das Recht haben, dem Indianer zu sagen, er müsse sich an einem bestimmten Platz aufhalten (…). Sie können mir keine Antwort geben.

Q4 *Büffeljagd.*
– Vergleiche die Art, in der Weiße und Indianer Büffel jagten. Welche Folgen hatte die Jagd der Weißen für die Indianer?

1. *Beschreibe, wie die Weißen den amerikanischen Kontinent besiedelten (VT, Q2).*
2. *Welche Folgen hatte die Besiedlung für die indianische Bevölkerung (VT, Lexikon, Q1, Q4)?*
3. *Lies Q3a und gib mit eigenen Worten wieder, wie der Verfasser argumentiert.*
4. *Wem gehört nach dem Indianerhäuptling Joseph das Land (Q3b)?*
5. *Überlege, wie heute in Western-Filmen die Indianer und wie die Cowboys und die weißen Siedler dargestellt werden. Wer sind die „Guten“ und wer die „Bösen“?*

Die Französische Revolution

8 In Frankreich ist die Staatskasse leer

Q1 *„Hoffen wir, dass das Spiel bald ein Ende nimmt"*, seufzt der Bauer auf der französischen Karikatur aus dem Jahr 1789. Aus seiner Tasche hängen Zettel, auf denen die Salz-, Tabak- und die Kopfsteuer, Abgaben und Dienste genannt werden; auf der Hacke steht: „Mit Tränen getränkt". Auf dem anderen Zetteln steht: „Bischof, Abt, Herzog, Graf, Pension, Großspurigkeit" und auf dem Degen: „Gerötet vom Blut". Dem Dritten Stand war es verboten zu jagen. – Wie stellt der Künstler diesen Zustand dar?

Klerus
Bezeichnung für den geistlichen Stand. Dazu gehörten Bischöfe und Priester sowie Äbte und Mönche.

Privilegien
Sonderrechte für einzelne Personen oder Personengruppen im Staat.

Ständegesellschaft
Die Einteilung der Gesellschaft in Adel, Klerus und Bürgertum. Die Zugehörigkeit zu einem bestimmten Stand war in der Regel durch die Geburt vorgegeben.

Vorrechte von Adel und Geistlichkeit

1774 wurde Ludwig XVI. König von Frankreich. Zu dieser Zeit hatte das Land einen langen Wirtschaftsaufschwung hinter sich. Viele Bürger waren durch Handel, Bankgeschäfte, Schifffahrt oder einen eigenen Betrieb reich geworden. Doch im Staat galten sie nicht viel. Wenn wichtige Positionen in der Verwaltung oder Offiziersstellen in der Armee zu besetzen waren, bekamen Adlige den Vorzug. Viele wollten sich nur Titel, Einkommen und Rechte sichern. Die Pflichten, die damit verbunden waren, nahmen sie aber nicht ernst. Neben dem Adel war der Klerus mächtig und einflussreich. Den Reichtum der Kirche genossen vor allem hohe Geistliche, die meistens aus dem Adel stammten. Zu diesen Zuständen bemerkte der Aufklärer Voltaire einmal spöttisch, die Vorrechte einzelner Personengruppen, für die es in der Natur weder eine Erklärung noch eine Rechtfertigung gebe, könne er dann anerkennen, wenn Adlige „mit Sporen an den Füßen" und Bauern „mit Sätteln auf dem Rücken" geboren würden.

Ein ungerechtes Steuersystem

85 Prozent der französischen Bevölkerung lebten auf dem Land, ein großer Teil davon in sehr ärmlichen Verhältnissen. Die Bauern mussten adligen Herren und der Kirche einen Teil der Ernte abgeben und dem König Steuern zahlen. Auch in den Städten war es für Handwerker, Kleinhändler, Arbeiter und Dienstboten nicht einfach, für das tägliche Leben aufzukommen. Ein Maurer musste zum Beispiel mehr als die Hälfte seines Lohns alleine für Brot und Miete aufwänden. Trotzdem verlangte der König von ihm die allgemeine Kopfsteuer.
Die beiden ersten Stände, Adel und Klerus, waren davon befreit. Selbst reiche Adlige bezahlten kaum Steuern, und auch der Klerus musste nur freiwillige Abgaben leisten.

Am Rande des Staatsbankrotts

Die Hofgesellschaft lebte in Saus und Braus, veranstaltete rauschende Feste und verschwendete täglich ganze Vermögen.
Gleichzeitig unterstützte Frankreich die amerikanischen Kolonisten im Krieg gegen England, was noch einmal viel Geld kostete. Bald war der Staat hoch verschuldet und konnte seine Zinsen nur noch durch neue Kredite bezahlen. Um mehr Steuern einnehmen zu können, schlugen die Finanzminister Reformen vor. Doch Adel und Klerus wehrten sich, denn sie wollten ihre Privilegien nicht verlieren.

Wachsende Unzufriedenheit

Zur gleichen Zeit verschlechterte sich die wirtschaftliche Lage in Frankreich: In den Städten waren viele Menschen ohne Arbeit. Gleichzeitig stieg aber der Brotpreis seit 1787 ständig an, nachdem Überschwemmungen, Dürreperioden und ein strenger Winter zu Missernten geführt hatten. Handwerker und arme Bauern hungerten, und ihre Wut auf den Adel und den König wuchs.

Q3 *Austernfrühstück* (Gemälde von Jean François de Troy, 1645–1730). Dieses Bild zeigt den Luxus der adligen Gesellschaft.
– Welche Einzelheiten erkennst du?

1. *Welche Stände verkörpern die drei Männer in der Karikatur Q1? Begründe deine Aussagen, indem du Kleidung, Haltung und Texte auswertest.*
2. *Vergleiche die Balkendiagramme in D2. Was sagen sie über die Ständegesellschaft in Frankreich aus? Berechne den Anteil der ersten beiden Stände an der Gesamtbevölkerung in Prozent.*
3. *Beurteile die Einnahmen und Ausgaben des französischen Staates in D1. Warum drohte ohne Erhöhung der Steuern ein Staatsbankrott?*
4. *Gib mit eigenen Worten wieder, wie Calonne das geplante Steuersystem begründet (Q2).*

Q2 *Durch ein gerechteres Steuersystem wollte Finanzminister Calonne die Einnahmen erhöhen. 1787 erklärte er:*

Was bleibt, um einen entsetzlichen Fehlbetrag zu decken und das ersehnte Gleichgewicht im Staatshaushalt herzustellen? (...) Die Missbräuche. Ja, meine Herren, in den Missbräuchen selber findet sich ein Schatz von Reichtümern, die der Staat zurückfordern darf und zurückfordern muss, um die Ordnung wieder herzustellen. Die Missbräuche werden verteidigt durch persönliche Interessen, Einfluss, Vermögen und alte Vorurteile (...). Das sind die [Missbräuche], die auf der arbeitenden und erwerbenden Klasse lasten: die Missbräuche der Geldprivilegien, die Befreiung vom gemeinsamen Recht und all die ungerechten Bevorzugungen, die einen Teil der Steuerpflichtigen nur entlasten können, um das Los der anderen zu erschweren; die allgemeine Ungleichheit in der Erhebung der Abgaben, das ungeheure Missverhältnis in den [Steuer]leistungen der verschiedenen Provinzen und den Lasten der Untertanen ein und desselben Souveräns.

D1 *Der französische Staatshaushalt 1788*

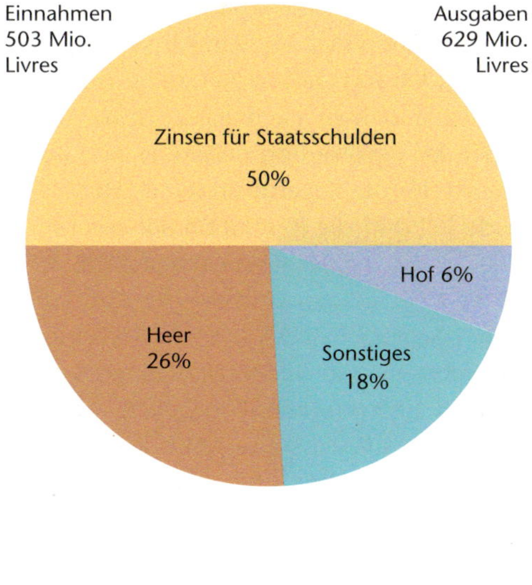

D2 *Die französische Ständegesellschaft vor 1789*

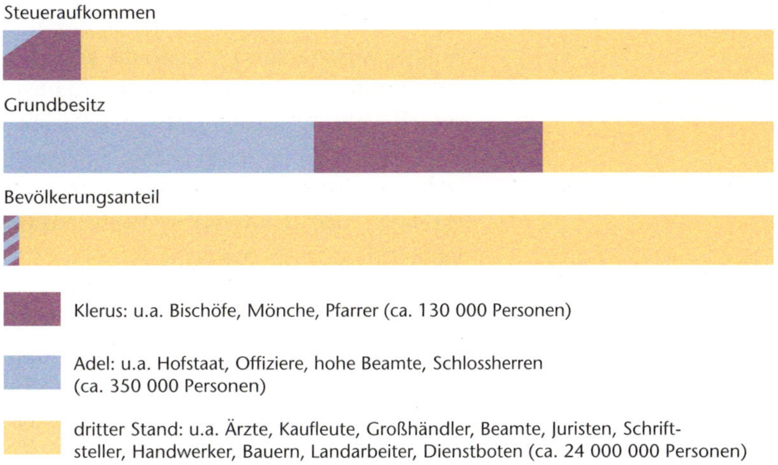

9 Die Revolution beginnt

1 *Die Eröffnung der Generalstände* (Gemälde von A. Couder). Die drei Stände sitzen in geschlossenen Blöcken zu ebener Erde. Die Vertreter des Dritten Standes waren vor allem Rechtsanwälte und Richter, daneben Kaufleute, Unternehmer und Großgrundbesitzer.

Generalstände
Parlament, in dem die drei Stände zusammentraten, um über die Steuerpläne des Königs zu beschließen. Jeder Stand hatte eine Stimme. 1614 hatten sich die Generalstände das letzte Mal versammelt. Seither regierten die Könige unabhängig von ihrem Rat.

Kokarde
Abzeichen, auch Erkennungszeichen. Die Farben Blau, Weiß, Rot zeigten 1789 eine revolutionäre Gesinnung an.

Eröffnung der Generalstände

Am 5. Mai 1789 geschah etwas Unglaubliches: Der König eröffnete im Schloss von Versailles eine Versammlung, der die gewählten Vertreter aller drei Stände angehörten. Man nannte sie die Generalstände: rund 300 Geistliche, 300 Adlige und 600 Bürgerliche aus ganz Frankreich. Das hatte es seit 1614 nicht mehr gegeben, und es war für den König auch nicht ohne Risiko.
Doch der König wollte die Steuerfreiheit von Adel und Klerus abschaffen und höhere Steuern für den Dritten Stand durchsetzen. Dazu brauchte er die Zustimmung der Generalstände. Ihm blieb also nichts anderes übrig, als sie alle nach Versailles zu rufen.
Auf der Versammlung nutzten die Vertreter des Dritten Standes ihre Chance. Sie forderten nicht nur, die Steuern gerechter zu verteilen, sondern auch, dass sie politisch mitreden konnten. Doch bald mussten sie erkennen, dass der König an eine wirkliche Reform des Staates gar nicht dachte.
Gegen den Willen des Königs luden sie nun die Abgeordneten der beiden anderen Stände ein, gemeinsam über eine neue Ordnung für ganz Frankreich zu beraten und über die Vorschläge abzustimmen. Mehrere Geistliche und einige Adlige waren dazu bereit.

Die Nationalversammlung

Doch es kam schnell zum Streit darüber, ob nach Köpfen oder nach Ständen ausgezählt werden sollte. Die Vertreter des Bürgertums waren nicht mehr bereit nachzugeben und erklärten sich kurzerhand zur Nationalversammlung. Denn schließlich vertraten sie 98 Prozent aller Franzosen, also beinahe die gesamte Nation!
Der König ließ den Tagungsraum schließen. Daraufhin zogen die Abgeordneten des Dritten Standes in ein leer stehendes Ballhaus des Hofes. Dort schworen sie feierlich, nicht eher auseinanderzugehen, bis sie Frankreich eine Verfassung gegeben hatten.

Der Sturm auf die Bastille

In Paris wurde die Lage immer kritischer. Die Menschen waren unzufrieden, viele hatten keine Arbeit und die Brotpreise waren ständig gestiegen. Der König musste versuchen, die Lage zu beruhigen. Einerseits empfahl er nun den Vertretern der ersten beiden Stände, sich der Nationalversammlung anzuschließen. Andererseits ließ er am 12. Juli Truppen an den Grenzen von Paris aufmarschieren. Als sich diese Nachricht in der Stadt verbreitete, bildeten die Bürger so genannte Nationalgarden, plünderten Waffenmagazine und schmiedeten einfache Piken. Am 14. Juli stürmten sie die Bastille, die berüchtigte Gefängnisfestung von Paris.
Am 17. Juli zog Ludwig XVI. seine Truppen zurück und kam nach Paris. Unter dem Jubel der Bevölkerung heftete er sich eine blau-weiß-rote Kokarde an seinen Hut.
Ende Juli griff die Revolution auf das Land über. Bauern bewaffneten sich und vertrieben die adligen Grundherren, steckten deren Schlösser und Klöster in Brand und vernichteten die Bücher, in denen Frondienste und Abgaben festgelegt waren. Viele Adlige fürchteten um ihr Leben und flohen ins Ausland.

Q 2 *rechts: Sturm auf die Bastille am 14. Juli 1789* (zeitgenössischer Stich). Die alte Festung wurde als Staatsgefängnis und Waffenmagazin genutzt. Obwohl in der Bastille im Juli 1789 nur noch wenige Gefangene saßen, wurde ihre Erstürmung zum Symbol der Revolution.

Q 3 *„Was ist der Dritte Stand?“ Unter diesem Schlagwort verfasste der Abbé Sieyès, ein Geistlicher adliger Herkunft, im Januar 1789 ein Flugblatt. Darin hieß es:*

Was ist der Dritte Stand? – Alles.
Was ist er bis jetzt in der politischen Ordnung gewesen? – Nichts.
Was fordert er? – Endlich etwas zu sein. (...)
Was braucht die Nation, um zu bestehen und zu blühen? – Private Verrichtungen und öffentliche Ämter. (...)
Diese Arbeiten halten die Gesellschaft zusammen. Wer übt sie aus? Der Dritte Stand. Wer wollte es noch bezweifeln, dass der Dritte Stand alles umfasst, um eine vollständige Nation zu bilden? Er ist der starke und kräftige Mann, dessen einer Arm noch immer in Ketten liegt.

Q 4 *Bevor der König die Generalstände einberief, ließ er Missstände aller Art in Beschwerdeheften zusammentragen. Es gab etwa 60 000 davon. Die Bauern des Dorfes Guyancourt forderten zum Beispiel:*

1. dass alle Steuern von den drei Ständen ohne irgendwelche Ausnahmen gezahlt werden, von jedem Stand gemäß seinen Kräften,
2. das gleiche Gesetz und Recht im ganzen Königreich,
5. die völlige Beseitigung jeglicher Art von Zehnten in Naturalien,
8. dass die Eigentumsrechte heilig und unverletzlich seien,
9. dass rascher und mit weniger Parteilichkeit Recht gesprochen werde,
10. dass alle Frondienste, welcher Art sie auch sein mögen, beseitigt werden,
11. dass die Einziehung zum Heeresdienst nur in dringenden Fällen erfolge und (...) ohne irgendwelche Ausnahme.

Q 5 *Frauen des Dritten Standes verfassten 1789 eine Bittschrift an den König. Darin hieß es:*

In einer Zeit, da ein jeder bemüht ist, seine Ansprüche und Rechte geltend zu machen (...), sollte es da nicht auch den Frauen möglich sein, ihrer Stimme Gehör zu verschaffen? (...) Die Frauen des Dritten Standes werden fast alle ohne Reichtümer geboren; ihre Erziehung wird vernachlässigt (...). Wir bitten Euch inständig, Sire, kostenlose Schulen einzurichten, damit wir unsere Sprache von Grund auf erlernen können, die Religion und die geistlichen und sittlichen Werte (...). Ebenso [ist] es nur gerecht, ihre [der Frauen] Stimmen zu zählen, da sie doch wie die Männer dazu verpflichtet sind, die königlichen Abgaben zu zahlen und den Verpflichtungen des Handels nachzukommen. Man wird eventuell vorbringen, alles, was man ihnen gewähren könne, sei ihnen zu gestatten, sich durch Bevollmächtigte in den Generalständen vertreten zu lassen. Man könnte dem entgegnen, (...) dass weder ein Adliger einen Nichtadligen vertreten kann noch dieser einen Adligen; ebenso (...) können Frauen nur von Frauen vertreten werden.

1. *Woran erkennt man auf dem Gemälde Q1 die Abgeordneten der drei Stände? Wo sitzen der König und die Königin, wo die höchsten Würdenträger des Staates?*
2. *Stelle in einer Tabelle die Forderungen des Dritten Standes zusammen. Unterscheide dabei nach den Forderungen der Bauern (Q4), der Frauen (Q5) und nach allgemeinen Forderungen (Q3, Q4).*
3. *Prüfe, wobei die Flugschrift des Abbé Sieyès die Abgeordneten des Dritten Standes unterstützt hat (Q3, VT).*

10 Methode
Karikaturen richtig deuten

Zeitreise multimedial – Das lange 19. Jahrhundert: Gesellschaft – „Karikaturen zeigen die Welt"

Das Jahr 1789
Den Franzosen gilt das Jahr 1789 bis heute als das wichtigste ihrer gesamten Geschichte. Es beendete das Zeitalter des absolutistischen Königtums und gab der großen Mehrheit, des Volkes zum ersten Mal die Möglichkeit, Politik mitzugestalten. Gleichzeitig sind Franzosen auch stolz darauf, dass ihr Land für andere zum Vorbild wurde. So ist auch der 14. Juli bis heute der französische Nationalfeiertag.

Mit der Feder „aufgespießt"
Was die Menschen um das Jahr 1789 bewegt hat, können wir heute noch aus ihren Bildern ablesen. Besonders aussagekräftig sind Karikaturen. In Karikaturen drücken Zeichner ihre Meinung zu bestimmten Personen oder Ereignissen auf lustige, spöttische und besonders direkte Weise aus. Bestimmte Merkmale eines Vorgangs oder einer Person werden dabei übertrieben dargestellt und dadurch lächerlich gemacht. Mit einer Karikatur will der Zeichner also nicht einfach informieren, sondern auch Anstoß erregen und seine Zeitgenossen zum Nachdenken bringen.

Q 1 *„Wusste ich's doch, dass wir auch einmal an die Reihe kämen!"* (Karikatur aus dem Jahr 1789).

Methodische Arbeitsschritte

1. Aus welcher Zeit stammt die Karikatur? Wer hat sie gezeichnet?
2. Welche Szene zeigt das Bild? Welche Gegenstände, Sachverhalte, Tiere oder Personen werden abgebildet?
3. Wo weicht der Künstler oder die Künstlerin von der Wirklichkeit ab? Was ist also übertrieben oder verzerrt dargestellt?
4. Welche Symbole erkennst du? Erkläre ihre Bedeutung.
5. Gegen wen richtet sich die Kritik? Wird zum Beispiel eine Person verspottet oder werden gesellschaftliche Verhältnisse kritisiert?
6. Versuche, die Aussage der Karikatur in einem Satz zusammenzufassen.
7. Überlege, welche Wirkung der Zeichner beim Betrachter erzielen wollte: Welches Publikum sollte angesprochen werden? Ergreift der Karikaturist für eine Person oder eine Sache Partei? Wie wirkt die Karikatur auf dich?

1 Bearbeite die Karikatur Q1 nach den methodischen Arbeitsschritten.

2 Vergleiche diese Darstellung mit der Karikatur Q1, S. 24. Welche Veränderungen stellst du fest? Beachte vor allem die Aussagen der kurzen Texte und die Symbole:
- *Hacke*
- *Kohlkopf, Vögel*
- *Kokarden*

Wer sagt: „Es lebe der König; es lebe die Nation?“
Was soll der Begriff „Nation“ hier ausdrücken?

3 Welchem Stand gehören die jungen Männer in Q2 an? Welchen Ständen sind die Gegenstände am Boden zuzuordnen? Drücke die Aussage der Karikatur in einem Satz aus.

4 Das Jahr 1789 hat die alte Gesellschaftsordnung in Frankreich beseitigt. Welche der beiden Karikaturen drückt den Wandel deutlicher aus? Begründe deine Entscheidung.

Q 2 *Das Ende der alten Zeit* (französische Karikatur 1789). – Ordne die folgenden Begriffe in einer Tabelle:

① Hut mit Federschmuck
② Schild
③ Bischofsmütze
④ Kardinalshut
⑤ Kragen eines Geistlichen
⑥ Arm- und Schulterrüstung
⑦ Beckenschutz
⑧ Wappen
⑨ Brustpanzer
⑩ Säbel
⑪ Degen
⑫ Orden
⑬ Bischofsstab
⑭ Helm

Adel	Klerus

11 Die Erklärung der Menschenrechte

Q1 *Die Erklärung der Menschen- und Bürgerrechte vom 26. August 1789* auf einer Bildtafel der Revolutionszeit. (Die deutsche Übersetzung der Artikel ist hier in gekürzter Form in das Original eingefügt worden.)

Die „große Angst"

Seit dem 19. Juli läuten täglich in vielen tausend französischen Dörfern und Städten die Sturmglocken. Bauern besetzen die Schlösser des Landadels, verlangen die Herausgabe der Dienstbarkeitsbücher und verbrennen sie in Freudenfeuern. Hunderte von Schlössern werden ausgeraubt und angezündet. Gerüchte gehen um, eine der europäischen Mächte plane einen Angriff auf Frankreich. Andere erzählen voller Furcht, dass sich der Adel gegen das Volk verschworen habe.

„Weg mit den Privilegien!"

Viele Adlige flüchten in diesem Sommer 1789 aus Frankreich. Selbst Kirchen und Klöster sind nicht mehr sicher, und auch die besitzenden Bürger fürchten um ihr Eigentum. Die Abgeordneten der Nationalversammlung wissen, dass sie schnell handeln müssen, wenn sie das Chaos verhindern wollen.
In einer Sitzung am 4. August schlägt gegen 11 Uhr abends einer der reichsten Grundbesitzer Frankreichs vor, die alten Vorrechte des Adels abzuschaffen. In einer Welle der Begeisterung tritt nun ein Adliger nach dem anderen vor und verkündet feierlich, auf seine Privilegien zu verzichten. Am frühen Morgen gibt es die alte Ordnung nicht mehr.
Ab sofort sollen alle Franzosen Steuern zahlen. Die Leibeigenschaft der Bauern ist aufgehoben und sie können sich von ihren Abgaben und Frondiensten freikaufen. Bauern dürfen nun auch auf ihrem Besitz jagen. Der Kirchenzehnt wird in eine allgemeine Geldsteuer umgewandelt.

„Freiheit, Gleichheit, Brüderlichkeit!"

So lautet nun überall die Parole. Der Dritte Stand hat sich durchgesetzt. Aber er fordert mehr: Die Stände sollen ganz verschwinden. Ein Graf, Herzog oder Bischof darf nicht mehr Rechte haben als ein einfacher Bürger.
Am 26. August 1789 ist es so weit. Die Nationalversammlung verkündet ein Dokument, das die Vorrechte des Adels und der Geistlichkeit endgültig beseitigt: die Erklärung der Menschen- und Bürgerrechte. Alle Franzosen sind nun als Staatsbürger gleich.
Doch es bleiben Fragen: Wie werden die Menschen mit ihrer neu gewonnenen Freiheit umgehen? Ist Frankreich überhaupt noch zu regieren, wenn jeder tun kann, was er will?

Q2 *rechts: Zug der Frauen nach Versailles* (zeitgenössische Radierung). Am 5. Oktober 1789 zogen mehrere Tausend Frauen aus den Pariser Arbeitervierteln nach Versailles, weil sie ihre Familien nicht mehr ernähren konnten. Ihnen schlossen sich Nationalgardisten der neuen Bürgerwehr an. Die Frauen drangen in die königlichen Gemächer ein und machten den König für die Hungersnot verantwortlich. Der König musste schließlich nach Paris kommen und die Beschlüsse der Nationalversammlung anerkennen.

Q3 *Die Schriftstellerin Olympe de Gouges,* mit bürgerlichem Namen Marie Aubry, besuchte die Sitzungen der Nationalversammlung, gründete eine republikanische Frauengesellschaft und verfasste politische Briefe und Streitschriften. 1793 wurde sie hingerichtet, weil sie die Führer der Revolution kritisiert hatte.

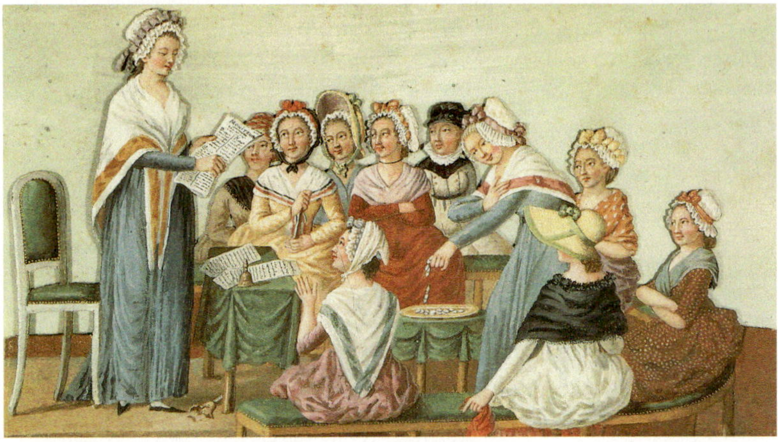

Q5 *Patriotischer Frauenklub* (Zeichnung der Brüder Leseur von 1791). Frauen hatten maßgeblich dazu beigetragen, die Ideen der Aufklärung zu verbreiten. In der Revolution gründeten sie Klubs, um zu diskutieren, Beschlüsse zu fassen und politische Forderungen zu stellen.

Q4 *Olympe de Gouges in ihrer „Erklärung der Rechte der Frau und Bürgerin", 1791:*

Art. 1: Die Frau ist frei geboren und bleibt dem Manne gegenüber gleichberechtigt. Die sozialen Unterschiede können nur auf dem allgemeinen Nutzen gegründet sein.

Art. 2: Der Zweck jeder politischen Verbindung ist die Bewahrung der natürlichen und unverjährbaren Rechte der Frau und des Mannes; diese Rechte sind Freiheit, Eigentum, Sicherheit und vor allem das Recht auf Widerstand gegen Unterdrückung.

Art. 6: Das Gesetz soll Ausdruck des Willens aller sein; alle Bürgerinnen und Bürger sollen persönlich oder über Vertreter zu seiner Entstehung beitragen, für alle sollen die gleichen Bedingungen gelten.

Q6 *Ist die neue „Gleichheit" mit Vorrechten der Männer vereinbar? Die Männer der Nationalversammlung betonten immer wieder, dass alle Franzosen gleich seien. Doch als sie Frankreich 1791 eine neue Verfassung gaben, waren sie nicht bereit, den Frauen das Wahlrecht zuzugestehen. Olympe de Gouges zeigte sich von der Entwicklung tief enttäuscht:*

Mann (...), sag an, wer hat dir die selbstherrliche Macht verliehen, mein Geschlecht zu unterdrücken? Einzig der Mann (...) fällt in diesem Jahrhundert der Aufklärung und Vernunft in gröbste Unwissenheit zurück und glaubt, despotisch über ein Geschlecht verfügen zu können, das alle intellektuellen Fähigkeiten besitzt. Er ist es, der Nutzen aus der Revolution zieht und seinen Anspruch auf Gleichheit geltend macht.

1. *Die Frauengestalt links in Q1 verkörpert die französische Nation; das kannst du an den Farben erkennen. Welche symbolische Bedeutung haben die Ketten?*
2. *Wodurch unterscheidet sich das Manifest der Olympe de Gouges (Q4) von der Menschenrechtserklärung (Q1)?*
3. *Die Ideen von 1789 finden sich heute in den Verfassungen fast aller Staaten wieder. Vergleiche mit den Artikeln 1 bis 19 des Grundgesetzes.*

12 Projekt
Die Menschenrechte heute

Die Erklärung der Menschen- und Bürgerrechte von 1789 war ein Dokument, das vielleicht wie kein zweites gewirkt hat. Menschen in aller Welt haben seitdem dafür gekämpft, dass ihnen diese Rechte garantiert sind. Menschenrechte gehen uns alle etwas an. Daher müssen wir uns darum kümmern, dass sie auch eingehalten werden. Wenn Menschen gefoltert oder durch Terror eingeschüchtert werden, sollten wir darauf aufmerksam machen. Auch das ist ein Beitrag zum weltweiten Kampf um die Menschenrechte.

Q 1 *1948 kamen in Paris Vertreter aus den damals 48 Mitgliedsstaaten der Vereinten Nationen (United Nations Organization = UNO) zusammen. Sie veröffentlichten die „Allgemeine Erklärung der Menschenrechte":*

Art. 1: Alle Menschen sind frei und gleich an Rechten geboren. (...)

Art. 3: Jeder Mensch hat das Recht auf Leben, Freiheit und Sicherheit der Person.

Art. 4: Niemand darf in Sklaverei und Leibeigenschaft gehalten werden. (...)

Art. 5: Niemand darf der Folter oder grausamer, unmenschlicher oder erniedrigender Behandlung oder Strafe unterworfen werden.

Art. 9: Niemand darf willkürlich festgenommen, in Haft gehalten oder des Landes verwiesen werden.

Art. 18: Jeder Mensch hat den Anspruch auf Gedanken-, Gewissens- und Religionsfreiheit. (...)

D 1 *Amnesty International (ai)*

Amnesty International ist eine von weit über 1000 Organisationen, die sich für den Schutz der Menschenrechte einsetzen. Mehr als 1,5 Millionen Mitglieder und Förderer von ai setzen sich weltweit für die Freilassung und Unterstützung von Personen ein, die wegen ihrer Überzeugung, ethnischen Herkunft, wegen ihres Glaubens oder ihres Geschlechts inhaftiert sind und Gewalt weder angewandt noch befürwortet haben. Darüber hinaus kämpft ai gegen Folter und Todesstrafe sowie das „Verschwindenlassen" von Menschen an. 191 von 194 Staaten der Erde sind Mitglieder der UNO. Sie haben alle die Menschenrechtserklärung unterschrieben. Trotzdem hat Amnesty International für das Jahr 2001 Menschenrechtsverletzungen in 152 Staaten festgestellt: Legale Hinrichtungen fanden in 27 Staaten statt, außergerichtliche Hinrichtungen in 47 Staaten. In 111 Ländern wurde staatliche Folter und Misshandlung festgestellt. Für 35 Staaten ist das „Verschwindenlassen" von Menschen belegt. In mindestens 56 Staaten gab es gewaltlose politische Gefangene.

Menschenrechtsverletzungen: Eine Ausstellung planen und durchführen

1 Entscheidet euch für ein bestimmtes Thema, z. B. Folter und Misshandlung politischer Gefangener, Unterdrückung von Minderheiten, moderne Sklaverei. Wenn ihr mehrere Themen wählt, lasst sie von verschiedenen Gruppen bearbeiten. Formuliert einen Titel für eure Ausstellung.

2 Überlegt, für welches Publikum die Ausstellung durchgeführt werden soll: für die eigene Klasse, die Schulgemeinschaft, einen Elternabend oder eine Abschlussfeier.

3 Sammelt Material: Zeitungsberichte, Fotos, Grafiken, Statistiken, Bücher u. a.

4 Ordnet das Material den Themen zu und bearbeitet es: Fotos muss man häufig vergrößern und eine Bildlegende dazu schreiben. Bei Texten sollte man immer überlegen, ob sie noch gekürzt werden können.

5 Für eine Ausstellung außerhalb der Klasse braucht man Stellwände; fragt den Hausmeister.

6 Gestaltet ein Plakat für eure Mitschüler, schreibt Einladungen für Eltern und Lehrer. Legt fest, wer die Besucher empfängt und sie durch die Ausstellung führt.

Q **2** *Moderne Sklaverei. Henriette Akofa wächst in Togo auf. Als sie fünfzehn ist, wird sie von einer Freundin der Familie mit falschen Versprechungen nach Paris gelockt. Dort wird sie jahrelang in einem Haushalt wie eine Gefangene gehalten und ausgebeutet. In ihrem Buch „Keine Zeit für Tränen" aus dem Jahr 2000 berichtet sie auch über das Schicksal anderer Mädchen:*

Celine, ein Mädchen aus Benin, war als Hausangestellte eines afrikanischen Botschafters nach Paris gekommen. Man hatte auch ihr versprochen, dass sie nur auf die Kinder aufpassen müsse, im Gegenzug könne sie die Schule besuchen. Tatsächlich aber schuftete sie den ganzen Tag im Haus und schlief auf dem Boden. Die Hausherrin beleidigte sie zuerst, dann schlug sie sie aus nichtigem Anlass. Die Schläge wurden immer schlimmer, bis ihre „Arbeitgeber" ihr eines Tages mehrere Zähne ausschlugen. (...) Einmal schüttete die Hausherrin ihr heißes Öl in die Ohren und warf sie schließlich einfach auf die Straße.

Q **3** *Über das Schicksal von Kindersoldaten berichtete UNICEF 2003:*

Für die Kommandeure sind Kinder eine ideale Verstärkung: Sie bekommen kaum Sold, sind gehorsam und begreifen oft die Gefahr, in die sie sich begeben, noch nicht. Deshalb werden sie auch an vorderster Front eingesetzt. „Sie haben mich aus meinem Dorf entführt, mich geschlagen und mir Drogen gegeben, damit ich tat, was sie wollten. Sie sagten: ‚Wenn du nicht kämpfst und unsere Feinde tötest, dann töten wir dich' ", (...) erzählt Charlie aus Sierra Leone. (...) Was ihm und weiteren 10000 Kindern zugemutet wurde, ist entsetzlich: Sie mussten Dörfer niederbrennen, wurden dazu gezwungen, Menschen Arme und Beine abzuschlagen – oft in ihrer eigenen Nachbarschaft. (...) Auch Mädchen haben die Rebellen entführt, vergewaltigt und sie gezwungen, mit ihnen zu leben. Sie wurden oft über Jahre sexuell missbraucht. Viele wurden nach den Vergewaltigungen schwanger und kehrten, selbst noch lange nicht erwachsen, mit einem Kind zurück.

Q **4** *Etwa 300000 Kindersoldaten* werden weltweit in Konflikten eingesetzt, die meisten davon in Afrika. Sie schleppen Munition, spionieren feindliche Stellungen aus und kämpfen. Manchmal werden sie sogar gezwungen, eigene Nachbarn und Verwandte umzubringen, um sie an die Truppe zu fesseln und eine Rückkehr in die Dörfer unmöglich zu machen.

Wichtige Organisationen, die sich für die Menschenrechte einsetzen

- Organisationen der UNO: UNHCHR Hoher Kommissar für Menschenrechte www.unhchr.ch
- UNICEF Weltkinderhilfswerk www.unicef.de
- terres des hommes www.tdh.de
- Amnesty International www.amnesty.de

13 Frankreich wird Republik

1 *Die Kutsche mit der königlichen Familie* wird unter Bewachung der Nationalgarde nach Paris zurückgeleitet (zeitgenössischer Stich).

konstitutionelle Monarchie
Der König ist als Staatsoberhaupt an eine Verfassung (Konstitution) gebunden. Seine Macht ist durch ein Parlament (Volksvertretung) eingeschränkt.

Republik
Staatsform, die auf der Volkssouveränität gründet, d.h. das Volk als höchste Gewalt ansieht. Regierung und Parlament werden nur auf Zeit gewählt.

„Der König will fliehen!"

Seit Oktober 1789 lebte die köngliche Familie im Stadtschloss von Paris. Dort fühlte sie sich aber nicht sicher. Daher entschloss sich Ludwig XVI., ins Ausland zu fliehen. Von dort aus wollte er mit königstreuen Truppen nach Paris marschieren und die Revolution beenden. In der Nacht zum 21. Juni 1791 verließ die königliche Familie heimlich die Hauptstadt. Doch 60 Kilometer vor der Grenze fiel einem Postmeister die Kutsche auf. Bei näherem Hinsehen erkannte er Ludwig XVI., als Diener verkleidet. Der König wurde unter Beschimpfungen nach Paris zurückgebracht, wo er von nun an fast wie ein Gefangener in seinem Schloss lebte.

Wie soll Frankreich regiert werden?

In der Nähe des Schlosses tagte die Nationalversammlung und diskutierte die neue Verfassung für Frankreich. Jetzt stellte sich die Frage, ob man überhaupt noch einen König brauchte. Die Mehrheit war dafür: Frankreich wurde eine konstitutionelle Monarchie. Zwar regierte Ludwig XVI. weiter als König, aber er musste einen Eid auf die Verfassung leisten. Diese wiederum schränkte seine bisher absolute Macht stark ein.

Das Ausland droht mit Krieg

Zu dieser Zeit bereiteten sich der deutsche Kaiser und der König von Preußen darauf vor, in Frankreich militärisch einzugreifen. Denn sie wollten nicht, dass einfache Bürger die Rechte eines Königs schwächten. Außerdem war der Kaiser in Wien der Schwager Ludwigs XVI. Französische Adlige, die in das benachbarte Kurfürstentum Trier geflohen waren, stellten eine Armee auf, um ihren König zu befreien. Die Nationalversammlung erklärte daraufhin Österreich im April 1792 den Krieg. Viele Franzosen waren begeistert, denn sie glaubten, durch einen Krieg ließen sich die revolutionären Ideen überall in Europa verbreiten. Auch Ludwig XVI. war für den Krieg – doch setzte er insgeheim auf einen Sieg der Österreicher und ihrer Verbündeten.

Der König wird hingerichtet

Die verbündeten Fürsten drohten, Paris zu zerstören, wenn dem König auch nur „die mindeste Gewalt oder Beleidigung" zugefügt würde. Die Drohung löste erst Angst, dann Empörung aus. Man warf dem König Verrat vor. Eine bewaffnete Volksmenge drang ins Schloss ein, tötete die Wachsoldaten und nahm Ludwig XVI. gefangen. Mittlerweile marschierten die Preußen und Österreicher auf Paris zu und Gerüchte über eine Gegenrevolution königstreuer Adliger machten die Runde. Verschärfend kam hinzu, dass viele Menschen hungerten. In dieser Situation gewannen radikale Revolutionäre und ihre Anhänger aus den unteren Volksgruppen die Oberhand. Eine neue Nationalversammlung setzte den König am 21. September 1792 ab und erklärte Frankreich zur Republik. Ludwig XVI. wurde wegen Landesverrats angeklagt und schließlich zum Tode verurteilt. Wenige Monate später wurde auch die Königin Marie Antoinette hingerichtet.

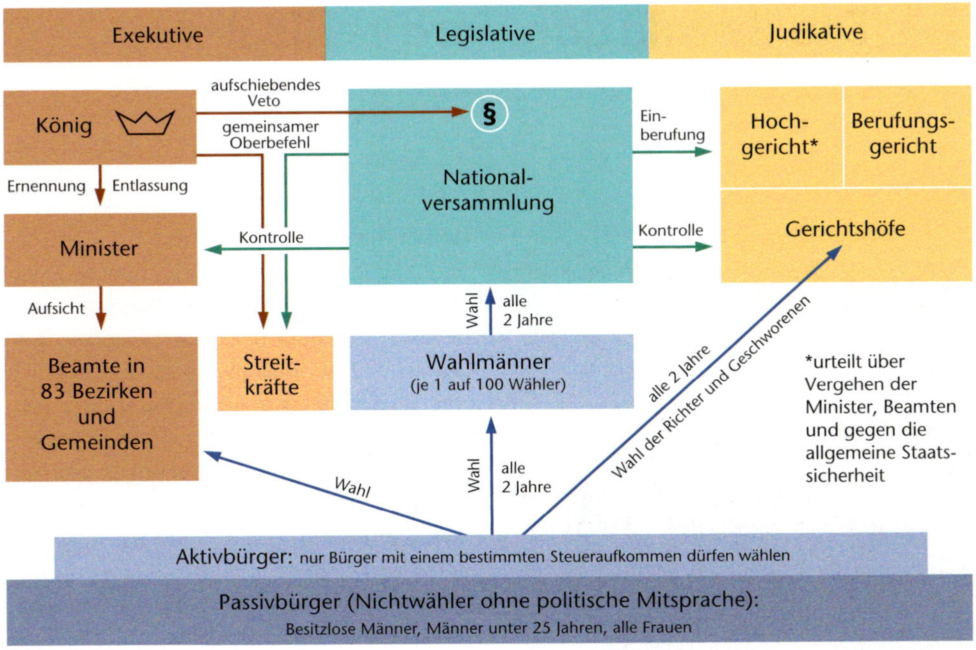

D **1** *Die Verfassung Frankreichs vom 3. September 1791.*
Von den 25 Millionen Einwohnern Frankreichs zählten etwa 4 Millionen zu den Aktivbürgern, nur ungefähr 50 000 Bürger zahlten so hohe Steuern, dass sie auch als Wahlmänner gewählt werden durften.

Q **2** *Für den Tod des Köngs stimmte auch Maximilien de Robespierre, ein junger Rechtsanwalt aus der nordfranzösischen Stadt Arras. Vor den übrigen Abgeordneten begründete er seine Entscheidung so:*

Welches ist der Entschluss, den die gesunde Politik vorschreibt, um die werdende Republik zu festigen? Dass man die Verachtung des Königtums tief in die Herzen eingrabe und alle Anhänger des Königs mit Betäubung schlage (…).
Die Völker schleudern den Blitz, das ist ihr Urteil, sie klagen die Könige nicht an, sie versenken sie in das Nichts (…). Ah, wir sind so zart gegen die Unterdrücker, weil wir ohne Erbarmen gegen die Unterdrückten sind! (…) Ludwig muss sterben, weil das Vaterland leben muss!

1. *Zeichne eine Zeitleiste für den Zeitraum von 1789 bis 1793. Trage die Ereignisse ein, die Ludwig XVI. betreffen. Wie verändert sich seine politische Stellung, wie seine persönliche Situation?*
2. *Wie begründet Robespierre in Q2 das Todesurteil gegen Ludwig XVI.?*
3. *Beschreibe die Einzelheiten in der Abbildung Q3. Wie wird das Ereignis dargestellt?*
4. *Untersuche die Verfassung der konstitutionellen Monarchie Frankreichs nach den methodischen Arbeitsschritten von S. 19. Vergleiche den Staatsaufbau mit dem der USA.*

Q **3** *Die Hinrichtung Ludwigs XVI.* am 21. Januar 1793 auf der Guillotine (zeitgenössischer Stich)

14 Die Revolution wird radikaler

Q 1 *Hungernde Menschen in den Pariser Elendsvierteln* (Aquarell von 1793). Wie die Menschen auf dem Bild bezahlten die einfachen Leute meist mit Papiergeld. Da die Revolutionsregierung immer mehr davon druckte, misstrauten die Menschen seinem Wert und gaben nur ungern Waren dafür her. Dadurch wurde Getreide knapp und Brot teuer.

A-Z

Sansculotte
(frz. sans = ohne; culotte = Kniehose)
Bezeichnung für die radikalen Republikaner

„Das Vaterland ist in Gefahr!"
Mit diesem Aufruf wandte sich die Nationalversammlung im Sommer 1793 an alle Franzosen. Frankreich war für einen Krieg schlecht gerüstet, denn die meisten adligen Offiziere waren geflohen. Viele marschierten sogar mit dem Feind gegen Paris. Die Revolutionsregierung nutzte die nationale Begeisterung und warb Freiwillige an. Schlecht ausgerüstet, aber entschlossen drängten sie Österreicher und Preußen zurück. Bald gewannen die gegnerischen Berufsheere aber wieder die Oberhand.
Gleichzeitig kam es in vielen Provinzen Frankreichs zu Aufständen gegen die Revolutionsregierung. Zwar hatten es die meisten Bürger und Bauern begrüßt, dass der Adel auf Privilegien verzichten musste. Doch nun ließ die Regierung in Paris die Kirchengüter einziehen und Klöster schließen. Als auch Priester verhaftet wurden, die den Eid auf die Verfassung verweigerten, rebellierte die gläubige Landbevölkerung.

Jakobiner und Girondisten
Eine dreifache Krise bedrohte nun die Revolution: der Bürgerkrieg auf dem Land, der auswärtige Feind und eine Hungersnot in Paris. Im Nationalkonvent, so nannte sich die dritte Nationalversammlung seit September 1792, waren republikanisch gesinnte Abgeordnete in der Mehrheit. Am besten organisiert waren die Jakobiner. So wurden sie nach ihrem Versammlungssort, einem ehemaligen Jakobinerkloster, genannt. Ihre Führer Robespierre und Danton hielten mitreißende Reden im Konvent, während Jean Paul Marat in Zeitungsartikeln den Volkszorn gegen König und Kirche lenkte.
Die Gegner der Jakobiner vertraten die Interessen der Bürgerinnen und Bürger mit eigenem Besitz. Sie waren anfangs auch bereit, mit dem König zusammenzuarbeiten. Da einige Abgeordnete aus der Landschaft Gironde kamen, hießen sie die Girondisten.

Sansculotten beherrschen die Straße
Die Jakobiner stützten sich vor allem auf die Volksschichten, die nichts oder wenig besaßen und bisher kaum beachtet worden waren, wie Handwerker, Arbeiter, Marktfrauen, Wäscherinnen, Näherinnen, Tagelöhner und Kleinhändler. Die Jakobiner forderten Gleichheit und meinten damit nicht nur politische Rechte wie das Wahlrecht für alle, sondern auch Brot, Kleidung und Wohnungen zu bezahlbaren Preisen. Wenn sie bewaffnet auftraten, schüchterten sie sogar die Abgeordneten des Konvents ein.
Die radikalsten unter ihnen nannte man Sansculotten, weil sie die Kniehosen und Seidenstrümpfe der Reichen verachteten und stattdessen lange Hosen trugen. Sie sprachen sich mit „Bürger" an und duzten auch Fremde. Frauen und Männer zeigten ihre revolutionäre Gesinnung, indem sie blau-weiß-rot gestreifte Kleidung trugen. Das waren die Farben der Nation.

Q5 *„Bürgerinnen" und „Bürger" des neuen Frankreich* tanzen um einen „Freiheitsbaum" und singen Revolutionslieder (zeitgenössische Radierung). Freiheitsbäume waren überall in Frankreich am 14. Juli 1790 zum Andenken an den Sturm auf die Bastille gepflanzt worden. Die rote Mütze galt seit der Antike als Zeichen der befreiten Sklaven; sie war nun die Kopfbedeckung der Sansculotten.

Q2 *Die Erziehung von Kindern und Jugendlichen sollte nach dem Willen des Jakobiners Saint-Just so aussehen:*

Die Kinder gehören fünf Jahre lang ihrer Mutter, wenn sie selber sie ernährt hat, dann bis zu ihrem Tod der Republik (…).

Das Kind und der Bürger gehört dem Vaterland. Gemeinsame Erziehung ist Pflicht. Die Disziplin der Kindheit ist unerbittlich hart. (…)

Im Alter von fünf bis sechzehn Jahren werden die männlichen Kinder für das Vaterland erzogen. (…)

Kinder dürfen weder geschlagen noch liebkost werden. Man lehrt sie das Gute, indem man sie der Natur überlässt. (…)

Die Kinder werden zu allen Jahreszeiten in Leinen gekleidet.

Sie schlafen auf Matten und ruhen acht Stunden. Sie werden gemeinsam ernährt. Sie bekommen nur Wurzeln, Früchte, Gemüse, Brot und Wasser zu essen (…). Alle Kinder tragen bis zum Alter von sechzehn Jahren die gleiche Kleidung. Von sechzehn bis einundzwanzig tragen sie die Kleidung des Arbeiters, von einundzwanzig bis fünfundzwanzig den Soldatenrock (…). Die Mädchen werden im Hause ihrer Mütter erzogen.

Q3 *Das Gesetz zur allgemeinen Volksbewaffnung („Levée en masse") von 1793:*

Art. 2: Die jungen Männer gehen an die Front, die Verheirateten schmieden Waffen und übernehmen den Verpflegungstransport; die Frauen nähen Zelte, Uniformen und tun in den Hospitälern Dienst; die Kinder zupfen aus altem Leinenzeug Scharpie (Verbandsmaterial); die Greise lassen sich auf öffentliche Plätze tragen, um den Soldaten Mut und Hass gegen die Könige zu predigen und ihnen die Einheit der Republik einzuschärfen.

Art. 7: Niemand kann sich bei dem Wehrdienst, zu dem er einberufen wird, von einem anderen vertreten lassen.

Q4 *Das bekannteste Revolutionslied lautete in einer radikalen Fassung so:*

Ah, das geht ran, das geht ran,
das geht ran,
Die Aristokraten an die Laterne;
Ah, das geht ran, das geht ran,
das geht ran,
Die Aristokraten, hängt sie dran!
Und wenn sie alle hängen, marsch,
Haut man ihn'n die Schippe vorn Arsch.
Ah! das geht ran, das geht ran,
das geht ran.

Levée en masse
Allgemeine Wehrpflicht, im August 1793 von den Jakobinern eingeführt, um im Krieg gegen zahlreiche europäische Mächte bestehen zu können.

1 *Mit welchen Argumenten konnten radikale Politiker seit 1792 vor allem die unteren Volksschichten für sich gewinnen (VT, Q1)?*
2 *Gegen wen richtet sich der Text des Revolutionsliedes Q4?*
3 *Welche Symbole sind in Q5 abgebildet? Welche Bedeutung haben sie? Zu welcher Gruppe gehört der Mann rechts? Worauf will er die anderen hinweisen?*
4 *An welchem antiken Vorbild orientiert sich Saint-Juste in Q2? Was hältst du von seinem Vorschlag?*

15 Terror statt Freiheit

Q 1 *Ein Revolutionstribunal verhört einen Bürger* (zeitgenössischer Stich). Hunderte von „Verdächtigen" wurden täglich vor solche Ausschüsse geladen: Adlige, Priester, wohlhabende Bürger, aber auch Handwerker, Bauern und Lohnarbeiter. Ein Verteidiger, wie vor Gericht üblich, war nicht zugelassen. Urteile wurden schnell und willkürlich gesprochen. Sie lauteten meistens: „Tod durch die Guillotine!"

A–Z

Direktorium
Regierung Frankreichs 1795–1799. Sie begünstigte das Besitzbürgertum.

Die Schreckensherrschaft beginnt

Die Jahre 1793/94 gingen als die Zeit des „großen Terrors" in die französische Geschichte ein. Tausende von Menschen wurden ohne einen ordentlichen Prozess hingerichtet. Fast jeder konnte plötzlich verhaftet und eingesperrt werden.
Wie war das in einem Staat möglich, der gerade erst die Menschenrechte zu seiner Grundlage gemacht hatte?
1793 kamen von überall her schlechte Nachrichten: Räuberbanden zogen plündernd durchs Land, vielerorts gab es Aufstände königstreuer Bauern. In den Städten hungerten die Menschen. Zu alledem hatte England ein starkes Bündnis europäischer Staaten gegen Frankreich zusammengebracht. Ihr Plan war, die Revolutionsregierung in Paris abzusetzen und die Monarchie wieder einzuführen. Im Konvent setzten sich nun die radikalen Jakobiner gegen die Girondisten durch. Robespierre wurde Vorsitzender einer Notstandsregierung, die als „Wohlfahrtsausschuss" fast unbeschränkte Vollmacht erhielt.

Die Jakobiner werden entmachtet

Der Wohlfahrtsausschuss zwang Händler und Bauern, billiges Getreide zu liefern. Auch für Brot, Fleisch, Salz, Zucker und alltägliche Gebrauchsgegenstände wurden niedrige Höchstpreise festgesetzt. Wer sich nicht daran hielt, galt als „Feind der Republik" – ebenso wie Geistliche, Adlige und alle, die kein „Zeugnis staatsbürgerlicher Gesinnung" vorzeigen konnten. Verdächtigungen und anonyme Anzeigen waren an der Tagesordung, denn die Bürger wurden dazu angehalten, sich gegenseitig zu bespitzeln. Revolutionsgerichte sprachen ein Todesurteil nach dem anderen. Fast 40 000 Menschen kamen um, auch alte Revolutionäre – erst die Girondisten, dann die Jakobiner selbst. Nun musste jeder um sein Leben fürchten. In dieser Situation verschworen sich ehemalige Anhänger gegen Robespierre und stürzten ihn. Am 27. Juli 1794 wurde er unter der Guillotine hingerichtet.

Das Direktorium

Im Konvent gewannen nun Bürger die Mehrheit, die während der Revolution zu Vermögen gekommen waren. Viele hatten das enteignete Land billig erworben, andere waren durch Lieferungen an die Armee reich geworden. Sie wollten die Republik behalten, aber eine, die ihren Interessen nützte.
Eine neue Verfassung beendete 1795 die radikale Phase der Revolution. Ein Direktorium aus fünf Männern übernahm die Regierungsgewalt. Die wichtigsten Ziele waren nun, dass Eigentum geschützt und die Gesetze beachtet wurden. Das Wahlrecht für alle männlichen Franzosen ab 21 Jahren wurde wieder abgeschafft. Man beschränkte es auf diejenigen, die auch Steuern zahlten. Doch Feste wie der 14. Juli sowie der Revolutionskalender, der mit dem Jahr 1 der Republik (1792) begann, blieben erhalten.

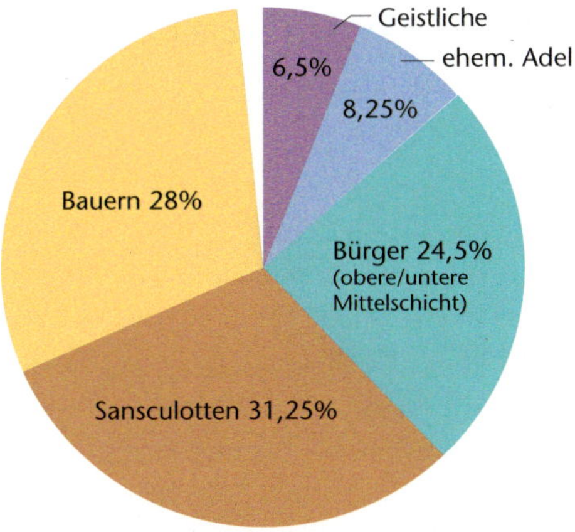

D 1 *Bilanz des Terrors:* Zwischen Oktober 1793 und Juli 1794 wurden etwa 13 000 Menschen hingerichtet, von denen wir wissen, welcher Bevölkerungsgruppe sie zuzurechnen sind. Die ehemalige Königin Marie-Antoinette starb im Oktober 1793 unter der Guillotine.

Q 2 *Der Jakobiner Jean Paul Marat schrieb am 10. August 1792 in einem Zeitungsartikel:*

Niemand verabscheut Blutvergießen mehr als ich, aber um zu verhindern, dass das Blut in Strömen fließt, dringe ich in euch, einige Tropfen zu vergießen. Um die Pflichten der Menschlichkeit mit der Sorge für die öffentliche Sicherheit in Einklang zu bringen, schlage ich euch vor, die revolutionsfeindlichen Mitglieder der Stadtverwaltung, der Friedensrichter (…) und der Nationalversammlung auszumerzen.

Q 3 *Wie funktionierte die Politik des Terrors? Aus dem Gesetz über die Verdächtigen, Konventsbeschluss vom 17. September 1793:*

Art. 1. Unmittelbar nach der Verkündung dieses Gesetzes werden alle Verdächtigen, die sich auf dem Gebiet der Republik befinden und noch auf freiem Fuße sind, verhaftet und eingesperrt.

Art. 2. Als verdächtig gelten:

1. diejenigen, die sich durch ihr Verhalten, ihre Beziehungen, ihre Reden oder ihre Schriften als Anhänger der Tyrannei und des Föderalismus [hier: Rebellion gegen den Konvent in mehreren Provinzen nach dem Sturz der Girondisten von Mai bis Dezember 1793] und als Feinde der Freiheit zu erkennen gegeben haben; (…)

5. jene der einstmals Adligen, die Gatten und Gattinnen, Väter und Mütter, Söhne und Töchter, Brüder und Schwestern, die nicht beständig ihre Verbundenheit mit der Revolution bekundet haben, sowie Emigranten.

Q 4 *Maximilien de Robespierre (1758–1794) wuchs in ärmlichen Verhältnissen auf.* Da er sehr begabt war, bekam er ein Stipendium an der Universität, studierte Rechtswissenschaften und wurde Anwalt. 1789 wurde er als Abgeordneter des Dritten Standes in die Generalstände gewählt. 1793 gehörte er zu den führenden Jakobinern.

Q 5 *Der Jakobiner Camille Desmoulins veröffentlichte am 20. Dezember 1793 einen Appell an Robespierre, in dem er ein Ende des Terrors forderte. Wenig später wurde er verhaftet und unter der Guillotine hingerichtet. In dem Zeitungsartikel hieß es darüber:*

Die Menschenrechtserklärung kennt kein Haus der Verdächtigung (…). Es gibt keine verdächtigen Personen, es gibt nur Angeklagte für Delikte, die durch das Recht festgelegt sind (…). Sie wollen alle Ihre Feinde durch die Guillotine auslöschen. Gab es jemals einen größeren Irrsinn? Können Sie auch nur einen Einzigen auf dem Schafott hinrichten, ohne sich zehn Feinde in seiner Familie oder unter seinen Freunden zu machen? Glauben Sie, dass diese Frauen, diese alten und gebrechlichen Menschen (…), die Sie einsperren, gefährlich sind?

1 Beschreibe die Personen in Q1. Welchen Bevölkerungsschichten könnten sie angehören? Erscheinen sie dir für eine Gerichtsverhandlung geeignet? Versetze dich in die Lage des Mannes links. Was droht ihm, wenn er „schuldig" gesprochen wird?

2 Warum glaubten anfangs viele Menschen, die harten Maßnahmen Robespierres seien notwendig, um die Republik zu retten (VT)?

3 Wie rechtfertigt Marat in Q2 die Ermordung einiger Abgeordneter?

4 Mit welchen Argumenten lehnt Desmoulins in Q5 den Terror ab?

D 2 *Die Guillotine* (Modell). Die Hinrichtung mit dem Beil führte nicht immer zum Tode; deshalb entwickelte der französische Arzt Guillotin das „humanere" Fallbeil.

16 Napoleon wird Kaiser der Franzosen

1 *Napoleon Bonaparte überquert die Alpen* (Ölgemälde von Jacques Louis David, 1801). Statt des Pferdes benutzte Napoleon in Wirklichkeit ein Maultier.

General des Direktoriums

Im Herbst des Jahres 1795 entstand für die neue Regierung Frankreichs eine gefährliche Situation: Die Anhänger der Monarchie planten einen gewaltsamen Umsturz. In seiner Not übertrug das Direktorium einem 26-jährigen Artilleriegeneral das Kommando über die Regierungstruppen in Paris. Der ließ mitten in der Stadt Kanonen aufstellen und auf die anstürmenden Königsanhänger feuern. Der junge Offizier hieß Napoleon Bonaparte.

Die Direktoren waren mit ihrem General zufrieden. Sie gaben ihm 1796 den Oberbefehl über die Italienarmee, die bisher ziemlich erfolglos gegen Österreich gekämpft hatte. Napoleon besiegte die Österreicher und eroberte Land für Frankreich. Das machte ihn auch beim französischen Volk beliebt.

A-Z

Bürgerliches Gesetzbuch

Es regelt die privaten und wirtschaftlichen Beziehungen der Bürger, z. B. das Erbrecht oder den Kaufvertrag.

Vom Ersten Konsul zum Kaiser

1799 nutzte Napoleon seine Macht zu einem Staatsstreich: Er setzte das Direktorium ab, nannte sich selbst Erster Konsul und übernahm mit zwei weiteren Konsuln die Regierungsgewalt. „Die Revolution ist beendet", ließen sie verkünden. Das entsprach dem Willen der meisten Franzosen, die sich nach zehn wirren Jahren vor allem Ruhe und Ordnung wünschten. Napoleon regierte bis 1804 als Erster Konsul, dann krönte er sich selbst zum Kaiser.

Ein moderner Staat …

Napoleon wollte aus Frankreich einen modernen Staat machen. Als wichtigste Grundlage ließ er ein bürgerliches Gesetzbuch, den Code civil, ausarbeiten. Damit verwirklichte er die Forderungen der Revolution nach persönlicher Freiheit und der Gleichheit aller vor dem Gesetz. Der Code civil wurde zum Vorbild für viele Staaten Europas.

Napoleon wusste auch, dass ein wirtschaftlich starkes Frankreich den einfachen Menschen Arbeit und dem Bürgertum Aussicht auf Gewinne gab. Deshalb förderte er Industrie und Handel, ließ Kanäle und Straßen bauen und vergab Rüstungsaufträge.

… oder eine Militärdiktatur?

Napoleon brauchte die Armee, um seine Macht im Inneren zu sichern und die Vorherrschaft Frankreichs in Europa durchzusetzen. Solange er siegte, war seine Herrschaft kaum gefährdet. Eine echte Opposition gab es sowieso nicht, denn Napoleon berief die Kandidaten der Volksversammlung selbst. Er ernannte auch die Richter, Beamten und Offiziere. Die Polizei bespitzelte das Volk und kontrollierte die Zeitungen. Manche Entscheidungen ließ Napoleon durch Volksbefragungen bestätigen. So hatte es den Anschein, dass die Franzosen mit seiner Politik einverstanden waren.

Q2 *Über Republik und Freiheit äußerte sich Napoleon 1797 in einem vertraulichen Gespräch mit dem Diplomaten Miot de Melito:*

Glauben Sie vielleicht, dass ich eine Republik begründen will: Welcher Gedanke! (…) Das ist eine Wahnvorstellung, in die die Franzosen vernarrt sind, die aber auch wie so manche andere vergehen wird. Was sie brauchen, das ist Ruhm, die Befriedigung ihrer Eitelkeit, aber von Freiheit verstehen sie nichts. Blicken Sie auf die Armee! Die Erfolge und Triumphe, die wir soeben davongetragen haben, die haben den wahren Charakter des französischen Soldaten wieder hervortreten lassen. Für ihn bin ich alles. Das Direktorium soll es sich nur einfallen lassen, mir das Kommando über die Armee wegzunehmen! Dann wird man sehen, wer der Herr ist.
Die Nation braucht einen Führer, einen durch Ruhm hervorragenden Führer, aber keine Theorien über Regierung, keine großen Worte, keine Reden von Ideologen, von denen die Franzosen nichts verstehen. Man gebe ihnen ihre Steckenpferde, das genügt ihnen, sie werden sich damit amüsieren und sich führen lassen, wenn man ihnen nur geschickt das Ziel verheimlicht, auf das man sie zumarschieren lässt.

Q3 *Presseverordnung von 1800:*

Ab sofort werden alle Zeitungen verboten, die Artikel gegen den sozialen Frieden, gegen die Volkssouveränität, gegen den Ruhm der Armee veröffentlichen oder die Angriffe gegen die Regierung und gegen die mit der Republik befreundeten und verbündeten Nationen enthalten, auch wenn diese Artikel Auszüge aus ausländischen Zeitungen sind.

Q4 *Auszug aus dem Code civil vom 21. März 1804:*

Art. 213: Die Frau (ist) ihrem Manne Gehorsam schuldig.
Art. 215: Die Frau kann ohne Genehmigung ihres Mannes nicht vor Gericht auftreten.
Art. 230: Die Frau kann (nur) (…) die Ehescheidung verlangen, wenn (der Mann seine Nebenfrau) im gemeinschaftlichen Hause gehalten hat.
Art. 544: Eigentum ist das Recht, eine Sache auf die unbeschränkteste Weise zu benutzen und darüber zu verfügen, vorausgesetzt, dass man davon keinen durch die Gesetze oder Verordnungen untersagten Gebrauch macht.
Art. 545: Niemand kann gezwungen werden, sein Eigentum abzutreten, ausgenommen zum öffentlichen Besten.

Q5 *Wohlhabende Bürgerinnen und Bürger in der Zeit des Direktoriums* (zeitgenössische Radierung)

1 Nenne die Maßnahmen, mit denen Napoleon Frankreich zu einem modernen Staat machte.

2 Betrachte das Gemälde Q1. Überlege, zu welchem Zweck der Maler den General Napoleon so dargestellt hat. Nimm dazu die methodischen Arbeitsschritte „Herrscherbilder zum Sprechen bringen“ auf Seite 208 zu Hilfe.

3 Was sagt die Abbildung Q5 über die Zeit des Direktoriums aus? Warum hätten sich wohlhabende Bürger 1793/94 so nicht gezeigt?

4 Überprüfe anhand von Q2, wie Napoleon zur Revolution und zur Republik stand.

5 Der Code civil hat in den letzten 200 Jahren viele Änderungen erfahren, ist aber bis heute gültig. Was sagt das über Napoleons Gesetzeswerk aus?

17 Methode
Historienmalerei – gemalte Geschichte?

Q 1 *Kaiserkrönung 1804* (Ausschnitt aus einem Gemälde von J. L. David). Napoleon greift durch die Art seines Kostüms sowie durch den Lorbeerkranz bewusst auf die Tradition römischer Kaiser zurück. Einige Symbole, wie die Lilie auf dem Mantel, knüpfen auch an die französischen Könige an.

„Ein gut gewählter Augenblick"
Im Januar 1808 beendete der Maler Jacques Louis David ein Gemälde, das schon alleine aufgrund seiner Größe für Aufsehen sorgte: 6,10 m in der Höhe und 9,30 m in der Breite! Es zeigte den Augenblick, in dem Napoleon seine Frau Josephine krönte.
An diesem 2. Dezember 1804 waren die höchsten Würdenträger Frankreichs in der ehrwürdigen Kathedrale Notre-Dame in Paris erschienen, um nach Revolution und Konsulat wieder eine erbliche Monarchie zu begründen: das Kaisertum Napoleons.
Als Napoleon das fertige Gemälde sah, war er sichtlich zufrieden. „Ein gut gewählter Augenblick", sagte er zu David.

Historiengemälde als Quelle
In einem Historiengemälde wurde ein besonderer Augenblick für die Nachwelt festgehalten. Das Geschehen erscheint darauf meist als spektakuläres Ereignis. Oft treten wichtige Persönlichkeiten, manchmal sogar der Auftraggeber selbst, in den Mittelpunkt des Gemäldes. Dabei bleibt keine Einzelheit zufällig, denn der Auftraggeber will so dargestellt werden, wie er von der Nachwelt am liebsten gesehen werden möchte.

Der Maler Jacques Louis David

David wird 1748 als Sohn eines Perückenmachers geboren. Seit 1789 begeistert er sich leidenschaftlich für das Neue und erhält als „Maler der Revolution" den Auftrag, den Ballhausschwur zu malen (siehe ADS). Er wird in den Konvent gewählt und stimmt dort für die Hinrichtung des Königs. Als Anhänger Robespierres 1794 eingesperrt, wird er 1795 vom Direktorium freigelassen. David ist von dem neuen Helden Bonaparte fasziniert; seine Bilder verbreiten den Ruhm des Ersten Konsuls. 1804 ernennt ihn Napoleon zum „Hofmaler". 1816 wird er von Ludwig XVIII. als „Königsmörder" aus Frankreich verbannt und stirbt 1825 im Exil in Brüssel.

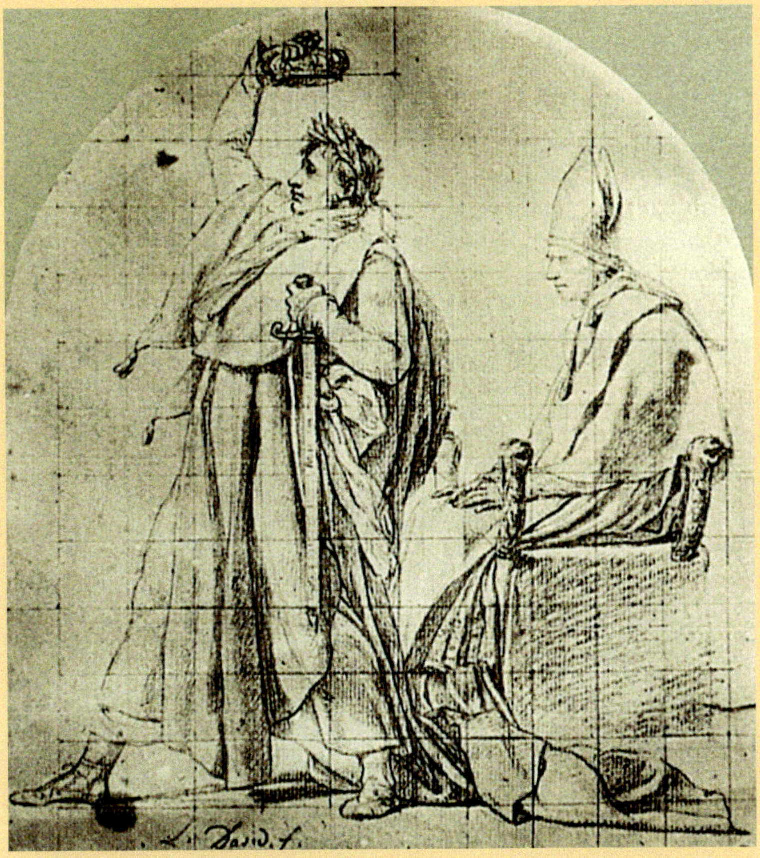

Q 2 *oben: Skizze zum Krönungsgemälde.* – Napoleon hatte dem Papst nicht mitgeteilt, dass er vorhatte, sich selbst zu krönen. Was hatte Napoleon wohl sonst befürchtet?

D 1 *unten: Anordnung der Personen im Gemälde.* Ordne die folgenden Personen den Ziffern 1–7 zu: Napoleon, Josephine, Papst Pius VII., Napoleons Schwestern als Schleppenträgerinnen, Napoleons Mutter mit Familienmitgliedern, Marschälle Napoleons.

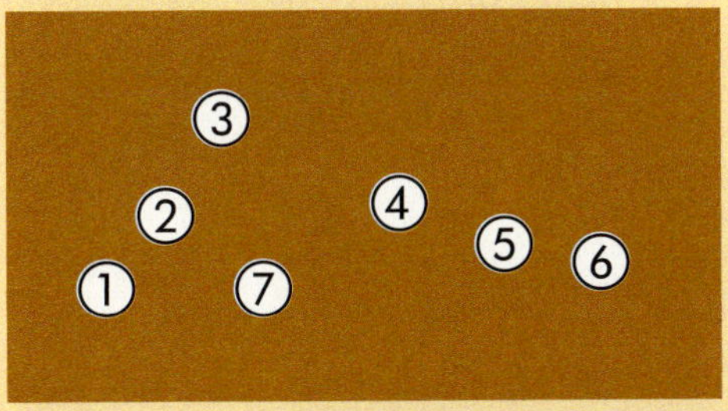

Methodische Arbeitsschritte

Fragen zur Person des Malers und zur Person des Auftraggebers

1. Wer war der Maler des Bildes? Wann hat er gelebt?
2. Wer war der Auftraggeber? Welche Position hatte er inne?

Fragen zu den dargestellten Ereignissen und Personen

3. Was ist auf dem Gemälde zu sehen? Wie sind die Personen dargestellt?
4. Welche Personen oder Handlung stellt der Maler in den Mittelpunkt?
5. Hat der Maler das Dargestellte selbst gesehen oder haben ihm andere davon berichtet?

Fragen zur Wirkung

6. Wie setzt der Maler Farben oder den Wechsel von Licht und Schatten ein, um eine bestimmte Wirkung zu erzielen?
7. Welchen Eindruck wollte der Maler oder Auftraggeber dem Betrachter vermitteln?
8. Wie wirkt das Gemälde auf dich selber?

1 Beschreibe die Kleidung des Kaisers und seine Haltung. An welche Tradition knüpft Napoleon damit an?

2 Warum sagte Napoleon zu David: „Ein gut gewählter Augenblick"?

3 Was tut der Papst in dieser Szene? Wie wirkt er? Napoleon war mit der Darstellung des Papstes unzufrieden. Kannst du dir denken warum?

4 Napoleons Mutter Maria Letizia war bei der Krönung nicht anwesend, weil sie die Familie Josephines ablehnte. Warum ist sie trotzdem abgebildet?

18 Abschluss
Auf dem Weg zu Freiheit und Demokratie

Die Texte und Jahreszahlen gehören zu berühmten Personen oder stehen in Dokumenten, die wir als wichtige Meilensteine auf dem Weg zu Freiheit und Demokratie ansehen können.
Allerdings sind die Zahlen, Texte und Namen der Dokumente durcheinandergeraten.
Du kannst sie sicherlich wieder richtig zusammenfügen. Beginne am besten mit dem Jahr 1762.

„Niemand darf der Folter oder grausamer, unmenschlicher oder erniedrigender Behandlung oder Strafe unterworfen werden."

„Folgende Wahrheiten erachten wir als selbstverständlich: dass alle Menschen gleich geschaffen sind; dass sie von ihrem Schöpfer mit gewissen unveräußerlichen Rechten ausgestattet sind; dass dazu Leben, Freiheit und das Streben nach Glück gehören."

„Habe den Mut, dich deines eigenen Verstandes zu bedienen, ist also der Wahlspruch der Aufklärung."

„Der Mensch wird frei geboren, und überall ist er in Ketten."

„Alle Staatsgewalt geht vom Volke aus. Sie wird vom Volke in Wahlen und Abstimmungen und durch besondere Organe der Gesetzgebung, der vollziehenden Gewalt und der Rechtsprechung ausgeübt."

„Und Kraft meiner Macht ordne ich an und verkünde, dass alle (...) als Sklaven gehaltenen Personen frei sind und fortan bleiben sollen."

„Niemand darf angeklagt, verhaftet oder gefangen gehalten werden in anderen als den vom Gesetz festgelegten Fällen und in den Formen, die es vorschreibt."

1789

1762

1776

1863

1783

1949

1948

Unabhängigkeitserklärung von Philadelphia

Menschenrechtserklärung der UNO, Artikel 5

Grundgesetz der Bundesrepublik Deutschland, Artikel 20

Menschen- und Bürgerrechtserklärung der Französischen Revolution, Artikel 7

Abraham Lincoln, als er die Sklavenbefreiung verkündete

Immanuel Kant in seiner Schrift „Was ist Aufklärung?"

Jean-Jacques Rousseau in seinem Buch „Der Gesellschaftsvertrag"

1. Dieser König regierte absolut.

Finde die gesuchten Namen und Begriffe zu den Bildern. Die Kästchen zeigen dir, wie viele Buchstaben das jeweilige Lösungswort hat.

2. Diese Karikatur kritisiert eine Gesellschaftsordnung, wie sie in Frankreich und den meisten europäischen Staaten vor 1789 bestand.

3. Ludwig XVI. eröffnete diese Versammlung am 5. Mai 1789.

4. Diese alte Königsfestung wurde am 14. Juli 1789 von Pariser Bürgerinnen und Bürgern gestürmt.

5. Dass die Menschen sich von ihrer Vernunft leiten lassen und frei und selbstständig handeln, das war das Ziel dieser geistigen Bewegung.

6. Er war der Oberkommandierende der amerikanischen Truppen im Unabhängigkeitskrieg und der erste Präsident der Vereinigten Staaten von Amerika.

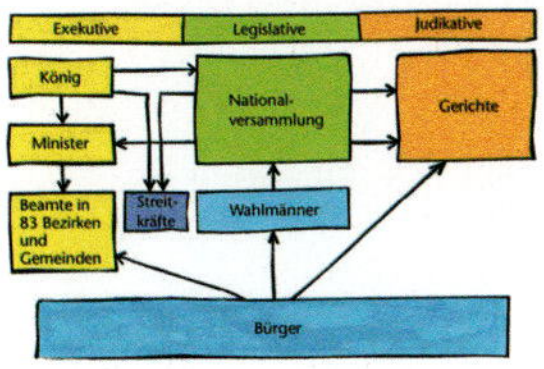

7. Charles de Montesquieu entwickelte die Idee, dass Exekutive, Legislative und Judikative in einem Staat getrennt sein sollten. Dieses Modell nennt man …

8. Diese unmenschliche Form, Menschen gefangen zu halten und auszubeuten, wurde in den USA 1865 abgeschafft.

9. In diesem Dokument ist die Grundordnung eines Staates niedergeschrieben. Die Amerikaner gaben sich einen solchen „Staatsvertrag" im Jahr 1787. Damit besaßen sie als erste in ihrer Zeit eine demokratische …

Nach der Französischen Revolution eroberte der französische General und spätere Kaiser Napoleon Bonaparte große Teile Europas. Seine Truppen trugen die Ideen der Revolution in die besetzten Länder. Bei vielen Völkern entstand ein Nationalgefühl. Schließlich befreiten sie sich von der Fremdherrschaft Napoleons. In den deutschen Staaten kämpften die Menschen für die Einheit und Freiheit Deutschlands. Auf dem Wiener Kongress jedoch ordneten die Fürsten Europa neu und festigten ihre Macht.

Noch einmal erhoben sich 1848 die Völker Europas, diesmal gegen ihre eigenen Fürsten. Der Traum eines geeinten freiheitlichen Deutschlands schien zum Greifen nahe, bis die Revolution unter den Schüssen der Soldaten der Fürsten zusammenbrach.
In dieser Themeneinheit geht es vor allem um politische Mitbestimmung. Deshalb findet ihr auf den Abschlussseiten einen Vorschlag, wie ihr im Geschichtsunterricht mitbestimmen, diese Themeneinheit zum Beispiel selbstständig planen und gestalten könnt.

1797

Das linke Rheinufer wird französisch.

1806

Napoleon gründet den Rheinbund. Kaiser Franz II. legt die Reichskrone nieder.

1813

Befreiungskriege gegen Napoleon

1815

Auf dem Wiener Kongress gestalten die Fürsten die Karte Europas neu.

Neugestaltung – Restauration – Revolution

Friedlich versammeln sich die Völker Europas vor einem Frauenstandbild, das in der einen Hand die Fackel der Freiheit, in der anderen die Tafel mit den Menschenrechten trägt. Die Christusfigur am Himmel steht für das Ideal der Brüderlichkeit (Fraternité). Der lange Menschenzug führt an einem Freiheitsbaum vorbei, wie er seit der Französischen Revolution vielerorts errichtet worden war. Auf den Fahnen stehen Namen damaliger Staaten. Die deutsche Fahne besteht aus den neuen Farben der Revolution, allerdings noch nicht in der heutigen Anordnung. Der französische Künstler Frédéric Sorrieu zeigt in seiner Lithografie „Die universale demokratische und soziale Republik" die Hoffnungen vieler Menschen im Jahre 1848 auf eine glückliche Zukunft der Völker Europas.

1819

Karlsbader Beschlüsse; die Fürsten gehen gegen freiheitliche Bestrebungen vor.

1832

Bürger demonstrieren am Hamberger Schloss für Freiheit und Einheit.

1848

Revolutionen in Frankreich, den Ländern des Deutschen Bundes, Ungarn, Italien

1848/49

Die erste deutsche Nationalversammlung tagt in der Frankfurter Paulskirche.

1 Napoleon ordnet Europa neu

Rheinbund
Ein Bund einiger südwestdeutscher Staaten, der sich 1806 auf Wunsch Napoleons bildete. Der Bund brachte den beteiligten Fürsten neue Titel und Gebiete ein. Sie mussten sich aber mit Napoleon verbünden und Frankreich im Kriegsfall Truppen stellen.

Von umjubelten Befreiern …

Mit dem Schlagwort: „Friede den Hütten, Krieg den Palästen!“, marschierten Ende 1792 französische Revolutionstruppen in Aachen und in Mainz ein. Die Mainzer Bürger wählten im März 1793 einen „Rheinisch-deutschen Nationalkonvent“, der prompt den Anschluss an Frankreich beschloss. Überall pflanzten nun begeisterte Bürgerinnen und Bürger Freiheitsbäume. Als die Franzosen im Juni 1793 vor den Truppen der deutschen Fürsten kapitulieren mussten, flohen auch die deutschen Revolutionäre oder wurden eingesperrt.

1792 waren die Franzosen für viele Deutsche Befreier von der verhassten Fürstenherrschaft gewesen. Das änderte sich mit den Kriegen, die Napoleon führte. Bald wurde klar, dass er nur ein Ziel hatte: Europa unter französische Vorherrschaft zu bringen.

… zu verhassten Besatzern

Um sein Ziel zu erreichen, führte Napoleon Kriege in Italien, Deutschland, Spanien und Russland. Zu Lande schien er unbesiegbar, doch zur See war England stärker. Deshalb musste Napoleon den Plan aufgeben, in England einzudringen. Stattdessen wollte er England durch einen Wirtschaftskrieg ruinieren. Er verfügte über alle englischen Waren eine Kontinentalsperre. Das bedeutete, dass kein englisches Schiff einen Hafen auf dem europäischen Kontinent anlaufen durfte und dass der Handel mit englischen Waren verboten war.

Um seine Herrschaft auf dem Kontinent abzusichern, setzte Napoleon in einigen Staaten Verwandte als Könige ein. Die deutschen Fürsten im Südwesten brachte er dazu, aus dem Reich auszutreten und einen eigenen Bund, den Rheinbund, zu gründen.

Frankreich 1804
französische Eroberungen bis 1812
von Verwandten Napoleons regierte Länder
von Frankreich abhängige Staaten

Kontinentalsperre Napoleons:
⊖ gesperrter Hafen
britischer Handel mit dem Kontinent zur Zeit der Kontinentalsperre

Kriegszüge
Frankreichs
Englands
Russlands

Abkürzungen:
KSR. Kaiserreich
KGR. Königreich
GHZM. Großherzogtum

D1 *Europa zur Zeit Napoleons*

Q 1 *Napoleon als Pfefferkuchenbäcker* (Karikatur des Engländers James Gillray, 1806).
Im Jahr 1806 belohnte Napoleon viele deutsche Fürsten für ihre Treue mit neuen Titeln.
① Auf dem Schieber steht der ehemalige Markgraf von Baden, er ist gerade zum Großherzog „gebacken" worden. Daneben sieht man den Herzog von Württemberg und den Kurfürst von Bayern; die beiden zieht Napoleon als „frisch gebackene" Könige aus dem „Ofen für kaiserliche Pfefferkuchen" ②. ③ Auf der Kommode stehen backfertige „Teigvizekönige" bereit.
④ Aus dem Korb schauen „korsische Königlein"; damit sind Napoleons Verwandte gemeint.
⑤ Im Ascheloch liegt der „Abfall" der napoleonischen Politik. ⑥ Im Hintergrund knetet Napoleons Außenminister Talleyrand die Länder Polen, Ungarn und die Türkei wie Teig durch. Auf dem Backtrog steht „Politisches Durchkneten".

D 2 *Die Kriege Napoleons bis 1807:*

1796/97 In Oberitalien besiegt Napoleon Österreich und zwingt den Kaiser, alle deutschen Gebiete links des Rheins an Frankreich abzutreten. 3,5 Millionen Deutsche kommen damit unter französische Herrschaft.

1798/99 Napoleon will Englands Handel im Orient durch einen Feldzug in Ägypten stören. Er siegt bei den Pyramiden; die Flotte wird aber im Hafen von Abukir von Admiral Nelson versenkt.

1799–1802 Napoleon setzt sich mit glanzvollen Siegen gegen England, Russland, Österreich, Portugal, Neapel und die Türkei durch (Koalitionskrieg).

1805 Napoleon besiegt die Österreicher und Russen in der Dreikaiserschlacht von Austerlitz. Die französische Flotte unterliegt aber in der Seeschlacht von Trafalgar dem englischen Admiral Nelson. Damit gewinnt Großbritannien die Seeherrschaft; eine Invasion der Britischen Inseln ist nicht mehr möglich.

1806/07 Bei Jena und Auerstedt siegt Napoleon über die Preußen. Nur die mit Preußen verbündeten Russen können verhindern, dass Preußen ganz aufgeteilt wird. Es verliert aber alle Gebiete westlich der Elbe und polnische Besitzungen. Zar Alexander I. von Russland und Napoleon schließen ein Bündnis und teilen Europa in zwei Einflusszonen auf.

Q 2 *Vor einem neuen Feldzug gegen Russland sagte Napoleon 1811 zu seinem Polizeiminister Fouché:*

Ich brauche 800 000 Mann, und ich habe sie; ganz Europa werde ich hinter mir herschleifen! (...) Ich habe meine Bestimmung noch nicht erfüllt; ich will beenden, was kaum begonnen. Wir brauchen ein europäisches Gesetz, einen europäischen Gerichtshof, eine einheitliche Münze, die gleichen Gewichte und Maße (...). Aus allen Völkern Europas muss ich ein Volk und aus Paris die Hauptstadt der Welt machen.

1. *Untersuche die Karte D1 und die Auflistung D2. In welchen Ländern führte Napoleon Kriege? Welchen Staat hat er aus welchen Gründen nicht besiegen können?*
2. *Schreibe aus der Karte D1 die Staaten heraus, in denen Verwandte Napoleons regierten.*
3. *Wie wird Napoleon in der Karikatur Q1 dargestellt? Welche Wirkung sollte die Karikatur wohl erzielen? Warum konnte die Zeichnung in England veröffentlicht werden?*
4. *Vergleiche Napoleons Pläne in Q2 mit der Europäischen Union heute. Worin liegt der Unterschied?*

2 Reformen statt Revolution

Q 1 *Die preußischen Reformer* (Holzstich, 19. Jahrhundert). Von links: General Gerhard von Scharnhorst, Freiherr Karl August von Hardenberg, Reichsfreiherr Karl vom und zum Stein. Sie modernisierten die Landwirtschaft, das Gewerbe, die Verwaltung und die Armee.

A-Z

Säkularisierung
Kirchengüter werden verstaatlicht und geistliche Herrschaften abgeschafft.

Mediatisierung
Bisher nur dem Kaiser unterstellte Reichsritter, Reichsstädte und Kleinstaaten wurden seit 1803 in einen anderen, größeren deutschen Staat eingegliedert.

Kein Land, aber 300 „Höfchen"

Verglichen mit Frankreich war Deutschland um 1800 ein sehr altertümliches Gebilde. Das „Heilige Römische Reich Deutscher Nation", so lautete der vollständige Name, war in über 300 Einzelherrschaften zerstückelt. Eine einheitliche Reichspolitik wie in Frankreich war nicht möglich. Es gab zwar einen Kaiser in Wien, doch der hatte keine wirkliche Macht über die Fürsten des Reiches. Diese waren eifersüchtig darauf bedacht, ihre Eigenständigkeit zu behaupten und das eigene Ländchen zu vergrößern. Dazu kam, dass katholische und protestantische Fürsten oft gegeneinander arbeiteten.
Nur zwei Staaten waren so mächtig, dass sie auch in der europäischen Politik als Großmächte eine Rolle spielten: Österreich und Preußen. Doch diese beiden waren Rivalen um die Vorherrschaft in Deutschland. So war es für Napoleon leicht, ein altes Ziel der französischen Politik durchzusetzen: den Rhein als Ostgrenze Frankreichs zu nehmen. Die betroffenen deutschen Fürsten auf der linken Seite des Rheins interessierte eigentlich nur, wie sie für verlorene Gebiete entschädigt werden könnten.

Säkularisierung und Mediatisierung

Seit 1803 sorgte Napoleon dafür, dass zwischen seinem Land und den deutschen Großmächten Österreich und Preußen ein Kranz von „Pufferstaaten" entstand. Diese waren zu schwach, um Frankreich anzugreifen, konnten aber wertvolle Verbündete gegen den Kaiser und das Reich sein. Auf Druck Napoleons sorgte Kaiser Franz II. dafür, dass der Reichstag in Regensburg die geistlichen Herrschaften verstaatlichte und die meisten Kleinstaaten in größere Staaten eingliederte. Damit verschwanden sie einfach von der politischen Landkarte. Als 16 deutsche Staaten 1806 den Rheinbund gründeten und aus dem Reich austraten, legte Kaiser Franz II. die Reichskrone nieder. Damit endete die Geschichte des Heiligen Römischen Reiches.
Einige deutsche Staaten, z. B. das Königreich Westfalen sowie die Großherzogtümer Berg, Frankfurt und Baden, gaben sich neue Verfassungen und führten Napoleons Code civil ein.

Vom Untertan zum Staatsbürger

Preußen erlitt 1806 eine demütigende Niederlage. Im Frieden verlor es einen großen Teil seines Staatsgebietes und musste seine Armee stark verkleinern. Einige Minister, Beamte und Offiziere rieten König Friedrich Wilhelm III., den Staat von Grund auf zu erneuern. Ihre Argumente waren:
- Nur ein modernes Preußen kann sich in einem zukünftigen Krieg gegen ein modernes Frankreich behaupten.
- Aus Untertanen muss man freie, selbstständige Staatsbürger machen, die sich für ihren Staat interessieren und ihn daher auch verteidigen.
- Ohne Reformen drohen Preußen „französische Verhältnisse", also Revolution; mit Reformen bleibt die Monarchie erhalten. Das überzeugte den König.

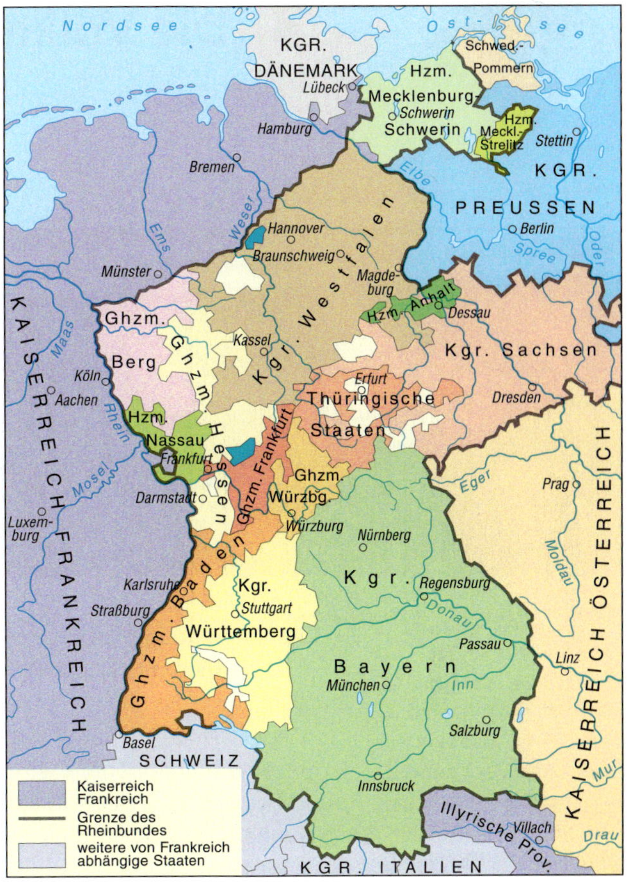

D1 *Deutschland 1790 und 1812*

Q2 *Der preußische Reformer Karl August von Hardenberg schrieb 1807:*

Der Wahn, dass man der Revolution am sichersten durch Festhalten am Alten und durch strenge Verfolgung der durch solche geltend gemachten Grundsätze entgegenstreben könne, hat besonders dazu beigetragen, die Revolution zu befördern (...). Also (brauchen wir) die Revolution im guten Sinne, gerade hinführend zu dem großen Zwecke der Veredlung der Menschheit, durch Weisheit der Regierung und nicht durch gewaltsame Impulsio [Anstoß] von innen und außen, – das ist unser Ziel, unser leitendes Prinzip. Demokratische Grundsätze in einer monarchischen Regierung: Dieses scheint mir die angemessene Form für den gegenwärtigen Zeitgeist. Die reine Demokratie müssen wir noch dem Jahre 2440 überlassen, wenn sie anders je für den Menschen gemacht ist.

D2 *Übersicht über die Reformen in Preußen:*

1807 Bauernbefreiung: Die persönliche Bindung der Bauern an adlige Grundherren wird aufgehoben. Bauern dürfen in die Stadt ziehen, Adlige ein bürgerliches Gewerbe betreiben.

1808 Selbstverwaltung der Städte: Die Bürger wählen Stadtverordnete; diese setzen Steuern fest und ernennen Verwaltungsbeamte. Die Betätigung der Bürger in der Selbstverwaltung ist an Bildung und Eigentum gebunden.

1810 Gewerbefreiheit: Auflösung der Zünfte. Jeder darf ein Gewerbe gründen.

1812 Judenemanzipation: Die Juden werden rechtlich zu Staatsbürgern und damit allen anderen gleichgestellt.

1814 Allgemeine Wehrpflicht: Für freie Bauern und Bürger sollte es eine Ehre sein, König und Vaterland zu dienen.

1. *Vergleiche die beiden Karten D2. Welchen Vorteil hatte die von Napoleon erzwungene politische „Flurbereinigung" für Deutschland?*
2. *Wodurch wurde die Modernisierung Preußens ausgelöst (VT)?*
3. *Erläutere, was die einzelnen preußischen Reformen beinhalteten (D1).*
4. *In Frankreich gab es eine Revolution „von unten", in Preußen Reformen „von oben". Worin liegt der Unterschied?*

3 Die Völker Europas wehren sich

Q1 *Erschießung der Aufständischen.* Der spanische Maler Francisco de Goya malte dieses Bild 1814. Goya hatte die Leiden der Bevölkerung in dem Volkskrieg gegen Napoleon miterlebt und in Gemälden festgehalten.

Nation
Wenn eine große Zahl von Menschen durch gemeinsame Abstammung, Sprache, Geschichte und Kultur miteinander verbunden ist, spricht man von einer Nation. Menschen einer Nation können auch auf mehrere Staaten verteilt leben. Im 19. Jahrhundert waren viele Deutsche damit nicht mehr zufrieden; sie wollten einen gemeinsamen Staat, einen Nationalstaat.

Aufstände gegen Napoleon

1807 beherrschte Napoleon im Bündnis mit dem Zaren das ganze europäische Festland. Gegen seinen letzten Gegner England hatte er die Kontinentalsperre errichtet, um es wirtschaftlich zu ruinieren. Doch viele Länder wollten auf die Industrieprodukte aus England nicht verzichten. Vor allem die Baumwollstoffe waren billig und von ausgezeichneter Qualität. Kolonialwaren wie Kaffee, Tee und Zucker waren auf dem Festland sehr beliebt. Außerdem verkauften die Staaten des Kontinents viele ihrer Erzeugnisse in England. Viele Orte entlang der englischen und europäischen Küste wurden zu Schmugglerhäfen. So versuchten Händler, die Kontinentalsperre zu unterwandern. Als Portugal sich weigerte, seine Häfen für englische Waren zu schließen, marschierten Napoleons Truppen in das Land ein und besetzten es.
In Spanien hatte Napoleon seinen Bruder Joseph als König eingesetzt, um das Land besser kontrollieren zu können. Am 2. Mai 1808 erhoben sich in der spanischen Hauptstadt Madrid Bauern, Handwerker und Geistliche gegen die französische Herrschaft. Mit einem Heer von über 300 000 Mann schlug Napoleon den Aufstand nieder. Die Aufständischen wurden gefangen genommen und gleich am nächsten Morgen erschossen.

Ein Nationalgefühl entsteht

Zwar hatte Napoleon es geschafft, die Spanier wieder unter seine Herrschaft zu bringen. Doch das Bewusstsein des Volkes, eine Nation zu sein, konnte Napoleon nicht mehr unterdrücken. Auch in den deutschen Ländern sprachen immer mehr Menschen von einer deutschen Nation. Gemeinsam wollten sie sich gegen die französische Herrschaft wehren. 1809 wagten die Österreicher den Aufstand, doch auch dieses Mal blieb Napoleon noch Sieger.

Feldzug gegen Russland

Als der russische Zar sich nicht mehr an die Kontinentalsperre hielt, setzte Napoleon alles aufs Spiel. Die Verbündeten, aber auch Preußen und Österreich mussten ihm Truppen stellen. Mit seiner „Großen Armee" von 600 000 Mann zog er 1812 bis nach Moskau. Die russischen Soldaten wichen in den weiten Raum des Landes zurück und boten Napoleon keine Gelegenheit zu einer Entscheidungsschlacht. Der Feldzug endete vernichtend für die „Große Armee", nur 10 000 Soldaten überlebten die Strapazen.

Die Befreiungskriege

Diese Niederlage Napoleons war wie ein Signal für die europäischen Völker. Im Februar 1813 schloss der preußische König ein Bündnis mit Russland, dem auch Österreich und England beitraten. Aus ganz Deutschland meldeten sich nun Freiwillige, um für die Befreiung ihres Vaterlandes zu kämpfen. In der großen Völkerschlacht bei Leipzig 1813 erlitt Napoleon die entscheidende Niederlage. 1814 zwangen ihn die Verbündeten abzudanken und verbannten ihn auf die Insel Elba. 1815 versuchte er, seine Macht zurückzugewinnen, doch er wurde bei Waterloo vernichtend geschlagen und auf die Insel St. Helena im Atlantik verbannt. Dort starb er 1821.

Q4 *Napoleons Lebenslauf* in einer zeitgenössischen deutschen Karikatur

Q2 *Napoleon führte im Sommer 1813 Verhandlungen mit dem österreichischen Staatskanzler Metternich:*

Metternich: Krieg und Frieden liegen in der Hand Eurer Majestät. (…) Heute können Sie noch Frieden schließen, morgen dürfte es zu spät sein. (…)

Napoleon: (…) Nimmermehr! Ich werde zu sterben wissen, aber ich trete keine Handbreit Boden ab. Eure Herrscher, geboren auf dem Throne, können sich zwanzigmal schlagen lassen und doch immer wieder in ihre Residenzen zurückkehren; das kann ich nicht, ich, der Sohn des Glücks! Meine Herrschaft überdauert den Tag nicht, an dem ich aufgehört habe, stark und folglich gefürchtet zu sein. (…)

Metternich: (…) Das Glück kann Sie ein zweites Mal wie im Jahre 1812 im Stich lassen. (…) Ich habe Ihre Soldaten gesehen, es sind Kinder. (…) Und wenn diese jugendliche Armee, die Sie heute unter die Waffen gerufen haben, dahingerafft sein wird, was dann?

Napoleon: (…) Ich bin im Felde aufgewachsen, und ein Mann wie ich schert sich wenig um das Leben einer Million Menschen.

Q3 *„Hass gegen die Franzosen". Der jüngste Bruder Napoleons, Jérôme Bonaparte, lebte auf Schloss Wilhelmshöhe in Kassel und war von 1807 bis 1813 König von Westfalen. Sein Königreich bestand aus mehreren ehemals selbstständigen Staaten. Über die Stimmung in der Bevölkerung schrieb Jérôme Bonaparte am 5. Dezember 1811 an seinen Bruder:*

Man gibt sich den verücktesten Hoffnungen hin und ist überaus begeistert. Man nimmt Spanien zum Beispiel, und wenn der Krieg (mit Russland) ausbrechen sollte, werden alle zwischen Rhein und Oder gelegenen Gegenden der Schauplatz einer ausgedehnten und lebhaften Erhebung werden.

Der Hauptgrund dieser gefährlichen Bewegungen ist nicht nur der Hass gegen die Franzosen und die Ungeduld, das fremde Joch abzuschütteln; es ist vielmehr im Unglück der Zeiten begründet, in dem völligen Ruin aller Kassen, in der Vermehrung der Steuern und Kriegsbeiträge, dem Unterhalt der Truppen, dem Durchmarsch der Soldaten und der ständigen Wiederkehr von einer Unzahl von Plackereien aller Art.

1. *Wie stellt Goya in Q1 die Soldaten dar, wie die Aufständischen?*
2. *Österreich wäre 1813 zum Frieden bereit gewesen, wenn Napoleon Deutschland geräumt hätte. Warum zog Napoleon das Risiko der Schlacht vor (Q2)?*
3. *Was befürchtete Jérôme Bonaparte für Deutschland im Fall eines Russlandfeldzuges? Wie begründete er das seinem Bruder gegenüber (Q3)?*
4. *Untersuche die Karikatur Q4. Welche Stationen aus Napoleons Karriere sind dargestellt? Wann muss die Karikatur entstanden sein?*

4 Franzosenzeit am Rhein

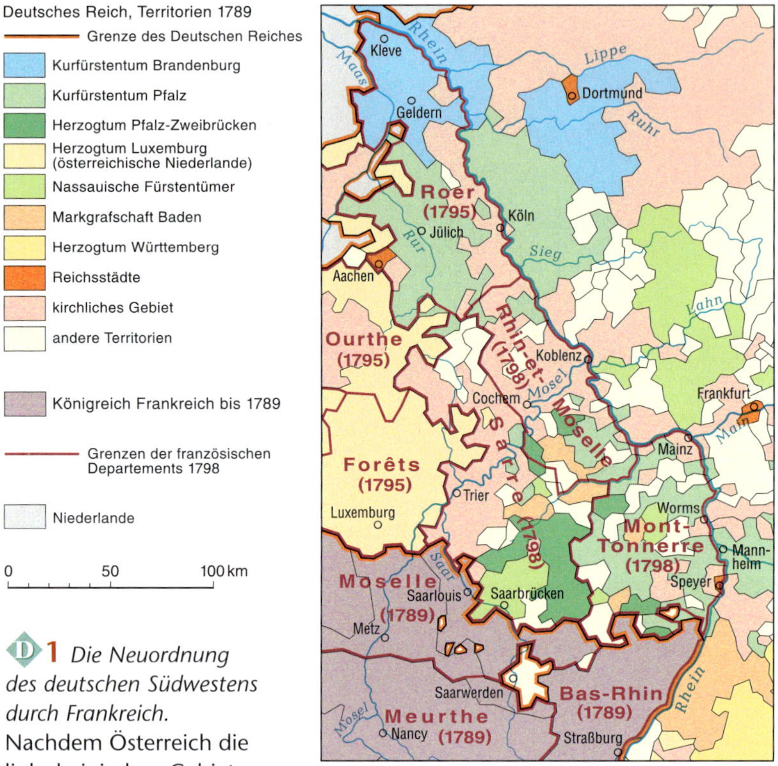

D 1 *Die Neuordnung des deutschen Südwestens durch Frankreich.* Nachdem Österreich die linksrheinischen Gebiete abgetreten hatte, leitete die französische Regierung deren Anschluss an Frankreich ein.

Q 1 *Die „Gesellschaft der Freunde von Freiheit und Gleichheit" schuf dieses Siegel.* Die abgebildete Mütze trugen die französischen Jakobiner.

Mainzer Republik

Im Juli 1792 feierte in Mainz der deutsche Kaiser mit vielen deutschen Fürsten und französischen Emigranten anlässlich des Feldzuges gegen Frankreich ein großes Fest. Aber am Ende des Jahres zogen siegreiche französische Revolutionssoldaten in die Stadt ein. Der französische General Custine versuchte, die Bevölkerung für die Ideen der Revolution zu gewinnen. Anhänger der Revolution bildeten eine „Gesellschaft der Freunde von Freiheit und Gleichheit". Sie errichteten einen Freiheitsbaum, mussten aber von den Soldaten beschützt werden, denn die meisten Mainzer verhielten sich ablehnend. Anfang 1793 wurde eine „Mainzer Republik" ausgerufen und ein Anschluss an Frankreich geplant.

Der Rhein wird französische Grenze

Im Juli 1793 wurde Mainz von preußischen und österreichischen Truppen zurückerobert. Als im Frühjahr 1797 General Napoleon Bonaparte mit seinen Soldaten nach Österreich vorstieß, schloss der deutsche Kaiser einen Frieden mit Frankreich, in dem das linke Rheinufer an Frankreich abgetreten wurde. Ein Gebiet mit 3,5 Millionen Einwohnern wurde Frankreich einverleibt. In einem Vertrag zwischen dem deutschen Kaiser und Napoleon wurde 1801 der Rhein endgültig als Grenze festgelegt.

Französische Departements

Die linksrheinischen Gebiete waren inzwischen in französische Departements umgewandelt worden. An deren Spitze stand ein Präfekt, der von Napoleon eingesetzt wurde und der Regierung in Paris unterstand. Das Leben der Menschen änderte sich sehr. Die Feudalrechte wurden abgeschafft und alle Menschen verstanden sich jetzt als freie französische Bürger. Die Einführung des „Code civil", der ins Deutsche übersetzt wurde, brachte ein klares und verständliches Recht sowie die Gleichheit aller vor dem Gesetz. Der Rhein bildete jetzt eine streng überwachte Zollgrenze zu Deutschland, zugleich wurde er zu einer wichtigen Handelsstraße, auf der alle Zollschranken gefallen waren. Straßen wie die von Mainz nach Koblenz führende Rheinuferstraße wurden zwar aus militärischen Gründen gebaut, dienten aber auch dem Handel. Die Kriegszüge Napoleons belasteten die Bevölkerung mit steigenden Steuern und durch ständig neue Aushebung von Rekruten. Dennoch wurde Napoleon bei seinen beiden Besuchen der Rheinlande in den Jahren 1804 und 1811 von der Mehrheit der Bevölkerung begeistert gefeiert. Als Napoleons Herrschaft 1814/15 zusammenbrach, kam das Rheinland zu Preußen (1815).

Q2 *„Freiheitsgebet eines Jakobiners" Aus einem im Rheinland verbreitetem Gedicht:*

Unser aller Nutz und Frommen,
Göttin Freiheit! Sei willkommen!
Steure jene deutschen Fürsten,
die nach Frankreichs Blute dürsten,
weck das Volk der Sklaverei,
mach die ganze Menschheit frei.
Einen Freiheitsbaum, den pflanzen
wir am Rhein, die Mainzer tanzen
schon mit Ca ira* um ihn;
deine Siegeskränze blühen.

** französisches Revolutionslied*

Q3 *Der Trierer Handwerker L. Müller schreibt in seinen Tagebuchaufzeichnungen über Kontributionen (Kriegssteuern) an die Franzosen, 1794/1795:*

Abends um 6 Uhr wurde bekannt gemacht, heute seien 3 Millionen Livres Kontributionen auferlegt worden. (...) Der Magistrat, so bei Kopfstrafe dafür haften musste, ließ die Bürgerschaft inständig um Beisteuern bitten. Einige wohlmeinende Bürger brachten sogar, weil sie nichts anders hatten, ihre goldenen Ringe und schlechte kleine güldene Ohrgehänge (...) Diesen Mittag nach 1 Uhr wurde diese Bitte wieder verkündigt, was man nur hätte, zu bringen, sonst wäre morgen die Stadt in Flammen.

Q4 *Dieses Spottbild aus Zürich verweist auf das Doppelgesicht der französischen Herrschaft in den neuen Gebieten.* Während die Bevölkerung um einen neu errichteten Freiheitsbaum tanzt, werden die Steuern in Geldsäcken abtransportiert.

D2 *Aus heutiger Sicht zur Bedeutung der Franzosenzeit heißt es in einem Buch über die Geschichte von Koblenz:*

Wie sehr man sich in Koblenz innerlich von der kurfürstlichen Zeit entfernt hatte, zeigt die Tatsache, dass es nach der Befreiung des Rheinlandes von der französischen Herrschaft keine ernsthaften Bestrebungen zur Wiederherstellung der vorrevolutionären Zustände gab. Im Gegenteil, die Bevölkerung hielt am so genannten rheinischen Recht fest, das die Freiheit der Person, die Gleichheit vor dem Gesetz, die Rechtsstaatlichkeit und die liberale Wirtschaftsordnung garantierte. Auf dieser Grundlage entwickelte sich seit Beginn des 19. Jahrhunderts das moderne Koblenz.

Q5 *Entwurf zu einem Siegel für das Departement Rhein-Mosel.* Das Siegel enthält Symbole der Französischen Revolution:
Marianne: Sinnbild der Freiheit
Jakobinermütze: Zeichen der Revolution
Liktorenbündel: Macht des Rechtes

1 Das Bundesland Rheinland-Pfalz hat eine wechselvolle Geschichte. Besorgt euch eine Umrisskarte des Landes und fertigt in Gruppenarbeit Geschichtskarten zu den Jahren 1790–1801–1815 an (vgl. S. 51, 59 und Q1).

2 Fälle ein persönliches Urteil über die Freiheitsbewegung im Rheinland (VT, Q1–Q3).

3 Beschreibe das Siegel des Departements Rhein-Mosel (Q5).

4 Führt ein Streitgespräch über Vor- und Nachteile der Franzosenzeit am Rhein aus der Sicht von Bürgern der Stadt Coblenz (Koblenz) (VT, D2).

5 Napoleon – Mythos und Legende

Q1 *„Triumph Napoleons" von Pierre Paul Prud'on.* Der Maler, der große Feierlichkeiten zu Ehren Napoleons organisierte, stellt Napoleon als römischen Feldherrn dar.

Napoleon – Mythos

Während seines politischen Aufstiegs wurde Napoleon in vielen Ländern Europas bewundert und gefeiert. Man könnte ihn fast als einen Popstar seiner Zeit bezeichnen. Ihm schien alles in der Politik zu gelingen. In Frankreich beendete er die bürgerkriegsähnlichen Zustände und regierte das Land erfolgreich mit starker Hand. Zugleich entstand der Eindruck, als ob er die fortschrittlichen Ideen der Französischen Revolution in der Politik umsetzte. In Deutschland verehrten ihn zum Beispiel so berühmte Männer wie der Dichter Johann Wolfgang Goethe und der Komponist Ludwig van Beethoven, der Napoleon eine Sinfonie widmen wollte. In Frankreich wurde er als ruhmreicher Feldherr in bildlichen Darstellungen sogar zu einer Art von Gott erhoben. Napoleon tat alles, um diese Verklärung seiner Person zu fördern. Er setzte Kunst und Presse ein, um das Bild eines Herrschers zu verbreiten, der sich um das Wohl der Menschen verdient machte.

Napoleon – Legende

Während seiner Verbannung auf die Insel St. Helena begann Napoleon, an seinem Bild in der Geschichte zu arbeiten. Bereits 1823 veröffentlichte ein Vertrauter „Die Erinnerungen von St. Helena", die zu einem „Bestseller" des 19. Jahrhunderts wurden. Darin entwarf Napoleon die Legende vom „Vater des Volkes", der durch seine Feinde daran gehindert wurde, Europa zu einen. Vor allem Napoleons Soldaten, die nach dessen Sturz häufig ohne Arbeit im Elend lebten, verklärten die Herrschaft Napoleons zu einem „goldenen Zeitalter". Die Legendenbildung erreichte einen Höhepunkt, als die Gebeine Napoleons im Jahre 1840 im Invalidendom in Paris beigesetzt wurden. Bis heute sind mehr Schriften über Napoleon veröffentlicht worden, als Tage seit seinem Tod vergangen sind. Es entstanden mehr Filme über ihn als über jede andere Person der Geschichte. Dass Napoleon den Tod Hunderttausender zu verantworten hat, tritt dabei häufig in den Hintergrund.

A-Z

Mythos
(aus dem Griechischen = Erzählung oder Sage)
Das verklärende Bild einer welthistorischen Persönlichkeit. Es wird häufig politisch genutzt, um Menschenmassen zu beeinflussen.

Q2 *Aus dem Beschluss der französischen Regierung 1840 zur Überführung der Gebeine Napoleons nach Frankreich:*

Er war Kaiser und König, er war der legitime Souverän unseres Landes. Zu St. Denis (Grablege der französischen Könige) hätte er diesen Würden nach bestattet werden sollen; aber Napoleon bedarf nicht dieses gewöhnlichen Bestattungsortes der französischen Könige. Selbst im Tode muss er herrschen und befehlen im Umkreise des Platzes, wo die Soldaten des Vaterlandes ruhen, zu dem alle, die zur Landesverteidigung berufen sind, stets wallen werden, um sich zu begeistern. (...) Mit Hilfe der Kunst wird unter dem Dom in der Mitte des durch die Religion dem Heeresgotte geweihten Tempels ein Grab sich erheben, würdig, wenn es überhaupt möglich ist, des darin einzugrabenden Namens:

Napoleon
Kaiser und König
gestorben auf St. Helena

Q3 *Napoleon.* Ein deutscher Zeichner stellte 1814 Napoleon als Monster dar, dessen Kopf aus Leichen besteht. Mit einer Hand zieht er ein Spinnennetz über Europa.

Q4 *Der Schriftsteller Chateaubriand, Zeitgenosse Napoleons, schrieb um 1830:*

Heute ist es Mode, die Siege Napoleons zu verherrlichen. Die Zeitgenossen sind verschwunden, man hört nichts mehr von den Verwünschungen, den Schmerzensschreien, der Verzweiflung der Opfer. Man sieht das erschöpfte Frankreich, dessen Boden von Frauen bearbeitet wird, nicht mehr, man sieht nicht mehr die an Stelle ihrer Söhne verhafteten Eltern, die Dorfbewohner, die für einen Wehrdienstverweigerer solidarisch bestraft wurden: Man sieht nicht mehr diese Aushebungsanschläge an den Straßenecken, die Passanten, die sich vor diesen Todesurteilen zusammenscharen und sprachlos nach den Namen ihrer Kinder, ihrer Brüder, ihrer Freunde und Nachbarn suchen. (...)

Was Bonaparte angeht, so ist er trotz seiner ungeheuren Eroberungen erlegen, nicht weil er besiegt worden war, sondern weil Frankreich seiner überdrüssig war. Eine erhabene Lehre, die uns stets ins Gedächtnis rufen sollte, dass alles, was die Menschenwürde verletzt, den Todeskeim in sich birgt.

Q5 *Beisetzung Napoleons im Invalidendom* in Paris am 15. Dezember 1840

1. *Beschreibe den Mythos Napoleon und seine Wirkung auf die Zeitgenossen (VT, Q1–Q3).*
2. *Wie versuchte Napoleon, das Bild seiner Person für die Nachwelt zu beeinflussen (VT)?*
3. *Nenne die Gründe, die die französische Regierung für den Invalidendom in Paris als Grabstätte für Napoleon aufführt (Q2).*
4. *Schreibe mithilfe der Aussagen Chateaubriands eine kritische Beurteilung Napoleons (Q4).*
5. *Diskutiert über die Gefahren von Geschichtsmythen und Geschichtslegenden.*

6 Wien 1815 – die Fürsten setzen sich durch

Q 1 *Europas Herrscher auf dem Wiener Kongress* (zeitgenössische Radierung). In der Mitte steht in weißer Uniform Kaiser Franz von Österreich, neben ihm sitzend König Friedrich Wilhelm III. von Preußen, hinter dem Globus stehend Zar Alexander I. von Russland. Vor dem Tisch hat sich König Friedrich I. von Württemberg aus seinem Sessel erhoben.

A-Z

Legitimität
bedeutet, dass jemand das Recht hat, einen Staat zu führen. Für die Monarchen des Wiener Kongesses waren das nur solche Herrscher, deren Vorfahren schon auf den Thronen gesessen hatten.

Deutscher Bund
Der Deutsche Bund wurde 1815 als loser Zusammenschluss von 35 deutschen Staaten und vier freien Städten gegründet. Er trat an die Stelle des aufgelösten „Heiligen Römischen Reiches Deutscher Nation“. Die Staaten und Städte waren beim Frankfurter Bundestag, in dem Österreich den Vorsitz hatte, durch Gesandte vertreten.

Der Wiener Kongress

In den Jahren 1813 und 1814 hatten in Deutschland Menschen aus allen Volksschichten große Opfer gebracht. Sie waren als Freiwillige begeistert in den Krieg gezogen oder hatten bereitwillig einen Teil ihrer Habe geopfert: Decken, Getreide, Pferde, sogar ihre goldenen Eheringe. Viele träumten von einem großen und starken Vaterland, in dem das Volk die Politik mitbestimmt.

Im September 1814 kamen in Wien Kaiser, Könige, Fürsten und Diplomaten aus den Staaten Europas zusammen. Sie wollten darüber verhandeln, wie Europa nach Napoleons Sturz neu geordnet werden sollte. Die Verhandlungen dauerten über ein Jahr. Damit sich die Teilnehmer nicht langweilten, gab es ein großes Unterhaltungsprogramm mit Bällen, Konzerten und Festen. „Der Kongress tanzt, aber schreitet nicht voran“, hieß es spöttisch. Das stimmte nicht ganz, aber die Abgesandten der größten Staaten hatten sehr unterschiedliche Interessen: So wollte der russische Zar seine Macht nach Westen ausdehnen. Dem widersetzte sich der österreichische Außenminister Metternich. Auch Preußen versuchte, seine politische Macht auszudehnen.

Ein Bündnis gegen die Freiheit

Metternichs Ziel war es, überall wieder die legitimen Herrscher in ihre alten Rechte einzusetzen. Die Fürsten fürchteten sich aber davor, dass wieder ein Herrscher versuchen würde, die Vorherrschaft an sich zu reißen. Deshalb schlossen sich der Zar von Russland, der Kaiser von Österreich und der König von Preußen in der „Heiligen Allianz“ zusammen. Sie versprachen einander, gegen jeden vorzugehen, der die bestehende Ordnung stören sollte. Die meisten Fürsten Europas traten dem Bündnis später bei.

Enttäuschte Hoffnungen

Die Wünsche der Völker in den deutschen Ländern spielten in Metternichs Vorstellung keine Rolle. Sie hatten auf einen Nationalstaat gehofft. Metternich fürchtete, dass ein geeintes, großes deutsches Reich gefährlich für das europäische Gleichgewicht werden könnte. Daher blieb Deutschland staatlich zersplittert. Die Fürsten schlossen ihre Länder nur lose im Deutschen Bund zusammen. So behielten sie ihre Titel und Herrschaftsansprüche. Viele junge Menschen, die für Deutschlands Einheit und Freiheit gekämpft hatten, waren tief enttäuscht.

D1 *Europa nach dem Wiener Kongress.* Preußen erhielt Teile Sachsens und die Rheinprovinz mit Westfalen als Entschädigung für abgetretene polnische Gebiete. Österreich übernahm Teile von Italien. Außerdem wurde das Königreich der Vereinigten Niederlande neu gegründet.

Q2 *Der österreichische Außenminister Fürst Metternich erläuterte seinem engsten Mitarbeiter, Friedrich Gentz, auf dem Wiener Kongress die von ihm geplante Deutschlandpolitik:*

Metternich: Wir müssen Europa im Auge haben, lieber Gentz, wenn wir von Deutschland sprechen. Bedenken Sie, wie wenig das Deutsche Reich für eine wirklich europäische Politik geleistet hat, und das war gut so. Der Deutsche Bund, den wir schaffen wollen, muss daher so wenig Einheitlichkeit und Macht besitzen, dass er für wirkliche Staaten wie Österreich und Preußen keine Bedeutung hat.

Gentz: Euer Exzellenz meinen, er solle mehr dem Gleichgewicht in Europa als den deutschen Interessen dienen?

Metternich: Genau das meine ich, und sehen Sie, Gentz, dieses Preußen, dessen Besitz in so vielen kleinen „Päckchen" über ganz Deutschland verstreut ist, kann einem in sich geschlossenen Österreich die Führung in Europa nicht streitig machen.

Q3 *Freiherr vom Stein kritisiert die Deutsche Bundesakte im Juni 1815:*

Jeder Mann, der sein Vaterland liebt und dessen Glück und Ruhm wünscht, ist berufen zu untersuchen, ob der Inhalt dieser Urkunde der Erwartung der Nation entspricht, der Größe ihrer Anstrengungen, ihrer Leiden, der Tatkraft und Beschaffenheit des Geistes. (…) Unsere neuen Gesetzgeber haben an die Stelle des alten Deutschen Reiches einen Deutschen Bund gesetzt, ohne Haupt, ohne Gerichtshöfe, schwach verbunden für die gemeinsame Verteidigung. Die Rechte der Einzelnen sind durch nichts gesichert als die unbestimmte Erklärung, „dass es Landstände geben solle"; ohne dass etwas über deren Befugnisse festgestellt ist (…).
Man muss hoffen, dass die despotischen Grundsätze (…) nach und nach durch die öffentliche Meinung, die Freiheit der Presse und das Beispiel zerstört werden, welches mehrere Fürsten, (…) geben zu wollen scheinen, indem sie ihren Untertanen eine weise Verfassung erteilen.

1. *Betrachte das Bild Q1. Worum ging es den Monarchen vor allem? Beachte den Globus, die ausgebreiteten Karten sowie die Hände der Hauptakteure.*
2. *Liste nach der Karte D1 die Gebiete auf, die die Großmächte Russland, Preußen und Österreich 1815 erworben haben.*
3. *Warum mussten die Aussagen Metternichs aus Q2 1815 geheim bleiben?*
4. *Gib die Kritik des Freiherrn vom Stein (Q3) mit eigenen Worten wieder. Kannst du seine Meinung nachvollziehen?*

7 Protest gegen die Fürstenherrschaft

Q 1 *Das Hambacher Fest 1832* (zeitgenössischer Stich)

Restauration
(von lat. restaurare = etwas wiederherstellen)
Die Fürsten versuchten nach 1815, die politischen Zustände wieder herzustellen, wie sie vor der Französischen Revolution gewesen waren.

liberal
(von lat. liber = frei)
Die Liberalen strebten einen freiheitlichen Verfassungsstaat an, in dem die Menschen- und Bürgerrechte garantiert sind.

reaktionär
Bezeichnung für rückwärtsgewandte, fortschrittsfeindliche Kräfte

Die Zeit der Restauration

So nennt man die Jahre zwischen 1815 und 1848. Manche Historiker sprechen auch vom Zeitalter Metternichs. Der österreichische Kanzler konnte nämlich mehr als drei Jahrzehnte lang eine veraltete Ordnung aufrechterhalten.

Viele Menschen wollten sich mit diesen politischen Zuständen aber nicht abfinden. In Jena schlossen sich 1815 Studenten zu einer Burschenschaft zusammen. Sie wollten so ein erstes Zeichen für die deutsche Einheit setzen. „Ehre, Freiheit, Vaterland“, lautete ihr Leitspruch, Schwarz, Rot, Gold waren ihre Farben. Bald gab es an fast allen deutschen Universitäten solche Verbindungen. Am 18. Oktober 1817 fand auf der Wartburg bei Eisenach eine Kundgebung aller Burschenschaften statt. Sie forderten einen Nationalstaat und eine Verfassung auf der Grundlage der Menschenrechte. Bei dieser Versammlung verbrannten die Studenten auch Symbole der verhassten Fürstenherrschaft wie etwa fürstentreue Bücher. Diese Aktionen dienten Metternich und anderen Fürsten als Vorwand, um studentische Vereine und Burschenschaften streng zu überwachen.

Die Karlsbader Beschlüsse

1819 ermordete ein radikaler Student den Dichter Kotzebue. Dieser galt als Spitzel des russischen Zaren und als reaktionärer Schriftsteller. Für Metternich war der Mord ein willkommener Anlass, um schärfer gegen alle diejenigen vorzugehen, die in Deutschland für mehr Freiheit eintraten. Im böhmischen Kurort Karlsbad beschlossen Vertreter der größeren deutschen Staaten verschiedene Maßnahmen, die sich vor allem gegen Studenten, Professoren und die Presse richteten. Die Burschenschaften wurden verboten und Zeitungen einer strengen Zensur unterworfen. Überall musste man mit staatlicher Überwachung rechnen: Polizeispitzel öffneten Briefe, stöberten in Buchhandlungen nach verbotenen Büchern und schrieben die Vorlesungen liberaler Professoren an der Universität mit. Selbst in Cafés belauschten sie die Gespräche der Gäste. Wer wegen „falscher“ Gesinnung auffiel, musste mit Gefängnis oder Berufsverbot rechnen. Viele Deutsche wanderten wegen dieser Zustände nach Amerika aus.

Das Hambacher Fest

Am 27. Mai 1832 kamen etwa 25 000 Menschen in Neustadt in der Pfalz zusammen. Von dort zogen sie zur Schlossruine nach Hambach, um für Freiheit und nationale Einheit zu demonstrieren. Hauptredner war der liberale Schriftsteller Philipp Siebenpfeiffer. Er rief alle Deutschen dazu auf, sich nicht länger unter dem Joch der Fürsten zu beugen. Wenige Tage später wurden Siebenpfeiffer und andere Redner verhaftet.
Die Regierungen in den deutschen Staaten hoben die Rede- und Versammlungsfreiheit auf. 1837 wurden in Göttingen sieben Professoren entlassen, weil sie gegen die Abschaffung der Landesverfassung protestiert hatten. Viele Demokraten flohen in die Schweiz oder nach Frankreich.

Q2 *Der Denkerclub* (anonyme Karikatur um 1825). Auf der Tafel rechts steht unter anderem: „II. Schweigen ist das erste Gesetz dieser gelehrten Gesellschaft.
III. Auf dass kein Mitglied in Versuchung geraten möge, seiner Zunge freien Lauf zu lassen, so werden beim Eintritt Maulkörbe ausgeteilt.
IV. Der Gegenstand, welcher in jedmaliger Sitzung durch ein reifes Nachdenken gründlich erörtert werden soll, befindet sich auf einer Tafel mit großen Buchstaben deutlich angeschrieben."

Q3 *Die „Karlsbader Beschlüsse" verfasste der Bundestag in Frankfurt am 20. September 1819. Darin hieß es unter anderem:*

Die Bundesregierungen verpflichten sich gegeneinander, Universitäts- und andere öffentliche Lehrer, die durch erweisliche Abweichung von ihrer Pflicht oder Überschreitung der Grenzen ihres Berufs, durch Missbrauch ihres rechtmäßigen Einflusses auf die Gemüter der Jugend, durch Verbreitung verderblicher, der öffentliche Ordnung und Ruhe feindseliger oder die Grundlagen der bestehenden Staatseinrichtungen untergrabender Lehren, ihre Unfähigkeit zur Verwaltung des ihnen anvertrauten (...) Amtes unverkennbar an den Tag gelegt haben, von den Universitäten und sonstigen Lehranstalten zu entfernen. (...) Ein [solcher] Lehrer darf in keinem anderen Bundesstaat bei irgendeinem öffentlichen Lehrinstitut wieder angestellt werden. (...) Solange der gegenwärtige Beschluss in Kraft bleiben wird, dürfen Schriften, die in der Form täglicher Blätter oder heftweise erscheinen, desgleichen solche, die nicht über 20 Bogen im Druck stark sind, in keinem deutschen Bundesstaate ohne Vorwissen und vorgängige Genehmhaltung der Landesbehörden zum Druck befördert werden.

Q4 *Ein Deutscher, der 1823 aus den Niederlanden in die Heimat zurückkehrte, schrieb über die Zustände in den deutschen Staaten:*

Die Ströme, die Berge, die alten Türme erkenne ich noch, aber die Menschen nicht mehr. (...) Als ich hier anfangs, noch unbekannt mit den neuen Verhältnissen, nach alter Gewohnheit von der Politik des Tages reden wollte, erhielt ich kaum eine Antwort; der eine wich aus, der andere brach ab, viele stahlen sich weg. – Wo niemand über öffentliche Angelegenheiten öffentlich spricht, da ist gewiss keine Freiheit; wenn aber gebildete Männer selbst in der Mitte ihrer Bekannten solche Gegenstände zu berühren vermeiden (...), dann hat entweder die feige Selbstsucht oder der Despotismus den Gipfel erreicht. (...) Überall ist die Polizei mit ihren Spionen tätig – selbst die Briefe werden geöffnet.

1 *Wogegen wollten die Studenten auf dem Wartburgfest demonstrieren?*
2 *Schreibe in wenigen Stichpunkten auf, was die Karlsbader Beschlüsse beinhalten (VT, Q3).*
3 *Gib mit eigenen Worten die Stimmung in den deutschen Staaten wieder, wie sie der Verfasser von Q4 beschreibt.*
4 *Erläutere die Karikatur Q2. Worin besteht der Spott des Karikaturisten?*

8 Unpolitische Untertanen

Q 1 *Wohnung des Schlossermeisters Hausschild in Berlin zur Zeit des Biedermeiers; Gemälde von Eduard Gärtner.* Ein Ehepaar mit Kindern, Großmutter und Katze ist in einem Zimmer versammelt. Der Hausherr sitzt allein am gedeckten Tisch bei Schinken und Rotwein. Große Vorhänge schirmen den Raum von der Außenwelt ab.

A-Z

Deutscher Michel
Symbolfigur für den unpolitischen Deutschen, vor allem in der Karikatur. Bis heute auch im Ausland als Spottfigur für den typischen Deutschen verwendet.

Der deutsche Michel

Die Zeit nach dem Wiener Kongress, in der die Fürsten die alten Zustände vor der Zeit der Freiheitskriege wieder herzustellen suchten, wird in Deutschland auch als die Zeit des Biedermeier bezeichnet. Enttäuscht über den Sieg der Fürsten gegenüber allen freiheitlichen Bestrebungen, zogen sich viele politisch denkende Menschen ins private Leben zurück. Der weltfremde Spießbürger richtete sich als biederer Untertan in seinen vier Wänden behaglich ein. Er nutzte schlichtes, aber zweckmäßiges Mobiliar und schmückte seine Wohnung mit Tapeten, Lampen, Gardinen und Scherenschnitten. Den unpolitischen Bürger verspotteten kritische Zeitgenossen als „Biedermeier" oder als „deutschen Michel", dessen Zeichen eine Schlafmütze war. Der Michel oder Biedermeier wagte nur am Stammtisch unter Gleichgesinnten über Politik zu reden. Er mischte sich nicht in das politische Tagesgeschehen ein, sondern überließ es der Obrigkeit, über alles zu entscheiden.

Die Welt des Biedermeier

Nach den Wirren der napoleonischen Kriege setzte eine lange Friedenszeit ein. Kunst und Wissenschaft erblühten. Dichter stellten in ihren Werken eine beschauliche Welt bürgerlicher Familien dar. Man las viel. Die Gebrüder Grimm sammelten Volksmärchen und schrieben sie auf. Erziehung zum Glauben an Gott, zur Anerkennung der Obrigkeit und zur Ehrfurcht vor Erwachsenen galt als wichtig. In vielen Wohnungen hingen Bilder von Malern wie Carl Spitzweg, auf denen häufig das Alltagsleben liebevoll beschönigt war. Die Bürger trafen sich in Cafés, Musik-, Theater- und Turnvereinen zum geselligen Austausch. Der Forstmeister Karl Freiherr von Drais erfand 1817 ein Laufrad, mit dem er zum Gespött seiner Zeitgenossen wurde. Aus dem Laufrad entstand unser heutiges Fahrrad. Mit dem Begriff Biedermeier verbindet sich auch die Vorstellung von der „guten alten Zeit". Den Menschen erscheinen die früheren Zustände in der Erinnerung oft positiv und sie beginnen, frühere Zeiten zu verklären.

Epoche im Wandel

Ab etwa 1830 geriet die Zeit in einen immer schnelleren Wandel. In Frankreich brach erneut eine Revolution aus. Überall in Europa begannen Menschen, wie der Dichter Heinrich Heine, sich gegen die politischen Zustände aufzulehnen. Die Eisenbahn, eine neue Erfindung aus England, veränderte Europa. Plötzlich dröhnte der Lärm von Lokomotiven und Fabriken. Handwerker verloren ihre Arbeit und eine neue Schicht von Arbeitern entstand, deren Arbeitskraft ausgebeutet wurde. Dagegen erhob sich Kritik. In Handel und Industrie wurden hingegen gute Gewinne gemacht. Mit wachsendem Wohlstand wurden Teile des Bürgertums selbstbewusster und stellten die absolute Herrschaft der Landesherrn infrage.

Q2 *Der deutsche Dichter Heinrich Heine (1797–1856) musste wegen seiner Kritik an den politischen Zuständen in Deutschland nach Frankreich ins Exil gehen. Rückblickend schrieb er das folgende Gedicht aus dem Blickwinkel der Obrigkeit:*

Erinnerung aus Krähwinkels
Schreckenstagen

Wir, Bürgermeister und Senat,
Wir haben folgendes Mandat
Stadtväterlichst an alle Klassen
Der treuen Bürgerschaft erlassen.

Ausländer, Fremde sind es meist,
Die unter uns gesät den Geist
Der Rebellion. Dergleichen Sünder,
Gottlob! sind selten Landeskinder.

Auch Gottesleugner sind es meist;
Wer sich von seinem Glauben reißt,
Wird endlich auch abtrünnig werden
Von seinen irdischen Behörden.
Der Obrigkeit gehorchen ist
Die erste Pflicht für Jud und Christ.
Es schließe jeder seine Bude,
Sobald es dunkelt, Christ und Jude.

Wo ihrer drei beisammen stehen,
Da soll man auseinandergehen.
Des Nachts soll niemand auf den Gassen
Sich ohne Leuchte sehen lassen.

Es liefre seine Waffen aus
Ein jeder in dem Gildenhaus;
Auch Munition von jeder Sorte
Wird deponiert am selben Orte.

Wer auf der Straße räsonniert*,
Wird unverzüglich füsiliert**;
Das Räsonnieren mit Gebärden
Soll gleichfalls hart bestrafet werden.

Vertrauet eurem Magistrat***,
Der fromm und liebend schützt den Staat
Durch huldreich hochwohlweises Walten;
Euch ziemt es, stets das Maul zu halten.

** (kritisch redet) ** (erschossen) *** (Regierung)*

Q3 *Der Besuch des Landesvaters; Gemälde von Carl Spitzweg (1808–1885).* Die Kutsche eines „Landesvaters" gelangt in einen kleinen Ort. Als Schutz für die Obrigkeit hat sich ein Diener auf der Kutsche breitgemacht. Vor einem Kirchenportal haben sich die Honoratioren (Bürgermeister und andere bedeutsame Leute des Ortes) zum Empfang aufgestellt. Das Bild entstand um 1875, als Fürsten bereits vorwiegend mit der Eisenbahn durch ihr Land reisten.

Q4 *Der Schriftsteller Alexander von Sternberg (1806–1866) sah die Zeit des Biedermeier in der Erinnerung so:*
Der Krieg war beendet, die materiellen Kräfte ruhten aus und die geistigen Interessen nahmen an ihrer Stelle Platz. (...) Die neue Philosophie, die neue Literatur, die neue Kunst – alles drängte gewaltsam heran, um besprochen zu werden. Nach Berlin strömte alles hin. Die Dichter, die Künstler, die Komponisten waren auf einer ewigen Wanderschaft begriffen.

1. *Carl Spitzweg ist wegen seiner heiteren humorvollen Bilder in Deutschland sehr beliebt und gilt als der typische Maler des Biedermeier. Man hat ihm aber auch vorgeworfen, dass er den unpolitischen Spießbürger zu liebevoll darstellt und die politischen und sozialen Missstände verschweigt. Vergleicht Q2 und Q3. Wie unterscheiden sich beide Zeitgenossen in ihrer Erinnerung?*
2. *Versucht, einen Text gegen die Obrigkeit (eventuell als Gedicht) zu schreiben.*

9 Bürger gehen auf die Barrikaden

Q1 *Während der Februarrevolution verbrennen Aufständische den Königsthron* (zeitgenössische Darstellung). Aus sozialer Not kam es im Juni zu einem Arbeiteraufstand gegen die Regierung der Republik. Im Dezember 1848 wurde Louis Napoleon zum Präsidenten der Republik gewählt. Er hatte den Bürgern Sicherheit und den Arbeitern soziale Gerechtigkeit versprochen. Durch Volksabstimmung wurde er 1852 Kaiser Napoleon III.

Revolutionen in Europa

Februar 1848: In Paris stürmen Bürger, Studenten, Handwerker und Arbeiter das königliche Schloss und rufen die Republik aus. Den Thron des Königs verbrennen sie an jenem Ort, an dem bis 1789 die Bastille gestanden hatte.

Als hätten die Menschen in den anderen Staaten nur auf ein solches Zeichen gewartet, ergriff die revolutionäre Bewegung halb Europa. Mailand, Neapel, Budapest, Wien, Baden, Dresden, München und Berlin wurden zu Zentren des Aufstands.

In Frankreich waren es vor allem Not leidende Arbeiter in den Städten, die den Aufstand auslösten. Eine Wirtschaftskrise hatte dazu geführt, dass viele Männer ihre Arbeit verloren und ihre Familien hungern mussten.

In Italien wiederum waren viele Menschen unzufrieden damit, dass ihr Land zersplittert war. Sie wünschten sich einen einheitlichen Staat für alle Italiener. Vor allem wollten sie aber die österreichische Fremdherrschaft im Norden des Landes los werden.

In Ungarn rebellierten national denkende Menschen gegen die Herrschaft des österreichischen Kaisers. Auch sie wollten einen eigenen Staat erringen.

Unzufriedene Bürger

In den deutschen Staaten waren die wirtschaftlichen Verhältnisse im Winter 1847/48 bedrückend. Infolge von Missernten stiegen die Lebensmittelpreise. Die Familien der Fabrikarbeiter litten bittere Not. Bei den meisten Handwerkern sah es kaum anders aus. Sie konnten mit den billigen Waren aus den Fabriken nicht mithalten.

Den Bürgern in den Städten ging es zwar wirtschaftlich besser, doch sie waren schon lange erbost über die Politik der Fürsten, die ihnen so viele Freiheitsrechte vorenthielten. In dieser Stimmung hörten die Menschen von einer neuen Revolution in Frankreich.

Auf die Barrikaden!

Wie ein Lauffeuer breiteten sich Demonstrationen und Aufstände in den deutschen Staaten aus. Die Menschen forderten vor allem ein frei gewähltes deutsches Parlament und einen deutschen Nationalstaat.

In Wien musste der Kaiser auf Druck des Volkes den verhassten Kanzler Metternich entlassen. In Berlin versuchte der preußische König Friedrich Wilhelm IV. sein Volk zu beruhigen, indem er Pressefreiheit und eine Verfassung versprach. Doch es kam zu einem Zwischenfall: Am 18. März schossen Wachsoldaten vor dem Königsschloss auf Demonstranten. Innerhalb von Stunden errichteten Bürger, Handwerker und Arbeiter Barrikaden, um die Straßen abzusperren. Frauen und Kinder gossen aus Bleifenstern Kugeln, Männer bewaffneten sich. Bei den Kämpfen zwischen Soldaten und Bürgern kamen mehr als 200 Menschen ums Leben. Am 21. März ritt der König hinter einer schwarz-rot-goldenen Fahne durch die Stadt und ließ verkünden: „An mein Volk und an die deutsche Nation! (…) Ich habe heute die alten deutschen Farben angenommen. (…) Preußen geht fortan in Deutschland auf."

Q2 *Barrikadenkämpfe in Berlin am 18. März 1848* (kolorierter zeitgenössischer Stich). Der König setzte 14 000 Infanteristen gegen die Aufständischen ein. Doch die Bürger hielten stand. Am nächsten Tag brachten sie ihre Toten vor das königliche Schloss und bahrten sie dort auf. Friedrich Wilhelm IV. musste sich vor ihnen verneigen.

Q3 *Forderungen der Kölner Arbeiter an ihren Landesherrn, den König von Preußen, vom 3. März 1848:*

1. Gesetzgebung und Verwaltung durch das Volk, da ein freies Volk (…) sich nicht mehr im Interesse Einzelner ausbeuten lassen will (…), allgemeines Wahlrecht und allgemeine Wählbarkeit.

2. Unbedingte Freiheit der Rede und Presse.

3. Aufhebung des stehenden Heeres und Einführung einer allgemeinen Volksbewaffnung mit vom Volke gewählten Führern. (…)

4. Freies Vereinigungsrecht.

5. Schutz der Arbeit und Sicherstellung der menschlichen Bedürfnisse für alle. (…) Es ist Sache des Staates, die Produktion dem Interesse der Einzelnen zu entreißen und sie im Interesse aller zu leiten. Jeder Mensch hat ein Recht auf Arbeit sowie auf einen seinen Bedürfnissen angemessenen Lohn.

6. Vollständige Erziehung aller Kinder auf öffentliche Kosten.

1 *Welches Zeichen wollten die Pariser Bürgerinnen und Bürger in Q1 für alle Franzosen setzen? Welche symbolische Bedeutung hat die Wahl des Ortes (VT)?*

2 *Vergleiche die Entwicklung in Frankreich 1848–1852 mit der Revolution von 1789–1799 (VT).*

3 *Erläutere, wie sich der preußische König verhielt.*

4 *Untersuche die Forderungen der Arbeiter in (Q3). Warum waren für sie die Punkte 5 und 6 ihrer Forderungen wohl fast noch wichtiger als Freiheitsrechte? Mit welchen Gruppen kamen sie durch Punkt 5 in Konflikt? Inwiefern könnten sie Nutzen aus Punkt 4 gezogen haben?*

5 *Schreibe als Zeitungsreporter einen Kurzbericht über die Barrikadenkämpfe in Berlin (VT, Q2).*

10 Deutsche Nationalversammlung

Q 1 *Sitzung der „Deutschen Nationalversammlung" in der Paulskirche* (zeitgenössische farbige Lithographie). Links auf dem Podest steht der Präsident der Nationalversammlung, Heinrich von Gagern, am Rednerpult der Abgeordnete Robert Blum. Die Abgeordneten saßen im Halbkreis. Vom Rednerpult aus betrachtet, gruppierten sie sich in „Linke", „Zentrum" und „Rechte". Auf den Rängen saßen Zuschauer, die Sitzungen waren öffentlich.

A-Z

Nationalversammlung
Gewählte Abgeordnete erarbeiten eine Verfassung, in der Grundfragen einer Nation geregelt werden.

Frankfurter Paulskirche

Die Stadt Frankfurt am Main war im Zweiten Weltkrieg durch Bomben in Schutt und Asche gelegt worden. Als eines der ersten Gebäude wurde die Paulskirche wieder aufgebaut, denn man wollte zeigen, dass auch Deutschland eine demokratische Tradition besaß.

Hundert Jahre zuvor, im Jahre 1848, waren gewählte Vertreter der deutschen Bevölkerung unter den schwarz-rot-goldenen Fahnen der Revolution in die zu einem Sitzungssaal umgebaute Kirche eingezogen. Viele Deutsche erwarteten von den Abgeordneten, dass sie die anstehenden großen Fragen lösen und Deutschland eine Verfassung geben würden. Das war aber eine schwere Aufgabe. Denn bald stellten die Abgeordneten fest, dass sie in vielen Fragen sehr unterschiedlicher Meinung waren. Gleichgesinnte setzten sich im Sitzungssaal zusammen. So entstanden politische Gruppierungen, die sich heftige Redeschlachten lieferten. Das war der Anfang von politischen Parteien in Deutschland. Lange konnte man sich bei zentralen Streitpunkten nicht einigen.

Streitpunkt Staatsgebiet

Der „Deutsche Bund" bestand aus vielen Staaten, von denen Preußen und Österreich die größten waren. Heftig diskutiert wurde nun, ob Österreich in den zukünftigen deutschen Nationalstaat aufgenommen werden könnte. Große Teile des „Vielvölkerstaates" (Ungarn und Norditalien) gehörten nicht zum Deutschen Bund. Mit einer Aufnahme nur der deutschsprachigen Landesteile war Österreich aber nicht einverstanden. Die Nationalversammlung entschied sich schließlich für die „kleindeutsche Lösung" ohne Österreich.

Streitpunkt Staatsform

Beim Streit um die Staatsform traten die politischen Gruppen deutlich hervor. Die „Rechte" forderte eine Monarchie mit einem Kaiser. Das „Zentrum" sprach sich für einen Kaiser aus, der aber vom Parlament kontrolliert würde. Die „Linke" wollte eine Republik, in der das Volk als Souverän bestimmte. Schließlich wählten die Abgeordneten mit 290 Stimmen bei 248 Enthaltungen den preußischen König zum „Kaiser der Deutschen".

Reichsverfassung und Grundrechte

Seit der Aufklärung kämpften die Völker für die „Menschen- und Bürgerrechte". Erstmals wurden sie 1776 in der amerikanischen Unabhängigkeitserklärung schriftlich niedergelegt. Dann wurden sie 1789 während der Französischen Revolution formuliert. Die Abgeordneten in der Paulskirche schrieben sie erstmals als „Grundrechte" für Deutschland in eine Verfassung. Heute stehen sie am Anfang unserer Verfassung, des „Grundgesetzes", und sind für uns selbstverständlich. Damals waren sie für Deutschland eine Sensation. Am 28. März 1849 nahm die Nationalversammlung die Reichsverfassung mit den Grundrechten an.

Q 2 *Aus der Verfassung des Deutschen Reiches vom 28. März 1849:*

§ 130 Dem deutschen Volke sollen die nachstehenden Grundrechte gewährleistet sein.

§ 137 Vor dem Gesetz gilt kein Unterschied der Stände. Der Adel als Stand ist aufgehoben. Alle Standesvorrechte sind abgeschafft. Die Deutschen sind vor dem Gesetze gleich.

§ 138 Die Freiheit der Person ist unverletzlich.

§ 139 Die Todesstrafe, ausgenommen wo das Kriegsrecht sie vorschreibt (...), sowie die Strafen des Prangers, der Brandmarkung und der körperlichen Züchtigung sind abgeschafft.

§ 142 Das Briefgeheimnis ist gewährleistet.

§ 143 Jeder Deutsche hat das Recht, durch Wort, Schrift, Druck und bildliche Darstellung seine Meinung frei zu äußern.

Die Pressefreiheit darf unter keinen Umständen und in keiner Weise durch vorbeugende Maßnahmen, (...) namentlich Zensur aufgehoben werden.

§ 144 Jeder Deutsche hat volle Glaubens- und Gewissensfreiheit.

§ 158 Es steht einem jeden frei, seinen Beruf zu wählen und sich für denselben auszubilden, wie und wo er will.

§ 161 Die Deutschen haben das Recht, sich friedlich (...) zu versammeln; einer Erlaubnis dazu bedarf es nicht.

§ 164 Das Eigentum ist unverletzlich. (...)

D 1 *Die soziale Herkunft der Abgeordneten 1848:*

Großgrundbesitzer	38
Kaufleute und Fabrikanten	20
Beamte, Richter, Lehrer, Bürgermeister, Professoren, Geistlichkeit	332
Geistige und freie Berufe	139
Landwirte, Kaufleute, Handwerker	20
Militär	11
ohne Beruf	13
Gesamt	573

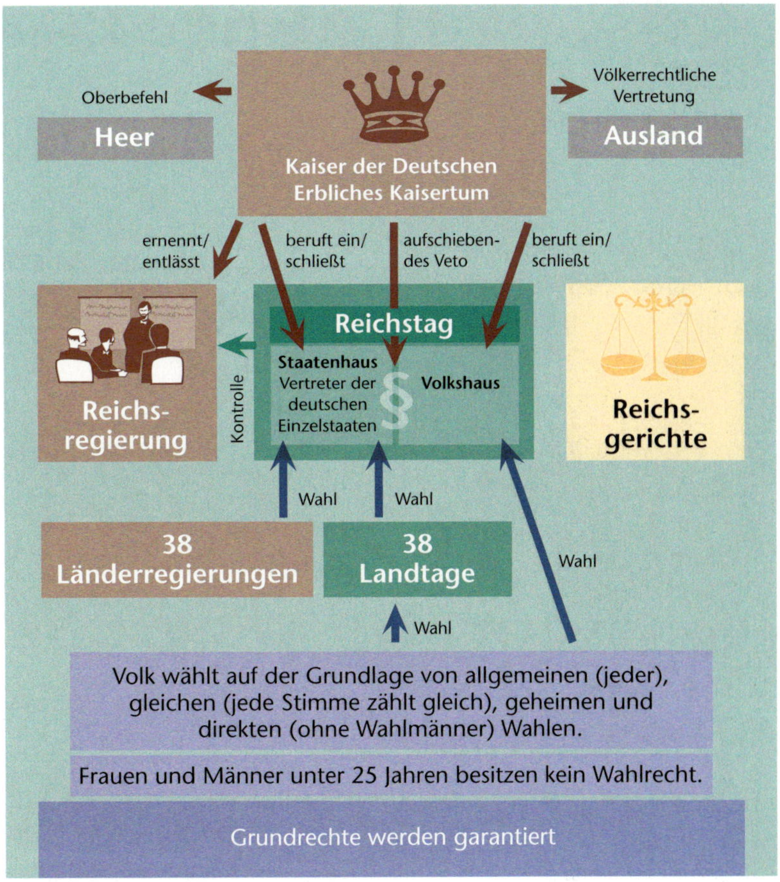

D 2 *Schaubild zur Verfassung der Nationalversammlung,* beschlossen von den Abgeordneten in der Frankfurter Paulskirche für das kleindeutsche Reich (ohne Österreich). Die Verfassung trat nie in Kraft, wurde aber Grundlage auch für unsere Verfassung.

D 3 *Gewaltenteilung in der Verfassung:*

EXEKUTIVE	LEGISLATIVE	JUDIKATIVE
ausführende Gewalt	gesetzgebende Gewalt	richterliche Gewalt

Q 3 *Aus dem Grundgesetz für die Bundesrepublik Deutschland vom 23. Mai 1949:*

Artikel 1 Menschenwürde
Artikel 2 Freiheit der Person
Artikel 3 Gleichheit vor dem Gesetz
Artikel 4 Glaubens- und Gewissensfreiheit
Artikel 5 Freiheit der Meinungsäußerung

1. *Schreibe einen Zeitungsartikel über eine Sitzung in der Paulskirche (VT).*
2. *Vergleicht die Verfassung von 1849 und 1949. Dazu solltet ihr euch ein Schaubild über unsere Verfassung besorgen (D2).*
3. *Führt ein Rollenspiel durch, in dem ihr, wie die Abgeordneten, über die Staatsform streitet.*
4. *Was fällt euch bei der sozialen Herkunft der Abgeordneten auf (D1)?*
5. *Was ist eine Nationalversammlung?*

11 Die Niederlage der Revolution

1 *Der deutsche Michel und seine Mutter Germania in Berlin* (Karikatur um 1848). Der deutsche Michel bittet den preußischen König Friedrich Wilhelm IV. um Durchreiseerlaubnis für sich und seine Mutter nach Frankfurt. Die Germania, eine Symbolfigur für Deutschland, ist schwanger, d. h. guter Hoffnung, in der Paulskirche eine neue Verfassung auf die Welt zu bringen. Der König schimpft jedoch: „Fort mit euch aus unserem Staat!"

Ablehnung der Kaiserkrone

Die Nationalversammlung sandte eine Abordnung zum preußischen König nach Berlin. Der Leiter der Delegation sagte zum König: „Die verfassunggebende deutsche Reichsversammlung hat die erbliche Kaiserwürde auf seine königliche Majestät von Preußen übertragen. Wir sind zuversichtlich, dass Eure Majestät die Erwartungen des Vaterlandes erfüllen, welches Eure Majestät als Schutz seiner Einheit, Freiheit und Macht erkoren hat."
Doch der König lehnte die Kaiserkrone aus der Hand des Volkes ab. Zu einem Freund sagte er, an der Krone hafte der „Ludergeruch der Revolution". Die Enttäuschung im Volk war groß. Ohne Staatsoberhaupt konnte die neue Reichsverfassung nicht in Kraft treten. Die Nationalversammlung löste sich auf. Inzwischen hatten die Herrscher ihre Macht wieder gefestigt und waren entschlossen, die freiheitlichen Ideen mit Soldaten zu bekämpfen.

Volkserhebungen

Es gab aber viele Menschen, die nicht widerstandslos aufgeben wollten. In Baden, Sachsen und in der Pfalz kam es im Mai 1849 zu Volkserhebungen. Preußische Truppen kämpften den Aufstand in Sachsen nieder. In der Pfalz forderte der aus Frankfurt zurückkehrende Abgeordnete Nikolaus Schmitt die Aufstellung von Bürgerwehren. Es entstand eine Volksregierung, die die Unabhängigkeit der Pfalz von Bayern erklärte. Der Großherzog von Baden floh, als seine Soldaten sich mit Aufständischen verbündeten. Er bat den preußischen König um Hilfe. 50 000 Soldaten besetzten die Pfalz und drangen nach Baden vor. Nur die Festung Rastatt leistete noch verzweifelten Widerstand. Ohne Munition und Nahrung mussten die Aufständischen jedoch im Juli 1849 kapitulieren. Die Revolution in Deutschland war besiegt.

Sieg der Reaktion

Mit der Kapitulation der badischen Festung Rastatt endete der Versuch, ein freiheitliches Deutschland zu schaffen. Die Rache der Sieger war grausam. Aufständische wurden standrechtlich, also ohne Gerichtsverhandlung, erschossen. Andere wurden zum Tode oder zu langen Haftstrafen verurteilt. Mit „Steckbriefen" wurden die Revolutionäre gejagt. Manchem gelang die Flucht in die Schweiz, nach Frankreich oder England. Viele demokratisch gesinnte Männer und Frauen wanderten aus, vor allem in die USA, wo sie oft ein hartes Schicksal, aber auch ein Leben ohne Fürstenwillkür erwartete. Die erarbeitete Verfassung trat nie in Kraft. In Preußen und Österreich erließen die Herrscher Verfassungen, die dem Volk kaum Freiheiten einräumten. Aber die Ideen von 1848 lebten weiter. Als im Jahre 1918 Deutschland eine Republik wurde, wählte man die Farben der Revolution, schwarz-rot-gold, für die deutsche Fahne.

Q2 *Die Schriftstellerin Fanny Lewald-Stahr schrieb in einem Brief vom 26. September 1849 an den Großherzog von Sachsen-Weimar:*

Eine große Zahl der Männer, die mir näher und ferner befreundet, sind in der Fremde, in notwendigem Exil, in materieller Not, blutenden Herzens vom Vaterlande, von Familie und Freunden getrennt; und es sind Männer darunter, die man eines politischen Irrtums anklagen, die aber sicher kein Mensch auf Erden einer persönlichen eigennützigen Schuld bezeihen kann, denn es sind Menschen von fleckenlosem Charakter (…) Warum ich Ihnen das erzähle, mein teurer Prinz?

– Damit Sie wissen, dass nicht nur Ehrgeizige und Leichtsinnige an der Spitze der Bewegung standen; damit Sie nicht glauben, es seien nur Leute gewesen, die nichts zu verlieren und alles zu gewinnen hatten. Alle diese Männer hatten Familienbande, Eltern, Weib und Kind, bürgerliche ehrenvolle Stellung und einen Besitz, der ihr Leben leicht machte; und all diese Männer schlugen das alles für eine Überzeugung, für ein sittliches Ideal in die Schanze – und jeder von ihnen trägt die Niederlage so still und gefasst, dass Sie ebenso erschüttert und erhoben davon sein würden als ich (…)

Q3 *Die Erschießung des Uhrmachers Georg Böning 1849 in den Festungswällen von Rastatt* (Gemälde, 1899). Böning hatte schon in den Freiheitskriegen gegen Napoleon gekämpft, bevor er am Aufstand 1849 teilnahm.

Q5 *Berliner Bürger liefern ihre Waffen an das Militär ab* (kolorierter Stich, Berlin).

D1 *Carl Schurz (1829–1906), ein deutscher Revolutionär*

Geboren in Liblar (Erftstadt). Studierte in Bonn bei Professor Kinkel. Beide beteiligten sich 1849 am pfälzisch-badischen Aufstand. Als sich die Aufständischen in Rastatt ergeben mussten, versteckte Schurz sich auf einem Dachboden und hörte von den Massenerschießungen. Ihm gelang die Flucht durch einen Abwasserkanal. 1850 befreite er den zu lebenslänglicher Festungshaft verurteilten Professor Kinkel. Beide flohen nach England. Von dort wanderte Schurz in die USA aus. Er wurde ein Freund des amerikanischen Präsidenten Abraham Lincoln, der sich für die Abschaffung der Sklaverei einsetzte. Als amerikanischer Innenminister versuchte Schurz, die Indianer vor der Verfolgung durch die Siedler zu schützen.

Q4 *Der deutsche Altbundespräsident Gustav Heinemann sagte bei der Eröffnung der Erinnerungsstätte für die deutschen Freiheitsbewegungen in Rastatt 1974:*

Sind wirklich jene die Sieger, die damals die deutsche Einheit verhindert und die demokratischen Freiheitsrechte niedergeschossen haben? Sind nicht am Ende doch sie Verlierer und Sieger jene, die einst für das kämpften, was wir heute unsere freiheitlich-demokratische Grundordnung nennen?

1. *Bildet Gruppen. Jede Gruppe beschreibt eins der Bilder (Q1, Q3, Q5) und versucht anschließend, den anderen Gruppen die dargestellten Ereignisse zu erklären und Fragen zu beantworten.*
2. *Schreibe eine kurze Biografie über Carl Schurz (D1). Verwende dazu auch das Internet oder ein Lexikon.*
3. *Vergleiche den Brief (Q2) mit der Biografie von Carl Schurz (D1).*

12 Kampf um das freie gedruckte Wort

Q1 *Satire auf die Pressefreiheit* (Karikatur aus der Zeit vor 1850 aus München). Nicht nur der Staat und die Kirche, sondern auch die Besitzer einer Zeitung setzen die Redakteure unter Druck.

Vom Flugblatt zur Illustrierten

Mit der Erfindung des Buchdrucks durch Johann Gutenberg um 1450 begann auch die Geschichte der Presse. Jetzt ließen sich Druckerzeugnisse billig und in Massen herstellen. Durch weitere Erfindungen, besonders bei der Vervielfältigung von Bildern, wurden Presseerzeugnisse sehr beliebt und fanden große Verbreitung. Anfangs waren es vor allem Flugblätter, mit denen Informationen und Meinungen verbreitet wurden. Später kamen Zeitungen und Zeitschriften hinzu. Die ersten Wochenzeitungen erschienen 1609 in Straßburg und Wolfenbüttel, die erste Tageszeitung erschien 1650 in Leipzig. Später fanden Bilderbögen, in denen Bildergeschichten auch zu aktuellen Ereignissen dargestellt waren, guten Absatz. Daraus entwickelten sich später illustrierte Zeitschriften.

Presse als politisches Sprachrohr

Weil Druckerzeugnisse auch für die Herrschenden von Nutzen waren, wurde ihre Herstellung von der Obrigkeit gefördert. Andererseits erschienen vor allem Zeitungen den Fürsten so gefährlich, dass sie Zensurbehörden einrichteten, um die Inhalte der Zeitungen vor dem Druck zu kontrollieren. Die Zensurbehörde entschied im Auftrag des Fürsten, ob ein Artikel verändert werden musste oder nicht erscheinen durfte.

Während der Zeit der Aufklärung und besonders während der Französischen Revolution entwickelte sich die Presse zu einem wichtigen Mittel der politischen Auseinandersetzung. Wer über eine Zeitung verfügte, konnte seine politische Meinung verbreiten, Anhänger gewinnen oder politische Gegner bekämpfen. Napoleon gelang es auch durch Bestechung, die Presse zur Propaganda seiner politischen Absichten einzusetzen. In Deutschland entwickelte sich vor allem während der Befreiungskriege eine vielfältige politische Tagespresse.

Presse und Revolution

Die Unterdrückung der Pressefreiheit nach dem Wiener Kongress war in Deutschland besonders verhasst. Nachdem der neue preußische König, Friedrich Wilhelm III., 1797 erhebliche Lockerungen der Pressezensur verfügt hatte, erschrak er sehr schnell über die unerwartet freie Meinungsäußerung seiner Untertanen. So verschärfte er 1835 die Zensur wieder und verbot sogar kritische Blätter wie die „Rheinische Zeitung" oder die „Trierer Zeitung". Daran entzündete sich der Zorn vieler Bürger. Die Pressezensur war eine wesentliche Ursache für den Ausbruch der Revolution 1848. Nach 1851 wurde die Pressezensur in Preußen und anderen Staaten des Deutschen Bundes wieder gesetzlich festgeschrieben.

A–Z

Zensur
Staatliche Aufsicht über Veröffentlichungen in Wort und Bild, um unerwünschte Beiträge fernzuhalten.

Q2 *In einem Berliner Lesecafé* (Gemälde von 1831). Die Besucher des Cafés konnten kostenlos eine Vielzahl von Tageszeitungen lesen.

Q3 *Aus den Nachrichten der „Magdeburgischen Zeitung" vom 10. März 1848:*

Ihre Königlichen Hoheiten der Prinz und die Prinzessin Karl sind mit ihren (...) Kindern (...) in erwünschtem Wohlsein aus Baden-Baden wieder hier eingetroffen (...). Die allgemeine Bewegung, welche Deutschland ergriffen, scheint auch an Berlin nicht spurlos vorbeigegangen zu sein.

Q4 *Hoffmann von Fallersleben, der Dichter der deutschen Nationalhymne, verspottete in seinen „Unpolitischen Liedern" 1842 die Berichterstattung der zensierten preußischen Presse. Wegen seiner Kritik verlor er sein Amt als Professor.*

Wie ist doch die Zeitung interessant
Für unser liebes Vaterland!
Was haben wir heute nicht alles vernommen!
Die Fürstin ist gestern niedergekommen,
Und morgen wird der Herzog kommen.
(...)
Was ist uns nicht alles berichtet worden!
(...)
Ein Oberhofprediger erhielt einen Orden,
(...)
Und zeitig ist es Frühling geworden –
Wie interessant! Wie interessant!
Gott segne das liebe Vaterland!

Q5 *Aus einem Brief des Großherzogs Leopold von Baden an den preußischen König Friedrich Wilhelm IV. im März 1848:*

Meine nachträglichen Zugeständnisse (Schwurgerichte, Pressefreiheit usw.) sind teils von zweckmäßiger Art, teils von untergeordneter, teils von keiner nachträglichen Bedeutung. Die erste Aufgabe war, das Land zu beruhigen.

D1 *Verfolgung von Abgeordneten und Zeitungsredakteuren (zwei Beispiele):*

Reinhard, Rektor zu Boitzenburg
- 1849 aus seinem Amt entlassen
- 1851 wegen kritischer Pressearbeit als Redakteur aus Rostock ausgewiesen; seine Zeitung „Reformblatt" von der Regierung in Schwerin verboten; wegen Pressevergehen zu acht Monaten Gefängnis und zu einer Geldbuße verurteilt.

Temme, Oberlandesdirektor zu Münster
- 1849 wegen Teilnahme am Stuttgarter Parlament entlassen
- 1851 in Breslau als Redakteur der „Neuen Oderzeitung" wegen Beleidigung des Staatsministeriums zu Geldstrafe und Vernichtung der Zeitungsexemplare verurteilt.

1. *Vergleiche die Nachrichten der „Magdeburgischen Zeitung" mit dem Gedicht von Hoffmann von Fallersleben (Q3, Q4). Beachte auch das jeweilige Jahr.*
2. *Aus welchen Gründen wurden die drei Männer (Q4, D1) von ihren Regierungen verfolgt?*
3. *Informiert euch im Grundgesetz der Bundesrepublik Deutschland (Artikel 5) über die Meinungsfreiheit bei uns.*
4. *Diskutiert darüber, warum eine freie Presse so wichtig ist.*

13 „Pfälzer! Das Vaterland ruft!" – Freiheitskampf 1848/49

Q1 *Bei Kirchheimbolanden kämpften die pfälzischen Freischärler gegen die 4. preußische Division.* Nach kurzem Gefecht mussten sie die Barrikaden aufgeben. 17 Freischärler starben, zehn wurden gefangen genommen, vier preußische Soldaten wurden verwundet.

A-Z

Freischaren
sind militärische Verbände aus Freiwilligen, die unter der Führung einzelner Persönlichkeiten oder politischer Gruppen stehen. Sie greifen an der Seite regulärer Truppen, denen sie angegliedert sind, in das Kriegsgeschehen ein.

Eine Keimzelle liberaler Gedanken

Seit 1816 gehörte die Pfalz zu Bayern. München war jedoch weit weg und die staatliche Kontrolle vielerorts nicht so streng. Auch lebte in der Bevölkerung noch die Erinnerung an die Zeit der französischen Besetzung, als man die Vorzüge einer modernen Gesetzgebung kennen gelernt hatte. So war es nicht verwunderlich, dass die pfälzischen Abgeordneten im bayerischen Landtag häufig durch kritische Bemerkungen auffielen.

Der Landesverteidigungsausschuss

Nach den Unruhen in Berlin im März 1848 gab der bayerische König Ludwig I. rasch einigen Forderungen nach. Er willigte ein, Schwurgerichte im Land einzuführen und Gerichtsverfahren öffentlich abzuhalten. Das Militär sollte einen Eid auf die Verfassung schwören und die Pressefreiheit sollte wieder gelten. Das wurde in der Pfalz positiv aufgenommen.
Kurz darauf zogen elf pfälzische Abgeordnete mit großem Reformwillen ins Paulskirchenparlament ein. Alle gehörten der Linken an. Als die Nationalversammlung am 28. März 1849 die Verfassung verabschiedete, lehnte der neue bayerische König Maximilian II. sie ab. Teile der pfälzischen Bevölkerung wollten dies nicht hinnehmen und gründeten am 2. Mai in Kaiserslautern den Landesverteidigungsausschuss, der die Verfassung auch gegen die Regierung durchsetzen sollte.

Kirchheimbolanden, 14. Juni 1849

Der Landesverteidigungsausschuss war bereit, die gerade errungenen Freiheitsrechte auch mit Waffengewalt zu verteidigen. Am 17. Mai bildete er eine provisorische Regierung. Das bedeutete die Loslösung der Pfalz von Bayern und die Gründung einer freien Republik. Die Regierung in München sah darin Hochverrat und drohte mit militärischer Gewalt.
Große Teile der Bevölkerung zögerten, die Aufständischen weiter zu unterstützen. Dennoch wurde eine Landwehr aus Freischärlern gebildet, die den Soldaten entgegentreten sollten. Wenige Tage später marschierte die bayerische Armee mit einer Verstärkung aus Preußen in die Pfalz ein. Am 14. Juni kam es bei Kirchheimbolanden zum ersten größeren Gefecht, bei dem 17 Freischärler fielen. Dem übermächtigen Heer hatten die Pfälzer kaum etwas entgegenzusetzen.

Das Ende der pfälzischen Revolution

Nach weiteren Schlachten war der Aufstand am 18. Juni niedergeschlagen. Die Mitglieder der pfälzischen Regierung und einige tausend Revolutionäre flohen über den Rhein nach Baden, wo ebenfalls Aufständische für die Verfassung kämpften. Am 22. Juni 1849 erklärte der bayerische König die Handlungen der provisorischen Regierung für nichtig. Der Kampf für die Freiheit war beendet.

Q2 *Text eines Flugblattes vom Mai 1849:*

Proklamation

Mitbürger! Im Vertrauen auf ihr gutes Recht hat die gesamte Bevölkerung der Rheinpfalz sich erhoben, um der Widerspenstigkeit der deutschen Fürsten gegen die durch die Vertreter des deutschen Volkes endgültig beschlossene deutsche Reichsverfassung tatkräftig entgegenzutreten. Die Rheinpfalz kann mit Stolz sagen, dass sie für diesen Schutz des unveräußerlichen Rechts der Volkssouveränität zuerst bewaffnet in die Schranken getreten ist, – eine Erhebung, welcher sich das benachbarte badische Volk mutig angeschlossen hat.

Der Widerspruch des Königs von Bayern gegen den gesetzlich ausgesprochenen Volkswillen war durch kein Mittel zu brechen (…)

Mitbürger! (…) Vereint mit Euch werden wir stehen, und (…) siegen in dem großen Kampfe für die Freiheit und Einheit des deutschen Volkes (…) Wir werden bemüht sein, die Ordnung kräftig aufrechtzuerhalten, und rechnen auf Eure Unterstützung.

Die bestehenden Behörden bestätigen wir hiermit in ihren Ämtern, bauend auf ihre Ergebenheit für das Vaterland und die große Sache, zu deren Durchführung auch Sie mitberufen sind (…) Ihre Amtshandlungen werden von heute an im Namen des pfälzischen Volkes ausgeübt (…) Alle wegen politischer Vergehen und Verbrechen Verurteilten sind amnestiert (= begnadigt), und alle politischen Untersuchungen niedergeschlagen.

Bürger: Die absolute Fürstengewalt hat zur Aufrechterhaltung der Gesetze ihrer Polizei und ihrer Soldaten bedurft. Eure Liebe zum Vaterlande, Euer Freiheitsgefühl ist eine bessere, eine mächtigere Triebfeder, als der blinde Gehorsam, welchen Eure früheren Machthaber von Euch gefordert haben.

Pfälzer! Das Vaterland ruft. Wir alle werden nicht zurückbleiben.

Kaiserslautern, den 18. Mai 1849

Die provisorische Regierung

Q5 *Pfälzischer Freischärler.* Die rund 12 000 Freischärler in der Pfalz trugen als „Uniform“ die blaue mit einem Gürtel gehaltene Hemdbluse der Bauern. In Ermangelung von Gewehren waren sie mit Sensen bewaffnet.

Q3 *Eine pfälzische Ortschronik, 1849:*

Die Ensheimer Bevölkerung blieb nicht untätig in dieser Sturmperiode (…) Wie im Jahre 1795 wurde (…) das Zeichen der Freiheit, der Maibaum aufgepflanzt. Die jungen Männer (…) bewaffneten sich mit Gewehren (…), mit Sensen (…) und mit Dreschflegeln. Im „Gemäne“ wurde exerziert und bald darauf (…) schlossen sie sich dem Freischärlerkorps in Homburg an. Bei Kirchheimbolanden standen sie den Preußen gegenüber und erlebten ihren kläglichen Zusammenbruch, ebenso wie bei den Kämpfen bei Neuhäusel und Rastatt in Baden. Einige Ensheimer Freischärler entflohen (…), andere kehrten (…) zurück und versteckten sich.

Q4 *Aufruf der radikalen Linken in der Nationalversammlung vom 5. Mai 1849:*

Deutsche! Jetzt gilt es abermals, zum letzen Mal, eure Freiheit gegen die Angriffe der Fürsten zu schützen. Blicket auf das Beispiel der tatentschlossenen Pfälzer. Säumet nicht, bewaffnet Euch, organisiert Euch (…) Und Ihr, Männer der Pfalz – die Ihr für Freiheit, Ehre und Recht bereits in die Schranken getreten seid gegen den Verrat der Könige, haltet mutig stand!

1. *Lege einen Zeitstrahl zu den Ereignissen in der Pfalz an (VT).*
2. *17. Mai 1849: Ein pfälzischer Abgeordneter diskutiert mit drei Abgeordneten in der Paulskirche. Erfinde einen Dialog (VT, Q2, Q4).*
3. *a) Wie wirkt der Text der Proklamation (Q2) auf dich?*
   b) Was wird über einen neuen pfälzischen Staat gesagt?
4. *Erkläre die militärische Niederlage der Pfälzer (VT, Q1, Q3, Q5).*
5. *Der Stadtrat von Kaiserslautern berät über eine Gedenktafel für die Revolution 1849. Diskutiert pro und kontra.*

14 Methode
Politische Lieder interpretieren

Die Zeit vor 1848
Im Vormärz, so nennt man die Zeit zwischen dem Wiener Kongress und der Märzrevolution von 1848 auch, haben Patrioten und Demokraten ein anderes Deutschland schaffen wollen. Dafür haben sie in Reden, Aufrufen, Flugblättern und Zeitungsartikeln gekämpft. Die Sehnsucht nach einem geeinten und freien Vaterland drückt sich aber auch in vielen Gedichten und Liedern der Zeit aus.

„In aller Munde"
Politische Lieder haben im 19. Jahrhundert wahrscheinlich mehr Menschen erreicht als das geschriebene Wort. Bücher und Zeitungen wurden weitgehend von den gebildeten Bürgerinnen und Bürgern gelesen. Volkstümliche Lieder waren „in aller Munde" – auch in den Arbeitervierteln der Großstädte und auf dem Land, wo viele Menschen noch nicht einmal lesen konnten.

Q 1 *Die Studenten auf dem Weg zum Wartburgfest* erscheinen auf dieser zeitgenössischen Darstellung in fröhlicher Laune. Wenn Menschen am Feierabend, an Sonntagen oder zu Festen zusammenkamen, haben sie gerne gesungen. Freiheitslieder oder patriotische Lieder aus der Zeit der Befreiungskriege waren überall bekannt. Die Gesangvereine hatten 1848 fast 100 000 Mitglieder.

Q 2 *Aus den „unpolitischen Liedern" von Heinrich Hoffmann von Fallersleben, 1841:*

Wie ist doch die Zeitung interessant
für unser liebes Vaterland!
Was haben wir heute nicht alles vernommen!
Die Fürstin ist gestern niedergekommen,
und morgen wird der Herzog kommen,
hier ist der König heimgekommen,
dort ist der Kaiser durchgekommen –
bald werden sie alle zusammenkommen –
wie interessant! Wie interessant!
Gott segne das liebe Vaterland!

Q 3 *Das „Lied der Deutschen" schrieb der Dichter Heinrich Hoffmann von Fallersleben 1841 auf der damals englischen Insel Helgoland. Die dritte Strophe des Deutschlandliedes ist seit 1952 die Nationalhymne der Bundesrepublik Deutschland:*

Einigkeit und Recht und Freiheit
für das deutsche Vaterland!
Danach lasst uns alle streben
brüderlich mit Herz und Hand!
Einigkeit und Recht und Freiheit
sind des Glückes Unterpfand –
blüh im Herzen dieses Glückes,
blühe, deutsches Vaterland!

Q 4 *„Wir sind das Volk" von Ferdinand Freiligrath, Juni 1848:*

Wir sind das Volk
Nur was zerfällt,
vertretet ihr!
Seid Kasten nur,
trotz alledem!
Wir sind das Volk,
die Menschheit wir
Sind ewig drum,
trotz alledem (...)

Q 5 *Ein badisches Wiegenlied von Ludwig Pfau auf den Ausgang der 1848/49er Revolution. Es wird nach der Melodie von „Maikäfer, flieg" gesungen. Der Text bezieht sich auf die Aufstände im Rheinland, in der Pfalz und in Baden, die von den preußischen Truppen niedergeschlagen wurden.*

1. Schlaf, mein Kind, schlaf leis,
Dort draußen geht der Preuß!
Deinen Vater hat er umgebracht,
Deine Mutter hat er arm gemacht,
Und wer nicht schläft in guter Ruh,
Dem drückt der Preuß die Augen zu.
Schlaf, mein Kind, schlaf leis,
Dort draußen geht der Preuß!

2. Schlaf, mein Kind, schlaf leis,
Dort draußen geht der Preuß!
Der Preuß hat eine blut'ge Hand,
Die streckt er übers bad'sche Land,
Und alle müssen stille sein,
Als wie der Vater unterm Stein.
Schlaf, mein Kind, schlaf leis,
Dort draußen geht der Preuß!

3. Schlaf, mein Kind, schlaf leis,
Dort draußen geht der Preuß!
Zu Rastatt[1] auf der Schanz,
Da spielt er auf zum Tanz,
Da spielt er auf mit Pulver und Blei,
So macht er alle Badener frei.
Schlaf, mein Kind, schlaf leis,
Dort draußen geht der Preuß!

4. Schlaf, mein Kind, schlaf leis,
Dort draußen geht der Preuß!
Gott aber weiß, wie lang er geht,
Bis dass die Freiheit aufersteht,
Und wo dein Vater liegt, mein Schatz,
Da hat noch mancher Preuße Platz!
Schrei, mein Kind, schrei's:
Dort draußen *liegt* der Preuß!

[1] Hier kapitulierten im Juli 1849 6000 badische Aufständische.

Methodische Arbeitsschritte

1. Wann ist das Lied entstanden?
2. Wer hat den Text geschrieben?
3. Um welche Ereignisse und Personen geht es in dem Lied?
4. Was sagt der Titel des Liedes aus?
5. Wie klingt der Text – anklagend, ironisch, aufrührerisch oder spöttisch?
6. Wie wirkt das Lied insgesamt auf dich?
7. Was hat der Verfasser mit diesem Lied beabsichtigt?

1 Suche dir einen der Liedtexte aus und interpretiere ihn nach den methodischen Arbeitsschritten.

2 Informiere dich über Heinrich Hoffmann von Fallersleben. Warum schrieb er das „Lied der Deutschen" auf der Insel Helgoland?

3 Zu welchen Anlässen wird das Deutschlandlied heute gesungen?

4 Sucht andere Lieder oder Gedichte aus der Zeit des Vormärz und der Revolution von 1848/49. Fragt die Deutschlehrerin, den Musiklehrer, sucht in Liederbüchern und Gedichtbänden oder mit gut gewählten Suchbegriffen im Internet.

Zeitreise multimedial – Das lange 19. Jahrhundert: Gesellschaft – „Hymnen"

15 Abschluss
Mitgestalten, mitentscheiden

Q 1 *Karikatur aus der Zeit der Revolution um 1848*

Q 2 *Schule heute*

1. Schule 1848 und heute – ein Vergleich
Beschreibt die beiden Szenen aus einer Schulstube.

2. Kritischer Blick eines Zeitgenossen auf die Zeit
Auf den ersten Blick zeigt die Karikatur von 1848 eine Schulstube. Wer genau hinsieht, der stellt fest, dass der Zeichner die Zustände in Deutschland kritisiert. Die Menschen werden von einer Obrigkeit wie unmündige Kinder behandelt. Redefreiheit, Pressefreiheit, Petitionsrecht (Recht zur öffentlichen Beschwerde) und freies Versammlungsrecht werden unterdrückt oder der Lächerlichkeit preisgegeben.

3. Kampf um Mitbestimmung und Scheitern der Revolution
In der Themeneinheit habt ihr lernen können, wie es zur Revolution in Deutschland kam. Diskutiert, ob die Revolution sinnlos war, weil sie gescheitert ist.

4. Mitbestimmung heute
Es war ein langer, oft blutiger Kampf, bis die Menschenrechte in einer deutschen Verfassung festgeschrieben waren. Heute halten wir es für selbstverständlich, dass jeder Bürger Grundrechte genießt, mitbestimmen kann und vor Willkür geschützt ist. Informiert euch in unserer Verfassung über eure Grundrechte.

5. Mitbestimmung und Mitgestaltung in der Schule
Auch in der Schule gelten heute die Grundrechte. Im Schulgesetz sind Schüler und Schülerinnen sogar aufgefordert, Schule und Unterricht mitzugestalten. Aber Mitbestimmen und Mitgestalten will auch gelernt und immer wieder geübt sein. Diskutiert mit euren Lehrern darüber, wie sich das in der Praxis umsetzen lässt.

Ein Kapitel über den Kampf um Mitbestimmung bietet eine sinnvolle Gelegenheit auszuprobieren, wie man im Geschichtsunterricht eine Unterrichtseinheit gemeinsam planen und gestalten kann.

Es gibt verschiedene Möglichkeiten:

1. Lehrer und Schüler greifen den Vorschlag auf den Auftaktseiten auf und planen gemeinsam eine Unterrichtsreihe zur Themeneinheit.
2. Lehrer und Schüler besprechen am Ende der Unterrichtseinheit, wie sie die Einheit gemeinsam gestalten würden.
3. Lehrer und Schüler planen und gestalten eine Unterrichtsreihe zu einer der folgenden Themeneinheiten auf der Grundlage dieser Übung.

Von der Planung zur Durchführung: die wichtigsten Schritte

1. Sichtung der Themen in der Zeitreise

2. Vorstellung der Themenvorschläge und Ideen

3. Verteilung der Unterrichtsstunden

4. Abstimmung und Erstellung einer Planungsübersicht

5. Arbeit in den Schülergruppen

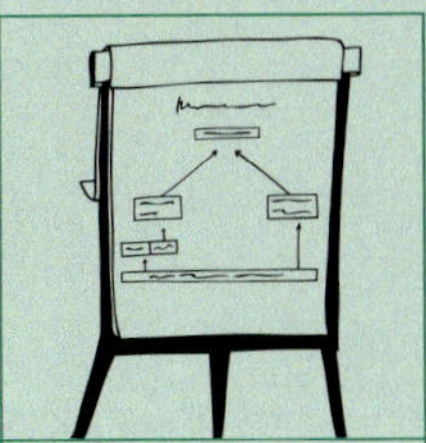

6. Vorstellung der Ergebnisse

PLANUNGSÜBERSICHT
Thema der Unterrichtsreihe: *Der Kampf um Einheit und Freiheit*

Zeit Datum	*Unsere Themen*	*Wer bearbeitet die Themen?*		*Wie wollen wir unser Thema gestalten?*
	Ablauf der Unterrichtsreihe	*Teilnehmer*	*Einzelarbeit Partnerarbeit Teamarbeit*	
1	Ideen der Französischen Revolution in Deutschland		Partnerarbeit	Referat Bildcollage
2			Einzelarbeit	Exkursion zum historischen Ort
3	Der deutsche Michel – eine Symbolfigur		Partnerarbeit	Hörfunksendung
4			Partnerarbeit	Meinungsumfrage
5	Für Freiheit und Recht auf den Barrikaden		Teamarbeit	historische Zeitung
6			Teamarbeit	Videofilm
7	Grundrechte in der Verfassung		Partnerarbeit	Zeitschrift
8				Ausstellung
9	Mitbestimmung in der Schule		Teamarbeit	Rollenspiel

Zeitmanagement

1 Euer Lehrer bzw. eure Lehrerin müssen am Schuljahresanfang Unterrichtsschwerpunkte auswählen, denn es steht nicht viel Zeit zur Verfügung.

2 Eure eigenen Zeitvorstellungen für eure Unterrichtsreihe müsst ihr mit der Lehrerin bzw. dem Lehrer absprechen.

3 Vor Beginn der Arbeit an der Unterrichtsreihe muss eine Planungsübersicht erstellt werden.

4 Die Planungsübersicht hilft, die zur Verfügung stehende Zeit einzuhalten.

5 Ein gutes Zeitmanagement ist eine Vorraussetzung dafür, dass die Unterrichtsreihe spannend wird.

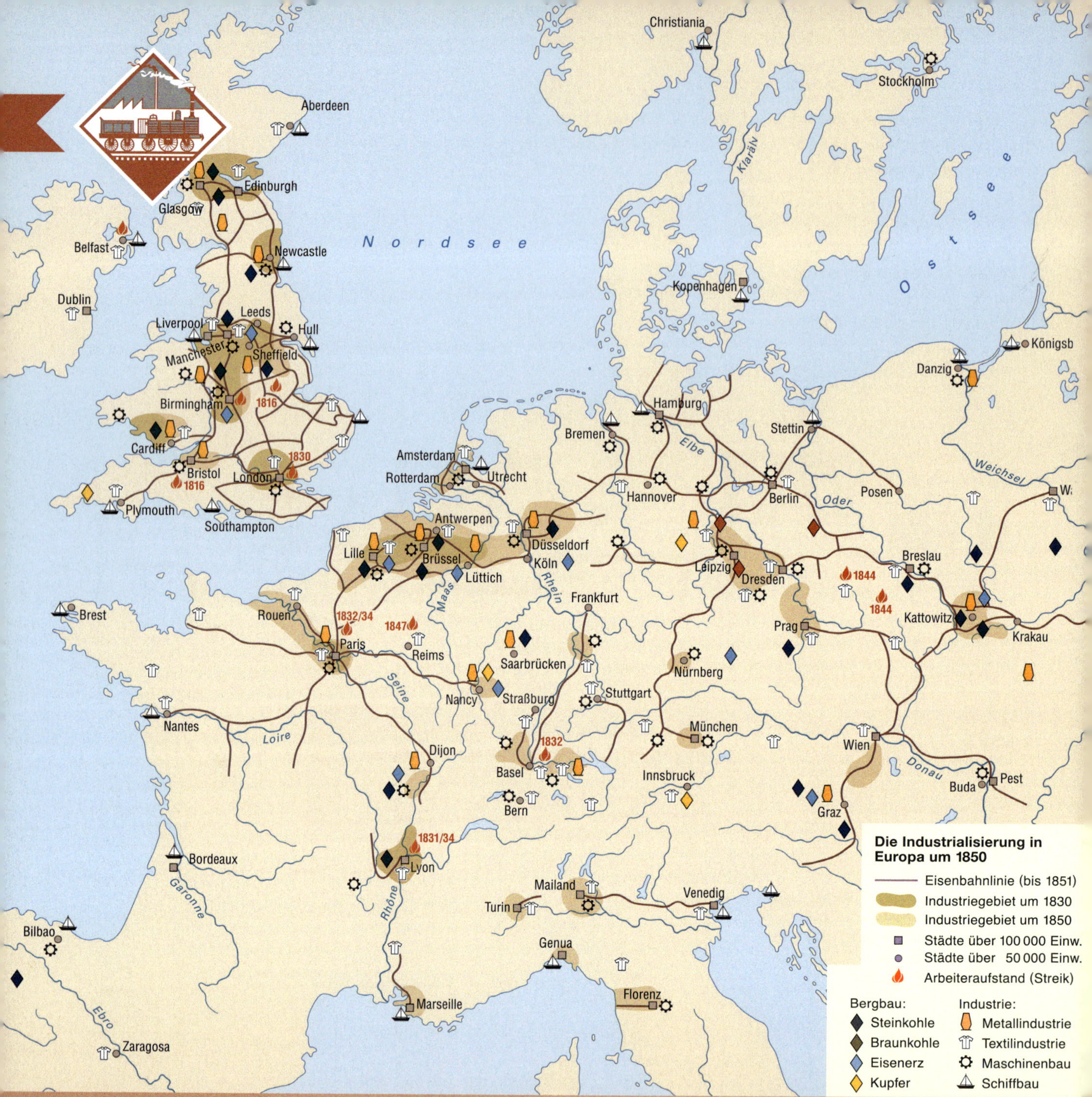

1769

James Watt lässt sich seine Erfindung einer Dampfmaschine patentieren.

1834

Der Deutsche Zollverein wird gegründet.

1835

Die Eisenbahnstrecke Nürnberg – Fürth wird eröffnet.

1844

Aufstand der schlesischen Weber

Industrialisierung und soziale Frage

„The Nineteeth Century – Iron and Coal" – „Das 19. Jahrhundert – Eisen und Kohle" (Gemälde von William Belle Scott, 1811–1890). Das Bild zeigt wichtige technische Neuerungen, die das Zeitalter der Industrialisierung bestimmten.

Im Internet surfen, mit Lasertechnik operieren, per Flugzeug um den Erdball reisen – so wie alle diese Dinge heute ganz selbstverständlich sind, waren sie vor 200 Jahren noch undenkbar. Erst durch die Industrialisierung ist unsere Welt so modern geworden, wie wir sie heute kennen. Wann aber begann diese Entwicklung, welche Kräfte haben sie vorangetrieben? Wie hat der Fortschritt das Leben der Menschen verändert? Und welche Probleme haben die Neuerungen gebracht?

In der Frühphase der Industrialisierung herrschte ein großer Optimismus und eine ungeheure Technikbegeisterung. Auch glaubten die Menschen fest daran, dass der Fortschritt einen wachsenden Wohlstand für alle bringen würde. Jetzt dagegen, am Beginn des 21. Jahrhunderts, könnte man leicht zu der Ansicht kommen, dass eine industrialisierte Welt gleich zwei Verlierer hat: den Menschen und die Umwelt.

1863

Die erste deutsche Arbeiterpartei wird gegründet.

1879

Werner von Siemens entwickelt eine elektrische Lokomotive.

1960

Im Ruhrgebiet setzt das „Zechensterben" ein.

1 Der Aufbruch ins Industriezeitalter

industrielle Revolution
Dieser Begriff beschreibt die Anfangsphase der Industrialisierung. Der Schritt zur Industriegesellschaft brachte so viele technische, wirtschaftliche und soziale Umwälzungen mit sich, dass wir heute von einer Revolution sprechen.

Zeitreise multimedial – Das lange 19. Jahrhundert: Wirtschaft – „Dampf bewegt die Welt"

England schreitet voraus

Zu Beginn des 18. Jahrhunderts war von Fortschritt und Wandel in Europa noch wenig zu spüren. Im Leben der Menschen hatte sich über Jahrhunderte fast nichts verändert. Die meisten Menschen lebten als Bauern, Handwerker oder Tagelöhner auf dem Land. Nur wenige Handwerker und Landwirte kamen auf die Idee, technische Erfindungen gezielt zu nutzen, um mehr Waren herzustellen. Schließlich gab es ja auch so genügend Arbeitskräfte. Doch im 18. Jahrhundert konstruierten englische Erfinder zahlreiche Maschinen, welche die Arbeit der Handwerker erheblich erleichterten. Innerhalb weniger Jahrzehnte änderte sich nicht nur die Arbeitswelt der Menschen grundlegend, sondern ihre ganze Lebensweise: Die industrielle Revolution begann.

Die Textilindustrie macht den Anfang

Im 18. Jahrhundert wuchs die Bevölkerung Englands von etwa 5 auf über 9 Millionen. Es wurde immer schwieriger, alle Menschen mit Kleidung zu versorgen, denn die Spinn- und Webtechnik war jahrhundertelang kaum verändert worden. In Handarbeit wurde Wolle auf Spinnrädern zu Garn gesponnen und dann auf Webstühlen zu Stoffen verarbeitet.

Im Laufe des Jahrhunderts wurde zunehmend auch Baumwolle verarbeitet, die in Europa und Nordamerika sehr gefragt war. Denn Baumwollstoffe waren zum einen billiger zu kaufen und zum anderen angenehmer zu tragen und leichter zu waschen als die herkömmlichen Wollkleider. Mit ihren alten Spinnrädern konnten die englischen Weber die steigende Nachfrage nicht mehr bewältigen. Die Herstellung von Garn dauerte einfach zu lange. Als der Webstuhl 1733 technisch so verbessert wurde, dass man mit doppelter Geschwindigkeit weben konnte, hinkte die Garnproduktion noch stärker hinterher.

1764 gelang der große Durchbruch. Der Weber James Hargreaves erfand eine handbetriebene Spinnmaschine, die „Spinning Jenny". Sie lieferte in gleicher Zeit sechzehnmal so viel Garn wie ein einzelnes Spinnrad. Eine weitere Verbesserung erzielte Richard Arkwright, indem er die Spinnmaschinen nicht mehr von Muskelkraft, sondern von Wasserkraft antreiben ließ. Er stellte die Maschinen in großen Räumen auf, wo Arbeiter sie bedienten und kontrollierten. So entstanden die ersten Fabriken.

Watts kraftvolle Erfindung

Die Zahl der neuen Textilmaschinen stieg so rasch an, dass man nach einer neuen, stärkeren Antriebskraft suchte. Einem jungen Mechaniker namens James Watt aus der schottischen Stadt Glasgow gelang es 1769, eine leistungsstarke Dampfmaschine zu konstruieren, die mit Kohle befeuert wurde. Später veränderte Watt die Maschine noch so, dass man andere Maschinen damit antreiben konnte. Um 1850 produzierten 750 Arbeiter einer Baumwollfabrik so viel Garn wie 200 000 Heimarbeiter 100 Jahre zuvor. 50 000 Spindeln drehten sich gleichzeitig – angetrieben von einer einzigen Dampfmaschine.

Q1 *Heimarbeit im 18. Jahrhundert* (englisches Gemälde, um 1750). Das Bild zeigt das Kochen, Aufspulen und Spinnen des Garns.

Q2 *Maschinelles Spinnen* (Gemälde, um 1834)

D1 *Erfindungen im 18. Jahrhundert:*

1705 Thomas Newcomen erfindet eine Kolbendampfpumpe, die in Bergwerken zum Herauspumpen des Grundwassers verwendet wird.

1733 Der Weber John Kay erfindet das „fliegende Weberschiffchen", das die Produktion des Webstuhls und damit die Nachfrage nach Garn verdoppelt.

1764 James Hargreaves erfindet die „Spinning Jenny". Tausende Heimarbeiterinnen und -arbeiter werden arbeitslos.

1769 Richard Arkwright konstruiert eine von Wasser angetriebene Spinnmaschine.

1769 James Watt meldet das erste Patent auf seine Dampfmaschine an.

1782 Watt konstruiert eine Dampfmaschine, die die Kolbenbewegung in eine Drehbewegung umsetzt.

D2 *Einfuhr von Rohbaumwolle nach Großbritannien:*

Jahr	Menge
um 1700	ca. 600 t
um 1720	ca. 1100 t
1764	1935 t
1780	8000 t
1801	25000 t
1815	50000 t
um 1825	ca. 100000 t
1849	346000 t

Q3 *Automatisierte Textilfabrik* (Foto, um 1980)

D3 *Schnitt durch eine Dampfmaschine:* Der Dampf strömt abwechselnd durch das rechte und linke Einlassventil in den Zylinder ein. Dadurch wird der Kolben in eine gleichmäßige Bewegung versetzt.

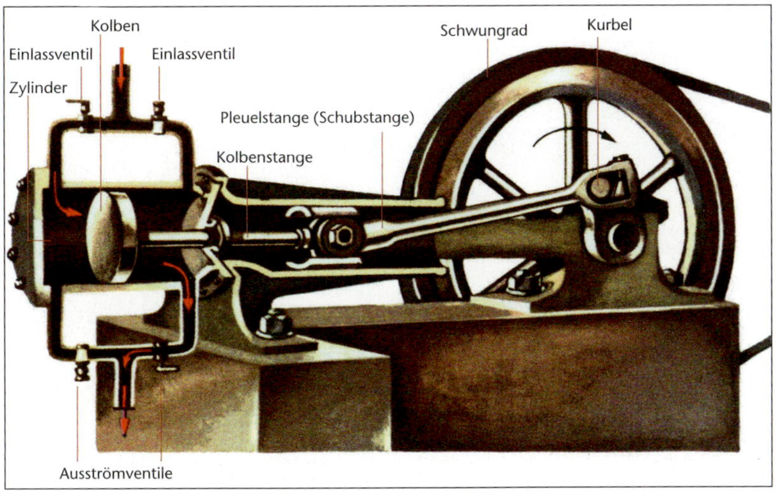

1. *Zeige anhand der Textilherstellung, wie eine Erfindung die nächste nach sich zog (VT, D1).*
2. *Beschreibe mithilfe von Q1–Q3, wie sich die Herstellung von Textilien wandelte. Inwiefern veränderten die technischen Neuerungen auch die Rolle des Menschen in der Arbeitswelt?*
3. *Diskutiert die Vor- und Nachteile unterschiedlicher Antriebskräfte: Muskelkraft (Mensch/Tier), Windenergie, Wasserkraft, Dampfmaschine.*
4. *Setzt folgende Szene in ein Rollenspiel um: Der Besitzer einer Textilfabrik erklärt seinen Arbeitern mithilfe einer Zeichnung (D3), wie seine neueste Errungenschaft funktioniert. Aber die Arbeiter haben viele Fragen und Befürchtungen.*

2 Warum gerade England?

Investition
Wer investiert, legt Geld in Sachvermögen wie Maschinen, Firmen oder auch in Forschungen an, um daraus langfristig Gewinne zu erzielen.

Kapital
Unter Kapital versteht man Geld- und Sachmittel wie Gebäude, Maschinen oder auch Grundstücke, die zur Erzeugung von Gütern eingesetzt werden.

Erfinder und Unternehmer

Die Nachfrage nach Watts Erfindung war groß, ihm fehlte aber das Kapital, um die Maschinen herstellen zu können. Matthew Boulton, ein reicher Eisenfabrikant aus Birmingham, erkannte wiederum, dass mit Dampfmaschinen viel Geld zu verdienen war. Er schloss einen Vertrag mit Watt und übernahm alle anfallenden Kosten. Während nun der eine die Dampfmaschine ständig verbesserte, kümmerte sich der andere um deren Herstellung und Verkauf.
Wie Watt fanden viele Erfinder Geldgeber für ihre Projekte. In England war genügend Kapital vorhanden, denn Kaufleute hatten durch den Handel mit den Kolonien große Gewinne erzielt. Dieses Kapital investierten sie bereitwillig in neue, Gewinn versprechende Vorhaben.

Die Landwirtschaft verändert sich

Lebten um 1750 knapp 6 Millionen Menschen in England, waren es um 1800 schon über 9 Millionen. Das lag unter anderem daran, dass neue medizinische Erkenntnisse Massenseuchen von der Insel verdrängten. Dies hatte große Auswirkungen auf die Landwirtschaft, denn die Menschen mussten mit Nahrungsmitteln versorgt werden. Aufgrund der steigenden Nachfrage nach Getreide, Fleisch, Milch und Fett lohnte es sich jetzt, in die Landwirtschaft zu investieren. Grundbesitzer legten kleine, verstreut liegende Äcker zusammen, bearbeiteten ihre Böden z. B. durch Fruchtwechsel intensiver und kauften bessere Landmaschinen. Viele kleine Bauern konnten sich das allerdings nicht leisten. Sie mussten ihre Höfe aufgeben und zogen in die Städte in der Hoffnung, dort Arbeit in den Fabriken zu finden.

Q1 *Maschineneinsatz und künstlicher Dünger* revolutionierten auch die Landwirtschaft (zeitgenössischer Stich).

Schwarzes „Gold"

Um die Maschinen für die Landwirtschaft oder die Textilindustrie herzustellen, brauchte man viel Eisen. Eisenerz gab es reichlich, aber das Holz, um es zu schmelzen, war knapp und teuer. An die Stelle des Holzes trat deshalb die Kohle. England verfügte über große Steinkohlevorkommen und mithilfe von Dampfmaschinen im Bergbau konnte Kohle nun auch aus tieferen Schächten gefördert werden. Dampfmaschinen trieben leistungsstarke Pumpen an, die den Grundwasserpegel senkten und die Stollen entwässerten. Die Kohle wurde zum wichtigsten Energieträger für die Eisenerzeugung und für den Betrieb von Dampfmaschinen.

Maschinen verändern die Welt

Dampfmaschinen ersetzten bald überall die Wind- und Wasserkraft als Antrieb. Sie waren Tag und Nacht einsatzbereit und bestimmten das Arbeitstempo der übrigen Maschinen – und der Menschen. Die Heimarbeiter und Handwerkerfamilien waren gegen die neue Konkurrenz machtlos.
Da die Maschinen nicht mehr auf Wasserkraft angewiesen waren, mussten die Fabriken auch nicht mehr in Flusstälern liegen. Vielmehr zogen die Fabrikanten mit ihren Betrieben in die Städte, wo es genügend Arbeitskräfte gab. Hohe Fördertürme und rauchende Schornsteine bestimmten fortan das Bild in den neuen Industriezentren.

D1 *Modernisierungsschub in der Landwirtschaft: Der Fruchtwechsel löst die mittelalterliche Dreifelderwirtschaft ab.*

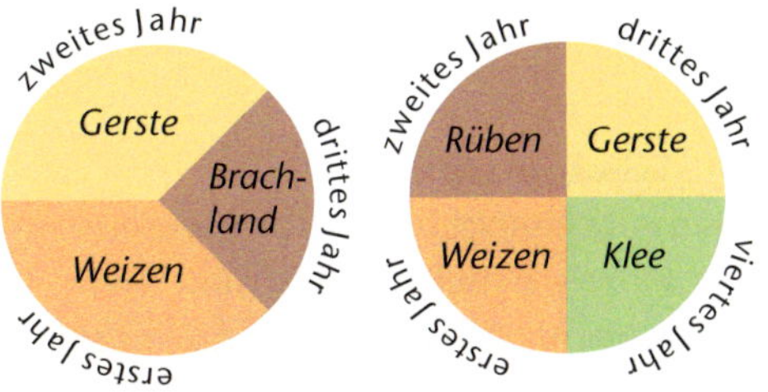

D2 *Verstädterungsprozess: Durch den Zustrom vom Land und das Bevölkerungswachstum standen den neuen Industriezentren genügend Arbeitskräfte zur Verfügung (Einwohner in Tausend).*

	1700	1750	1800	1850
London	575	675	959	2363
Liverpool	5–7	22	82	376
Manchester	8–9	18	75	303

Q2 *Die Industriestadt Manchester beschrieb der französische Graf Alexis de Tocqueville 1835:*

Auf dem Gipfel der Hügel (…) erheben sich dreißig oder vierzig Fabriken. Mit ihren sechs Stockwerken ragen sie hoch in die Luft. (…) Um sie herum sind gleichsam willkürlich die erbärmlichen Behausungen der Armen verteilt; auf unzähligen gewundenen Pfaden gelangt man dorthin. Zwischen ihnen liegt unbebautes Land, das nicht mehr den Reiz ländlicher Natur hat, ohne schon die Annehmlichkeiten der Stadt zu bieten. Der Boden dort ist schon aufgewühlt, an tausend Stellen aufgerissen: Aber er ist noch nicht von menschlichen Siedlungen bedeckt.

(…) Um (ein) Elendsquartier herum schleppt einer der Bäche (…) langsam sein stinkendes Wasser, das von den Industriearbeiten eine schwärzliche Farbe erhält. Er wird in seinem Lauf nicht durch Kaimauern eingeschlossen. (…) Vor der Höhe seiner abschüssigen Ufer sieht man, wie er sich mühselig zwischen Erdbrocken, halbfertigen Wohnstätten oder frischen Ruinen seinen Weg bahnt. (…) Ein dichter schwarzer Qualm liegt über der Stadt. Durch ihn hindurch scheint die Sonne als Scheibe ohne Strahlen. In diesem verschleierten Licht bewegen sich unablässig dreihunderttausend menschliche Wesen. Tausend Geräusche tönen unablässig in diesem feuchten und finsteren Labyrinth. Aber es sind nicht die gewohnten Geräusche, die sonst aus den Mauern großer Städte aufsteigen: die Schritte einer geschäftigen Menge, das Knarren der Räder, (…) das Zischen des Dampfes, der dem Kessel entweicht, das gleichmäßige Hämmern des Webstuhls (…). Nirgends der Ausbruch von Freude, fröhliche Rufe, der Zusammenklang von Instrumenten, die einen Festtag ankünden.

1 Wie konnte England zur ersten Industrienation der Welt werden? Liste die Gründe in einer Tabelle auf (VT, D1, D2).

2 Beschreibe die Partnerschaft von Erfindern und Unternehmern wie Watt und Boulton mithilfe folgender Begriffe: Tüftler, geniale Erfindung, fehlendes Kapital, Unternehmer, Investition, Kapital, Produktion, Risiko, Gewinnbeteiligung.

3 Eine Bauernfamilie zieht in die Stadt, um künftig mit Industriearbeit ihren Lebensunterhalt zu verdienen. Stelle ihre bisherige und ihre neue Lebens- und Arbeitswelt gegenüber.

4 Manche Menschen nannten die Dampfmaschinen „eiserne Engel", andere „schwarze Teufel". Erläutere die Bezeichnungen und diskutiere Vor- und Nachteile dieser Entwicklung (VT, Q2, Q3).

Q3 *Einsatz einer frühen Dampfmaschine zum Antrieb von Pumpen in einem englischen Kohlenbergwerk* (Gemälde eines unbekannten englischen Künstlers, 1792).
– Beschreibe, welche „Kräfte" am Werk sind, um Kohle zu fördern und zu transportieren. Welche Bildelemente weisen in die Zukunft, welche in die Vergangenheit? Inwiefern zeigt das Bild, dass Kohle und Dampf in gewisser Weise voneinander abhängig sind?

3 Mit Volldampf voraus!

Q1 *Eröffnung der ersten deutschen Eisenbahnstrecke zwischen Nürnberg und Fürth, 1835* (zeitgenössisches Gemälde). Diese Lokomotive mit dem Namen „Adler" stammte noch aus Stephensons Fabrik und wurde von einem britischen Lokomotivführer gefahren. Aber bald waren auch deutsche Ingenieure in der Lage, eigene und zum Teil bessere Maschinen zu entwickeln.

Deutscher Zollverein
1834 schlossen sich zunächst 18 Staaten des Deutschen Bundes zu einem einheitlichen Handelsgebiet ohne Zollschranken zusammen. Andere Staaten folgten nach und nach.

Die ersten Eisenbahnen

Der 6. Oktober 1829 war ein denkwürdiger Tag: Ein Wettbewerb sollte klären, welches Antriebssystem auf der neu erbauten Eisenbahnstrecke zwischen Manchester und Liverpool eingesetzt werden sollte. An einem Gleisstück bei Rainhill drängten sich tausende Zuschauer sowie Wissenschaftler und Techniker, um das Spektakel mitzuerleben. Teilnehmen durften nur dampfgetriebene Lokomotiven von weniger als sechs Tonnen Gewicht, die auf ebener Strecke 20 Tonnen Gesamtgewicht mit einer Geschwindigkeit von etwa 16 km/h fortbewegen konnten. Nur eine einzige Lokomotive erbrachte schließlich die geforderten Leistungen: die „Rocket" des Bergwerkingenieurs Robert Stephenson. Unter dem Jubel der Zuschauer erreichte die „Rakete" Geschwindigkeiten bis zu 47 km/h und war die einzige Lokomotive, die ohne Pannen funktionierte.
1835 fuhr auch in Deutschland die erste Eisenbahn, und zwar zwischen Nürnberg und Fürth. Für die sechs Kilometer lange Strecke benötigte sie mit 12 PS etwa sechs Minuten.

Ein „Schub" nach vorn

6600 km Eisenbahnstrecken wurden in den Jahren zwischen 1840 und 1849 in Deutschland gebaut. Diese Entwicklung leitete einen gewaltigen Wirtschaftsaufschwung ein: Tausende Männer fanden bei den Eisenbahngesellschaften Arbeit. Sie schütteten Bahndämme auf, gruben Tunnel, verlegten Schienen, bauten Brücken und Bahnhöfe. Auch wurden immer mehr Arbeiter in den Fabriken für Lokomotiven und Waggons eingestellt. Riesige Mengen an Werkzeugen und Maschinen waren nötig. Folglich stieg der Bedarf an Eisen und Stahl, wodurch neue Bergwerke und Eisenhütten errichtet wurden.

Ein Weg zur Einheit?

„Anhalten, haben Sie etwas zu verzollen?", hieß es für Reisende in Deutschland alle paar Kilometer. Etwa 1800 Zollstellen gab es um 1800 in Deutschland. Das bedeutete für den Kaufmann einen immensen Zeit- und Geldverlust. Denn er musste an jeder Grenze halten und bezahlen, noch dazu immer in einer anderen Währung, weil fast jeder Staat seine eigene Geldeinheit hatte.
1834 wurde der Deutsche Zollverein gegründet, wodurch die zahlreichen Zollschranken wegfielen und ein großer, einheitlicher Markt entstand. Die Freude über diesen Schritt kommt auch in einer Namensgebung zum Ausdruck: Eine neue Essener Kohlenzeche erhielt 1848 den Namen „Zollverein".
Viele Deutsche versprachen sich vom Eisenbahnbau und vom Zollverein wichtige politische Impulse. Sie hofften, dass ein deutsches Eisenbahnnetz eine „Klammer" für die staatliche Einheit werden könnte. Mit den Zollschranken auch die innerdeutschen Grenzen zu überwinden, das war ihr Traum, der allerdings noch lange unerfüllt blieb.

Q4 *Georg Krauss gründete 1866 eine Lokomotivfabrik in München* (Gemälde von 1882). Bereits 16 Jahre später verließ die 1000. Lokomotive das Werk.

Q2 *Ärztliche Bedenken gegen die Eisenbahn in einem Gutachten von 1835:*

Ortsveränderungen mittels irgendeiner Art von Dampfmaschinen sollten im Interesse der öffentlichen Gesundheit verboten sein. Die raschen Bewegungen können nicht verfehlen, bei den Passagieren die geistige Unruhe (...) hervorzurufen. Selbst zugegeben, dass Reisende sich freiwillig der Gefahr aussetzen, muss der Staat wenigstens die Zuschauer beschützen, denn der Anblick einer Lokomotive, die in voller Geschwindigkeit dahinrast, genügt, diese Krankheit zu erzeugen.

Q3 *Postkutsche und Eisenbahn in Koblenz.* Jahrhundertelang war das Pferd der Maßstab für Geschwindigkeit (Gemälde von Paul Meyerheim, 1875). Die vorliegende Abbildung ist eine Kopie von K. Knüttel.

D1 *Fahrzeiten von Postkutsche und Eisenbahn im Vergleich:*

von Berlin nach	Schnellpost um 1800	Eisenbahn Ende 19. Jh.
Dresden	23 Std.	3 Std.
Hamburg	36 Std.	5 Std.
Frankfurt/M.	64 Std.	9 Std.
Köln	82 Std.	10 Std.

D2 *Entwicklung des Eisenbahnnetzes und des Deutschen Zollvereins*

1. *Beschreibe die industrielle und politische Entwicklung in Deutschland ab 1834. Berücksichtige dabei den Eisenbahnbau und den Zollverein (VT, Q1, Q4, D2).*
2. *Erläutere, warum die Eisenbahn das Ende der Postkutsche einläutete (Q1, D1, Q3).*
3. *Erkundige dich, wann in deiner Heimatstadt die erste Eisenbahn gebaut wurde. Wie haben sich die Bahnlinien bis heute verändert?*

4 Deutschland wird Industrieland

Sektor
Bezeichnung für die verschiedenen Bereiche in der Wirtschaft. Heute unterscheiden wir folgende Sektoren:
1. Landwirtschaft/Fischerei/Bergbau
2. Industrie/Handwerk
3. Dienstleistungsgewerbe

Unter Dampf

Ab 1850 setzte auch in Deutschland die Industrialisierung ein. Bergwerke, Stahlwerke, Eisenhütten und Fabriken wurden errichtet, Kohle, Koks und Eisen hatten Hochkonjunktur. Aus dieser Zeit stammen auch Redensarten wie „unter Dampf stehen", „Kohle machen" oder „hart wie Stahl sein". Unter den deutschen Staaten stieg Preußen zum führenden Industriestaat auf, denn das preußische Oberschlesien, das Ruhrgebiet, das Aachener Revier und das Saargebiet entwickelten sich schnell zu den Zentren des Kohlebergbaus und der Eisenindustrie.

Großstädte und Industriezentren

Die Industrieregionen boten unzählige Arbeitsplätze, sodass immer mehr Menschen vom Land in die Industriestädte zogen. Je größer die Städte waren, desto schneller stieg die Einwohnerzahl. Innerhalb von 50 Jahren verdoppelte sich die Bevölkerung in Städten wie Berlin, Duisburg und Essen. Wohnungen für die Arbeiter entstanden meist in der Nähe der Fabriken und Zechen, denn der Weg zum Arbeitsplatz sollte möglichst kurz sein. Es wurden schmale Reihenhäuser oder große, so genannte Mietskasernen errichtet. Die Straßen in diesen Vierteln waren eng, die Wohnungen klein, feucht und dunkel.

Q1 *Der Maschinenfabrikant Friedrich Harkort* gründete auf der leer stehenden Burg Wetter an der Ruhr 1819 seine „Mechanische Werkstätte", eine der ersten Maschinenfabriken des Ruhrgebiets (Ölgemälde von Alfred Rethel, um 1834). Ab 1826 arbeiteten hier die ersten Hochöfen. Fachkräfte kamen aus England, die Maschinen wurden zunächst britischen Fabrikaten nachgebaut.

Neue Industriezweige

Vergleicht man die deutsche und britische Entwicklung zwischen 1870 und 1913, dann wird deutlich, wie groß die Fortschritte waren: Die industrielle Produktion in Großbritannien verdoppelte sich, während sich die deutsche versechsfachte! England war vor allem in den älteren Industrien stark. In den schnell wachsenden neuen Sektoren wie der Chemieindustrie übernahm Deutschland die Führung. 1890 erzeugte die deutsche Industrie 50 % aller weltweit hergestellten künstlichen Farben, 1900 waren es 90 %. Unternehmen wie Siemens, AEG, BASF, Bayer und Hoechst entwickelten sich zu mächtigen Konzernen.
Noch bedeutender war die rasante Entwicklung in der Elektroindustrie: Werner von Siemens entwickelte den Elektrodynamo, der Amerikaner Thomas Edison um 1860 die ersten Glühlampen. Bald darauf waren Straßen, Wohnhäuser und Fabriken mit elektrischem Licht erhellt. Die Elektrizität beschleunigte neue Entwicklungen, wie den elektrischen Motor, der bald die Dampfkraft in Fabriken ablöste. 1879 konstruierte Werner von Siemens eine Elektrolokomotive und 1880 den ersten elektrischen Aufzug.

„Made in Germany"

Am Ende des Jahrhunderts eroberten immer mehr deutsche Industrieprodukte die ausländischen Märkte. Englische Unternehmer und Politiker wollten verhindern, dass Deutschland zur ersten Industriemacht wurde. Mit einem Gesetz versuchten sie die heimischen Produkte und Fabrikanten zu schützen: Alle Produkte, die aus Deutschland kamen, mussten mit dem Vermerk „Made in Germany" versehen werden, um Verwechslungen mit britischen Produkten zu vermeiden. Doch die ursprünglich abwertende Bezeichnung wandelte sich bald zu einem erfolgreichen Qualitätsmerkmal.

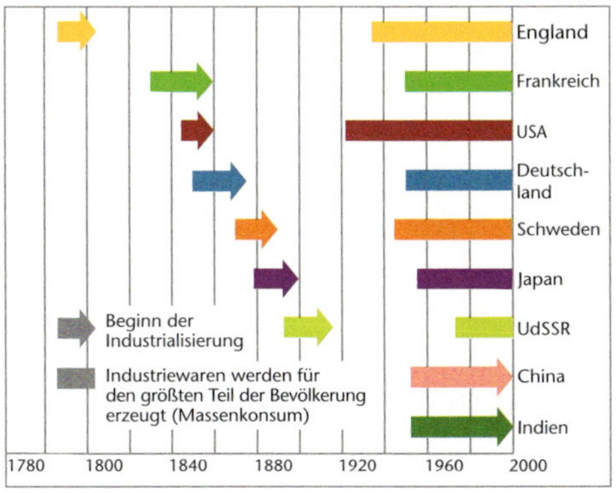

D1 *Beginn und Verlauf der Industrialisierung in verschiedenen Ländern*

Q2 *Die Fabrik als Arbeitsplatz beschreibt Alfons Thun im Jahr 1879:*

Eine der ältesten, aus den 1820er-Jahren stammende Fabrikanlage wird noch gegenwärtig in Aachen benutzt; ich bin zurückgetaumelt, als mir die staubige, stinkende, heiße Luft aus den niedrigen Räumen durch die Tür entgegenströmte. Vielfach wurden auch alte Klöster, Schlösser und sonstige Baulichkeiten zu Werkstätten eingerichtet. In den Wollspinnereien war die Staubentwicklung noch die geringste, weil das Material geölt wurde, am größten und am gefürchtetsten war sie in den Baumwollspinnereien. Man bedenke nur, dass die damaligen Wölfe, in welchen die Baumwolle durch rasche Umdrehung zerfasert und gereinigt wird, ohne Umhüllung und Abzugsventilation waren. Der Lärm war so entsetzlich, dass kein Wort vernommen wurde.

Q3 *Deutschland als Industriestaat aus der Sicht eines französischen Besuchers (1915):*

Zu Beginn des 20. Jahrhunderts lebten von 67 Millionen Deutschen kaum 17 Millionen von der Landwirtschaft. Jedes Jahr kehrten zahllose Bauern dem Lande den Rücken und strömten in die riesigen Fabriken. Die Städte wuchsen ganz im amerikanischen Tempo, und 45 davon hatten bereits zu jener Zeit mehr als 100 000 Einwohner; ganze Armeen von Arbeitern stellten sich unter das Kommando der Industriekapitäne – 15 000 bei Mannesmann, mehr als 30 000 bei Thyssen und 73 000 in den verschiedenen Werken Krupps.

Q4 *Spulenwickeln in der Kleinmotorenfabrik AEG* (Allgemeine Elektrizitätsgesellschaft) in Berlin-Wedding (Foto, 1906)

Q5 *Arthur Wilke schreibt 1893 in seinem Buch „Die Elektrizität":*

Es ist noch nicht lange her, da nannte man unsere Zeit das „Jahrhundert des Dampfes". Mit Recht, denn die Dampfmaschine hat die modernen Erwerbs- und Verkehrsverhältnisse gestaltet. Kaum ist der „Dampf" zu voller Kraft herangewachsen, da will ihn jemand verdrängen, die „Elektrizität". Nicht mehr das „Jahrhundert des Dampfes", nein das „Zeitalter der Elektrizität" ist angebrochen. Die Elektrizität hat eine sehr viel größere Unabhängigkeit. Brauchen wir Licht? Die Elektrizität spendet es. In der Elektrizität besitzen wir jede benötigte Energieform: bewegende Kraft, Licht, Wärme usw.

1 *Zeige anhand von VT, Q3, Q4 und Q6, wie Deutschland zum Industrieland wurde. Welche Wirtschaftsbereiche spielten dabei eine große Rolle?*

2 *Vergleiche die industrielle Entwicklung in Großbritannien und Deutschland. Erkläre die Unterschiede (VT, D1).*

3 *Rauchende Schornsteine wurden im 19. Jahrhundert als Zeichen des Fortschritts gesehen (Q1). Wie wirken sie heute auf uns?*

Q6 *Elektrischer „Omnibus" in Berlin* (Stich, 1899). Die erste dieser neuartigen Straßenbahnen fuhr 1881 in Berlin.

5 Methode
Statistiken auswerten

Statistiken als historische Quelle
In der zweiten Hälfte des 19. Jahrhunderts begann man damit, Zahlen über die verschiedensten wirtschaftlichen und gesellschaftlichen Bereiche zu sammeln, etwa über Produktionsergebnisse, Ein- und Ausfuhren, Preise und Löhne, Familiengrößen und anderes mehr. Solche Zahlenreihen nennen wir Statistiken. Sie sind für uns wichtige Geschichtsquellen.

Die Industrialisierung in Statistiken
Die industrielle Revolution und die nachfolgenden technischen und wirtschaftlichen Entwicklungen veränderten das Leben vieler Menschen erheblich. Es gibt zahlreiche Zeugnisse dafür, dass die betroffenen Handwerker, Landarbeiter, Bergleute und Fabrikarbeiter diesen Wandel sehr deutlich wahrgenommen haben. Da einzelne Berichte aber immer nur einen kleinen Ausschnitt der Wirklichkeit wiedergeben, ist es problematisch, aus ihnen größere Zusammenhänge und Entwicklungen abzuleiten. Dazu braucht man statistisches Material.

Vorsicht, Falle!
Wer aus den Zahlenangaben die gewünschten Informationen erhalten will, muss die Tabellen und Schaubilder (Diagramme) allerdings richtig „lesen" und kritisch hinterfragen. Dies gilt sowohl für die Zahlen selbst als auch für die Darstellungsform. Gerade Daten zu sozialen oder wirtschaftlichen Fragen werden häufig mit dem Ziel zusammengestellt, einen ganz bestimmten Eindruck zu erwecken. Um statistische Angaben richtig auszuwerten und eine mögliche „Manipulation" zu durchschauen, solltest du die Hinweise und Arbeitsschritte auf dieser Doppelseite beachten.

A–Z

Realeinkommen
Gibt an, wie viel man für seinen Lohn kaufen kann. Wenn z. B. ein Arbeiter 4 % mehr Lohn erhält, die Lebenshaltungskosten aber um 3 % steigen, beträgt die Lohnsteigerung real nur 1 %. Lohnentwicklungen lassen sich also nur sinnvoll beurteilen, wenn man die Kaufkraft der Löhne berücksichtigt. Um vergleichen zu können, wird die Kaufkraft in einem bestimmten Jahr als Basis mit 100 Punkten angesetzt („Index").

D1 *Stärken und Schwächen unterschiedlicher Darstellungsformen:*

	⊕	⊖
Zahlentabellen 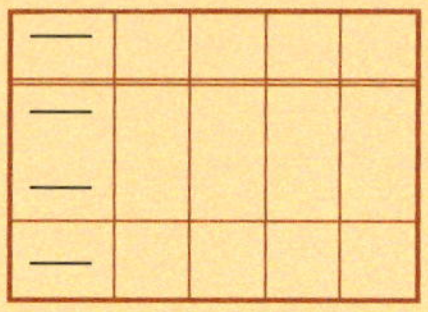	Bieten die größte Genauigkeit, da sie exakte Zahlenangaben liefern.	Sind nicht so übersichtlich und einprägsam wie Schaubilder.
Säulendiagramme 	Eignen sich besonders zum Vergleich von Mengenangaben zu einem ganz bestimmten Zeitpunkt.	Die Wahl der Maßeinheiten beeinflusst, wie die Zahlen und Größenunterschiede wirken.
Kurvendiagramme 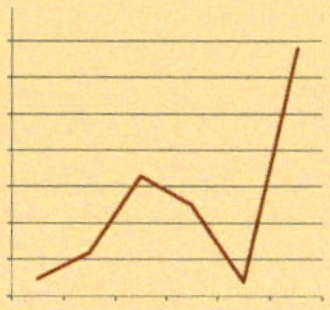	Verschaffen einen raschen Überblick; Entwicklungen lassen sich gut und schnell ablesen.	Der Maßstab kann über die wirkliche Größe der Änderungen täuschen.
Kreisdiagramme („Tortendiagramme") 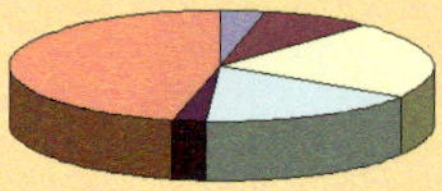	Eignen sich besonders gut, um Prozentwerte darzustellen.	Je mehr Angaben Kreisdiagramme enthalten, desto unübersichtlicher werden sie.

Jahr	in Mark (Geldwert von 1913)	Index (1913=100)
1810	618	58
1820	698	64
1830	565	53
1840	618	57
1850	696	64
1860	639	60
1870	706	65
1880	634	58
1890	793	73
1900	945	87
1910	999	92
1913	1083	100

D2 Jährliche Realeinkommen von Handwerksgesellen und Industriearbeitern in Deutschland, 1810–1913

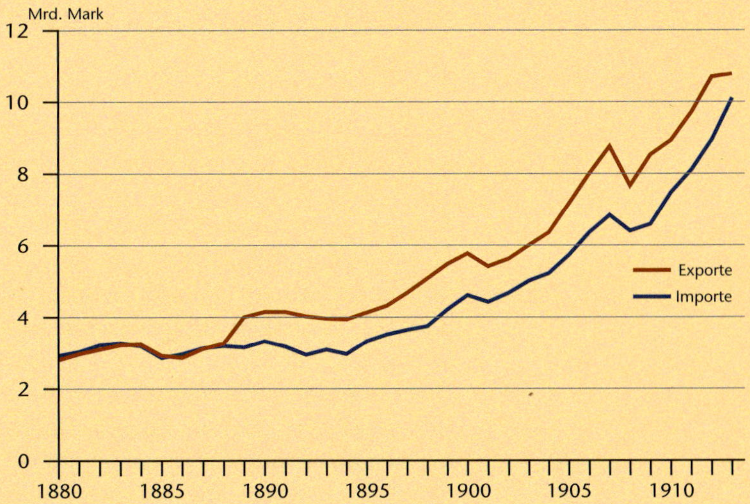

D4 Der Außenhandel Deutschlands von 1880 bis 1913 in laufenden Preisen

D3 Beschäftigte in den drei Wirtschaftsbereichen, 1800–1900 (in Prozent)

Jahr	Land- und Forstwirtschaft, Fischerei	Industrie und Handwerk	Dienstleistung	Beschäftigte insgesamt in Millionen
1800	62	21	17	10,5
1825	59	22	19	12,6
1850	55	24	21	15,8
1875	49	30	21	18,6
1900	38	37	25	25,5

Methodische Arbeitsschritte

1. Thema erfassen:
- Um welchen Sachverhalt geht es? (Meistens steht es in der Überschrift oder in der Legende.)
- Welchen Zeitraum umfassen die Zahlenangaben?
2. Inhalt und Darstellungsform beschreiben:
- Wie wird das statistische Material dargestellt: als Tabelle oder Grafik, in absoluten Zahlen oder in Prozentangaben?
- Sind die Zahlen übersichtlich zusammengestellt und vollständig (Maßstab, Datenmenge)?
3. Statistik auswerten:
- Was sagen die angegebenen Daten genau aus?
- Lassen sich Entwicklungen ablesen?
- Gibt es Zusammenhänge mit anderen Informationen oder Materialien?
- Inwiefern hat die Statistik neue Erkenntnisse hervorgebracht?
4. Statistik kritisch betrachten:
- Beruhen die Zahlen auf Schätzungen oder auf genauen Zählungen?
- Gibt es Zweifel am Wahrheitsgehalt der Aussagen?

1 Vergleiche die Entwicklungen in den drei Wirtschaftsbereichen miteinander (D3). Worauf sind die Veränderungen zurückzuführen? Erstelle zu den Jahren 1800 und 1900 zwei Kreisdiagramme.

2 Wie haben sich die Einkommen von Arbeitern zwischen 1810 und 1913 verändert (D2, Lexikon)? Veranschauliche die Entwicklung der Realeinkommen durch Säulendiagramm und Kurve. Wo ist die Entwicklung besser abzulesen?

3 Welchen Eindruck vermittelt die Statistik zum deutschen Außenhandel (D4)? Inwiefern verändert sich der gewonnene Eindruck, wenn man die Abstände zwischen den Jahreszahlen verdoppelt bzw. halbiert?

4 Bewerte die Statistiken anhand des methodischen Arbeitsschritts 4 kritisch.

6 Das Ruhrgebiet wird zur größten Industrieregion

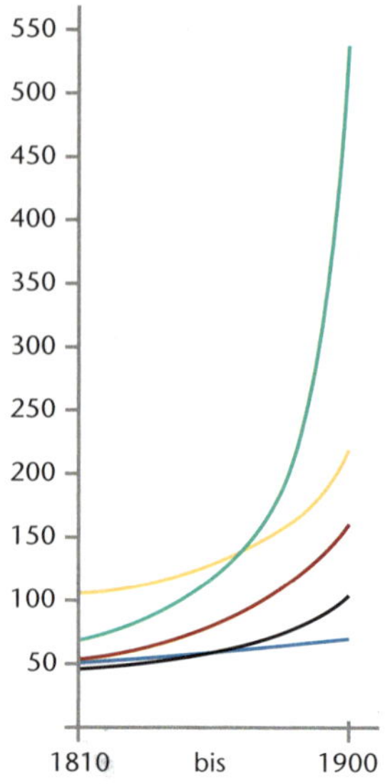

D1 *Bevölkerungsdichte (Einwohner pro km²):*
Ruhrgebiet (grün),
Deutsches Reich (grau),
Großbritannien (rot),
Belgien (gelb),
Frankreich (blau)

D2 *Bergbau und Industrie im Ruhrgebiet zwischen 1800 und 1900*

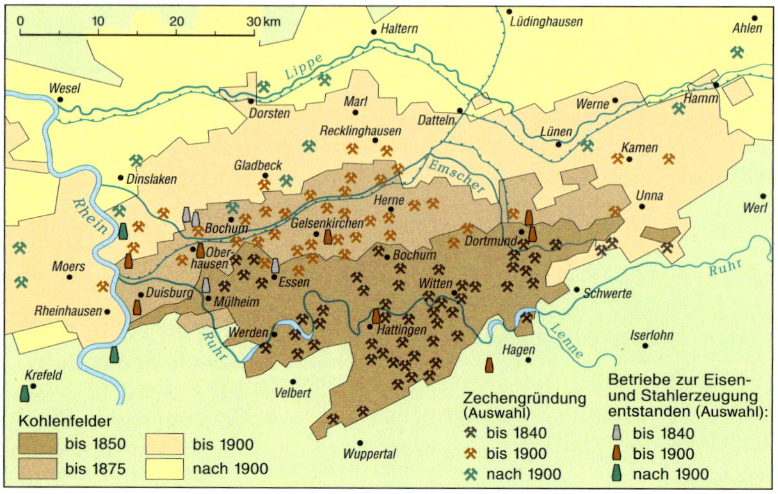

Aufstieg durch Kohle

Bereits im Mittelalter hatte man im Ruhrtal in offenen Gruben Kohle abgebaut. Seit dem 16. Jahrhundert erfolgte dies auch in kleinen Schachtanlagen, den so genannten „Pütts", in denen weniger als zehn Bergleute arbeiteten. Doch im Zuge der Industrialisierung benötigte man immer größere Mengen von Kohle. Die Kohlevorräte im südlichen Ruhrgebiet waren bald erschöpft. Im Norden der Region wusste man zwar von noch größeren Vorkommen im Boden, doch diese lagen in viel größerer Tiefe. Neue Techniken waren also erforderlich, um hier die Kohle abzubauen.

Erst 1839, auf der Zeche „Kronprinz" in Essen, gelang es den Bergleuten, einen so tiefen Stollen zu graben, dass man die so genannte Fettkohle fördern konnte. Diese wurde dann zu Koks weiterverarbeitet, mit dem sich Eisenerz schmelzen ließ. Indem man Dampfmaschinen beim Schachtbau, bei der Förderung und beim Abpumpen des Grundwassers einsetzte, gelang es, immer tiefere Stollen zu graben. 1849 ging in Mülheim der erste Kokshochofen in Betrieb. Damit begann die Eisen- und Stahlindustrie im Ruhrgebiet.

Auf ins Ruhrgebiet!

Da die neu gegründeten Fabriken überwiegend auf Kohle und Eisen angewiesen waren, mussten ständig neue Bergwerke erschlossen werden. Auf diese Weise fanden immer mehr Menschen im Ruhrgebiet Arbeit. Doch schon bald reichten die Arbeitskräfte, die aus der näheren Umgebung zuwanderten, nicht mehr aus. Deshalb schickten die Fabrikanten und Bergwerksbetreiber Anwerber aus.

Diese bemühten sich zunächst, qualifizierte Arbeiter und Fachleute aus den schon bestehenden Bergbaurevieren im Harz und in Schlesien ins Ruhrgebiet zu holen. Besonders erfolgreich waren die Anwerber aber in den östlichen Provinzen, wo viele Bauernfamilien in Armut lebten. Hunderttausende verließen ihre Heimat und zogen ins Ruhrgebiet – nicht nur Deutsche, sondern auch mehr als 500 000 Polen. Lebten 1816 noch ungefähr 220 000 Menschen in dem Gebiet zwischen Ruhr und Lippe, waren es um 1900 knapp zweieinhalb Millionen.

Erste Gussstahlfabrik in Essen

1811 gründete der Schmiedemeister Friedrich Krupp in Essen eine Fabrik zur Produktion von Gussstahl. 1816 gelang es den Arbeitern, eine größere Menge Gussstahl herzustellen, der mit der Qualität der englischen Produkte zu vergleichen war.

Als Alfred Krupp 1826 die Fabrik von seinem Vater übernahm, hatte die Firma sieben Beschäftigte. Doch 1852 meldete Krupp ein Patent an, das zum großen Aufstieg der Firma führte: Es war Krupp gelungen, Eisenbahnräder ohne Schweißnähte, die früher oft zu Radbrüchen geführt hatten, herzustellen. Bereits 1884 waren mehr als 10 000 Menschen in der Stahlfabrik beschäftigt. Das Werksgelände mit den Wohnsiedlungen und Versorgungseinrichtungen war größer als das Gebiet der Stadt Essen.

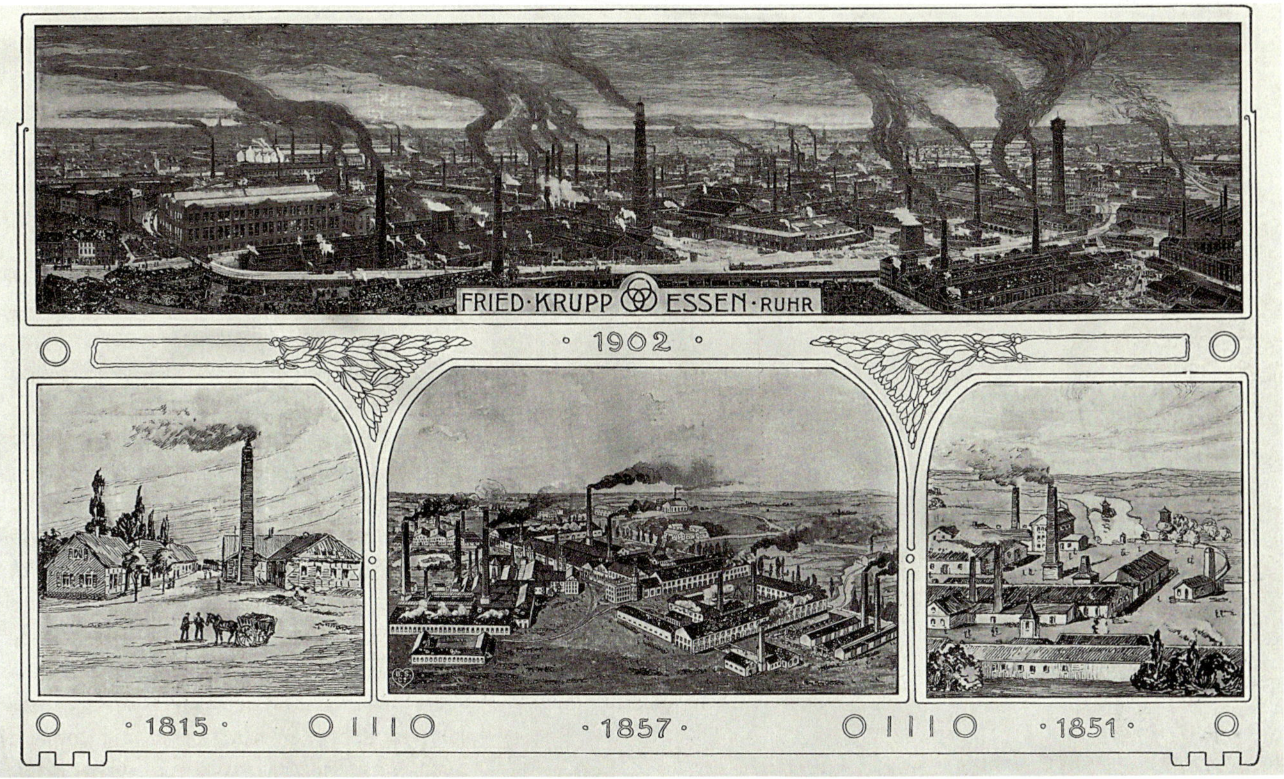

Q1 *Entwicklung der Gussstahlfabrik Krupp in Essen* (Bildtafel aus der Biografie „Friedrich Alfred Krupp und sein Werk" von Tony Kellen, 1904). Das Firmenzeichen mit den drei verschlungenen Ringen erinnert noch heute an Krupps Erfindung von neuartigen Eisenbahnrädern.

Q2 *Über die Industrieanlagen von Krupp schrieb F. J. Pielert:*

Man sieht durch die offenen Eingänge hier und da in die Feuer der 60 bis 70 Schornsteine, deren Kamine hoch in die Luft aufragen, hört das Sausen und Brausen der Räder und Walzen und den Donner von hundert größeren und kleineren Hämmern. Gegen 300 Dampfmaschinen sollen da ihre Kraft aufbieten, der tägliche Verbrauch an Kohlen soll über 2500 Tonnen betragen. Rund um das Werk und bis in die Mitte läuft eine eigene Eisenbahn, die mit der Rheinischen, der Bergischen und der Köln-Mindener (Bahn) in Verbindung steht.

D3 *Größe der Gussstahlfabrik Krupp in Essen:*

1819	1268 m²	1873	355000 m²
1848	4665 m²	1887	420000 m²
1853	11512 m²	1902	682400 m²
1861	55000 m²	1912	938900 m²

Q3 *Das gesamte Kruppwerk stellte Dietrich Baedeker vor, der auch eine Lebensbeschreibung von Krupp verfasste:*

1195 Öfen, 92 Dampfhämmer, 21 Walzstraßen, 73 km Eisenbahnschienen mit 28 Lokomotiven, 992 Waggons, 31 Telegrafenstationen und 140 km Telefonleitungen befinden sich auf dem Werksgelände der Gussstahlfabrik. In unmittelbarer Nähe zu den Industrieanlagen liegen mehrere Wohnsiedlungen, in denen rund 30000 Menschen leben, nur Beschäftigte der Krupp'schen Fabrik mit ihren Familien. Die Mieten liegen bei 8 Mark pro Monat. Der durchschnittliche Tageslohn eines Arbeiters beträgt 3,55 Mark. Den Bewohnern der Siedlung stehen werkseigene Schulen, Märkte, Gas- und Wasserversorgungseinrichtungen sowie eine Badeanstalt zur Verfügung. Auch die Versorgung mit Lebensmitteln geschieht über die Krupp'sche Konsumanstalt.

Zeitreise multimedial – Das lange 19. Jahrhundert: Wirtschaft – „Industrialisierung in Deutschland"

1 *Schildere mit eigenen Worten, wie das Ruhrgebiet zum größten Industriegebiet Europas wurde (VT, D1, D2).*
2 *Beschreibe die Entwicklung der Gussstahlfabrik Krupp anhand von Q1, Q2 und D3. Nenne Gründe dafür, wie aus dem kleinen Werk ein großes Industrieunternehmen wurde.*
3 *Überlege, warum die Beschäftigten von Krupp eigene Wohnsiedlungen erhielten (Q3).*

7 Die Großstadt – Spiegel der Industriegesellschaft

Q1 *Der Meyersche Hof in Berlin-Wedding* aus dem Jahr 1874 (Foto, um 1926). In 300 Kleinwohnungen lebten über 2000 Menschen. Schon am Ende des 19. Jahrhunderts ging man in Berlin von dieser einseitigen Mieterstruktur wieder ab. In Arbeitervierteln sollten auch gut verdienende Facharbeiter, Meister und Kleinbürger wohnen.

Großstädte entwickeln sich

Rund um die Fabriken, in der Nähe von Flüssen, entstanden die neuen Industriestädte. Wahrzeichen dieser Städte waren die Fabrikschlote, Bahngleise und mehrstöckige Mietskasernen.

Vom Land zogen die Menschen in großer Zahl in die Städte, weil sie sich dort Arbeit und bessere Lebensbedingungen erhofften. Es gab Städte, in denen sich die Einwohnerzahl in kurzer Zeit verdoppelte.

Um die Menschen unterzubingen, wurden Gärten und Hinterhöfe bebaut. Auch der Verkehr wuchs. Elektrische Straßenbahnen übernahmen anstelle der Pferdekutschen den Personentransport. Die Versorgung mit sauberem Wasser sowie die Entsorgung von Abwasser und Müll mussten völlig neu organisiert werden und verursachten hohe Kosten.

Nicht alle Menschen bekamen Arbeit in den Fabriken und Zechen. In schlechten Zeiten wurden sie von den Fabrikbesitzern entlassen und versuchten als Straßenverkäufer, Kohlehändler, Clowns, Rattenfänger und Straßenkehrer zu überleben.

Dunkle Wohnungen

Die meisten Arbeiterfamilien in den Städten lebten in neu errichteten Mietskasernen im Umkreis der Fabriken. Die Wohnungsnot war aber trotzdem sehr groß. Es fehlte an allem: Oft standen für alle Bewohner eines Wohnblocks nur drei oder vier stinkende Toiletten zur Verfügung. Viele Familien besaßen nur einen einzigen Raum, in dem sie kochten, aßen und schliefen. Kinder spielten in den Hinterhöfen und auf der Straße. Da die Brunnen nicht ausreichten und es auch keine Wasserleitungen gab, mussten die Menschen ihr Wasser zum Trinken, Kochen, Putzen und Waschen aus den nahe gelegenen Flüssen schöpfen. Müll, Unrat und Abwässer verschmutzten die Straßen und Hinterhöfe, so dass sich Ungeziefer, Ratten und Krankheiten ausbreiteten und Seuchen drohten.

Wie die „besseren Leute“ wohnten

Natürlich gab es auch in den Großstädten Bewohner, die sehr reich waren. Sie wollten nicht in den verschmutzten Innenstädten leben, sondern zogen in gesündere Gegenden, z. B. an Berghänge. Bevorzugt war der Westen der Städte, der von Abgasen eher verschont blieb. Reiche Unternehmer, Kaufleute und Bankiers bauten sich prächtige Villen in den Vororten und veranstalteten oft verschwenderische Feste. So zeigten sie ihren geschäftlichen Erfolg und steigerten ihr Ansehen.

Wohlhabende Bürger wie Ärzte, Rechtsanwälte oder höhere Beamte mieteten in reich geschmückten Häusern elegante Wohnungen mit Blick zur Straße. Das schönste und größte Zimmer war der Salon, in dem man Gäste empfing und Abendgesellschaften gab. Viele Familien trieben bei solchen Gelegenheiten mehr Aufwand, als sie sich eigentlich leisten konnten. Damit wollten sie Geltung erwerben und sich von den Arbeiterschichten deutlich abgrenzen.

Q2 *Schlafstätte für Kostgänger.* Da sich viele unverheiratete Arbeiter keine eigene Wohnung leisten konnten, lebten sie oft bei Familien als Untermieter, als so genannte „Kostgänger". Oft teilten sie sich mit zwei oder drei anderen ein Bett.

Q3 *Wie wohnte man um 1900 in Berlin? Eine Darstellung aus dem Jahr 1984 unterscheidet zwei Haupttypen:*

a) Wohnen in der bürgerlichen Welt

Die Empfangszimmer wurden ja von den Erwachsenen wenig benutzt, sie mussten immer für Besuch bereitstehen. Die Frau durfte in ihrem Salon höchstens eine Spielerei wie einen Stickrahmen haben. Jede Art Hausarbeit war dort unmöglich. Die Kinder kamen in die guten Zimmer zu Weihnachten und wenn sie einem Besuch vorgeführt wurden: gewaschen, gekämmt und im Sonntagsanzug.

b) Wohnen im Arbeitermilieu

Das bekannteste Beispiel für Familienhäuser war der Meyersche Hof, Ackerstraße 132/133 auf dem Wedding. Es handelte sich um sechs fünfstöckige Querflügel mit kleinen Wohnungen, Stube, Kammer, Küche, wobei immer Kammer und Küche auf der einen Seite eines öffentlichen Mittelflures lagen, die Stube auf der anderen. In den Höfen waren abwechselnd Gartenanlagen und Klosetts bzw. Müllkammern. (…) In der zeitgenössischen Literatur wird bedauert, dass die Spaltung der Wohnungen durch den öffentlichen Korridor die Behaglichkeit (…) unmöglich mache. Dies war geheucheltes Bedauern. Der Bauherr, ein Bankier, war Tatsachenmensch. Er wusste, dass die Mieter seine Miete nicht allein würden aufbringen können und noch so genannte Schlafgänger aufnehmen würden. Die Eltern schliefen in der Küche, in Stube und Kammer teils die Kinder, teils der Schlafgänger, möglichst in der Kammer tagsüber noch Nachtschichtarbeiter. Obendrein mussten Frau und Kinder Heimarbeit im Verlag machen – darauf weist die Größe der Stuben.

Q4 *In vielen Großstädten im Ruhrgebiet ging es Arbeiterfamilien so wie der Familie Dahlström – ein Bericht von 1843:*

Herr Dahlström hat in einer Fabrik gearbeitet. Seit fünf Jahren leidet er an chronischem Katarrh und Augenschwäche. Seine Beschwerden sind so stark, dass er nicht mehr arbeiten kann. Die feuchte Kellerwohnung wirkt sich nachteilig auf seinen Gesundheitszustand aus. (…) Sein zehnjähriger Sohn geht zur Schule oder passt auf seinen zweijährigen Bruder auf. Frau Dahlström sucht in der Stadt nach Knochen, die sie sammelt und dann verkauft. (…) Den anderen kleinen Kindern dient ein Strohsack als Bett. Auf den Tisch kommt morgens ein wenig trockenes Brot, mittags gewöhnlich nichts. Abends Brot und Hering oder Mehlsuppe.

Q5 *Der Abschiedskuss,* (Holzstich von E. Wagner, um 1895). In bürgerlichen Familien waren Dienstmädchen selbstverständlich. Wohlhabende hatten darüber hinaus noch eine Köchin und ein Kindermädchen. Diese Frauen, die meistens vom Lande kamen, erledigten den größten Teil der Hausarbeit. Von der bürgerlichen Frau wurde Repräsentation und Teilnahme am gesellschaftlichen Leben erwartet.

1. *Beschreibe die Lebensumstände einer Arbeiterfamilie (VT, Q1–Q4).*
2. *Erstelle eine Mindmap zum Thema Wohnungsnot und ihre Ursachen.*
3. *Ende des 19. Jahrhunderts bemühte man sich in Berlin, die einseitige Mieterstruktur in Arbeitervierteln zu ändern. Welche Befürchtungen des Bürgertums mögen hier wohl eine Rolle gespielt haben (Q1)?*
4. *Schildere mit eigenen Worten das Leben der „besseren Leute" (VT, Q3, Q5).*
5. *Wie stellt der Künstler in Q5 die Beziehung der Personen zueinander dar?*

8 Die Industrialisierung im Rheinischen Schiefergebirge

Q1 *Alter Loreley-Tunnel, erbaut 1861.* Der 368 Meter lange Tunnel ging 1862 zweigleisig in Betrieb. Er verbindet die rechtsrheinische Bahnstrecke Wiesbaden Ost – Niederlahnstein. 1961 wurde er für den elektrifizierten Betrieb umgerüstet und 2004/05 saniert.

Eisenbahn: Ader der Industrialisierung

Die Menschen im Rheinland lebten seit Jahrhunderten von Landwirtschaft, Weinbau, Fischfang und etwas Handel. Die Arbeitsmöglichkeiten außerhalb der bäuerlichen Strukturen waren sehr begrenzt.

Seit 1844 bestand eine Eisenbahnstrecke von Köln nach Bonn. Um die Handelswege zu verbessern, sollte die Strecke bis Mainz verlängert werden. Dabei waren schwierige geografische Bedingungen im engen Rheintal mit seinen schroffen, felsigen Ufern zu meistern. Auch mussten die Interessen der beteiligten Staaten abgestimmt werden. Das Herzogtum Nassau befürwortete eine Bahnlinie auf der rechten Rheinseite, Preußen auf der linken.

Zunächst setzte sich Preußen durch und baute 1858/59 die linksrheinische Strecke von Bonn bis Koblenz und Bingerbrück. Die Hessische Ludwigsbahngesellschaft stellte die Strecke Bingen – Mainz fertig und sorgte damit für den Anschluss an die pfälzische Eisenbahn bis Ludwigshafen.

Dann kam es doch noch zu einer Kooperation zwischen beiden Staaten: Preußen benötigte für den Bau der wichtigen Bahnlinie zu den Erzgruben in Wetzlar die Genehmigung, nassauisches Staatsgebiet durchqueren zu dürfen. Dafür unterstützte es den Anschluss der nassauischen Strecke an das linksrheinische Schienennetz mit dem Bau der Rheinbrücke bei Koblenz. Nun entstand auch die Bahnlinie zwischen Wiesbaden und Oberlahnstein: 1862 fuhr der erste Zug rechtsrheinisch.

Schieferabbau und Eisenverhüttung

Der Abbau von Dachschiefer war am Rhein, im Hunsrück und in der Eifel schon seit dem Mittelalter ein wichtiger Wirtschaftszweig. Die Arbeiter, „Layenbrecher“ (Lay = Fels/Stein), schlugen den Stein im Tagebau oder in Stollen mit nur geringer Tiefe. Die so gewonnenen Schiefer waren von schlechter Qualität. Neue Techniken bei der Anlage von Stollen, druckluftbetriebene Bohrer und neue Sprengstoffe ermöglichten den Abbau in tieferen Schichten. Die wachsende Nachfrage nach Dachschiefer in den Städten sowie feuersichere Bauweisen erhöhten den Absatz. Schiefermehl aus dem Abraum der Gruben diente als Grundstoff in der chemischen Industrie. In wenigen Jahren entstanden große Bergwerksgesellschaften mit vielen neuen Arbeitsplätzen.

Der große Bedarf an Eisen für den Eisenbahnbau machte den Abbau der Eisenerzvorkommen wirtschaftlich interessant. Hüttenwerke entstanden in der Mitte des 19. Jahrhunderts im Hunsrück (Rheinböller Hütte) und vor allem am Fuß des Westerwalds (Sayner Hütte in Bendorf). Wasserkraft und Holz aus den Mittelgebirgen waren wichtige Energieträger. Holzkohle ließ die Schornsteine der Hochöfen rauchen und die Menschen spürten die Schattenseiten der Industrialisierung.

Q2 *Ein Historiker zur Eröffnung der linksrheinischen Eisenbahnlinie:*

Am Tag der durchgehenden Inbetriebnahme der linken Rheinstrecke herrschte auf dem Rhein starker Eisgang, so dass der Schiffsverkehr völlig zum Erliegen kam. Dies war die Stunde der Eisenbahn, allen Kritikern die Notwendigkeit eines von Eisgang, Nebel und Wasserpegel unabhängigen Transportmittels durch das Rheintal vor Augen zu führen. Da nicht wenige Spediteure durch die Einschränkungen der Binnenschifffahrt einem hohen wirtschaftlichen Risiko ausgesetzt waren, wandten sie sich nun verstärkt dem neuen Schienenweg zu, wodurch der Güterverkehr ständig expandierte.

D1 *Entwicklungen im Schieferbergbau, Beispiel: Laubach und Müllenbach (Eifel):*

	1826	1837	1846	1861
Gruben	12	13	18	20
Arbeiter	56	125	180	207
Produktion in m	12812	21298	30771	32619

D2 *Aus der Stadtgeschichte von Bendorf am Rhein:*

1609 Gründung der ältesten Eisenhütte, der Hammerhütte Steinebrück
1769 Bau der Sayner Hütte
1818 Umbau und Erweiterung der Hochöfen
1817 Gründung von Färbereien
1825 Gründung einer Steinfabrik in Sayn
1830 Bau der Gießhalle der Sayner Hütte
1830 Gründung der Maschinenfabrik Menn
1838 Gründung der Concordiahütte und der Mülhofener Hütte
1844 Holzkohle wird durch Koks ersetzt.
1862 Gründung der Bleiweiß-Mennigfabrik; Errichtung einer Gasfabrik
1865 Alfred Krupp aus Essen kauft die Sayner und die Mühlhofener Hütte.
1873 Gründung der Blaudruckfabrik
1880 Gründung der Kesselschmiede

D3 *Eisenbahnlinien und Industrie in der Mitte des 19. Jahrhunderts im Rheinland*

1 Erstelle eine Übersicht zu den Eisenbahngesellschaften und ihren Strecken (D3).

2 Wo entwickelten sich Industrieschwerpunkte? Nenne Gründe für die Ansiedlung (VT, D3).

3 Befürworter und Gegner der Rheintalbahn diskutieren (VT, Q2).

4 Eine Kommission des preußischen Wirtschaftsministeriums bereist im Jahr 1866 das Rheintal, um über die Industrialisierung zu berichten. Stelle den Bericht zusammen (VT, D3).

5 Erläutere den Ausdruck „Gründerzeit“ (D1, D2).

TIPP

Plant eine Fotoausstellung zum Thema „Industriedenkmale“ in eurer Klasse. Sucht in eurer Heimat Gebäude, Brücken, Bergwerke u. Ä. aus der Zeit der Industrialisierung und fotografiert sie. Findet ihr auch Abbildungen aus früherer Zeit? Stellt sie den aktuellen Fotos gegenüber.

Q3 *Das Mundloch der Schiefergrube „Wilhelm-Erbstollen“ in Kaub*, Ende des 19. Jahrhunderts

9 Ludwigshafen – die chemische Industrie prägt eine Stadt

Q1 *Die Badische Anilin- & Soda-Fabrik (BASF) im Jahr 1881*

Q2 *Friedrich Engelhorn* (1821–1902), Gründer der BASF

Die Gründung der Stadt Ludwigshafen

Ludwigshafen entwickelte sich aus der Rheinschanze, dem 1607 erbauten Brückenkopf der Festung Mannheim. Nach französischer Besetzung 1799–1804 gelangte die Rheinschanze 1816 an Bayern. Aus der alten Befestigungsanlage entwickelte sich ein Handelsplatz mit einem winterfesten Rheinhafen. Er erhielt 1843 zu Ehren des bayerischen Königs Ludwigs I. den Namen „Ludwigshafen". 1859 wurde die Siedlung zur Stadt erhoben.

Neue Technologien in der jungen Stadt

Mannheim im Jahr 1865. Friedrich Engelhorn ist der erfolgreiche Besitzer einer Leuchtgasfabrik. Gasbeleuchtung ist Mitte des 19. Jahrhunderts in Mode gekommen und findet immer größeren Absatz. Bei der Erzeugung von Leuchtgas entsteht als Abfallprodukt Teer. Mit diesem stinkenden, zähflüssigen Stoff wurden bisher Eisenbahnschwellen oder Schiffsrümpfe imprägniert. Neue Forschungen aus der Chemie ergaben jedoch, dass aus dem schwarzen Teer leuchtend bunte Farben entstehen können. Hier wittert Engelhorn seine große Chance. Er gründet eine Fabrik für chemische Grundstoffe. Neben dem Farbgrundstoff Anilin stellt er Soda her, das bei der Glasherstellung benötigt wird. Das ist die Geburtsstunde der „Badischen Anilin- & Soda-Fabrik", kurz BASF. Die neue Fabrik braucht Platz. Pläne für Grundstückskäufe in Mannheim scheitern. So nimmt Engelhorn das Angebot der Stadt Ludwigshafen auf der anderen Seite des Rheins an. Die junge Stadt erhofft sich durch die Ansiedlung von Industrie einen wirtschaftlichen Aufschwung. Sie bietet ein großes Gelände am Fluss und einen Bahnanschluss – alles, was eine aufstrebende Chemiefabrik braucht.

Wettlauf um die besten Farbstoffe

Farbige Stoffe waren bis zu Beginn des 19. Jahrhunderts sehr teuer, weil Farben aufwändig aus Naturstoffen hergestellt werden mussten. Um ein Gramm des leuchtend roten Farbstoffs Purpur herzustellen, brauchte man etwa 12000 Purpurschnecken. Dafür waren mit Purpur gefärbte Stoffe besonders leuchtend. Zur Herstellung von 50 Gramm des billigeren roten Farbstoffs Alizarin benötigte man 5 Kilogramm Krappwurzeln. Die damit gefärbten Stoffe wirkten aber blass und waren weder wasserfest noch lichtecht.
1835 wurde der Stoff Anilin als ein Bestandteil im Steinkohlenteer entdeckt. Mit ihm gelang die synthetische Herstellung von leuchtend roten Farbstoffen, wie dem Fuchsin, oder blauen, wie dem Anilinblau. Das Färben mit edlen und haltbaren Farben wurde erheblich billiger.
1870 stellten Chemiker der BASF erstmals den roten Farbstoff Alizarin künstlich her. Das war der Durchbruch: Farben aus Ludwigshafen wurden in die ganze Welt verkauft. 1880 entdeckten Forscher in München ein Herstellungsverfahren für den beliebten blauen Farbstoff Indigo. Die BASF kaufte die Rechte an dem Verfahren, entwickelte es weiter und erhielt 1890 ein Patent auf die Herstellung. Ab 1897 konnte der „König der Farbstoffe" am Rhein in großer Menge produziert werden.

D1 *Zur Bevölkerungsentwicklung in Ludwigshafen:*

Jahr	Beschäftigte	Einwohner
1865	30	17000
1870	500	20000
1910	10000	105000
1945	17000	61000
1970	51000	182000
1990	58000	167000
1994	44000	171000
2002	38000	166000
2005	34000	167000

D2 *Aus einem heutigen Buch zur Technikgeschichte:*

Im Unterschied zur Elektrotechnik entstand eine chemische Industrie von beträchtlicher wirtschaftliche Bedeutung bereits in der Zeit der Industriellen Revolution (...) Die äußerst preiswert gewordenen chemischen Produkte verbilligten zahlreiche Güter des täglichen Gebrauchs wie Seife, Glas, Papier und gefärbte Stoff spürbar und leisteten damit einen Beitrag zur Hebung des Lebensstandards (...) Die Nebenfolgen dieser Entwicklung, nämlich die Belastung der Umwelt, erkannte man damals kaum.

Q3 *Information zur Betriebskrankenkasse der BASF aus dem Jahr 1884:*

Die Kasse leistet: Freie ärztliche Behandlung, unentgeltliche Verabreichung von Arznei und kleinen Heilmitteln, Krankengeld auf die Dauer von 26 Wochen oder freie Verpflegung im Spital, ein Sterbegeld (...) Die Beiträge sollen zunächst festgesetzt werden auf eineinhalb vom Hundert des wirklichen Arbeitsverdienstes, soweit derselbe vier Mark für den Arbeitstag nicht übersteigt (...) Die Direktion hat aber beschlossen, außer dem Beitrag, welchen sie zur Krankenkasse leistet, ferner noch an solche erkrankte Arbeiter ein weiteres Viertel des Tagesverdienstes zu bezahlen, welche vor der Erkrankung mindestens sechs Monate in der Fabrik beschäftigt waren und keiner anderen Krankenkasse angehören als der „Krankenkasse der Badischen Anilin- & Soda-Fabrik".

Q4 *Aus ungeklärten Gründen* explodierte 1921 die Düngemittelfabrik der BASF in Oppau. Sie riss einen 125 Meter langen und 19 Meter tiefen Graben. 565 Menschen starben. Oppau wurde vollständig zerstört.

TIPP

Ein Besuch in Ludwigshafen

Plant einen Besuch in Ludwigshafen. Überlegt euch Schwerpunkte, die ihr genauer erkunden wollt. Folgende Vorschläge können euch bei der Bildung von Forscherteams helfen:

1 Die BASF im Wandel der Zeit *– Dokumentiert in Karte und Bild die Ausdehnung der Werksanlagen. Wann wurde welcher Bereich gebaut? Welche Produkte werden wo und seit wann produziert?*

2 Chemiefabrik als Fluch oder Segen? *– Stellt die Vorteile der chemischen Forschung (Farbstoffe, Düngemittel, Kunststoffe usw.) den Problemen (Luft- und Wasserverschmutzung, Unfälle usw.) gegenüber.*

3 Farbige Stoffe früher und heute *– Informiert euch über natürliche Farbstoffe (z. B. Krapp oder Purpur) und künstliche Farbstoffe sowie Färbevorgänge. Welche Rolle spielte die BASF bei ihrer Entwicklung?*

4 Eine Umfrage zur BASF *– Befragt Passanten in Ludwigshafen dazu, was sie von der Fabrik halten und was sie über ihre Geschichte wissen.*

1 Die BASF ist eng mit der Stadt Ludwigshafen verbunden. Erläutere dies mithilfe des VT und D1.

2 Stelle die Bedeutung der chemischen Industrie für die Menschen in der zweiten Hälfte des 19. Jahrhunderts dar (VT, D2).

3 War die Gründung der BASF ein Glücks- oder ein Schicksalstag für die Stadt Ludwigshafen (VT, D1, Q3, Q4)?

4 Die Firma BASF wirbt für ihre neuen Produkte. Entwirf ein Werbeplakat mit einem Werbetext.

Q5 *Farbmusterkarte (um 1873) und Farbmusterbuch (um 1900) der BASF*

10 Die Industrialisierung bringt Probleme

Rauchende Fabrikschlote

Fabriken, Stahlwerke und Bergbauzechen brachten Fortschritt und Wohlstand, aber sie hatten auch bis dahin ungeahnte Folgen für Menschen und Natur: Die Kohle, die verheizt wurde, und der Koks in den Hochöfen setzten Ruß, Rauch und giftige Abgase frei. Riesige Schutthalden türmten sich neben den Kohlegruben. Darunter litten vor allem die Arbeiter und ärmeren Leute, denn ihre Wohnviertel lagen meistens in direkter Nähe der Fabriken. Hinzu kam, dass die Abwässer aus den Fabriken, sogar aus den Chemiebetrieben, direkt in die Flüsse geleitet wurden, denn die Gewässer galten noch lange Zeit als „natürliche" Entsorgungswege.

Schwere Arbeit ...

Die Arbeit im Schacht war anstrengend und gefährlich: Die Temperatur betrug in einer Tiefe von 600 m etwa 30° C. Oft mussten die Bergleute kriechend oder gebückt und bei hoher Luftfeuchtigkeit arbeiten. Obwohl seit 1859 eine Achtstundenschicht für Bergleute festgeschrieben war, wurde in den Zechen länger gearbeitet. Zehn bis elf Stunden reine Arbeitszeit waren die Regel. Die Anfahrtswege im Kohlenschacht, die Ausgabe der Werkzeuge und Grubenlampen, das Umziehen und Waschen nach der Arbeit wurden nicht auf die Schichtzeit angerechnet.

Große Gefahren im Bergwerk waren Schlagwetterexplosionen, die in diesen Zeiten nicht selten waren. Die Ursache für solche Katastrophen lag meistens bei den Gasen, die aus den Kohleflözen austraten. Schon ein Funke konnte ausreichen, um dieses Gemisch aus Gas und Luft zu entzünden. Oft nahmen die Bergleute Kanarienvögel als so genannte Gaswarner mit in die Grube. Die Vögel konnten die Menschen zwar vor Giftgasen, aber nicht vor brennbaren Gasen warnen. Erst um 1910 wurden zunehmend elektrische Lampen eingesetzt, um die harte Arbeit der Bergleute sicherer zu machen.

Auch in den Fabriken arbeiteten Männer, Frauen und Kinder unter schwersten Bedingungen: Hitze, Lärm und Ruß, die ständig gebückte Haltung sowie die langen Arbeitszeiten belasteten die Menschen und führten zu Gelenkschmerzen und Atemwegserkrankungen. Auch passierten nicht selten Unfälle an den Maschinen, von denen manche Arbeiter schwere Verletzungen oder sogar bleibende Schäden davontrugen.

... und schlechtes Essen

Mitte des 19. Jahrhunderts kam es zu zahlreichen Missernten. Die Lebensmittelpreise stiegen auf das Drei- bis Vierfache, die Löhne aber blieben ungefähr gleich. Bis zu 70 % des Einkommens musste eine Arbeiterfamilie für Nahrungsmittel ausgeben. Das Essen einfacher Arbeiterfamilien bestand vor allem aus Kartoffeln mit Gemüse – Bohnen, Erbsen, Sauerkraut und Rüben – sowie aus Roggenbrot mit Milch; Fleisch und Speck konnten sie sich nur selten leisten.

Q1 *Bergleute beim Erneuern des Stollenausbaus* (Foto, um 1890)

D1 *Ein Bergarbeiter verdiente 1867 im Monat etwa 16 Taler (1 Taler = 30 Silbergroschen = 360 Pfennig). Kosten für eine 4-köpfige Familie pro Tag:*

Miete	3 S	9 Pf
5 Pfd. Brot	4 S	10 Pf
6 Pfd. Kartoffeln	3 S	4 Pf
$\frac{1}{2}$ Pfd. Fleisch	4 S	3 Pf
$\frac{1}{6}$ Pfd. Butter	2 S	
Salz		1 Pf
Kaffee		9 Pf
Milch/ Zucker		5 Pf
Öl/ Seife	1 S	5 Pf

Licht, Heizung, Kleidung, Schulgeld, Steuern sind nicht eingerechnet.

Q2 *Helga Jungblut aus Oberhausen lebte von 1924 bis 1999. Sie erinnert sich an die Schilderungen ihrer Großmutter. Diese erzählte:*

Ich hatte immer Angst, die Angst wird man nicht los. Meine Brüder und ich waren Bergmannskinder. Mein Vater und auch dessen Brüder arbeiteten auf der Zeche Radbod in Hamm. Wenn sie zur Schicht gingen, wünschten wir ihnen immer „Glück auf!" und hofften, dass sie gesund wiederkommen. Ich weiß noch ganz genau, dass ich oft aus dem Fenster schaute, wenn ihre Schicht beendet war und sie nach Hause kommen mussten. Aber im November 1908 passierte ein Unglück. Es gab eine Explosion und Feuer breitete sich in den Untertageanlagen der Zeche aus. Über 340 Bergleute starben, darunter auch mein Onkel. Als Brandursache vermutete man eine defekte Benzinsicherheitslampe. Als eine Folge dieser Katastrophe wurden elektrische Sicherheitslampen vorgeschrieben. Jedoch die Angst blieb.

Q3 *rechts: Explosion eines Dampfkessels im Walzwerk Eschweiler bei Aachen* (zeitgenössische Zeichnung). Neben vielen Verletzten gab es auch vier Todesopfer. Solche Katastrophen führten zu verschärften Sicherheitsvorrichtungen.

Q4 *Fabrikordnungen regelten bis Mitte des 20. Jahrhunderts die Pflichten der Arbeiterinnen und Arbeiter und die allgemeine Ordnung im Betrieb. Oft enthielten sie einen Strafkatalog für Verstöße. Historiker finden hier Informationen über das Arbeitsleben in der Zeit der Industrialisierung.*
Fabrikordnung der Spinnerei Vorwärts in Bielefeld, um 1852 (Auszüge):

§2 Die Arbeit beginnt, außer sonntags, im Sommer früh 5½ Uhr, im Winter früh 6 Uhr und dauert (...) volle 12 Stunden.

§5 Jedem Arbeiter, der zu spät in die Arbeit kommt, der ohne Erlaubnis zu Hause bleibt, wird eine Strafe vom doppelten Werte der Zeit seines Ausbleibens auferlegt; die geringste Strafe wird für ¼ Tag gerechnet.

§7 Während der Arbeitszeit sind sämtliche in der Fabrik beschäftigten Personen den Fabrikverwaltern (...) und Aufsehern unbedingten Gehorsam schuldig, ein jeder muss Fleiß mit Treue, Reinlichkeit und Ordnungsliebe verbinden. (...)

§11 Ein jeder ist für das ihm übergebene Werkzeug (...) verantwortlich (...) und hat verlorene [Stücke] zu ersetzen.

§19 Sämtliche Personen dürfen nur auf dem schon bestehenden Weg kommen oder gehen, keine Feldwege bahnen, am wenigsten durch die Fenster der Säle ein- und aussteigen, welche nach §10 nur der Aufseher zu öffnen befugt ist.

1 *Beschreibe die Fabrik als Arbeitsort (VT, Q4).*
2 *Schildere mit eigenen Worten die Gefahren, denen die Menschen während ihrer täglichen Arbeit ausgesetzt waren (Q1–Q3).*
3 *Rechne aus, wie weit der Lohn eines Bergarbeiters reichte (D1).*
4 *Erstelle eine Mindmap, in der du die Probleme darstellst, die durch die Industrialisierung entstanden sind.*

11 Kinder und Jugendliche im Industriezeitalter

Q1 *Kinder und Jugendliche bei der Arbeit in der Buntpapierfabrik in Aschaffenburg (1858)*

Kinder arbeiten wie Erwachsene

Jungen und Mädchen mussten seit Jahrzehnten auf den Bauernhöfen und in den Werkstätten ihrer Eltern mitarbeiten. Sie waren meist für leichte und einfache Arbeiten zuständig. Das änderte sich im Industriezeitalter. Viele Fabrikbesitzer stellten gerne Kinder ein, denn auch sie konnten die Maschinen bedienen, mussten genauso lange wie Erwachsene arbeiten, bekamen aber einen viel geringeren Lohn. Tausende von Kindern, manche kaum älter als zehn Jahre, arbeiteten am Tag 12 und mehr Stunden. Die Pausen waren kurz, wer zu spät kam oder fehlte, wurde bestraft oder einfach entlassen. Besonders hart waren die Bedingungen im Bergbau. Kinder, die hier arbeiteten, bekamen wochenlang die Sonne nicht zu sehen, sie wurden krank und viele starben schon sehr früh.

Den Eltern blieb aber meist keine andere Wahl, als ihre Kinder zur Arbeit zu schicken. Denn schließlich mussten alle Familienmitglieder Geld verdienen, um die notwendigsten Lebensmittel kaufen zu können.

Q2 *Kinderarbeit in einer Teppichwerkstatt im heutigen Indien*

Gesetze regeln Kinderarbeit

Als man feststellte, dass Jugendliche durch ihre Arbeit oft für den Militärdienst untauglich wurden, erließ der Staat Gesetze. Seit 1839 durften in Preußen Kinder unter zehn Jahren nicht mehr in Fabriken arbeiten. 1853 wurde die Altersgrenze auf 12 Jahre, 1841 auf 14 Jahre angehoben. Doch viele Fabrikherren versuchten, diese Vorschriften zu umgehen und Kinder länger oder früher für sich arbeiten zu lassen als erlaubt.

Kinderarbeit – Geschichte?

Im Mai 2004 fand in Berlin der dritte Aktionstag gegen Kinderarbeit statt. Die Kinderhilfswerke „terre des hommes" und UNICEF beklagten, dass mehr als 200 Millionen Kinder unter 15 Jahren als Schuhputzer, in der Landwirtschaft, in Steinbrüchen oder als Teppichknüpfer ausgebeutet werden. Allerdings sind Experten der Meinung, dass man Kinderarbeit nicht so einfach „abschaffen" kann. Die Not in manchen Ländern ist so groß, dass viele Familien ohne den Verdienst der Kinder nicht überleben könnten.

Q3 *Adelheid Popp berichtet über ihre Erlebnisse als Zwölfjährige:*

Ich wurde in einer Werkstätte aufgenommen, wo ich Tücher häkeln lernte; bei zwölfstündiger fleißiger Arbeit verdiente ich 20 bis 25 Kreuzer im Tage. Wenn ich noch Arbeit für die Nacht nach Hause mitnahm, so wurden es einige Kreuzer mehr. Wenn ich frühmorgens um 6 Uhr in die Arbeit laufen musste, dann schliefen andere Kinder meines Alters noch. Und wenn ich um 8 Uhr abends nach Hause eilte, dann gingen die anderen gut genährt und gepflegt zu Bette. Während ich gebückt bei meiner Arbeit saß und Masche an Masche reihte, spielten sie, gingen spazieren oder sie saßen in der Schule. Damals nahm ich mein Los als etwas Selbstverständliches hin, nur ein heißer Wunsch überkam mich immer wieder: mich nur einmal ausschlafen zu können.

Q4 *Der sozialistische Politiker Friedrich Engels wuchs in Wuppertal auf, wo sein Vater eine Textilfabrik besaß. Über Kinderarbeit schrieb er:*

Aber es herrscht ein schreckliches Elend unter den niederen Klassen, besonders bei den Fabrikarbeitern in Wuppertal. In Elberfeld allein werden von 2500 schulpflichtigen Kindern 1200 dem Unterricht entzogen und wachsen in den Fabriken auf, bloß damit der Fabrikherr nicht einem Erwachsenen, dessen Stelle sie vertreten, das Doppelte des Lohnes zu geben nötig hat, das er einem Kinde gibt. Die reichen Fabrikanten aber haben ein weites Gewissen, und ein Kind mehr oder weniger verkommen zu lassen, bringt keine Seele in die Hölle, besonders, wenn sie alle Sonntage zweimal in die Kirche geht.

Q5 *Der Bürgermeister von Ratingen sprach sich 1824 für Kinderarbeit aus:*

Die Kinder arbeiten 12 Stunden. Die nicht in den Fabriken arbeiten, betteln. Die meist gehend oder stehend verrichtete Arbeit in luftigen Gebäuden erhält die Kinder gesund. Die nicht darin Arbeitenden sind krank vor Elend.

Q6 *Die erste Kinderschutzdebatte in Preußen (Rheinischer Provinziallandtag, 1837):*

a) Der Abgeordnete Suchard bemerkte:

(Kreisärzte) versicherten, wenn Kinder auch nur um 10 Stunden in der Höhle des Jammers eingesperrt würden und stets sich auf den Beinen befinden, um zu arbeiten, so erhielten besonders Mädchen Geschwülste und Auswüchse, die Beine schwänden und die Kinder welkten elendiglich dahin.

b) Der Abgeordnete von Baur entgegnete:

Die von Ihnen scharf beurteilten Fabrikanlagen, welche die Kinder beschäftigen, rufen den von Ihnen mit so viel Härte geschilderten Jammer nicht hervor, sondern mildern den bereits vorhandenen. Eine Überbevölkerung, welche der Ackerstand nicht zu beschäftigen weiß, strömt den Anstalten zu, wo Arbeit, wo Brot zu erwerben ist. (...) Sie beschimpfen, worum uns unsere östlichen Landsleute zu Recht beneiden. (...)

Ich pflichte Ihnen, meine Herren, vollkommen bei, dass die armen Kinder (...) unter den Schutz milder Gesetze gestellt werden, jedoch dürfen diese keine so großen Beschränkungen erhalten, (...) dass dadurch der Bestand unserer Industrieanlagen wegen der Konkurrenz des Auslandes unmöglich gemacht wird.

1. *Beschreibe, zu welchen Arbeiten Kinder früher herangezogen wurden (VT, Q1, Q3, Q7). Vergleiche mit der Situation von Kinderarbeit heute (VT, Q2).*
2. *Schildere anhand des VT sowie Q3 und Q4 die Lage der Kinder im Industriezeitalter.*
3. *Wie argumentiert der Ratinger Bürgermeister (Q5)? Was würdest du ihm entgegnen?*
4. *Spielt die Debatte des Rheinischen Provinziallandtags von 1837 in der Klasse nach. Dabei müssen einige von euch die Rolle von Abgeordneten übernehmen und im Sinne der Fabrikanten argumentieren (Q6).*

Q7 Kinder in Sonneberg (Thüringen) stellen in Heimarbeit Puppen her.

12 Projekt
Kinderarbeit heute

Jedes Kind ist vor „Ausnutzung jeder Art geschützt". Kein Kind darf gezwungen werden, „einen Beruf oder (eine) Tätigkeit auszuüben, die seiner Gesundheit oder Erziehung schaden oder seine körperliche und geistige Entwicklung hemmen". So steht es in der UNO-Erklärung der Rechte der Kinder.
Dass Kinder zur Zeit der Industrialisierung in Fabriken und Bergwerken als billige Arbeitskräfte ausgebeutet wurden, hast du schon erfahren. Aber auch heute schuften in den Entwicklungsländern schätzungsweise 200 Millionen in Bergwerken und Ziegeleien, in Textilfabriken und Färbereien, auf Baustellen und Plantagen. Sie knüpfen die Teppiche für unsere Wohnzimmer, pflücken Kaffee und Kakao für unser Frühstück, biegen Draht für unser Spielzeug und verkaufen uns Souvenirs, wenn wir als Touristen in ihre Länder kommen.
Warum Kinder in manchen Teilen der Welt heute noch schwer arbeiten müssen und wie man ihnen helfen kann, damit könnt ihr euch in einem Projekt beschäftigen.

Ursachen aufzeigen

Wenn Familienväter in Indien ihre Schulden nicht mehr zurückzahlen können, verpfänden viele regelrecht ihre Kinder. Diese bleiben dann so lange in „Schuldknechtschaft", bis der Kredit zurückgezahlt ist, oft aber auch darüber hinaus. Diese modernen „Arbeitssklaven" werden neben der harten Arbeit häufig noch von ihren Arbeitgebern körperlich und seelisch misshandelt. In den stickigen Werkstätten müssen sie meist auch essen und schlafen.

Über Initiativen und Hilfsorganisationen berichten

RUGMARK hat das Ziel, illegale Kinderarbeit in der Teppichindustrie in Indien, Nepal und Pakistan abzuschaffen. In unangekündigten Kontrollen überprüfen RUGMARK-Inspektoren, dass Knüpfstuhlbesitzer keine Kinder unter 14 Jahren beschäftigen. In Rehabilitations- und Schulprogrammen werden Alternativen für ehemalige Kinderarbeiter und deren Familien geschaffen. Teppiche mit dem RUGMARK-Siegel wurden bisher über 2 Millionen Mal in Deutschland verkauft. Seit 1999 ist RUGMARK beim TransFair e.V. angesiedelt.

RUGMARK: Möbelhäuser engagieren sich gegen Kinderarbeit
Trotz der Krise im internationalen Teppichhandel wurden Teppiche im Wert von über 70 Millionen Euro auf dem deutschen Markt verkauft. Dies sind zwar 25 Prozent weniger als im Vorjahr, aber angesichts der dramatischen Rückgänge der Teppichimporte aus Indien und Nepal in Höhe von 35 Prozent ist es ein eher moderates Ergebnis. Mit Musterring, Domäne und Himolla hat RUGMARK neue Partner für den Kampf gegen illegale Kinderarbeit gefunden. RUGMARK-Kontrolleure konnten bisher über 2000 Fälle von illegaler Kinderarbeit aufdecken. Das einmalige Kontrollsystem drängt effektiv die Kinderarbeit im Teppichgürtel zurück.
(Mitteilung auf der Jahrespressekonferenz, 11. Juni 2003)

Stimmen zur Kinderarbeit sammeln

Angie Rocio Diaz Plazas aus Lateinamerika ist 16 Jahre alt und nahm am „Welttreffen arbeitender Kinder" 2004 in Berlin teil. Sie gab der „Süddeutschen Zeitung" (SZ) folgendes Interview:

SZ: Du hast wirklich schon mit fünf Jahren zu arbeiten begonnen?
A: Ja, ich habe Kinder gehütet, geputzt und Recycling gemacht.
SZ: Was heißt das, Recycling machen?
A: Ich habe Müll von der Straße eingesammelt und an Recyclingfirmen verkauft. Irgendwann habe ich damit aufgehört. Die Arbeitsbedingungen waren so schlecht, dass ich keine Lust mehr hatte. Als ich 13 Jahre alt war, habe ich mit drei Freundinnen eine Firma gegründet, in der wir Geschenkkarten herstellen. Als wir anfingen, hatten wir nichts, inzwischen haben wir wenigstens eine alte Maschine (...).
SZ: Gehst du auch noch zur Schule?
A: Ja, vormittags. Dreimal die Woche arbeite ich eben nachmittags. Ohne Arbeit könnte ich mir die Schule gar nicht leisten (...).
SZ: Sollte man Kinderarbeit nicht grundsätzlich verbieten?
A: Wovon sollen wir denn leben? Leuten, die Kinderarbeit verbieten wollen, will ich sagen: Schaut euch die Realität in unseren Ländern an! Wir können es uns nicht leisten, nicht zu arbeiten. Für uns Kinder ist nicht das Arbeiten an sich das Problem, sondern die schlechten Arbeitsbedingungen. Arbeitszeiten für Kinder sind fast immer zu lang, und Kinder werden schlecht bezahlt, weil Erwachsene denken, Kindern müsse man nicht viel geben.

TIPP

Bei diesen Organisationen findet ihr wertvolle Informationen zum Thema Kinderarbeit sowie zu Initiativen und Hilfsprojekten:

- *UNICEF Kinderhilfswerk der UNO (www.unicef.de)*
- *terre des hommes – Hilfe für Kinder in Not (www.tdh.de)*
- *Brot für die Welt – eine Aktion des Diakonischen Werks der Evangelischen Kirche in Deutschland (www.brot-fuer-die-welt.de)*
- *Werkstatt Ökonomie – Forum Kinderarbeit (www.forum-kinderarbeit.de)*
- *RUGMARK – Initiative gegen illegale Kinderarbeit in der Teppichindustrie (www.rugmark.de)*
- *TransFair – Verein für fairen Handel (www.transfair.org)*

Ein Einzelschicksal vorstellen

Carlos Barrera ist 13 Jahre alt und Grubenarbeiter in einem Kohlenbergwerk in Kolumbien, obwohl die Beschäftigung von Jugendlichen unter 16 Jahren in Schächten gesetzlich verboten ist. Carlos und seine „Arbeitskollegen" schlagen Kohle, beladen Loren oder Schubkarren und fahren sie unter größter Kraftanstrengung aus dem Berg. Zehn Stunden und länger arbeiten sie im schwarzen Staub für einen Hungerlohn.

„Kinderarbeit heute" – wir machen aufmerksam

1. Sammelt Material und Informationen zum Thema Kinderarbeit heute. Teilt das Thema am besten in folgende Bereiche auf:
   - Formen und Verbreitung von Kinderarbeit: Als was und in welchen Ländern arbeiten Kinder?
   - Ursachen von Kinderarbeit: Warum müssen Kinder arbeiten?
   - Initiativen und Projekte gegen Kinderarbeit: Welche Organisationen helfen? Welche Möglichkeiten gibt es, dass Kinder nicht arbeiten müssen?
   - Stimmen und Einzelschicksale: Was sagen betroffene Kinder und Jugendliche über ihr Leben und ihre Arbeit?
   - Aktiv werden: Was können wir selbst gegen Kinderarbeit in den Entwicklungsländern tun?
2. Teilt euch in Gruppen auf. Jede Gruppe bearbeitet einen der genannten Bereiche.
3. Präsentiert eure Ergebnisse auf einer Wandzeitung. Jede Gruppe sollte auch noch etwas zu ihrem Bereich erzählen.
4. Diskutiert die Frage, ob man Kinderarbeit grundsätzlich verbieten sollte. Denkt dabei auch an die Lebensumstände der Kinder und ihrer Familien. Entwickelt Ideen oder findet Beispiele, wie man das Problem von Kinderarbeit angehen kann.

13 Eine gerechtere Gesellschaft schaffen – aber wie?

Q1 *Die Maschinenstürmer;* Stich von Hablot Browne (1816–1882), London. Durch Zerstörung der Maschinen zurück in ein Leben ohne technischen Fortschritt. War das ein Weg zu einer besseren Welt?

Sozialisten und Kommunisten

Armut und Verelendung breiteten sich Anfang des 19. Jahrhunderts in großen Teilen der Bevölkerung Europas aus. Wie war es dazu gekommen? Und wie war den Menschen aus ihrer Not zu helfen?

Diese Frage stellten sich viele Politiker und Gelehrte, die selbst meist dem Bürgertum oder Adel angehörten. Einige von ihnen sahen als Ursache die Ungerechtigkeit der bestehenden gesellschaftlichen Ordnung. Diese müsse so verändert werden, dass alle Menschen Arbeit hätten und sich ihre Grundbedürfnisse erfüllen könnten. Das Recht des Einzelnen sich zu bereichern lehnten sie ab. Damit werde nur die bestehende Ungleichheit zwischen Arm und Reich gerechtfertigt. Schon damals wurden solche Vorstellungen als sozialistisch bezeichnet und diejenigen, die sie vertraten, als Sozialisten. Manche Sozialisten sahen dabei das Hauptübel im Privateigentum und wollten es zu Gemeineigentum machen. Vertreter dieser Einstellung bezeichnete man als Kommunisten.

Sozialisten und Kommunisten waren sich einig, dass eine neue Ordnung geschaffen werden musste. Wie sie aber aussehen und wie die alte beseitigt werden sollte, darüber gingen die Meinungen weit auseinander.

Revolutionäre

Manche hielten einen gewaltsamen Umsturz, eine Revolution, für unverzichtbar. Der erste, der so eine kommunistische Ordnung schaffen wollte, war der Franzose Babeuf. Mit einer Gruppe Gleichgesinnter wollte er 1796 die französische Regierung stürzen und selbst die Macht ergreifen. Doch sein Vorhaben wurde aufgedeckt, er selbst 1797 hingerichtet.

Reformer

Andere strebten eine Verbesserung der Lebensverhältnisse der Arbeiter durch schrittweise Reformen an. Der englische Unternehmer Owen (1771–1858) vertrat diese Vorstellung. Ihm schwebte eine Gesellschaft vor, in der die Menschen harmonisch in kleineren Gemeinschaften (Genossenschaften) zusammenlebten. Gemeinsam sollten sie Güter produzieren. Diese waren für den eigenen Verbrauch (Konsum) gedacht, aber auch zum Tausch gegen Güter anderer Genossenschaften, die sie nicht selber herstellen konnten. Diese Vorstellung setzte Owen in die Tat um, indem er Konsum- und Produktionsgenossenschaften gründete. Energisch setzte er sich für staatliche Maßnahmen zugunsten der Arbeiterschaft ein und ermutigte die Arbeiter, sich zu organisieren und Hilfsvereine zu gründen. Auch die Einrichtung der ersten englischen Gewerkschaft geht auf ihn zurück.

Q4 *Arbeiter helfen sich selbst* (Ansichtskarte des britischen Arbeitervereins der Filzmacher, ca. 1824/1850). Ein Mitglied zahlt seinen Beitrag in die Unterstützungskasse.

Q2 *Babeufs „Manifest der Plebejer", veröffentlicht am 30. November 1795:*

Es ist Zeit, dass das mit Füßen getretene Volk seinen Willen kundgibt, auf dass das Elend ausgerottet werde (...). Wir werden deutlich aussprechen, dass das allgemeine Glück Ziel der Gesellschaft ist (...). Wir werden beweisen, dass Grund und Boden nicht Einzelnen, sondern allen gehört (...), dass alles, was sich jemand mehr davon aneignet als er zu seiner Ernährung braucht, Diebstahl an der Gesellschaft ist (...), dass alles, was diejenigen besitzen, die mehr haben als ihren gebührenden Anteil am Reichtum der Gesellschaft, Diebstahl ist. Dass es also gerecht ist, es ihnen wieder zu nehmen (...). Dass man dahin kommen muss, jedem Einzelnen und seinen Nachkommen den ausreichenden Bedarf und kein bisschen mehr zu sichern. Dass das einzige Mittel, dies zu erreichen, darin besteht, (...) das Privateigentum aufzuheben, jedem Menschen die für ihn geeignete Tätigkeit zuzuweisen, ihn zu verpflichten, den Ertrag derselben an das gemeinschaftliche Magazin abzuliefern, eine Verteilungsverwaltung einzurichten, die die Erträge in peinlichster Gleichheit verteilt.

Q3 *Über Arbeitervereine in England und ihr Wirken berichtet der deutsche Wirtschaftsexperte Hildebrand im Jahr 1848:*

Arbeitervereine, ursprünglich ungesetzlich (...), sind seit dem heilsamen Parlamentsgesetz von 1824, durch welches das der übrigen britischen Bevölkerung zustehende Recht, Vereine zu gründen und Versammlungen abzuhalten, auch den Arbeitern verliehen wurde, zu einer Stütze des allgemeinen Wohlstands und der öffentlichen Moral geworden. Sie haben nicht nur durch Aufhebung der Konkurrenz der Arbeiter untereinander und durch die gegenseitige Unterstützung die Nachteile der Konzentration des Kapitals [in den Händen weniger mächtiger Fabrikbesitzer] vermindert (...), sondern [die Vereine haben] auch die einzelnen Arbeiter sittlich veredelt. Diese, die einst voll Hass Maschinen zertrümmerten (...), haben jetzt Strafen für jede Beleidigung festgesetzt, die sich ein Vereinsmitglied gegen die Arbeitgeber zuschulden kommen lässt.

1. *Vergleiche die Ausführungen Babeufs (Q2) mit der französischen Erklärung der Menschen- und Bürgerrechte von 1789 (S. 30, Q1). Wie verhalten sie sich zueinander?*
2. *Vergleiche die in Q1, Q3 und Q4 aufgezeigten Formen der Selbsthilfe von Arbeitern und beurteile ihre Zweckmäßigkeit.*
3. *Liste die auf der Doppelseite genannten Ansätze zur Veränderung der Lebensbedingungen der Arbeiter auf. Welche sind deiner Ansicht nach tatsächlich geeignet, für eine gerechtere Welt zu sorgen?*

14 Marx, Engels und der Traum von der klassenlosen Gesellschaft

Q1 *Der Weg ins „gelobte Land" der Arbeiter* (Karikatur, Ende 19. Jh.). Karl Marx, mit seinem Hauptwerk „Das Kapital" unterm Arm, weist den Proletariern den Weg in das gelobte Land der „Freiheit, Gleichheit, Brüderlichkeit"; auf den Segeln der Schiffe stehen Arbeiterforderungen: „Arbeitsschutzgesetze", „Acht-Stunden-Tag", „Allgemeines Wahlrecht".

A–Z

Bourgeoisie
(franz. „Bürgertum")
Für Marx und Engels die reiche bürgerliche Kapitalistenklasse, Besitzer der Produktionsmittel.

Proletariat
(von lat. „proles" = Nachkomme)
Bezeichnung für die Arbeiter, die außer ihrer Arbeitskraft nur ihre Kinder „besaßen". Für Marx und Engels die Klasse, die dem Kommunismus zum Sieg verhelfen würde.

Hoffnung auf eine bessere Welt

Keine andere sozialistische Idee hat so viele Menschen fasziniert und ihre Hoffnungen auf eine bessere Welt beflügelt wie die Lehre vom baldigen Ende des Kapitalismus und vom Beginn einer gerechten kommunistischen Ordnung in einer klassenlosen Gesellschaft von Karl Marx (1818–1883) und Friedrich Engels (1820–1895).

Durch Klassenkampf …

Für Marx und Engels war die ganze Geschichte eine Abfolge von Klassenkämpfen. Stets hätten sich dabei Ausbeuter und Ausgebeutete, Unterdrücker und Unterdrückte gegenübergestanden. In ihrer Zeit seien das die Kapitalisten (Bourgeoisie), Besitzer der Produktionsmittel (Fabriken, Maschinen), auf der einen Seite und die Proletarier (Arbeiterklasse) auf der anderen Seite. Wie die Klassenkämpfe zuvor so führe auch dieser unweigerlich zu einer Revolution. Denn die Kapitalisten würden infolge ihres gegenseitigen Konkurrenzkampfes die Proletarier immer rücksichtsloser ausbeuten. Dabei würde die kleiner werdende Zahl der Sieger im Konkurrenzkampf immer reicher, die Verlierer würden selbst zu Proletariern. Deren Lage werde endlich so unerträglich, dass sie mit revolutionärer Gewalt die Macht an sich rissen.

… zur klassenlosen Gesellschaft

Der Machtergreifung müsse, so lehrten Marx und Engels, die „Diktatur des Proletariats" folgen, in der die Proletarier die Kapitalisten enteigneten und die Produktionsmittel zu Gemeineigentum machten. Dadurch würden die Voraussetzungen für die erstrebte kommunistische Ordnung geschaffen, in der es keine Klassen mehr gebe, jeder eine befriedigende Arbeit und einen gerechten Anteil am gemeinsamen Reichtum bekomme. Damit sei auch das Ende aller Klassenkämpfe gekommen.
Allerdings war es nach Marx und Engels nötig, dass dem Proletariat auf dem Weg dorthin erfahrene Kommunisten, Kenner ihrer Lehre, als Berater und Anführer dienten.

Mehr als nur ein leerer Traum?

Bis heute berufen sich Machthaber kommunistischer Staaten wie China oder Kuba auf die Lehre von Marx und Engels. Viele Kritiker dagegen betrachten sie als leeren Traum; das beweise der Sturz des Kommunismus in der UdSSR und ihren Anhängerstaaten 1990/91. Für andere, z. B. Anhänger sozialistischer und sozialdemokratischer Parteien, sind Marx und Engels immer noch anregende Vordenker ihres eigenen Nachdenkens über mehr Gerechtigkeit in der Welt.

Q2 *Über die Machtergreifung des Proletariats schrieb Karl Marx im „Manifest der Kommunistischen Partei“ 1848:*

Der erste Schritt der Arbeiterrevolution [ist] die Erhebung des Proletariats zur herrschenden Klasse, die Erkämpfung der Demokratie (...). Das Proletariat wird seine politische Herrschaft dazu benutzen, alle Produktionsinstrumente in die Hände des Staats, [den nun das Proletariat beherrscht], zu zentralisieren (...). Es kann dies natürlich zunächst nur geschehen vermittelst [gewaltsamer] Eingriffe in das Eigentumsrecht und in die bürgerlichen Produktionsverhältnisse (...). Für die fortgeschrittensten Länder werden die folgenden [Maßnahmen] ziemlich allgemein in Anwendung kommen können:

1. Enteignung des Grundeigentums (...)
2. Starker Anstieg der Besteuerung höherer Einkommen.
3. Abschaffung des Erbrechts.
4. Einziehung des Eigentums aller Flüchtlinge und Gegner (...)
8. Gleicher Arbeitszwang für alle (...)
10. Öffentliche und unentgeltliche Erziehung aller Kinder (...)

Wenn das Proletariat (...) die alten Produktionsverhältnisse aufhebt, so hebt es (...) die Klassen überhaupt (...) auf. An die Stelle der alten bürgerlichen Gesellschaft mit ihren Klassen (...) tritt eine Vereinigung, worin die freie Entwicklung eines jeden die Bedingung für die freie Entwicklung aller ist.

Q3 *Marx-Engels-Denkmal.*
Karl Marx (sitzend) und Friedrich Engels, Denkmal in Ost-Berlin (frühere DDR). Das Foto entstand kurz nach dem Zusammenbruch des Kommunismus in der UdSSR und in den von ihr abhängigen Staaten Osteuropas, die sich alle auf die Lehre von Marx und Engels berufen hatten.
– Was will der Sprayer mit seinem Grafitto ausdrücken?

D1 *Klassenlose Gesellschaft: So stellten sich Marx und Engels den Ablauf des letzten Klassenkampfes vor.*

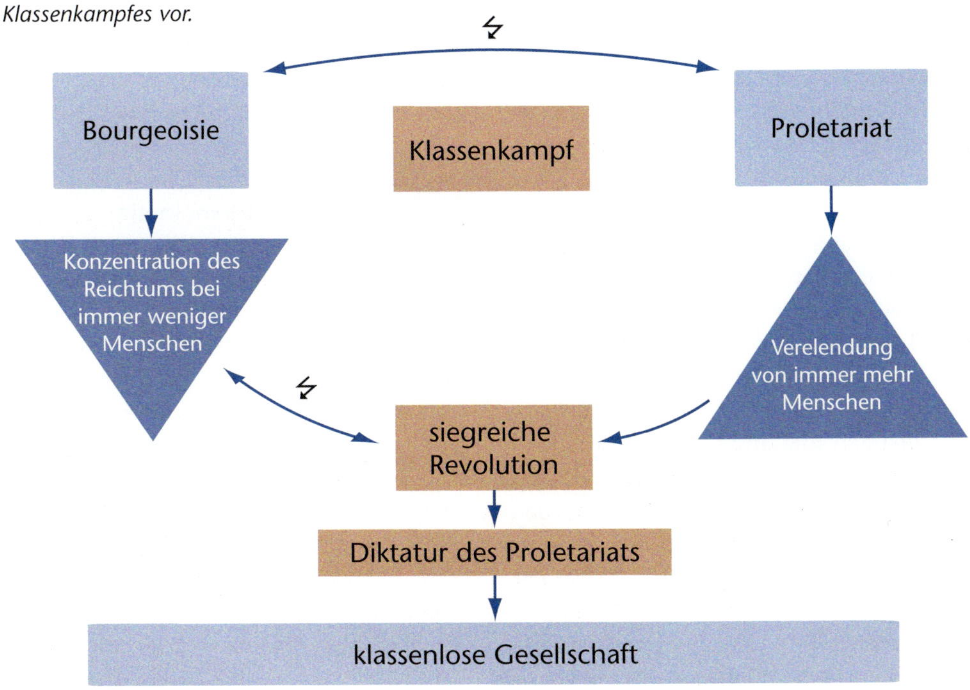

1. *Erläutere das Schaubild D1 mithilfe des VT und Q2.*
2. *Zeige auf, welche Rolle Marx und Engels den Kommunisten als Kennern ihrer Lehre zuschreiben (VT). Wie sieht das der Karikaturist (Q1)? Wie verträgt sich diese Rolle mit der von Marx und Engels verkündeten Freiheit und Gleichheit aller in der kommunistischen Gesellschaft?*
3. *Ergibt sich deiner Ansicht nach durch die in Q2 genannten Maßnahmen eine gerechtere Gesellschaft?*
4. *Stelle fest, welche Rolle Gewaltanwendung in der Lehre von Marx und Engels spielt (VT, Q2, D1). Würdest du sie als „Gewaltprediger“ bezeichnen?*

15 Arbeiter kämpfen für soziale Gerechtigkeit

Q1 *Der 1. Mai wurde 1889 zum „Kampftag der Arbeit" erklärt* und 1890 erstmals mit Massendemonstrationen begangen (Holzschnitt von 1896).

soziale Frage
Sammelbegriff für die sozialen Probleme, die mit der Industrialisierung entstanden: Kinderarbeit, lange Arbeitszeiten, schlechte Wohnverhältnisse sowie Verelendung der Arbeiterschicht.

Gewerkschaften
sind freiwillige Zusammenschlüsse der Arbeitnehmer. Sie vertreten gegenüber den Arbeitgebern die Interessen ihrer Mitglieder. 1914 gab es in Deutschland ca. 3 Mill. Gewerkschaftler.

Die soziale Frage brennt

Die meisten Fabrikbesitzer kümmerten sich wenig um das Los ihrer Arbeiter, waren doch genügend Menschen vor den Fabriktoren, die Arbeit suchten. So konnten die Unternehmer die Löhne, die ohnehin kaum zum Leben reichten, noch weiter senken. Wer krank oder alt wurde, die Arbeitszeiten nicht durchhielt, gegen die Vorarbeiter aufbegehrte oder aufgrund neuer Maschinen überflüssig wurde, wurde entlassen.

Aufstände und Streiks

Das Elend und die Not der Arbeiterfamilien entlud sich an manchen Orten in gewalttätigen Aktionen. In Schlesien erhoben sich 1844 über 3000 Weber. Mit ihren Webstühlen waren sie der maschinellen Konkurrenz hoffnungslos unterlegen und die Unternehmer kauften ihre Stoffe zu Hungerlöhnen auf. In einem Akt der Verzweiflung trieben die Weber die Fabrikanten aus deren Villen und Betrieben. Solche Aufstände blieben in Deutschland aber die Ausnahme. Vielmehr setzten die Arbeiter gewaltlose Streiks ein, um höhere Löhne und bessere Arbeitsbedingungen zu erkämpfen.

Arbeiter organisieren sich

Allmählich erkannten die Arbeiter, dass sie gleiche Interessen hatten und alle zu einer Klasse gehörten: Tagsüber schufteten sie unter ähnlichen Bedingungen in den Fabriken und Bergwerken, nachts hausten sie in den gleichen elenden Wohnungen. Immer mehr Arbeiter schlossen sich in Vereinen zusammen, wo sie Erfahrungen austauschten, Aktionen vorbereiteten und Notkassen einrichteten. Die Arbeitervereine wurden so einflussreich, dass die Behörden 1869 das Streikverbot aufheben und Gewerkschaften zulassen mussten.
1863 kamen Arbeitervertreter aus den einzelnen deutschen Staaten in Leipzig zusammen. Hier gründeten sie den „Allgemeinen Deutschen Arbeiterverein" (ADAV). Zum Präsidenten wählten sie den Journalisten Ferdinand Lassalle, der unter anderem für das allgemeine Wahlrecht kämpfte – allerdings nur für Männer. Sechs Jahre später riefen August Bebel und Wilhelm Liebknecht in Eisenach die „Sozialdemokratische Arbeiterpartei" ins Leben, die sich 1875 mit dem ADAV vereinigte. Seit 1890 heißt diese Partei „Sozialdemokratische Partei Deutschlands" oder kurz: SPD.

Verdächtige Sozialdemokratie

Viele Politiker und Unternehmer misstrauten den Sozialdemokraten zutiefst. 1878 setzte Reichskanzler Bismarck das „Gesetz gegen die gemeingefährlichen Bestrebungen der Sozialdemokratie" durch. Den Sozialdemokraten war nun jede öffentliche Arbeit verwehrt, Versammlungen und Zeitungen wurden verboten, ihre Anhänger überwacht. Diese Maßnahmen sollten die SPD schwächen, doch das Gegenteil war der Fall: Viele Arbeiter hielten nun noch stärker zur Sozialdemokratie. 1890 musste das „Sozialistengesetz" wieder aufgehoben werden.

Q2 *Auszug aus Heinrich Heines Gedicht „Die schlesischen Weber":*

Im düstern Auge keine Träne,
Sie sitzen am Webstuhl und fletschen die Zähne:
Deutschland, wir weben dein Leichentuch,
Wir weben hinein den dreifachen Fluch –
Wir weben, wir weben! (...)
Ein Fluch dem König, dem König der Reichen,
Den unser Elend nicht konnte erweichen,
Der den letzten Groschen von uns erpresst
Und uns wie Hunde erschießen lässt –
Wir weben, wir weben! (...)

Q3 *Zur Gründung des „Allgemeinen Deutschen Arbeitervereins" 1863 schrieb der Dichter Georg Herwegh:*

Mann der Arbeit, aufgewacht!
Und erkenne deine Macht!
Alle Räder stehen still,
wenn dein starker Arm es will.

Q4 *Aus einer Bekanntmachung der Direktion des Märkisch-Westfälischen Bergwerks-Vereins (1878):*

An unsere Arbeiter.
Wir erklären hiermit, dass wir fortan jedem sofort kündigen werden, der sich an sozialdemokratischen (...) Bestrebungen beteiligt, sei es durch Besuch ihrer Versammlungen, oder von Lokalen, wo solche Blätter ausliegen, oder durch Halten und Verbreiten solcher Blätter, Geldunterstützung, oder andere Handlungen ähnlicher Art. Fleiß, Ordnung, Nüchternheit und Sparsamkeit sind die einzigen Mittel, um zu einer gesicherten Existenz zu gelangen und seine Lage zu verbessern.

Q5 *August Bebel (SPD) in einer Rede über die Aufgaben der Gewerkschaften (1900):*

Der einzelne Arbeiter ist dem Unternehmer gegenüber machtlos. Jeder Versuch, auf eigene Faust seine Lage zu verbessern, endet in der Regel mit einer Niederlage. (...) Die einzige Möglichkeit, seine Arbeit und damit seine Lebensbedingungen auf einige Dauer zu verbessern, ist die Vereinigung mit seinesgleichen. Deshalb ist der Beitritt zu einer Gewerkschaft eine Lebensnotwendigkeit für jeden Arbeiter. Die Gewerkschaft erstrebt: Erhöhung des Lohnes nach Maßgabe der Verhältnisse des Arbeitsmarktes, Verkürzung der Arbeitszeit, Herbeiführung menschenwürdiger Zustände im Betrieb, Rechtsschutz, Arbeitslosenunterstützung. (...) Ferner stärkt sie das Solidaritätsgefühl, ohne das kein großes Ziel erreicht werden kann.

1. *Ziehe aus Q2 Rückschlüsse über den Ausgang des Weberaufstandes.*
2. *Schildere die Situation auf dem Gemälde Q6. Wie werden die Arbeiter und der Unternehmer vom Maler dargestellt? Verfasse einen Zeitungsbericht: „Streik in der Fabrik".*
3. *Erläutere mithilfe von Q1 und Q3 den sozialdemokratischen Leitspruch „Einigkeit macht stark".*
4. *Wie reagierten die Regierung und die Unternehmer auf die politischen Aktivitäten der Arbeiter (VT, Q4)? Wie erklärst du diese Maßnahmen?*

Zeitreise multimedial – Das lange 19. Jahrhundert: Wirtschaft – „Arbeiterlieder"

Q6 *„Der Beginn des Streiks"* (kolorierter Holzstich nach einem Gemälde von Robert Koehler, 1893)

16 Frauen auf dem Weg zur Emanzipation

Q1 *Frauenversammlung* (Bild von 1899)

Am 19. März 1911 fand der erste Internationale Frauentag statt. Millionen von Frauen in Dänemark, Deutschland, Österreich, der Schweiz und den USA hielten Versammlungen ab und forderten öffentlich neue Arbeitsgesetze: den Achtstundenarbeitstag, gleichen Lohn für gleiche Arbeit, ausreichenden Mutter- und Kinderschutz, festgeschriebene Mindestlöhne sowie ein Wahl- und Stimmrecht für Frauen.

Frauen in den Fabriken

Viele Frauen waren gezwungen, auch in den Fabriken zu arbeiten, denn der Verdienst der Männer reichte häufig nicht aus, um die Familien zu ernähren. Allerdings war es nicht einfach, einen Arbeitsplatz zu finden. Auch lagen ihre Löhne fast immer erheblich unter denen der Männer, obwohl sie „an der Seite des Mannes, an den gleichen Maschinen standen und gleiche Produkte fertigten", wie eine Weberin schrieb. Die Frauen und Mädchen arbeiteten 11 bis 14 Stunden am Tag. Verheiratete Frauen mussten zudem für die Kinder und den Haushalt sorgen. Starb der Mann, geriet die Familie trotz Fabrik- oder Heimarbeit in Armut.

Viele Arbeiterinnen schlossen sich in der „proletarischen" Frauenbewegung zusammen, deren führende Vertreterin Clara Zetkin war. Sie kämpfte für den 10-Stunden-Tag und den Arbeitsschutz, für bessere Volksschulen auch für Mädchen sowie für das Frauenwahlrecht.

Die bürgerliche Frauenbewegung

1865 wurde auf der ersten Frauenkonferenz Deutschlands der „Allgemeine Deutsche Frauenverein" gegründet. Zur Vorsitzenden wählten die Teilnehmerinnen Luise Otto-Peters, die sich schon in der Zeit von 1848/49 für die Rechte der Frauen eingesetzt hatte. Die Mitglieder des Frauenvereins setzten sich besonders dafür ein, dass Mädchen und Frauen aus der Mittelschicht die gleichen Bildungs- und Berufschancen wie die Männer erhielten. So war es bisher Mädchen und jungen Frauen nicht erlaubt, das Gymnasium oder die Universität zu besuchen – angeblich weil Frauen weniger begabt waren als Männer. So behaupteten es jedenfalls Gelehrte seit Jahrzehnten.

Sollen Frauen wählen?

In den 70er-Jahren des 19. Jahrhunderts forderten immer mehr Frauen ihr Stimmrecht. Mit Demonstrationen versuchten sie öffentliches Aufsehen zu erregen und so auf ihr Anliegen aufmerksam zu machen. Bereits 1869 hatte August Bebel für das Frauenstimmrecht gesprochen, aber erst 1891 wurde es in das Parteiprogramm der SPD aufgenommen. Am 12. November 1918 wurde dann das Frauenwahlrecht in der Verfassung der Weimarer Republik festgeschrieben. Marie Juchacz , die als erste gewählte Frau in einem deutschen Parlament sprach, sagte 1919 dazu: „Was die Regierung getan hat, war eine Selbstverständlichkeit. Sie hat den Frauen gegeben, was ihnen bis dahin zu Unrecht vorenthalten worden ist."

Q2 *In Paragraph 8 des Preußischen Vereinsgesetzes vom 11. März 1850, das bis 1908 gültig war, heißt es:*

Für Vereine, welche bezwecken, politische Gegenstände in Versammlungen zu erörtern, gelten nachstehende Bedingungen: Sie dürfen keine Frauenspersonen, Schüler, Lehrlinge als Mitglieder aufnehmen. Frauenspersonen, Schüler und Lehrlinge dürfen den Versammlungen und Sitzungen solcher politischen Vereine nicht beiwohnen. Werden dieselben auf Aufforderung nicht entfernt, so ist Grund zur Auflösung der Versammlung oder der Sitzung vorhanden.

Q3 *Helene Lange forderte 1888 eine Reform zur Ausbildung von Lehrerinnen:*

Es muss gesagt werden, dass viele Lehrerinnen nicht wissen, was Studium bedeutet. Solches Wissen kann eine Lehrerin heute nur bei besonderer Begabung und auf Umwegen erwerben. Anleitung, wie sie dem studierenden Mann geboten wird, findet sie nicht. In der Hand der Männer liegt die Gewalt, sie allein können den Zuständen abhelfen, die auf dem Gebiet der Mädchen- und Lehrerinnenausbildung herrschen. Schafft Bildungsanstalten für Lehrerinnen!

Q4 *Diesen Bericht einer Fabrikarbeiterin druckte eine Zeitung im Jahre 1909:*

Wenn der Morgen grau heraufdämmert, so eilen wir (...) mit unseren kleinen Kindern in Scharen durch die Gassen, um die Kleinen tagsüber unterzubringen. (...) Sind die Kinder versorgt, so laufen die Mütter hastig zur Fabrik, um an surrenden Maschinen ein Stück Brot zu verdienen. (...) Um ½12 Uhr mittags geht es im Laufschritt (...) nach Hause, um das berühmte Proletarieressen, Kartoffeln und Hering, zu richten. (...) Um 1 Uhr geht es dann wieder im Trab in die Fabrik, wo wir müde und gehetzt bis halb 6 oder halb 7 schanzen. (...) Sobald wir gegessen haben und die Kinder zu Bett gebracht sind, beginnt für uns Frauen die Quälerei von neuem. (...) Wir hasten an den Bach, um zu waschen. Gar manchmal wird es 12 Uhr und noch später, bis wir damit fertig sind.

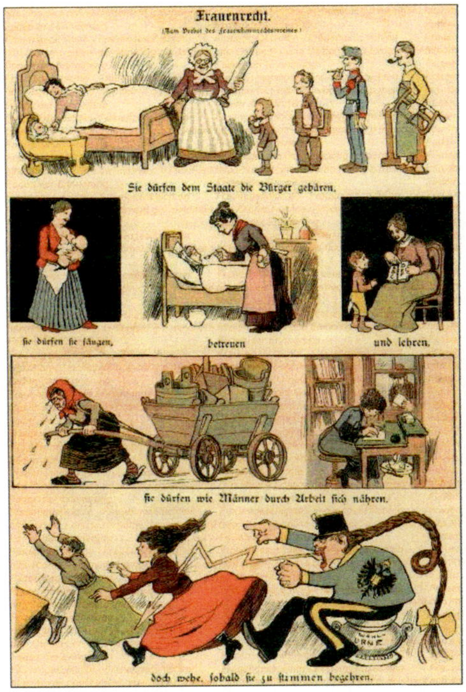

Q5 *Frauenrecht* (zeitgenössische Karikatur). Die Bildunterschriften lauten:
Sie dürfen dem Staate die Bürger gebären,
sie dürfen sie sängen,
betreuen und lehren,
sie dürfen wie Männer durch Arbeit sich nähren,
doch wehe, sobald sie zu stimmen begehren.

D1 *Löhne von Frauen und Männern 1888 (in Mark)*

Industriezweig	Männer	Frauen
Walzwerk	2,46	0,98
Stahlwerk	2,54	1,33
Zuckerfabrik	1,73	0,53
Porzellanfabrik	1,32	0,34
Wollwarenfabrik	1,65	0,98
Baumwollspinnerei	1,34	0,63
Tabak- u. Zigarrenfabrik	2,08	1,06
Pulverfabrik	1,86	0,61

D2 *Einführung des Frauenwahlrechts (Auswahl)*

Jahr	Staat	Jahr	Staat
1869	Wyoming (USA)	1934	Türkei
1902	Australien	1935	Indien
1913	Norwegen	1944	Frankreich
1917	Kanada, Sowjetunion	1946	Japan
1918	Großbritannien, USA	1948	Israel
1919	Deutschland, Österreich, Polen	1952	Griechenland
1931	Spanien	1971	Schweiz
1932	Brasilien	1990	Kanton Appenzell (Schweiz)

1. *Liste die Ziele der Frauenbewegung in einer Tabelle auf (VT, Q3, D1, D2).*
2. *Benenne die Widerstände, gegen die sich die Frauen durchsetzen mussten (VT, Q2, Q3).*
3. *Beschreibe die einzelnen Bilder der Karikatur Q5. Welche Meinung vertritt der Zeichner wohl zur Frauenbewegung?*

17 Kirchen, Staat und Unternehmer reagieren

Q1 *Plakat zur deutschen Sozialversicherung (1913)*

Aus christlicher Nächstenliebe

Angesichts der extremen Verelendung vieler Arbeiterfamilien erhoben die beiden christlichen Kirchen weitreichende Forderungen: Die tägliche Arbeitszeit sollte verkürzt, der Arbeitslohn gerechter bemessen und die Kinderarbeit verboten werden. Auch setzten sich die Kirchen dafür ein, dass christliche Gewerkschaften gebildet wurden. Um Arbeiterfamilien unmittelbar helfen zu können, gründeten sie eigene Organisationen: 1848 die evangelische Innere Mission und 1897 die katholische Caritas.

Auch einige Geistliche wurden aktiv. So gründete der Priester Adolph Kolping den katholischen Gesellenverein. In den Kolpinghäusern fanden jüngere und allein stehende Handwerksgesellen ein Zuhause. In Hamburg baute der Pfarrer Johann Hinrich Wichern das „Rauhe Haus" auf, das verwaiste und verwahrloste Kinder aufnahm. Hier wohnten sie in Gruppen zusammen, wurden betreut und machten in Lehrbetrieben eine Ausbildung zu Handwerkern.

Weitere Informationen über das Rauhe Haus und die Kolpingwerke findest du im Internet unter: www.rauheshaus.de und www.international.kolping.de

Initiativen von Unternehmern

Auch manche Unternehmer sahen ein, dass es nicht ihr einziges Ziel sein konnte, ihren Gewinn zu vergrößern. Einige hatten auch erkannt, dass ein Betrieb ein besseres Ergebnis erwirtschaftet, wenn die Menschen, die darin arbeiten, zufrieden sind.

Der Essener Fabrikant Alfred Krupp gründete eine Betriebskrankenkasse und ließ Werkswohnungen für Arbeiterfamilien bauen; dafür erwartete er Betriebstreue und politisches Wohlverhalten. Ferdinand Stumm, ein mächtiger Konzernherr an der Saar, gewährte eine Kranken- und Altersversorgung sowie billige Betriebswohnungen. Dafür erwartete er eiserne Disziplin am Arbeitsplatz. Einen partnerschaftlichen Weg ging Ernst Abbe von den Zeiss-Werken in Jena: Er beteiligte die Belegschaft am Unternehmen und seinen Gewinnen.

Staatliche Sozialpolitik

Auch die Regierung kam nicht umhin, sich der sozialen Frage anzunehmen. Denn sie fürchtete, dass sich die Arbeiter noch stärker den Sozialdemokraten zuwenden würden, wenn sich der Staat nicht um ihre Not kümmerte. Deshalb erließ Reichskanzler Bismarck Sozialgesetze: 1883 die Krankenversicherung, 1884 die Unfall- und 1889 die Invaliditäts- und Altersversicherung.

Diese Sozialversicherungen werden heute unterschiedlich bewertet. Die einen verweisen darauf, dass die tatsächlich ausgezahlten Beiträge enttäuschend niedrig waren. So betrug die durchschnittliche Altersrente 1912 nur knapp 20 % des Lohnes, Witwen erhielten noch weniger. Manche kritisieren auch, dass die Arbeiter einen Großteil der Versicherungsleistungen durch ihre Beiträge selbst finanzierten. Andere betonen dagegen, dass es nach der Einführung der Sozialversicherung große Verbesserungen im Vergleich zu vorher gegeben habe.

Q2 *„Kapitalistische Wohltaten"* (Karikatur von A. Staehle aus „Der wahre Jacob", 1905). Die Unterschrift lautet: „Der Kapitalist: So! Der läuft mir nicht mehr davon!"

Q3 *Der Unternehmer Werner Siemens begründet die Einrichtung einer Rentenkasse für „seine" Arbeiter im Jahr 1872:*

Es ist (...) von höchster Wichtigkeit einen festen Arbeiterstamm zu schaffen, und zwar umso mehr, je weiter die Arbeitsteilung und die Maschinenarbeit entwickelt wird. Dies soll nun wesentlich durch unsere Pensionskasse bewirkt werden. (...) Steht bei ihnen erst unwandelbar fest, dass denen, die bei uns bleiben, die Sorge für ihr Alter und ihre Familie genommen ist, so werden sie dadurch fest an das Geschäft geknüpft, sie werden den Umsturztheorien der Sozialisten abhold, werden sich Streiks widersetzen und haben eigenes Interesse am Gedeihen des Geschäfts.

Q4 *In einer kaiserlichen Botschaft von 1881 heißt es:*

Aber auch diejenigen, welche durch Alter oder Invalidität erwerbsunfähig werden, haben der Gesamtheit gegenüber einen begründeten Anspruch auf ein höheres Maß an Fürsorge, als ihnen bisher hat zuteil werden können. Für diese Fürsorge die rechten Mittel und Wege zu finden, ist eine schwierige, aber auch eine der höchsten Aufgaben jedes Gemeinwesens, welches auf den sittlichen Fundamenten des christlichen Volkslebens steht.

„Es ist nicht leicht, unter Bismarck Kaiser zu sein", soll Kaiser Wilhelm I. bei dieser Botschaft gesagt haben.

1 Nenne Gründe für die sozialen Maßnahmen der Kirchen, der Unternehmer und des Staates (VT, Q3, Q4) und bewerte sie.

2 Betrachte das Plakat Q1. Welchen Eindruck soll das Plakat erwecken?

3 Vergleiche die Schaubilder D1 und D2 miteinander.

4 Untersuche die Karikatur Q2 und arbeite heraus, welche Meinung der Zeichner zu den Sozialversicherungen vertritt.

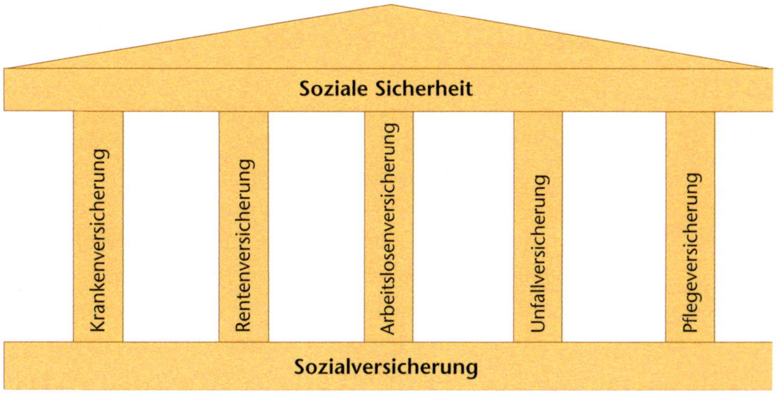

D1 *Soziale Sicherheit heute:* Nach dem Grundgesetz ist Deutschland ein „demokratischer und sozialer Bundesstaat". Ein Sozialstaat verpflichtet sich, alle im Land lebenden Menschen sozial abzusichern. Man spricht auch von einem „sozialen Netz", das alle Bürger im Notfall auffängt. Ein wichtiger Eckpfeiler des deutschen Sozialstaats ist die gesetzliche Sozialversicherung.

D2 *Sozialversicherung im deutschen Kaiserreich*

Versicherungsart	Beiträge	Leistungen
Krankenversicherung 1883 für gewerbliche Arbeiter und (freiwillig ab 1882) Angehörige	2–3 % des Lohns: $\frac{2}{3}$ vom Versicherten, $\frac{1}{3}$ vom Arbeitgeber	ärztliche Behandlung und Medizin, Krankenhauskosten; nach zweitägiger Wartezeit Krankengeld (50 % des Durchschnittslohns, max. 2 Mark/Tag)
Unfallversicherung 1884 für gewerbliche Arbeiter	als Haftpflicht vom Arbeitgeber zu zahlen	Heilungskosten; bei Erwerbsunfähigkeit $\frac{2}{3}$ des Einkommens, $\frac{1}{5}$ für Witwen
Invaliden- und Altersversicherung 1889 für Gewerbe- und Landarbeiter (ab 1911 auch für Familienangehörige)	1 % (ab 1900 1,5–3 %) des Lohns, je zur Hälfte von Arbeitnehmern und Arbeitgebern	Invalidenrente bei Erwerbsunfähigkeit (1911): 1,1 Mio. Rentenbezieher von durchschnittlich 187 Mark/Jahr; Altersrente ab 70. Lebensjahr und nach 30 Beitragsjahren (ab 1900: 24 Beitragsjahre)

18 Von der „Maloche“ zur Dienstleistung

Q1 *Bergarbeiter demonstrieren am 11. November 1996 gegen die geplante Zechenstilllegung in Gladbeck.*

Q2 *Flugblatt aus der Zeit des „Zechensterbens“*

Stahl und Kohle in der Krise

Rund 150 Jahre lang war das Ruhrgebiet das industrielle Herz und der wirtschaftliche Motor Deutschlands. Stahl und Kohle hatten dem Revier zu großem Wohlstand verholfen, fast jeder dritte Arbeitnehmer „malochte“ unter Tage oder im Stahlwerk. Als es in den 1960er-Jahren mit den Bergbauzechen und Hüttenwerken „bergab“ ging, bedeutete das den Niedergang einer ganzen Region. Mehr und mehr Zechen wurden geschlossen, Hochöfen stillgelegt und Arbeitsplätze vernichtet.

Neue Energien

Wie war es zum „Zechensterben“ gekommen? Zum einen verdrängten Erdöl und Erdgas allmählich die Kohle als Energieträger. Zum anderen hatte sich die Stahl- und Eisenindustrie technisch weiterentwickelt. Hatte man für die Produktion von einer Tonne Roheisen lange Zeit eine Tonne Koks benötigt, brauchten die neueren Hochöfen nur noch 540 kg Koks. Zudem sank der Bedarf an Stahl insgesamt, sodass viele Werke nicht mehr ausgelastet waren und geschlossen wurden.

Strukturwandel im Ruhrgebiet

Langsam reifte in den Köpfen der Menschen die schmerzhafte Erkenntnis, dass die Dauerkrise nur zu überwinden war, wenn man sich neuen Wirtschaftsbereichen zuwandte. Telekommunikation und Computerindustrie sollten die Zukunft des Ruhrgebiets sichern. Während im Kohle- und Stahlbereich heute nur noch knapp 9 % der Erwerbstätigen arbeiten, entstanden ab Mitte der 1980er-Jahre über 200 000 neue Arbeitsplätze vor allem im Dienstleistungsbereich. Industrieanlagen sind großen Einkaufszentren gewichen, ehemalige Zechen beherbergen neue Hightech-Unternehmen.
Doch der Weg von Stahl und Kohle hin zur Dienstleistungsgesellschaft ist langwierig und schwierig, und längst nicht alle ehemaligen „Kumpel“ fanden einen neuen Arbeitsplatz. Arbeitslosigkeit und Unsicherheit beherrschen deshalb viele Menschen in der Region.

Der Preis des Fortschritts

Man unterscheidet heute drei industrielle Revolutionen. Jede Stufe hat den Menschen einen höheren Lebensstandard bereitet, aber der Natur auch weitere Schäden zugefügt. Eisenbahnen und Straßen veränderten die Landschaften, Wiesen und Felder fielen dem Wohnungsbau und neuen Industrieanlagen zum Opfer.
Luftverschmutzung, Waldsterben, Gewässerverunreinigung und Belastung der Böden nahmen ständig zu. Erst nach und nach wurde den Menschen bewusst, wie hoch der Preis der Industrialisierung wirklich war. Nationale und internationale Organisationen wie der „Bund für Umwelt und Naturschutz Deutschland“ (BUND) und „Greenpeace“, aber auch Bürgerinitiativen und Umweltgruppen vor Ort kämpfen heute mit teilweise spektakulären Aktionen dafür, die Welt, die uns umgibt, zu erhalten.

Q3 *Jürgen Rüttgers über den Strukturwandel im Ruhrgebiet (Recklinghausen 1999):*

In 140 Zechen wurde früher im Ruhrgebiet Kohle gemacht. Im größten Industriegebiet Europas ist die Arbeit immer noch zu Hause, aber in Kohle und Stahl ist nur noch ein Bruchteil der Menschen beschäftigt. Ruhrgebiet, das bedeutet heute nicht mehr nur Zeche und Hochofen, Duisburg-Rheinhausen, Zollverein, Brieftauben, Ruhrschnellweg und Schalke, sondern mittlerweile auch: Grüne Lunge und IBA, Hightech und Dienstleistung, Musical und Shopping, Kunst und Kultur. All die Veränderungen und Entwicklungen sind an den Menschen nicht spurlos vorübergegangen. Viele mussten sich beruflich und wirtschaftlich völlig neu orientieren. Sie erlebten persönliche Umbrüche, die in Deutschland höchstens noch von denen in den neuen Ländern nach der Wende übertroffen werden.

Q4 *Die stillgelegte Zeche „Zollverein"* im Essener Norden wurde 2001 ins UNESCO-Weltkulturerbe aufgenommen. Im alten Kesselhaus befindet sich heute das Design-Zentrum NRW, die ehemalige Lesebandhalle wird als Konzertsaal genutzt, ein Ruhrmuseum ist in Planung.

D1 *Entwicklungsstufen der Industrialisierung in Deutschland:*

	Erste industrielle Revolution	Zweite industrielle Revolution	Dritte industrielle Revolution
Beginn	Mitte des 19. Jahrhunderts	Ende des 19. Jahrhunderts	nach 1945
Merkmale	– Übergang von der Agrar- zur Industriegesellschaft – Fabrikarbeit – Einsatz von Kraft- und Arbeitsmaschinen – Arbeitsteilung – Massenproduktion	– Erfindungen in der Elektroindustrie, in der chemischen Industrie und im Fahrzeugbau – Anwachsen der Dienstleistungsberufe – Rationalisierung der Produktion, z. B. Fließbandarbeit	– Erfindungen in der Mikroelektronik – Ausbau der Telekommunikation – Übergang zur Robotertechnik – Automatisierung der Produktion

D2 *Der deutsche Steinkohlenbergbau (1950–2002):*

Jahr	Zahl der fördernden Bergwerke	Förderung (in 1000 Tonnen)	Zahl der Belegschaft insgesamt
1950	177	125 739	538 076
1960	146	142 287	490 190
1970	69	111 271	252 742
1980	39	86 574	186 822
1990	27	69 762	130 255
2003	10	25 684	45 581

1. *Ordne den einzelnen Entwicklungsstufen in der Tabelle D1 konkrete Ereignisse zu. Die ADS 78/79 kann dir dabei helfen.*
2. *Erläutere, inwiefern die Zeche „Zollverein" (Q4) ein Beispiel für den Strukturwandel im Ruhrgebiet ist.*
3. *Stelle die Probleme zusammen, die mit den Veränderungen im Ruhrgebiet verbunden sind (VT, Q1–Q3).*
4. *Fertige eine Collage zum Thema „Mensch – Umwelt – Technik" an.*

19 Abschluss
Auf der Route der Industriekultur

Die Route der Industriekultur ist ein 400 km langer Rundkurs durch die Region um Rhein und Ruhr, Emscher und Lippe. Besucher können Industriedenkmäler, Museen, Siedlungen und Aussichtspunkte aufsuchen und der Industriegeschichte vor Ort nachspüren. Informationen gibt es unter www.route-industriekultur.de

Auf zur Tour de Ruhr!
Suche dir eine Spielpartnerin oder einen -partner. Jeder von euch benötigt eine Spielfigur. Start ist an der Zeche „Zollverein" (Feld 1). Lost aus, wer mit dem Fragen beginnt. Aus der Fragentrommel wählst du eine Frage aus, die dein Mitspieler beantworten muss. Bei richtiger Antwort darf er je nach Schwierigkeitsgrad der Frage ein bis vier Felder vorrücken. Ist die Antwort falsch, geht es 2 Felder zurück. Die Lösungen kannst du auf den angegebenen Seiten nachlesen. Dann fragt dein Partner und du antwortest. Wer am Ende die meisten Stationen auf der Tour de Ruhr zurückgelegt hat, hat gewonnen.

Das Spiel lässt sich ausdehnen, indem ihr euch selbst weitere Fragen überlegt.

Der Gasometer der Gutehoffnungshütte in Oberhausen wurde 1929 errichtet. Heute dient das 116 m hohe Industriedenkmal als Aussichtsturm und Ausstellungsraum.

Die Villa Hügel war bis 1945 Wohnsitz der Industriellenfamilie Krupp. Eine Dauerausstellung im „kleinen Haus" gibt einen Überblick über die Firmen- und Familiengeschichte.

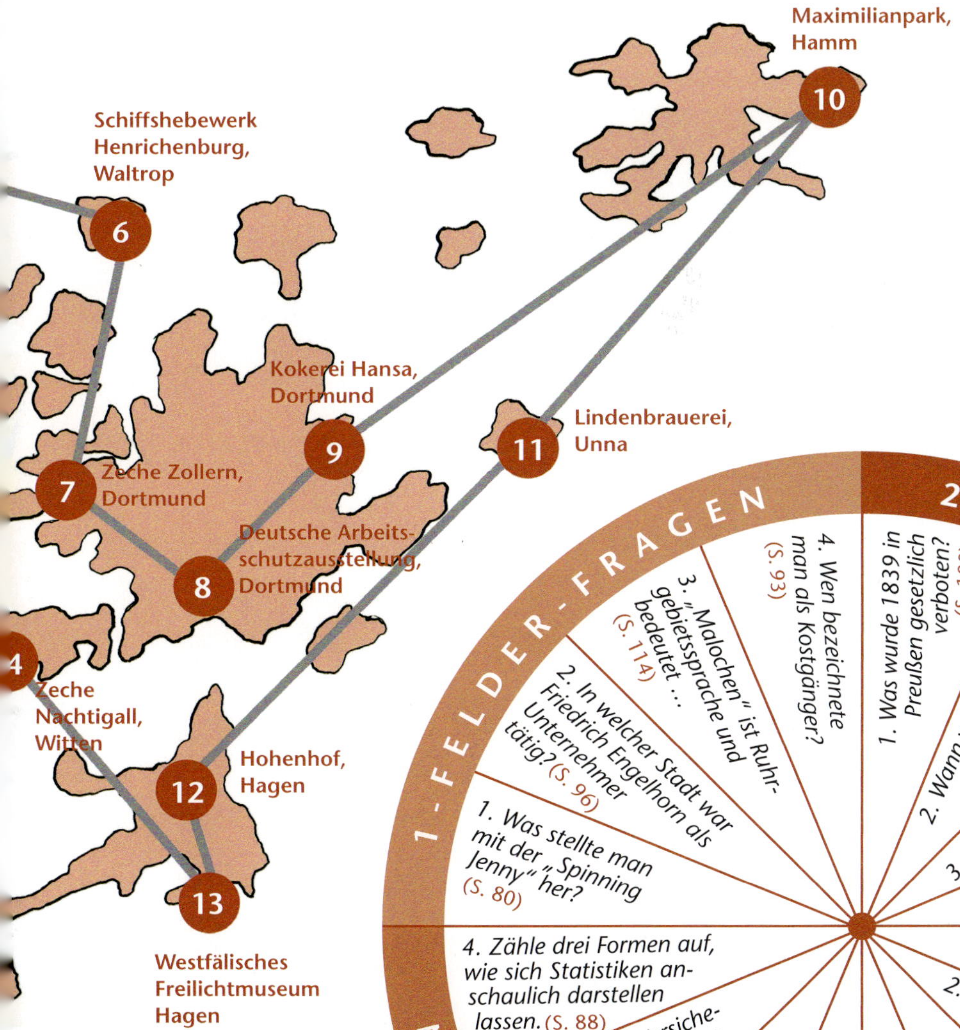

Die Jahrhunderthalle wurde zur Industrieausstellung 1902 in Düsseldorf erbaut, anschließend demontiert und als Gasgebläsehalle in Bochum wieder aufgebaut.

1866/1870

Der preußische König Wilhelm I. führt Kriege gegen Österreich und Frankreich.

1871

Das Deutsche Reich wird gegründet; Wilhelm I. wird zum „Deutschen Kaiser“ ausgerufen.

1871–1890

Der preußische Ministerpräsident O von Bismarck ist deutscher Reichkan

Das deutsche Kaiserreich

Patriotische Darstellungen wie dieses Militärehrenblatt zum Andenken an den Deutsch-Französischen Krieg von 1870/71 hingen noch vor hundert Jahren millionenfach in deutschen Wohnzimmern. Sie zeigen uns Deutschland aus der Sicht der Fürsten. Über allen standen die drei preußischen Könige aus dem Hause Hohenzollern, die als Wilhelm I. (Mitte, 1871–1888), Friedrich III. (rechts, 1888) und Wilhelm II. (links, 1888–1918) gleichzeitig deutsche Kaiser waren. Eine große Verehrung brachte man auch Fürst Otto von Bismarck und Generalfeldmarschall Graf Helmuth von Moltke entgegen, dem einen, weil er Deutschland politisch geeint hatte, dem anderen, weil er die preußische Armee in drei Kriegen zum Sieg geführt hatte.
Die Bürger, deren Leistungen als Ingenieure, Facharbeiter, Handwerker und Unternehmer im modernen Industriestaat erst die politische und militärische Macht der Fürsten möglich gemacht haben, sind nicht zu erkennen – es sei denn als brave Untertanen und Soldaten der preußisch-deutschen Armee im Schlachtengetümmel.

1878

Der Reichstag beschließt das „Sozialistengesetz".

1896

Berliner Jugendliche schließen sich zum „Wandervogel" zusammen; damit beginnt eine neuartige Jugendbewegung.

ab Ende des 19. Jh.

Antisemitische Parteien und Verbände werden gegründet und jüdische Bürger zunehmend diskriminiert.

1 Reichsgründung durch „Eisen und Blut"

Q1 *Der Sieg bei Königgrätz in Böhmen* (Ausschnitt aus dem Gemälde von Christian Sell, einem Augenzeugen). Nach dem Sieg über Österreich am 3. Juli 1866 reitet der preußische König Wilhelm I. mit dem Kronprinzen an seiner Seite über das Schlachtfeld; dahinter Bismarck, links Generalstabschef von Moltke.

Annexion
bedeutet die gewaltsame, nach dem Völkerrecht unrechtmäßige Einverleibung eines fremden Staatsgebietes.

Die kleindeutsche Lösung

Den Abgeordneten der Paulskirche war 1848 die Entscheidung schwer gefallen: Sie hatten sich nach langen Debatten für ein „kleindeutsches" Reich entschieden. Ein „großdeutsches" Reich schien mit der Idee eines deutschen Nationalstaats nicht vereinbar. Denn dann wären auch die vielen verschiedenen Völker aus dem österreich-ungarischen Herrschaftsgebiet, etwa die Serben und Slowenen, mit in das Reich gekommen. Indem das Parlament Österreich ausschloss, trennte es den Teil Deutschlands ab, der seit 1438 fast ununterbrochen die deutschen Kaiser gestellt hatte.

Der Norddeutsche Bund

1862 berief der preußische König den Grafen Otto von Bismarck zum Ministerpräsidenten. Um Deutschland zu einen und unter preußische Führung zu bringen, nahm er auch Kriege in Kauf: 1864 marschierten die preußischen Truppen gemeinsam mit den Österreichern gegen Dänemark, weil es die Herzogtümer Schleswig und Holstein annektieren wollte. 1866 traten Preußen und Österreich dann aber gegeneinander an. In der Schlacht von Königgrätz in Böhmen siegte das preußische Heer. Preußen annektierte daraufhin viele Gebiete und gründete den Norddeutschen Bund. Alle Staaten nördlich des Main mussten ihm beitreten. In einem Staatenbund ohne Österreich übernahm nun Preußen die Führung.

Der Deutsch-französische Krieg

Der französische Kaiser Napoleon III. war beim Krieg von 1866 neutral geblieben. Als Gegenleistung verlangte er nun linksrheinische Gebiete für Frankreich. Aber Bismarck lehnte ab. Das machte ihn in den Augen vieler Deutscher zum Verfechter nationaler Interessen. Gleichzeitig nutzte Bismarck die Gelegenheit, mit den süddeutschen Staaten „Schutz- und Trutzbündnisse" abzuschließen. Diese fühlten sich nämlich von Frankreich bedroht.
1870 kam es erneut zu einem Konflikt zwischen Preußen und Frankreich, den Bismarck bewusst verschärfte. Schließlich erklärte Napoleon III. den Krieg, doch seine Armeen wurden von den preußischen und süddeutschen Truppen geschlagen. Frankreich musste eine hohe Kriegsentschädigung zahlen und Elsass-Lothringen abtreten.

Die Kaiserproklamation in Versailles

Am 18. Januar 1871 riefen die deutschen Fürsten in Versailles den preußischen König zum deutschen Kaiser aus. In ganz Deutschland wurde die Einigung begeistert gefeiert. Die meisten vergaßen im Siegestaumel, dass diese Reichsgründung „von oben", also durch die Fürsten, aber ganz ohne das Volk zustande gekommen war.
Für viele Franzosen war es demütigend, dass das deutsche Kaiserreich ausgerechnet in Versailles ausgerufen wurde. Auch den Verlust von Elsass-Lothringen sahen viele als Raub an, der nach einer „Revanche" verlangte.

Q2 *Bismarck setzte 1862 eine Heeresreform gegen das preußische Abgeordnetenhaus durch. Vor den Abgeordneten erklärte er:*
Nicht auf Preußens Liberalismus sieht Deutschland, sondern auf seine Macht. (…) Preußen muss seine Kraft zusammenfassen und zusammenhalten auf den günstigen Augenblick, der schon einige Male verpasst ist; Preußens Grenzen nach den Wiener Verträgen sind zu einem gesunden Staatsleben nicht günstig; nicht durch Reden und Majoritätsbeschlüsse werden die großen Fragen der Zeit entschieden – das ist der große Fehler von 1848 und 1849 gewesen – sondern durch Eisen und Blut.

Q3 *Kronprinz Friedrich Wilhelm notiert am 31. Dezember 1870 in seinem Tagebuch:*
Wohl sind wir unbestritten das erste Kulturvolk der Welt, aber zur Stunde will es scheinen, als seien wir weder geliebt noch geachtet, sondern lediglich gefürchtet. Man hält uns für jeder Schlechtigkeit fähig, und das Misstrauen gegen uns steigert sich mehr und mehr. Das ist nicht nur die Folge dieses Krieges allein – so weit hat uns die von Bismarck erfundene und seit Jahren in Szene gesetzte Theorie von Blut und Eisen gebracht! Was nützt uns alle Macht, aller kriegerischer Ruhm und Glanz, wenn Hass und Misstrauen uns überall begegnen, wenn man jeden Schritt uns argwöhnisch missgönnt, den wir in unserer Entwicklung vorwärts tun?

Q4 *Der deutsche Bundespräsident Gustav Heinemann sagte 1971 in einer Rede:*
Als das Deutsche Reich vor 100 Jahren in Versailles ausgerufen wurde, war keiner von den 1848ern zugegen (…). Um den Kaiser standen in Versailles allein die Fürsten, die Generäle, die Hofbeamten, aber keine Volksvertreter (…). Für unsere französischen Nachbarn war es eine tiefe Demütigung, dass unser Nationalstaat in ihrem Lande ausgerufen wurde. Diese Demütigung konnte Frankreich nicht vergessen. Was 1871 erreicht wurde, war eine äußere Einheit ohne volle innere Freiheit der Bürger. Die Staatsgewalt ging nicht vom Volke aus, sie lag bei den Fürsten.

Q5 *So sahen die Franzosen den deutschen König und dessen Politik. „Wilhelm zieht in den Krieg", lautet die Unterschrift unter der Zeichnung* (französische Karikatur, 1870).

Zeitreise multimedial – Das lange 19. Jahrhundert: Gesellschaft – „Historienbilder"

1. *Mit welchen Mitteln wollte Bismarck die Einheit erreichen (VT, Q2)? Wie sah der preußische Kronprinz Bismarcks Politik (Q3)?*
2. *Die Reichsgründung von 1871 erfolgte von „oben". Erkläre, wie das gemeint ist (VT, Q4).*
3. *Formuliert in Gruppenarbeit Schlagzeilen für zwei verschiedene Zeitungsartikel zur Kaiserproklamation von 1871 (Q6): einen aus deutscher, den anderen aus französischer Sicht.*

Q6 *König Wilhelm I. von Preußen wurde am 18. Januar 1871 im Spiegelsaal des Schlosses von Versailles zum deutschen Kaiser ausgerufen.* Das Gemälde von Anton von Werner hat Kaiser Wilhelm I. 1885 zu Bismarcks 70. Geburtstag in Auftrag gegeben. Daher steht Bismarck in weißer Uniform in der Bildmitte, neben ihm im Vordergrund der preußische Generalstabschef Moltke. Anton von Werner stellt den Augenblick dar, in dem der Großherzog von Baden ein „Hoch auf Kaiser Wilhelm" ausbringt.

2 Nationalismus als neue Gefahr

Q1 *Der „deutsche Michel"* zeigt auf der Postkarte von 1913 auf zwei Denkmäler: das Völkerschlachtdenkmal bei Leipzig für die Schlacht von 1813 und das Niederwalddenkmal bei Bingen für den Deutsch-Französischen Krieg von 1870/71. Der „deutsche Michel" ist die gutmütige und etwas verträumte Symbolfigur des Deutschen aus der Zeit des Vormärz (s. S. 62).

Patriotismus
meint Vaterlandsliebe und den Willen, sich für die staatliche Gemeinschaft oder das eigene Volk einzusetzen. Wichtig sind den Patrioten auch nationale Symbole, z. B. Nationalfarben und Nationalhymne.

Nationalismus
Übersteigerter Stolz auf die Leistungen und Werte des eigenen Volkes. Andere Völker werden dabei oft gering geschätzt.

Stolz auf die Einheit

Die Siege von 1870/71 erfüllten die meisten Deutschen mit Genugtuung, denn viele hatten ein schlechtes Bild von den Franzosen. Diese antifranzösischen Gefühle stammten noch aus den Zeiten, als Ludwig XIV. und Napoleon viele Kriege in Europa geführt hatten und Deutschland das Elsass und die schöne Stadt Straßburg verlor. Viele Deutsche begeisterten sich nun an den Siegen der preußischen und süddeutschen Armeen. Selbst Liberale, die Bismarck bisher als Unterdrücker der Freiheitsrechte gesehen hatten, wurden zu Bewunderern der Armee.

Symbole nationaler Stärke

Die Gefallenen der Einigungskriege galten als Helden, die für des „Vaterlandes Ehre und Freiheit" gefallen waren. Auf Friedhöfen und Plätzen setzte man ihnen Denkmäler mit Schwertern, Kanonen und Siegesadlern. Überall gründeten sich vaterländische Vereine, die das Andenken an die großen Siege pflegten. Im Geschichtsunterricht wurden Bismarck und Kaiser Wilhelm zu Heldengestalten verklärt.

Vom Patriotismus zum Nationalismus

Bismarck unterstützte diese Entwicklung, weil sie das neu geschaffene Reich auch im Inneren festigte. Wenn die Mehrheit der Bürgerinnen und Bürger glaubte, „das Reich" bringe Sicherheit, dann fiel es nicht so sehr ins Gewicht, wenn die Freiheit des Einzelnen zurückblieb. Eine Wende trat in den 1890er-Jahren ein, als Wilhelm II., der Enkel Wilhelms I., eine Politik der Stärke betrieb. Die Patrioten in der Zeit des Vormärz hatten noch einen deutschen Nationalstaat angestrebt, der gleichberechtigt neben den Staaten anderer Nationen stehen sollte. Jetzt bekamen Reden zu nationalen Gedenktagen einen anderen Klang. Sie gipfelten in dem Anspruch, Deutschland müsse Weltmacht werden.

Nationalistische Tendenzen gab es damals in vielen Staaten – wenn auch nicht so ausgeprägt wie in Deutschland. In Frankreich förderte die Niederlage gegen Deutschland den Nationalismus. So forderten radikale Franzosen schon seit den 1880er-Jahren offen den Krieg gegen Deutschland, um Elsass-Lothringen zurückzugewinnen.

Q2 *„Der Kaiser steht wieder am Deutschen Eck in Koblenz"*, hieß es in der Rheinischen Zeitung vom 3. September 1993. Das Standbild war im Zweiten Weltkrieg zerstört worden. Ein Koblenzer Bürger hatte es der Stadt als Nachguss geschenkt.

Q3 *„Die Wacht am Rhein", patriotisches Lied von Max Schneckenburger, 1840:*

1. Es braust ein Ruf wie Donnerhall,
wie Schwertgeklirr und Wogenprall:
„Zum Rhein, zum Rhein, zum deutschen Rhein!
Wer will des Stromes Hüter sein?"
Lieb Vaterland, magst ruhig sein, (...)
fest steht und treu die Wacht am Rhein!
2. Durch Hunderttausend zuckt es schnell,
und aller Augen blicken hell;
der deutsche Jüngling, fromm und stark,
beschirmt die heilge Landesmark!
Lieb Vaterland, magst ruhig sein, (...)
fest steht und treu die Wacht am Rhein!
5. „Solang ein Tropfen Blut noch glüht,
noch eine Faust den Degen zieht
und noch ein Arm die Büchse spannt,
betritt kein Feind hier deinen Strand!"
Lieb Vaterland, magst ruhig sein, (...)
fest steht und treu die Wacht am Rhein!
6. Der Schwur erschallt, die Woge rinnt,
die Fahnen flattern hoch im Wind:
„Am Rhein, am Rhein, am deutschen Rhein,
wir alle wollen Hüter sein!"
Lieb Vaterland, magst ruhig sein, (...)
fest steht und treu die Wacht am Rhein!

Q4 *„Was für ein Friede!"*
Baronin von Spitzemberg, die Ehefrau des württembergischen Gesandten in Berlin, schrieb am 3. März 1871 in ihr Tagebuch:

Und was für ein Friede für uns Deutsche! Herrlicher und glorreicher, als wir je einen geschlossen! Vereint zu einem Reiche, dem größten, mächtigsten, gefürchtetsten in Europa, groß durch seine physische Macht nicht allein, größer noch durch seine Bildung und den Geist, der das Volk durchdringt! Jedes deutsche Herz hatte das erhofft, keines geahnt, dass seine Träume sich in dieser Weise so bald und so herrlich erfüllen würden. Glücklich sind wir, dass wir nicht nur den Stern deutscher Größe und Herrlichkeit aufgehen sahen, sondern dass wir noch jung genug sind, um uns unter seinen Strahlen zu wärmen, um die, so Gott will, recht reichen und segensvollen Früchte zu genießen, die aus dieser unter Blut und Tränen gesäten Saat hervorgehen. Möge Gott den Geist meines Volkes also lenken, dass seine Entwicklung eine friedliche und zivilisatorische bleibe, sein Reich ein Reich des Lichts, der Freiheit, der wahren christlichen Gesinnung sei!

1. *Erkläre den Unterschied zwischen Patriotismus und Nationalismus (VT, Lexikon).*
2. *1840 drohte ein französischer Minister mit Krieg; daraufhin schrieb Max Schneckenburger sein Lied von der „Wacht am Rhein" (Q3). Klingt das Lied eher patriotisch oder nationalistisch? Begründe deine Meinung.*
3. *Untersuche das Bild auf der Postkarte Q1. Welche Haltung der Deutschen gegenüber Frankreich kommt darauf zum Ausdruck?*
4. *In Deutschland hat man seit 1871 den Jahrestag der Schlacht von Sedan gefeiert. Wie mag das auf die Franzosen gewirkt haben (Q5)?*

Q5 *Sedanfeier in Berlin 1895.* Das Foto wurde 1895 bei der Feier zum 25. Jahrestag der Schlacht bei Sedan aufgenommen. Mit solchen Feiern, Paraden und patriotischen Reden erinnerte man alljährlich an den entscheidenden Sieg im Deutsch-Französischen Krieg. Die deutschen Armeen hatten das französische Hauptheer am 2. September 1870 bei der Stadt Sedan eingeschlossen und zur Kapitulation gezwungen.

3 Wer im Reich hat das Sagen?

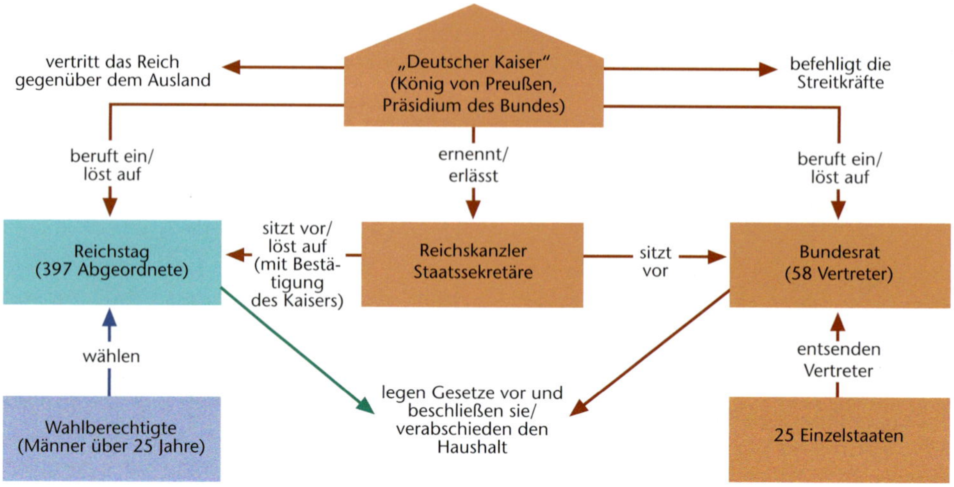

D1 *Die Verfassung des Deutschen Reiches von 1871* (Schaubild)

Q1 *Demonstrantin* um 1911 (Foto). Frauen durften seit 1908 in Parteien eintreten, aber das Wahlrecht bekamen sie erst 1918.

Eine monarchische Regierung

Das Deutsche Reich war ein Bund aus 25 Einzelstaaten. Darin hatte Preußen mit zwei Dritteln der Staatsfläche und mehr als der Hälfte der Bevölkerung ein starkes Gewicht. Zudem war der preußische König gleichzeitig deutscher Kaiser und der preußische Ministerpräsident auch Reichskanzler.
Dieses wichtige Amt hatte von 1871 bis 1890 Otto von Bismarck inne. Kein Parlamentsbeschluss konnte ihn stürzen, denn der Kanzler wurde vom Kaiser ernannt oder entlassen. Der Adlige Bismarck dachte nur geringschätzig über die Abgeordneten, die ja vom Volk gewählt waren. Das Parlament bezeichnete er als „Schwatzbude“. Trotzdem musste er mit den Abgeordneten zusammenarbeiten. Der Reichstag beschloss nämlich den Haushalt und durfte Gesetze einbringen und verabschieden. Um sich für seine Gesetzesentwürfe Mehrheiten zu verschaffen, spielte Bismarck die Parteien oft gegeneinander aus.

Die Vertretung des Volkes

Nach der Revolution von 1849 war es zunächst verboten, politische Vereine und Arbeiterorganisationen zu bilden. Erst nach 1860 kam es zur Gründung erster Parteien. Sie vertraten nicht wie heute breite Bevölkerungsschichten, sondern eher die Interessen verschiedener Gruppen. Entsprechend groß waren die Gegensätze zwischen ihren Programmen und Anhängern. Die Sozialdemokraten kämpften für die Rechte der Arbeiter, waren Gegner der Monarchie und wollten einen sozialeren Staat und eine gerechtere Gesellschaft. Die Konservativen dagegen traten für den bestehenden Staat, den Kaiser und die Kirche ein. Das „Zentrum“ vertrat vor allem die Interessen der katholischen Kirche. Daneben gab es noch die Liberalen, die mehr Bürgerrechte forderten und die Industrie, den Seehandel und den Schiffsbau fördern wollten.

Wahlrecht nach Klassen

Seit 1871 durften zumindest Männer in ganz Deutschland den Reichstag nach einem allgemeinen und gleichen Wahlrecht wählen. In Preußen galt für den Landtag allerdings ein eigenes Wahlrecht: das Dreiklassenwahlrecht. Zur 1. Klasse, der Klasse der Bestverdienenden, gehörten um 1850 4,7 % aller Wahlberechtigten. Sie wählten aber genauso viele Abgeordnete wie die 2. oder 3. Klasse, obwohl zur 3. Klasse 82,7 % aller Wähler gehörten.

Q2 *Der Historiker Heinrich von Sybel war als liberaler Abgeordneter im preußischen Abgeordnetenhaus 1862–1864 ein heftiger Gegner Bismarcks. Im Norddeutschen Landtag gehörte er seit 1867 zu den Nationalliberalen, die Bismarcks Politik unterstützten. 1871 schrieb er:*

Auch wenn eine Volksvertretung, wie in Deutschland und Amerika, nicht die Kraft besitzt, Minister ein- und abzusetzen, so ist schon ihr Dasein und ihre Debatte, ihre Kritik des Staatshaushalts und ihre Befugnis, misslungene Gesetzentwürfe zu vernichten, eine höchst bedeutende Schranke gegen jeden willkürlichen Absolutismus der Regierung. Diese Regierung aber in fester Hand und den Wogen der populären Agitation entzogen zu wissen, erscheint uns (…) als unschätzbarer Segen. Deutschland wird auch nach seinen letzten großen Siegen eine höchst gefährdete Stellung in Europa haben zwischen dem rachdurstigen Frankreich, dem ehrgeizigen Russland, dem schwankenden Österreich. Was wir in dieser Lage vor allem bedürfen, ist Stetigkeit und Sicherheit der Regierung.

Q5 *„Die Hebung des Mittelstandes – warum gilt ein Reicher bei den preußischen Wahlen mehr als hundert Unbemittelte? Aus schwer wiegenden Gründen“* (Karikatur aus den „Lustigen Blättern“, 1893).

Standpunkte: Meinungen zur Verfassung von 1871

Q3 *Der Historiker Hans-Ulrich Wehler, 1985:*

Das Hauptgewicht ruht bei dem Begriff der konstitutionellen Monarchie auf dem Substantiv, nicht auf dem Adjektiv. Und um eine „Königsherrschaft“ handelte es sich durchaus. Der preußische Monarch kontrollierte nicht nur im Hegemonialstaat [Preußen], der zwei Drittel des Reiches ausmachte, die drei Säulen des absolutistischen Staates: Heer, Bürokratie und Diplomatie, sondern auch als Reichsmonarch den Verwaltungsapparat der neuen Reichsbehörden, das Militär und die Außenpolitik. In dieses [geheime Machtzentrum] gelang es dem Reichstag niemals, wirklich einzudringen.

Q4 *Der Historiker Thomas Nipperdey, 1992:*

Die Monarchie im Reich war nicht mehr absolutistisch oder halb-absolutistisch. Sie war konstitutionell (…). Sie war an die Verfassung, die rechtsstaatlichen Normen, die Mitwirkung des Parlaments gebunden, an die Form der Regierung durch Beamten-Minister oder den einen Reichskanzler, der die politisch-moralische „Verantwortung“ für das Handeln von Monarch und Regierung vor der Öffentlichkeit (…) übernahm.

1. *Untersuche das Verfassungsschema D1. Welche Aufgaben haben die einzelnen Gewalten? Wie gelangen die Abgeordneten in ihre Ämter, wie der Reichskanzler und die Regierung? Beschreibe die Stellung des Reichskanzlers gegenüber dem Kaiser und dem Reichstag.*
2. *Wie funktionierte das preußische Dreiklassenwahlrecht (VT)? Wie steht der Zeichner von Q5 dazu?*
3. *Die Quellentexte Q3 und Q4 enthalten gegensätzliche Positionen zur Verfassung von 1871. Gib sie in eigenen Worten wieder.*
4. *Wie beurteilt von Sybel die deutsche Verfassung (Q2)?*

4 Bismarcks Außen- und Innenpolitik

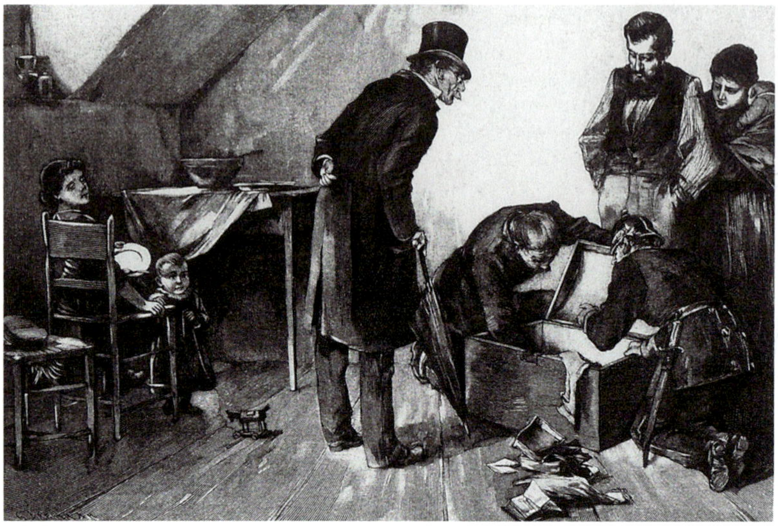

1 *Polizeiliche Hausdurchsuchung bei einer Arbeiterfamilie* (zeitgenössische Zeichnung)

2 *Otto von Bismarck,* geboren 1815 auf einem Landgut in Schönhausen (im heutigen Mecklenburg-Vorpommern), gestorben 1898 in Friedrichsruh bei Hamburg

Kulturkampf
Bezeichnung für die Auseinandersetzung zwischen dem Reichskanzler Otto von Bismarck und der katholischen Kirche

Bismarcks Außenpolitik
Auf dem Wiener Kongress hatten sich die europäischen Großmächte auf eine Politik des Gleichgewichts verständigt. Frankreich, Großbritannien, Preußen, Österreich-Ungarn und Russland galten als politisch und militärisch so stark, dass sie sich gegenseitig nicht angreifen konnten.
Nach der deutschen Reichsgründung sahen einige Nachbarstaaten besorgt auf die neue Großmacht in ihrer Mitte. Würde das Deutsche Reich den Frieden stören und versuchen, sein Gebiet zu vergrößern? Um den neu gewonnenen Nationalstaat nicht zu gefährden, setzte Bismarck alles daran, diese Befürchtungen zu zerstreuen. Das Reich sei „gesättigt", so versicherte er.
Bismarcks außenpolitische Leitlinie war es, das europäische Gleichgewicht und damit den Frieden zu wahren. Sein Albtraum bestand in einem gegnerischen Bündnis, welches das Deutsche Reich einkreiste. Dies versuchte Bismarck mit einem verzweigten Bündnissystem zu verhindern (s. auch S. 161).

Sozialistengesetz ...
1863 hatten Arbeitervertreter aus allen deutschen Staaten die Sozialdemokratische Arbeiterpartei, kurz SPD, gegründet. Sie hatte schnell zahlreiche Mitglieder und war zudem straff organisiert. Bismarck misstraute der Sozialdemokratie von Beginn an zutiefst. Er glaubte, ihre Führer würden einen gewaltsamen Umsturz planen. Als 1878 zwei Mordanschläge auf den Kaiser verübt wurden, nahm Bismarck dies zum Vorwand, um die Sozialdemokraten zu beschuldigen. Noch im selben Jahr beschloss der Reichstag das „Gesetz gegen die gemeingefährlichen Bestrebungen der Sozialdemokratie".
Den Sozialdemokraten war nun jede öffentliche Arbeit verwehrt, Versammlungen und Zeitungen wurden verboten. Die SPD selbst wurde zwar nicht verboten, doch die Polizei konnte Verdächtige ohne triftige Gründe überwachen, ihre Wohnungen durchsuchen, sie festnehmen und sogar des Landes verweisen. Alle diese Maßnahmen sollten die SPD schwächen, bewirkten aber das Gegenteil: Viele Arbeiter hielten nun noch stärker zur Sozialdemokratie.

... und Kulturkampf
Bismarck hatte noch eine andere, angeblich bedrohliche Gruppe im Staat ausgemacht: die Katholiken. Ihre Partei, das „Zentrum", band den katholischen Teil der Bevölkerung an sich, unabhängig davon, aus welcher Schicht die Mitglieder und Wähler kamen. Als sich das „Zentrum" mit anderen Parteien zu einer Koalition zusammenschloss, sah Bismarck die innere Einigkeit im Reich bedroht. Er setzte mehrere Gesetze und Bestimmungen gegen die katholische Kirche in Deutschland durch. Dies ließen sich aber das Zentrum und die katholische Kirche nicht widerspruchslos gefallen. Nach mehreren Jahren musste Bismarck seinen Kulturkampf 1886/87 abbrechen.

Linke	Mitte		Rechte
	linke	rechte	
„Demokraten" und „Republikaner"	„Liberale"		„Konservative"
▪ Republik mit parlamentarischer Regierung ▪ Erweiterung der Volksrechte (Gesetzgebung) ▪ Verfassung	▪ mehr Freiheit ▪ parlamentarische Monarchie ▪ Verfassung	▪ mehr Freiheit ▪ konstitutionelle Monarchie ▪ Verfassung	▪ Stärkung der Monarchie ▪ Stärkung des Föderalismus ▪ minimale Macht des Parlaments
Einheit Deutschlands			

D2 Politische Richtungen, die Mitte des 19. Jahrhunderts entstanden. Die Bezeichnungen „Mitte", „Linke" und „Rechte" stammten von 1848/49. In der damaligen Nationalversammlung saßen die Konservativen auf der rechten Seite, die Demokraten auf der linken und die Liberalen in der Mitte (s. S. 66).

Jahr	Bündnis	Bündnispartner	Bündniszweck
1879 bis 1918	Zweibund	D—Ö/U	gegen Angriff auf Deutschland oder Österreich-Ungarn
1881 bis 1887	Dreikaiserbündnis	D—Ö/U—R	Verringerung der Spannungen zwischen Österreich-Ungarn und Russland, Verhindern eines Zusammengehens Österreich-Ungarns oder Russlands mit Frankreich im Fall eines französischen Angriffs auf Deutschland
1882 bis 1914	Dreibund	D—Ö/U—I	gegenseitige Hilfszusage im Fall eines nicht provozierten Angriffs Frankreichs auf einen der drei Bündnispartner
1887 bis 1890	Rückversicherungsvertrag	D—R	gegenseitiges Neutralitätsabkommen mit „ganzgeheimem" Zusatzprotokoll als Ersatz für das Dreikaiserbündnis

D3 Die Bündnisse des Deutschen Reiches

D1 Gesetze gegen die katholische Kirche:

1871 Der „Kanzelparagraph" verbietet Geistlichen, staatliche Angelegenheiten in der Predigt zu behandeln.

1872 Im Schulaufsichtsgesetz wird in Preußen die geistliche Schulinspektion aufgehoben, und öffentliche wie private Schulen werden unter staatliche Aufsicht gestellt.

1872 Verbot des Jesuitenordens

1874 Nur noch die staatliche Beurkundung von Taufe, Trauung oder Todesfall ist rechtsgültig (Standesamt).

1875 Im „Brotkorbgesetz" werden der katholischen Kirche die staatlichen Geldzuwendungen gesperrt.

1875 In Preußen verbietet das Klostergesetz alle Orden (Ausnahme: Krankenpflege).

Q3 Ein Arbeiter berichtet in einem Brief von der Reichtagswahl 1890:

In einigen Wahllokalen lagen die konservativen Stimmzettel im Lokal auf dem Tisch und niemand durfte sich einen Stimmzettel von draußen mitbringen [die Stimmzettel wurden von den Parteien selber gestellt]; man musste ihn im Lokal vom Tisch nehmen und dann dem Wahlvorsteher übergeben. An anderen Orten wurden Wählern unsere Stimmzettel aus der Hand genommen, zerrissen und ihnen andere mit den Worten gegeben: „Das ist der richtige für Kaiser und Reich." In einigen Dörfern haben Arbeiter sozialdemokratisch gewählt, bei der Auszählung fand sich aber kein sozialdemokratischer Stimmzettel vor – wahre Hexerei, nicht?

1. *Beschreibe, wie Bismarck das neue Reich gegenüber den anderen europäischen Großmächten vertrat (VT).*
2. *Untersuche das Schaubild D2 und finde sowohl die Unterschiede als auch die Gemeinsamkeiten zwischen den politischen Richtungen heraus.*
3. *Erläutere, aus welchen Gründen und mit welchen Mitteln Bismarck gegen vermeintliche Gegner im Staat vorging (VT, D1, Q1, Q3). Wie beurteilst du sein Vorgehen?*

5 Der Staat – ein Kasernenhof?

Q 1 *Exerzierübung auf einem Berliner Kasernenhof* (Foto von 1901)

Ein falscher Hauptmann

Am 16. Oktober 1906 betrat ein Hauptmann mit zehn Soldaten das Rathaus von Köpenick, ließ alle Ausgänge besetzen und verhaftete „auf Allerhöchsten Befehl" – also auf Anordnung des Kaisers – den Bürgermeister. Dann beschlagnahmte er die Stadtkasse und verschwand damit.

Die an dem Unternehmen beteiligten Soldaten waren echt, der Hauptmann nicht, die Uniform war nur ausgeliehen. Nach seiner Verhaftung stellte sich heraus, dass es sich um den Schuster Wilhelm Voigt handelte, der 27 Jahre seines Lebens im Zuchthaus zugebracht und sich dort aus Lehrbüchern militärische Kenntnisse angeeignet hatte.

Das Erstaunliche war, dass nur wegen der Hauptmannsuniform Soldaten stramm gestanden und Beamte widerspruchslos gehorcht hatten. In ganz Deutschland lachte man über das dreiste Gaunerstück. Manche, auch der Kaiser, waren sogar stolz darauf, dass allein eine Offiziersuniform genügte, um alle in Disziplin erstarren zu lassen. Nichts schien besser zu beweisen, welch hohes Ansehen das Militär genoss.

„Schule der Nation"

Tatsächlich schauten die meisten Deutschen voller Stolz auf ihre Soldaten, wenn diese in den bunten Uniformen ins Manöver zogen. Paraden lockten Tausende an und gerieten zu regelrechten Volksfesten: Die Regimentskapelle spielte und die Soldaten marschierten im Stechschritt.

Die Armee galt als „Schule der Nation". Die jungen Rekruten lernten nämlich nicht nur mit Waffen umzugehen. Sie wurden auch dazu erzogen, die Befehle ihrer Vorgesetzten ohne Widerspruch auszuführen. Gehorsam und zackiges Auftreten waren wichtiger als eigenständiges Denken.

Befehlston auch im Zivilleben

Wenn ein junger Mann Arbeit suchte, wurde ihm oft die Frage gestellt: „Haben Sie gedient?" Wer beim Militär ordentlich gedrillt worden war, würde auch in der Fabrik diszipliniert arbeiten.

Bürgersöhne ließen sich sogar auf eigene Kosten zum Reserveoffizier ausbilden. Das erhöhte ihr Ansehen in der Gesellschaft und verschaffte ihnen Vorteile im Berufsleben. Aber auch der Feldwebel oder Unteroffizier brauchte sich um seine Zukunft nicht zu sorgen. Wenn er nach längerer Dienstzeit die Armee verließ, hatte er Anspruch auf eine kleine Beamtenstelle bei Bahn, Post oder Polizei. Seinen militärischen Befehlston behielt er meist bei, wenn er als Vertreter der Obrigkeit mit den Bürgern sprach.

Im Alltagsleben sah man vor hundert Jahren weit häufiger Uniformen als heute, und viele Männer wollten in Beruf und Freizeit schneidig erscheinen. Deshalb wirken Bilder aus dem Kaiserreich oft steif oder sogar lächerlich. Das beginnende 20. Jahrhundert hatte aber noch andere Werte, insbesondere was Uniformen, Orden und Titel betraf – und das war nicht nur in Deutschland so.

A–Z

Militarismus

Der Begriff kennzeichnet den übermäßigen Einfluss von militärischen Werten und Formen auf die Politik und das gesamte Leben eines Landes. Der Uniformträger wird zu einem Leitbild der Gesellschaft.

Q2 *Abschiedsrede des Ausbilders:* „... und dann müsst ihr bedenken, als Zivilisten seid ihr hergekommen, und als Menschen geht ihr hier fort" (aus der satirischen Zeitschrift „Simplicissimus", 1910).

Q5 *„Es ist erreicht" –* lautet die Botschaft der Postkarte aus dem Jahr 1900. Der Student zeigt voller Stolz Eltern, Verwandten und Freunden die Beförderung zum Leutnant der Reserve an. Sie verschafft ihm Ansehen und bessere Karrierechancen.

D1 *Personelle Stärke des deutschen Heeres und der Flotte:*

	1875	1893	1903	1911	1913	1. 4. 1914
Heer	429645	593452	616475	640732	806778	816946
Flotte	6000	10000	35778	60804	73149	79357
Gesamt	435645	603452	652253	701536	879927	896 303

Q3 *„Staatserhaltend und königstreu" Verhaltensregeln für den Reserveoffizier – aus einem Handbuch von 1911:*

Die Standesehre und ihr Hochhalten ist auch im „Beurlaubtenstande" [für den Offizier] eine Notwendigkeit (...) um seine hohen Aufgaben, Verteidigung von Thron und Vaterland gegen äußere und innere Feinde, mit Erfolg lösen zu können. (...) Der Offizier soll ein wahrer Christ (...) sein und dieser Gesinnung auch durch den Kirchenbesuch öffentlich Ausdruck verleihen. Der Reserveoffizier (...) wirkt auf seine Umgebung in demselben Sinne günstig ein und erfüllt auf diese Weise zugleich auch eine hohe aktive Standespflicht neben seiner ihm obliegenden Christenpflicht. (...) Dass der Reserveoffizier zu den staatserhaltenden, königstreuen Parteien gehört, ist wohl selbstverständlich (...).

Q4 *Über die Militarisierung der Gesellschaft sagte der sozialdemokratische Abgeordnete Wendel 1914 im Reichstag:*

Die geschichtliche Entwicklung Deutschlands hat es mit sich gebracht, dass die bürgerliche Klasse [adlige Lebensformen nachahmt] und militarisiert worden ist. („Sehr gut!" bei den Sozialdemokraten). Nicht der ehrenwerte Bürger ist das vielfach gangbare Ideal für die Mittelklasse des deutschen Volkes, sondern der schneidige Herr „von" mit dem aufgedrehten Schnurrbart (Heiterkeit). Ein junger Kaufmann will bei uns nicht aussehen wie ein junger Kaufmann, sondern womöglich wie ein Leutnant in Zivil (Heiterkeit). Und ein Jüngling allerbürgerlichster Herkunft schafft sich, wenn er Ehrgeiz hat, zunächst ein Monokel an und dann diesen imponierenden königlich preußischen Schnarrton (Heiterkeit).

1. *Worauf legten die Vorgesetzten bei der Ausbildung eines jungen Soldaten besonderen Wert (Q1, VT)?*
2. *In welcher Weise macht sich der Zeichner des „Simplicissimus" in Q2 über das Militär lustig?*
3. *Die Darstellung des Leutnants auf der Postkarte Q5 enthält viele Elemente, die man um 1900 mit einem Offizier verband. Nenne sie. Dazu gehört auch die „Sehhilfe" (Monokel) und die Bartmode.*
4. *Inwiefern hat die Überbetonung alles Militärischen im Kaiserreich auch das Zivilleben geprägt (VT, Q3, Q4)?*
5. *Zeige an Q3 auf, warum Kaiser und Adel ein Interesse daran hatten, dass möglichst viele junge Männer aus den führenden Schichten des Bürgertums Reserveoffiziere wurden.*
6. *Der Schriftsteller Thomas Mann hat das Ideal des Kaiserreichs einmal so formuliert: „General Dr. von Staat". Was meinte er damit?*

6 Projekt
Schule wie zu Kaisers Zeiten

„Der Kaiser ist ein lieber Mann …"
Mit diesen Worten beginnt ein Lied, das in den Volksschulen um 1900 viel gesungen wurde. Es sollte gerade die Kinder der einfachen Volksschichten für die Monarchie begeistern. Aufgabe der Schule war es nämlich, zu vaterländischer Gesinnung zu erziehen. Das hieß vor allem, die Treue zum Monarchen festigen und Liebe zum Vaterland wecken.

„In der Schule herrsche Zucht und Ordnung"
So lautete ein Leitspruch für Erzieher. Kinder sollten schon frühzeitig an Gehorsam und Disziplin gewöhnt werden. Bei vielen Lehrern lag daher die Rute zur Züchtigung immer griffbereit. Erziehung vor hundert Jahren war ganz anders als heute. Die Materialien dieser Doppelseite geben euch einen ersten Einblick in den Schulalltag der Kaiserzeit. Vielleicht regen sie euch zu einem kleinen Projekt an.

Q1 *Aus einer Essener Fibel, um 1900*

128. Zum Geburtstage des Kaisers.

Hurra! Heut ist ein froher Tag,
des Kaisers Wiegenfest;
wir freuen uns und wünschen ihm
von Gott das Allerbest'.

2. Wir singen froh und rufen laut:
„Der Kaiser lebe hoch!
Der liebe Gott erhalte ihn
recht viele Jahre noch!"

3. Er ist so gut, er ist so mild;
wir weih'n ihm Herz und Hand.
Gott segne ihn! Der Kaiser hoch
und hoch das Vaterland!

Q2 *Aus einer Fibel für den Leseunterricht um 1900:*

12. Der ordentliche August.

August ging schon bald ein Jahr in die Schule. Jedermann hatte ihn lieb, weil er so höflich und verträglich war. Der Lehrer lobte ihn öfters wegen seines Fleißes, besonders aber wegen seiner Ordnung. August kam immer rechtzeitig in die Schule, nicht zu früh und nicht zu spät. Er war auch jeden Tag ordentlich angezogen, gewaschen und gekämmt. Er hätte gar nicht anders zu Hause fortgehen mögen. Am meisten schaute er auf seine Schulsachen. Ehe er zur Schule ging, spitzte er zwei Griffel, befeuchtete sein Schwämmchen, packte seinen Schulranzen ein und dachte nach, ob nichts mehr fehle. In der Schule gab er acht, was er zu tun habe. Wurde er gefragt, so gab er eine deutliche und ganze Antwort. Das Aufstehen und Austreten geschah ruhig und geräuschlos. Auf der Stiege ging er behutsam, um nicht zu fallen. Er drängte sich nicht vor und wusste stets, wohin er gehöre; deshalb kam er auch in keinen Streit mit seinen Mitschülern. Man brauchte ihn nie zu tadeln; denn er befolgte immer den schönen Spruch:

Lerne Ordnung, übe sie!
Ordnung spart dir Zeit
und Müh.

Q3 *Rechenaufgaben aus dem Jahr 1913.*
Aus einem Rechenbuch für Volksschulen:

- Die Krönung des ersten preußischen Königs wurde am 18. Januar 1701 in Königsberg vollzogen.

1. Seit wie vielen Jahren ist Preußen ein Königreich?
2. Wie viele Jahre nach der Krönung des ersten preußischen Königs erfolgte die Erhebung des Königs von Preußen, Wilhelm I., zum deutschen Kaiser, die am XVIII. Januar MDCCCLXXI stattfand?

- Bei der Kavallerie waren 1908 67653 Dienstpferde, bei der Artillerie 36605, bei den Verkehrstruppen 267, beim Train (Nachschub) 5096 und bei der Infanterie 864. Wie viele Dienstpferde zählte das deutsche Heer?

Q4 *Aus einer Fibel, um 1900*

Q5 *„Richtlinie für Lehrer der Volksschule", 1880:*
Damit jede Störung des Unterrichts unmöglich werde, hat der Lehrer (...) darauf zu achten, dass
a) alle Schüler anständig, gerade, mit dem Rücken angelehnt und in Reihen hintereinander sitzen (...);
b) jedes Kind seine Hände auf die Schultafel legt (...);
c) die Füße parallel nebeneinander auf den Fußboden gestellt werden;
d) sämtliche Schüler dem Lehrer fest in die Augen schauen. (...)
Gibt der Lehrer (...) das Zeichen „Eins", dann erfassen die Kinder das unter der Schultafel liegende Buch; beim Zeichen „Zwei" erheben sie das Buch über die Schultafel; bei „Drei" legen sie es geräuschlos auf die Schultafel nieder; den Blick wieder, wie früher, unverwandt und fest auf den Lehrer gerichtet.

Q6 *„Staatsbürgerkunde"; Karikatur von 1910/11.* Der Untertitel lautet: „ An den preußischen Schulen soll ab jetzt ein neues Fach eingeführt werden. Es ist wohl selbstverständlich, dass der Unterricht von Schutzleuten durchgeführt wird." – Beachte die Wandbilder: „Das Schaf", „Der Tiger".

Eine Schulstunde wie zu Kaisers Zeiten:
1 Sucht nach Materialien: alten Zeugnissen, Schulbüchern, Schulheften, ...
2 Recherchiert im Internet, z. B. nach Gedichten und Liedern aus der Kaiserzeit. Druckt Fotos aus, die Lehrer und Schüler um 1900 zeigen.
3 Gibt es an eurem Wohnort ein Schulgebäude aus der Kaiserzeit? Macht Fotos davon. Beschafft euch Bilder von Schulzimmern, wie sie damals aussahen.
4 Sucht im Internet nach einem Schulmuseum in eurer Nähe. Was kann man dort sehen? Wie groß waren die Klassen?
5 Befragt eure Eltern und Großeltern nach ihrem Schulunterricht. Welche Erziehungsziele verfolgten die Lehrerinnen und Lehrer? Welche Methoden haben sie angewendet? Vergleicht mit dem Unterricht im Kaiserreich und mit eurem eigenen Unterricht.
6 Überlegt euch, wie eine Schulstunde in der Kaiserzeit ausgesehen haben könnte, und spielt sie nach. Wie muss man sich in der Klasse verhalten, damit das Ganze echt wirkt? Was geschieht bei Störung des Unterrichts? Wie spricht die Lehrerin oder der Lehrer die Schüler an? Achtet darauf, dass sich die Schüler gerade hinstellen, wenn sie aufgerufen werden. Ein geeignetes Thema für eine solche Stunde könnte heißen: „Die Einigung unseres Vaterlandes durch Fürst Bismarck".

7 Die Gesellschaft im Kaiserreich

soziale Schicht
Mit dem Begriff bezeichnet man die Einteilung der Gesellschaft nach gemeinsamen Merkmalen wie Beruf, Einkommen, Bildung usw. Eine sehr grobe Einteilung wird in Ober-, Mittel- und Unterschicht vorgenommen. Im Kaiserreich gehörten sehr viel mehr Menschen zur Unterschicht als heute.

Eine „gute alte Zeit"?
Ältere Menschen sprachen noch lange von der „guten alten Zeit", wenn sie das Kaiserreich meinten. Sie dachten vor allem an die Sicherheit und Ordnung, den stabilen Geldwert und den unglaublichen wirtschaftlichen Aufstieg Deutschlands. Doch waren die Jahre am Anfang des 20. Jahrhunderts wirklich so gut, wie sie im Nachhinein erscheinen? Das hing sehr davon ab, zu welcher Klasse oder sozialen Schicht man gehörte.
Der kaiserliche Hof, der Adel und das Militär genossen um 1900 in der Gesellschaft das höchste Ansehen und wurden bei wichtigen Beamten- und Offiziersstellen bevorzugt. Sie gaben aber auch für die Leute aus den bürgerlichen Schichten das Vorbild ab, an dem man sich orientierte. Es gab aber auch viele erfolgreiche Fabrikanten, Großkaufleute und Bankiers, die in Industrie und Handel weit mehr Geld verdienten als die Adligen auf ihren Landgütern. Beide Gruppen konnten sich einen besonderen Lebensstil mit Kutschern, Gärtnern, Köchinnen und vielen weiteren Hausangestellten leisten.

Einfache Menschen dagegen mussten für sehr wenig Geld arbeiten. Auch Arbeiter hatten es schwer, ihre Familie zu ernähren. Oft lebten sie in ihren Vierteln in erbärmlichen Verhältnissen. Ihnen war es fast unmöglich, ihren Kindern eine gute Ausbildung zu bieten.
Doch es gab auch eine breite Mittelschicht, die um 1900 schnell anwuchs. Diese Familien verfügten meist über ein ausreichendes Einkommen, oft aber nur durch eisernes Sparen. Zu dieser Schicht gehörten vor allem Kaufleute und Handwerker, Lehrer, Beamte und Angestellte in Banken und Betrieben.
Wer durch seine Herkunft, eine vorteilhafte Heirat oder den Beruf zu den oberen Schichten gehörte, versuchte sich nach „unten" abzugrenzen. Das machte es für junge Leute aus den unteren Schichten nicht leicht, sich durch gute Bildung und Fleiß „nach oben" zu arbeiten.

Und die Jugendlichen?
In dieser fest gefügten Gesellschaft hatten Jugendliche noch wenig Freiraum. Es gab keine Jugendklubs oder andere Orte, wo Jungen und Mädchen sich zwanglos treffen konnten. Zu Hause und in der Schule wurde von ihnen vor allem Disziplin, Leistung und Anpassung verlangt.
Einige Jugendliche lehnten sich gegen diese strenge Erziehung auf und schlossen sich in einer neuen Bewegung zusammen – dem „Wandervogel". Gemeinsam gingen sie am Wochenende und in den Ferien „auf Fahrt" in die Natur. Übernachtet wurde in einfachen Herbergen oder bei Bauern im Heu. Die „Wandervögel" hatten eigene Ausdrücke, eigene Lieder und trugen als Kleidung eine „Kluft". Alkohol und Zigaretten waren verpönt. Dadurch wollten sie sich deutlich von bürgerlichen Gewohnheiten abheben.

Q1 *Wandervögel auf Fahrt.* Auf den Fahrten und Wochenendwanderungen wurde auch viel gesungen, getanzt und Musik gemacht. In Deutschland gab es 1913 schon 800 Ortsgruppen mit 25 000 Wandervögeln. Seit 1907 gehörten auch Mädchen dazu.

Q2 *Standesunterschiede*

① Mitglieder höchster Adelsfamilien bei einer Tauffeier (Foto, 1906)
② „Herr Leutnant" erzählt in einem großbürgerlichen Salon Geschichten aus seinem Soldatenleben (Gemälde von Temple, 1890)
③ Kleinbürgerliche Familie am Wohnzimmertisch (Foto, 1911)
④ Arbeiterfamilie in der Wohnküche, die oft auch Schlafraum war (Foto, Berlin, 1907)

Q3 *Wie die Kinder erzogen wurden.*

a) … in „gutem Hause" – der Schriftsteller Stefan Zweig erinnert sich:

Um die jungen Mädchen (die „höheren Töchter") zu schützen, ließ man sie nicht einen Augenblick allein. Sie bekamen eine Gouvernante, die dafür zu sorgen hatte, dass sie, gottbewahre, nicht einen Schritt unbehütet vor die Haustür traten, sie wurden zur Schule, zur Tanzstunde, zur Musikstunde gebracht und ebenso abgeholt. Jedes Buch, das sie lasen, wurde kontrolliert, und vor allem wurden die jungen Mädchen unablässig beschäftigt, um sie von möglichen gefährlichen Gedanken abzulenken.

b) … bei „einfachen Leuten" – in der Bielefelder „Volkswacht" war 1906 in einem Leitartikel zu lesen:

Solange die Eltern und besonders die Mutter in 10- bis 11-stündiger Brotfron stehen, bleibt ihnen keine Zeit, sich liebevoll mit ihren Kindern zu beschäftigen. Die Kindererziehung wird mehr „nebenbei" betrieben, wenn Körper und Geist bereits durch die Berufsarbeit erschlafft und übermüdet sind. Von dem Hasten und Jagen nach Erwerb und Verdienst werden die Nerven stumpf und abgespannt. Dass unter solchen Verhältnissen der Stock oder die Rute die Hauptrolle in der Erziehung spielen, ist sehr leicht begreiflich.

1. *Schreibe zu jedem der Bilder in Q2 einen kurzen Legendentext. Was drücken Kleidung und Wohnung aus? Worauf legen die Personen besonderen Wert? Wie wollen sie erscheinen? Ordne sie sozialen Schichten zu.*
2. *Vergleiche die unterschiedliche Erziehung in Q3. Wodurch ist sie bedingt? Wie wirkt sie sich auf die Zukunftschancen der Kinder aus?*
3. *Versetze dich in einen Jugendlichen auf dem Foto Q1 und erkläre, warum du bei den „Wandervögeln" bist.*

8 „Frau Regierungsrat“ und ihr „Mädchen für alles“

Gesellschaftliche Pflichten

Das Kochbuch von 1875 (Q6) war für Frauen aus den „besseren“ Kreisen geschrieben. So nannte man damals Familien, die in der jeweiligen Stadt den Ton angaben. Wer durch Erbe oder Heirat etwas besaß oder geschäftlich erfolgreich war, wollte das auch zeigen. Man ging in die Oper, fuhr mit der eigenen Kutsche und trug elegante Kleider am Sonntagnachmittag zum „Promenieren“ auf der Straße. Damit hob man sich deutlich von „den anderen“ ab.

Besonders bei höheren Beamten und bei Offizieren war es üblich, Abendgesellschaften für die Kollegen oder auch Vorgesetzten zu geben. Dabei war der gesellschaftliche Zwang groß. Alles musste so aussehen, als brauche die Dame des Hauses an nichts zu sparen: Das Menü hatte mehrere Gänge und es wurden Weine, Cognac, Zigarren und Süßigkeiten dazu gereicht. Waren Ranghöhere geladen, dann konnte die Hausfrau mit einem gelungenen Abend die Karriere ihres Mannes fördern.

Viel Arbeit und wenig Rechte

Einen solchen Abend vorzubereiten, bedeutete viel Arbeit, denn es gab weder Küchenmaschinen noch einen Kühlschrank, Elektroherd oder Geschirrspüler. Doch wenn die Dame des Hauses als „Frau Regierungsrat“ zum Beispiel die Gattin eines höheren Beamten war, hatte sie ein oder zwei Dienstmädchen.

Diese mussten bis zu 16 Stunden am Tag arbeiten und hatten nur alle vierzehn Tage am Sonntagnachmittag frei. Die Mädchen kamen meistens vom Lande und waren oft nicht älter als dreizehn oder vierzehn Jahre. Gegen die harte Arbeit und schlechte Behandlung konnten sich die Mädchen kaum wehren. Denn zum einen waren sie ganz auf sich allein gestellt und zum anderen fürchteten sie, mit einem schlechten Zeugnis entlassen zu werden. So manche bürgerliche Familie konnte sich die vielen gesellschaftlichen Verpflichtungen kaum leisten. Dann sparte man im Alltag, sogar am Essen für das Dienstmädchen.

Q1 *Im Salon einer wohlhabenden Familie* (zeitgenössische Darstellung, um 1900). Der Junge trägt einen Matrosenanzug, der die beliebteste Kindermode war. Der Hemdkragen des Hausherrn, „Vatermörder“ genannt, ist dicht unter dem Hals geschlossen. Für das Dienstmädchen bedeutete schon allein das tägliche Steifen solcher Kragen viel Arbeit. Auch die Blusen und Kleider der Frauen ließen sich mit dem schweren Holzkohlebügeleisen nur mühsam glätten. Doch alles musste sauber und korrekt aussehen.

Q2 *Preußische Gesindeordnung von 1810 (Auszüge). Sie wurde erst 1918 aufgehoben:*

§73 Allen häuslichen Einrichtungen und Anordnungen der Herrschaft muss das Gesinde sich unterwerfen.

§74 Ohne Vorwissen und Genehmigung der Herrschaften darf es sich auch in eigenen Angelegenheiten vom Hause nicht entfernen.

§77 Reizt das Gesinde die Herrschaft durch ungebührliches Betragen zum Zorn und wird in selbigem von ihr mit Scheltworten oder geringen Tätlichkeiten behandelt, so kann es dafür keine gerichtliche Genugtuung fordern.

Die Gesindeordnung erlaubte auch, dass einem Dienstmädchen fristlos gekündigt wurde, wenn es ungehorsam war, Schimpfworte benutzte, etwas stahl oder die Nacht über ausblieb.

Q3 *Ein Dienstmädchen berichtete bei einer Befragung um 1900:*

Aufbleiben musste man im Sommer sehr oft, wenn die Herrschaften im Garten saßen, bis spät in die Nacht, dann musste man noch Gläser, Flaschen, Decken und sonst was in die Wohnung tragen. (...) Auch bis nach Mitternacht hat man oft warten müssen, wenn die Herrschaften anderweit eingeladen waren; da musste man sehr aufpassen, wenn der Wagen hielt, damit die hohen Herrschaften nicht schließen oder klingeln mussten.

Q4 *In Theodor Fontanes Roman „Der Stechlin" (1899) schildert das Dienstmädchen Hedwig einen Hängeboden:*

Immer sind sie in der Küche, mitunter dicht unter dem Herd oder auch gerade gegenüber. Un nun steigt man auf eine Leiter, wenn man müde is, kann man auch runterfallen. Aber meistens geht es. Und man macht die Tür auf und schiebt sich in das Loch hinein, ganz wie in einen Backofen. Das is, was sie ne Schlafgelegenheit nennen. (...) Und am schlimmsten is es im Sommer. Draußen dreißig Grad, auf dem Herd war den ganzen Tag Feuer; da is es denn, als ob man auf den Rost gelegt würde.

Q6 *Kochbuch von 1875* (Titelblatt)

Q5 *Ein „Hängeboden" unter der Küchendecke* (Foto). Viele Dienstmädchen mussten so oder unter der Treppe schlafen.

Q7 *Schilder als Spiegel der gesellschaftlichen Ordnung:* Das obere Schild weist den Weg zur Hintertreppe. Diese führte meist direkt zur Küche, zum Arbeitsplatz und häufig auch zum Wohnraum des Dienstpersonals.

1. *Zu welchen Schichten gehören die Personen auf dem Titelblatt des Kochbuches (Q6)?*
2. *Beschreibe die Abbildung Q1. Entspricht das Bild dem wirklichen Alltag eines Dienstmädchens?*
3. *Versetze dich in die Situation eines fünfzehnjährigen Dienstmädchens. Schreibe deiner Mutter einen Brief.*
4. *Das „Mädchen für alles" hat beim Spülen einen Teller fallen lassen. Spielt die Szene in einem Rollenspiel.*

9 Alte Gesellschaft – modernes Leben

Q1 *Fernsprechvermittlung um 1900 in Berlin* (Foto). Neben New York und London hatte Berlin damals das modernste Telefonnetz der Welt.

Industrieland
Staat, in dem die Industrie den bedeutendsten Zweig der Wirtschaft darstellt. Die Bedeutung der Landwirtschaft geht immer weiter zurück.

Die alte Gesellschaft

Häufig wird das deutsche Kaiserreich auch als Bismarck-Staat bezeichnet. Adlige besetzten nicht nur fast alle Schlüsselstellungen in Staat, Verwaltung und Militär. Der Adel gab auch für die Menschen aus den bürgerlichen Schichten das Vorbild ab, nach dem sie ihren Lebensstil und die gesellschaftlichen Umgangsformen ausrichteten.

Die neue Wirtschaft

Dennoch waren die Vorrechte des Adels nicht mehr zeitgemäß. Um 1900 war Deutschland bereits zum erfolgreichsten Industrieland Europas aufgestiegen. Fabriken, Banken und Handelsgesellschaften des Bürgertums prägten fortan die Wirtschaft. Auch politisch gewannen Unternehmer an Macht. Im Reichstag setzten sie zusammen mit den adligen Grundbesitzern ihre Interessen durch. Eine billige Einfuhr von Getreide oder Stahl wurde durch Schutzzölle verhindert. Dadurch stiegen beispielsweise die Brotpreise, was besonders die ärmeren Bevölkerungsschichten traf. Dieser Teil der Bevölkerung konnte sich dagegen politisch nicht wehren, da er im Reichstag zu wenig Einfluss hatte.

Fortschritt in der Technik ...

Wer Berlin 1871 und dann wieder 1910 besucht hätte, der wäre sicherlich aus dem Staunen nicht herausgekommen. Da gab es elektrische Straßenbahnen, Busse und Autos, die ohne Pferde scheinbar von alleine fuhren. Man begeisterte sich an Maschinen mit Elektromotoren, an Glühbirnen und Telefonen, die wiederum einen wahren Boom an neuen Erfindungen zur Folge hatten.
Elektromotoren lösten die Dampfmaschine überall dort ab, wo kleine Maschinen angetrieben werden mussten. Große Elektrounternehmen wie Siemens arbeiteten bald in mehreren Ländern, sogar in den USA, und beschäftigten 1914 bereits mehr als 65 000 Menschen. Immer mehr Produkte „made in Germany" wurden in alle Welt exportiert und genossen oft einen guten Ruf. Gleichzeitig entstanden an vielen Universitäten und Unternehmen moderne Labore, in denen Forscher nun ganz gezielt an Verbesserungen und Neuerungen arbeiteten.

... und in der Wissenschaft

Besonders in der Medizin gab es rasante Fortschritte. Viele Krankheiten wie Diphtherie, Lepra und die Pest wurden erforscht und oft geeignete Medikamente gefunden. Robert Koch entdeckte 1882 den Tuberkelbazillus und ein Jahr später den Erreger der Cholera. 1895 entdeckte Wilhelm Conrad Röntgen die später nach ihm benannte Strahlung, die die Diagnose vieler Erkrankungen möglich machte.
Wilhelm Conrad Röntgen erhielt 1901 den ersten Nobelpreis für Physik, Robert Koch vier Jahre später den für Medizin.

Q2 *Größere Warenhäuser waren um 1900 eine Neuheit in den Großstädten. In einem Zeitungsartikel von 1903 wird allerdings vor ihnen gewarnt:*

Noch gefährlicher gestaltet sich dieses „Umherbummeln" in den Warenhäusern für die heranwachsende Jugend. Sie gewöhnen sich schon frühzeitig an dieses gewissermaßen so spielend vor sich gehende Einkaufen und werden wohl in neunzig von hundert Fällen es vorziehen, ihre Einkäufe hier zu machen als in mittleren Geschäften, in denen es so ehrbar und demnach „langweilig" vor sich hergeht. Die Jugend, bei vernachlässigter Erziehung ohnehin zu Ausschreitungen leicht geneigt, wird hier systematisch zur „Oberflächlichkeit" herangebildet. Tand und wertloser Flitter werden ihr auch für die Zukunft mehr imponieren als solide Ware, wenn dieser Tand nur in gefälligem glänzenden Gewande dargeboten wird.

Q3 *Ein Franzose beschreibt 1915 den Wandel Deutschlands zum Industriestaat:*

Zu Beginn des 20. Jahrhunderts lebten von 67 Millionen Deutschen kaum 17 Millionen von der Landwirtschaft. Jedes Jahr kehrten zahllose Bauern dem Lande den Rücken und strömten in die riesigen Fabriken. Die Städte wuchsen im amerikanischen Tempo, 45 davon hatten bereits mehr als 100 000 Einwohner, ganze Armeen von Arbeitern stellten sich unter das Kommando der Industriekapitäne – 15 000 bei Mannesmann, mehr als 30 000 bei Thyssen, 73 000 in den Werken Krupps.

Q4 *Werbeplakat der Deutschen Luftschifffahrtsaktiengesellschaft um 1900.* Im Jahr 1900 fand der erste Flug eines „Zeppelin" statt. So wurden Luftschiffe genannt, die der Graf Zeppelin entworfen hatte und in eigenen Werkstätten bauen ließ. Luftschiffe flogen bald nach New York und Rio de Janeiro. Das größte Luftschiff war 245 Meter lang und erreichte eine Geschwindigkeit von 125 km/h.

1. *Deutschland war um 1900 modern und alt zugleich. Erkläre das anhand des VT und Q5.*
2. *Worin besteht der rasante Wandel Deutschlands aus französischer Sicht (Q3)?*
3. *Liste auf, welche schädlichen Einflüsse der Verfasser von Q2 fürchtet. Was würdest du ihm entgegnen?*
4. *Beschreibe, inwiefern die technischen und wirtschaftlichen Neuerungen um 1900 das Leben der Menschen veränderten (Q1, Q4, Q5).*

Q5 *Der Potsdamer Platz in Berlin auf einem Foto von 1914.* Hier konnten bereits technische Neuerungen bestaunt werden, die es in vielen Teilen Deutschlands so noch nicht gab: Straßenbahnen, Telefonleitungen und elektrische Straßenlaternen.

10 Methode
Ein „Zeitbild" untersuchen

Was ist ein „Zeitbild"?
Zu einem bestimmten Thema stehen immer mehrere und verschiedene Quellen zur Verfügung. Wenn man diese Quellen nacheinander untersucht und miteinander verbindet, entsteht ein Gesamteindruck, ein ganzes „Bild". Die Materialien auf dieser Seite geben ein Bild davon, wie es den jüdischen Bürgerinnen und Bürgern im Kaiserreich erging.

Jüdische Deutsche werden diskriminiert
Seit der Reichsgründung waren jüdische Männer und Frauen in ganz Deutschland den anderen Staatsbürgern rechtlich gleichgestellt. Doch große Teile der Bevölkerung begegneten ihren jüdischen Nachbarn mit Vorurteilen. Dazu kam auch Neid, weil viele jüdische Deutsche im Handel, in der aufstrebenden Industrie und in den Bildungsberufen erfolgreich waren.

Gegen Ende des 19. Jahrhunderts entstand in Westeuropa eine neue Form der Judenfeindschaft: der Antisemitismus. Seine Anhänger behaupteten, Juden seien als Menschen minderwertiger. In Deutschland fiel der Antisemitismus vor allem in konservativen und nationalistischen Kreisen auf fruchtbaren Boden. Sie gründeten Verbände und kleinere Parteien, die antijüdische Schriften verbreiteten. Damit schürten sie eine feindselige Haltung gegenüber den jüdischen Mitbürgern.

Antisemitismus
bedeutet Judenfeindschaft. Der moderne Antisemitismus gründet sich auf eine wissenschaftlich nicht haltbare „Rassenlehre". Die Anhänger dieser Lehre bezeichneten die „semitische" (= jüdische) „Rasse" willkürlich als minderwertig. Sie sei der „arischen" oder „germanischen Rasse" unterlegen, behaupteten sie. Antisemiten folgerten daraus, Juden könnten keine Deutschen sein.

Methodische Arbeitsschritte

1. Welche Arten von Quellen stehen für das Zeitbild zur Verfügung?
2. Untersuche jede Quelle einzeln:
   - Worum geht es in dieser Quelle?
   - Welche Person bzw. welche Gruppe kommt darin „zu Wort"?
   - Welches ist die wesentliche Aussage der Quelle?
   - Welchen Eindruck vermitteln sie von der Zeit, in der sie entstanden sind?
   - Was sagen sie über die Gesellschaft und die herrschende Meinung dieser Zeit aus?
3. Fasse die Aussagen der Quellen zusammen und gib deinen Gesamteindruck wieder.

Q1 *„Gruß aus dem Kölner Hof"* (Werbeansichtskarte eines Hotels in Frankfurt/Main, um 1897)

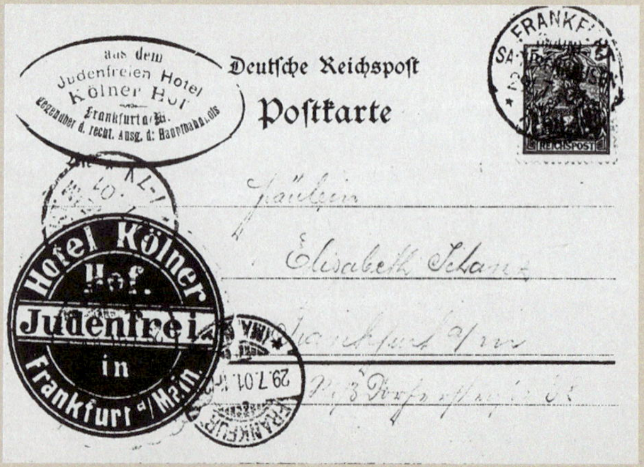

Q2 *Aus der Satzung der Deutschen Antisemitischen Vereinigung, 1886:*

Jüdischer Wucher hat in allen Kreisen der Bevölkerung, besonders im Beamtentum, unzählige Opfer gefordert; die Hauptstütze des Staates, der Bauernstand, ist durch Güterschlächterei und Wucher an den Rand des Ruins gebracht. In die Verwaltungs-, Kommunal-, Lehr- und Richter-Ämter sind Juden ungehindert eingedrungen und haben hier deutsche Sitte, deutsche Gesinnung und deutsches Recht verfälscht und untergraben. In den Parlamenten haben sie ein Jahrzehnt hindurch über Gebühr das Wort geführt, die Gesetzgebung zu Gunsten ihres Stammes beeinflusst und verderbliche Tendenzen in dieselbe hineingetragen. Was soll von deutschem Wesen noch übrig bleiben, wenn wir diesem Gebaren noch ferner müßig zusehen? Nirgends beteiligt sich der Jude an der ehrlichen produktiven Arbeit, aber durch Hausierhandel und Magazin-Wesen hat er das redliche Handwerk und den soliden Handel verdrängt und dem Untergang preisgegeben; durch Börsen-Jobberei und schwindelhaftes Gründertum hat er Industrie und Großhandel untergraben und in seinen Dienst gestellt. Durch internationale Verbündung beherrscht der Jude den Weltmarkt (...). Von einer Verfolgung der Juden unsererseits kann nicht die Rede sein, sondern nur von einer Abwehr.

Q3 *Zwei jüdische Mädchen kommen in den 1870er-Jahren in eine christliche Strickschule. Sie berichten über den ersten Tag:*

Vor Hebamme Borneller machten wir einen Knicks (...), denn sie war Respektsperson (...). Aber wir fühlten uns unsicher unter ca. 50 Mädchen von 6–14 Jahren, die alle mit dem Strickzeug bewaffnet dasaßen. Kein Wort wurde gesprochen (...), nur die Stricknadeln hörte man. Nach und nach atmeten wir etwas freier in diesem großen Schulsaal, in dem nie ein jüdisches Mädchen zuvor gesessen hatte. Als wir uns ein wenig erholt hatten (...), da ertönte durch die Stille (...) eine sehr laute Stimme: „Borneller, es stinkt, es stinkt." Borneller tat, als hörte sie nicht. Da schrie die ganze Mädchenschar zusammen: „Borneller, das ham die Judde getan, das ham die Judde getan." Weder wir noch sonst ein jüdisches Mädchen ging je wieder in die Strickschule.

Q4 *Der Schriftsteller Ernst Toller schrieb in seiner 1933 erschienenen Autobiographie:*

Ich denke an meine frühe Jugend, an den Schmerz des Knaben, den die anderen Buben „Jude" schimpften (...), an die schreckliche Freude, die ich empfand, wenn ich nicht als Jude erkannt wurde, an die Tage des Kriegsbeginns, an meinen leidenschaftlichen Wunsch, durch den Einsatz meines Lebens zu beweisen, dass ich Deutscher sei, nichts als Deutscher. Aus dem Felde hatte ich dem Gericht geschrieben, es möge mich aus den Listen der jüdischen Gemeinschaft streichen. War alles umsonst? Oder habe ich mich geirrt? Liebe ich nicht dieses Land? (...) Die deutsche Sprache, in der ich fühle und denke, spreche und handle, Teil meines Wesens, Heimat, die mich nährte, in der ich wuchs? Aber bin ich nicht auch Jude? Gehöre ich nicht zu jenem Volk, das seit Jahrtausenden verfolgt, gejagt, gemartert, gemordet wird? (...) Die Worte „Ich bin stolz, dass ich ein Deutscher bin" oder „Ich bin stolz, dass ich ein Jude bin" klingen mir so töricht, wie wenn ein Mensch sagte „Ich bin stolz, dass ich braune Augen habe".

Q5 *„Die Zukunft"* (Postkarte, um 1900). Der Wegweiser „Nach Palästina" bezieht sich auf eine Bewegung innerhalb des Judentums, die darauf abzielte, einen eigenen jüdischen Staat in Palästina zu gründen.

1 Wie werden jüdische Männer und Frauen in Q2 und Q5 dargestellt?

2 Wie empfindest du die Stempel auf der Postkarte Q1?

3 Lies Q4. Wie fühlt sich der Schriftsteller Toller als Jude und Deutscher? Wie fühlen sich wohl die beiden jüdischen Mädchen in Q3?

4 Erkläre den Begriff Antisemitismus mit eigenen Worten.

11 Abschluss
Gute alte Zeit?

War die Zeit des deutschen Kaiserreichs eine „gute" Zeit? Zu dieser Frage hast du dir sicherlich schon eine eigene Meinung gebildet. Aber was hätten wohl die Menschen, die zu dieser Zeit gelebt haben, darauf geantwortet? Am besten, du fragst sie selbst!

Auf dieser Seite kannst du auf Zeitreise gehen, und zwar nach Berlin ins Jahr 1900. Hier triffst du viele verschiedene Leute aus unterschiedlichen Schichten: Jugendliche, Arbeiter, Personen aus dem Großbürgertum und Politiker unterschiedlicher Parteien.

Suche dir mindestens zwei Personen aus, mit denen du dich „unterhalten" möchtest. Folgende Fragen stellst du ihnen:

- Wie alt sind Sie und was machen Sie von Beruf?
- Wie sieht Ihr Alltag aus?
- Was gefällt Ihnen an Ihrem Leben?
- Was stört Sie? Womit sind Sie unzufrieden?
- Bei uns heißt es oft, die Kaiserzeit war die „gute alte Zeit". Würden Sie das auch sagen?

Versetze dich nun nacheinander in die Personen, die du ausgewählt hast. Was antworten sie wohl auf die Fragen? Natürlich können die Personen auch noch mehr von sich erzählen, wenn du sie danach „fragst".

Wilhelm (16) und Helene (15); Geschwister aus bürgerlicher Familie, seit einigen Monaten in einer „Wandervogel"-Gruppe

Ernst v. Langenhall (27), Leutnant, und seine Verlobte Franziska Grube (21); wollen heiraten, wenn Ernst seine Militärzeit beendet hat.

Karl Kühne (25) und Lisa Rettich (24); arbeiten beide in der gleichen Fabrik und sind aktive Sozialdemokraten. Lisa kämpft außerdem für das Frauenwahlrecht.

Friedrich Rosenthal, Arzt; lebt mit seiner Frau und seinen zwei Kindern in einer großen Wohnung in einer guten Berliner Wohngegend. Familie Rosenthal gehört zur jüdischen Gemeinde.

Frau von Samitz, Ehefrau eines erfolgreichen Industriellen und Geschäftsmanns; lebt mit Mann, Kindern und Dienstpersonal in einem vornehmen Villenviertel von Berlin. Frau von Samitz liebt die Geschäfte am Kurfürstendamm und genießt es, abends groß auszugehen.

Hanne (18); Dienstmädchen im Haus der Familie von Samitz

Baron Bruno von Ehrenhardt; konservativer Politiker und ehemaliger Berater des Reichskanzlers Otto von Bismarck

Andreas Harz (36), Abgeordneter der Liberalen im Reichstag; sein Vater hatte 1848/49 auf den Barrikaden gekämpft und gehörte zum Paulskirchenparlament.

Ferdinand Brenner (24); Student der Physik und Chemie, will Elektroingenieur werden.

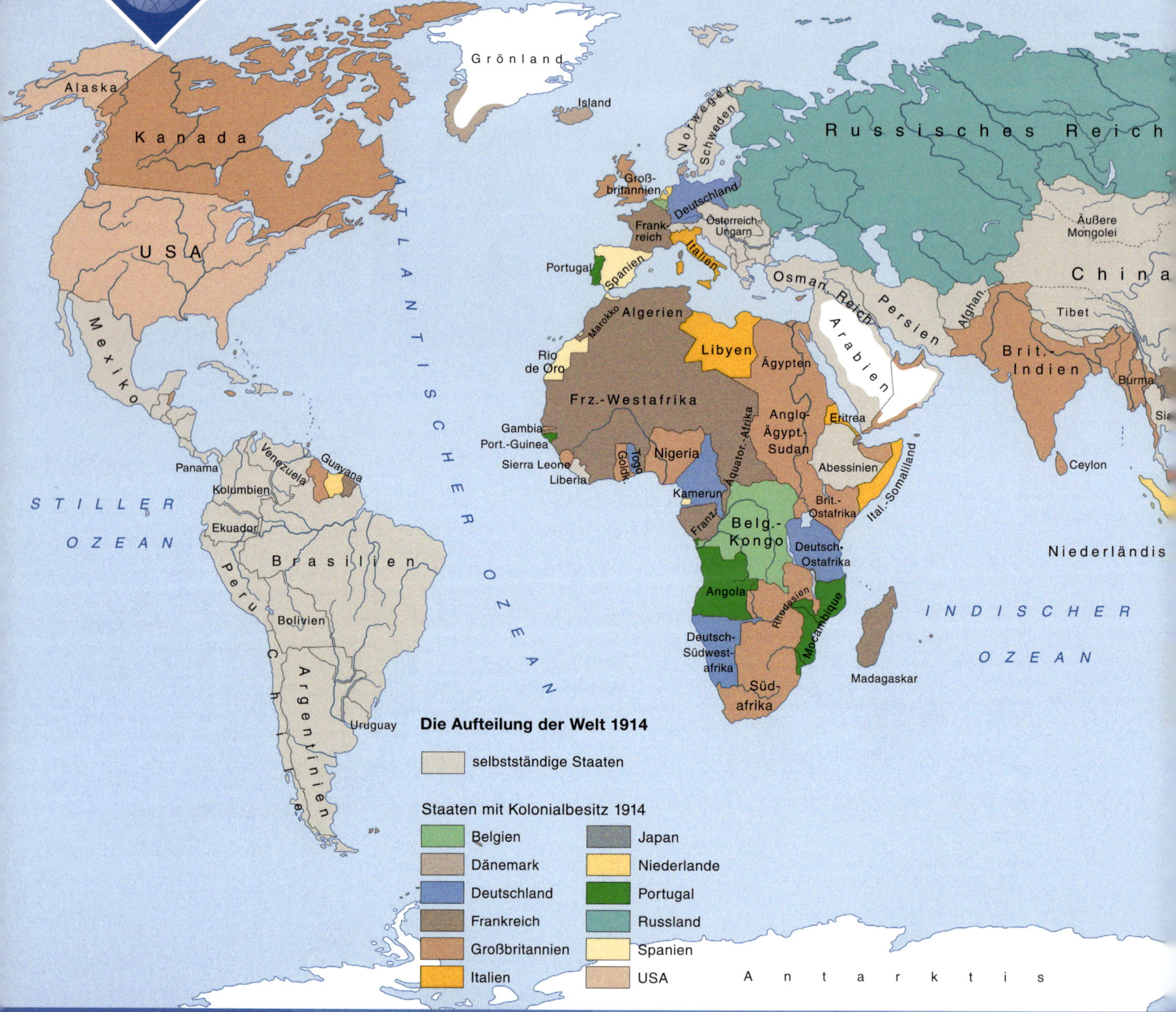

ab 1880

„Wettlauf" der europäischen Staaten um Kolonien in Afrika und im Pazifik

1890

„Deutsch-Ostafrika", die erste Kolonie des Deutschen Reiches, wird gegründet.

1904

Aufstand der Herero in Deutsch-Südwestafrika

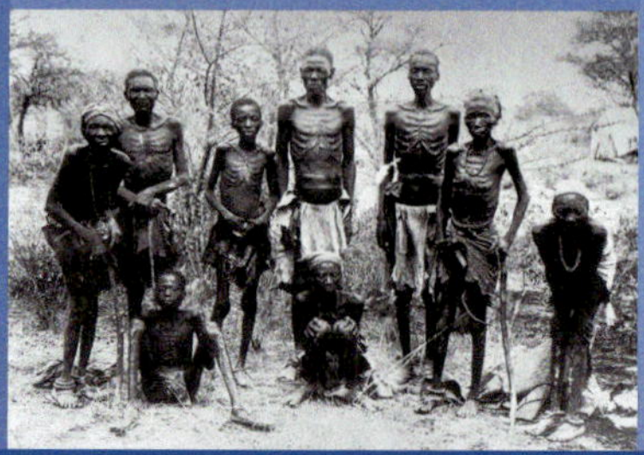

1912/13

Kriege in den Ländern auf dem Balkan

Imperialismus und Erster Weltkrieg

„Einen Platz an der Sonne" wünschte sich Kaiser Wilhelm II. 1884 für das Deutsche Reich. Zu der Zeit hatte bereits ein allgemeiner Wettlauf unter den europäischen Großmächten um Kolonien überall in der Welt begonnen. Um die Jahrhundertwende waren praktisch ganz Afrika und Südostasien unter den europäischen Mächten aufgeteilt und die einheimischen Völker von den weißen „Herren" unterworfen. Doch damit nicht genug – einige Jahre später führte die Rivalität zwischen den europäischen Mächten in eine unvorstellbare Katastrophe.

Wie die Europäer mit den einheimischen Menschen in den afrikanischen Gebieten umgingen, zeigt diese Postkarte von 1906 aus der Kolonie Deutsch-Ostafrika. Der handschriftliche Zusatz lautet: „Die schönsten Grüße aus dem schwarzen Erdteil."

1914

Das Attentat von Sarajewo am 28. Juni löst den Ersten Weltkrieg aus.

Extra-Blatt.
Vossische Zeitung
Der österreichische Thronfolger und seine Gattin ermordet.

1917

Die USA treten in den Krieg ein.

1918

Im November wird ein Waffenstillstandsvertrag unterzeichnet und der Krieg beendet.

1 Die Europäer teilen die Welt unter sich auf

Q1 *„Wenn das Wetter hält, soll nächstens die Fassade unseres Erdballs frisch gestrichen werden."* So lautet die Unterschrift dieser Karikatur aus einer deutschen Zeitschrift von 1884.

A-Z

Imperialismus
(von lat. imperium = Macht, Herrschaft, Reich)
Dieser Begriff bezeichnet ganz allgemein die Herrschaft eines Reiches über die Bevölkerung eines fremden Landes. Meistens wird der Begriff für die Jahre 1880 bis 1914 verwendet, in der die europäischen Großmächte weite Gebiete in Afrika und Südostasien in ihren Besitz brachten.

Wettlauf um Kolonien

Mitte des 19. Jahrhunderts war eine Reihe europäischer Staaten durch den Überseehandel und die Industrialisierung wohlhabend und mächtig geworden. Sie strebten nun nach noch mehr Reichtum und politischem Gewicht. Viele Politiker und Unternehmer in fast allen europäischen Staaten forderten daher, sich Gebiete in Afrika und Asien anzueignen. Im letzten Drittel des 19. Jahrhunderts kam es auf diesen beiden Erdteilen zu einem regelrechten Wettlauf der europäischen Großmächte um die noch nicht kolonisierten Gebiete.

Wirtschaftliche Interessen

Bei dem Erwerb von Kolonien standen zunächst wirtschaftliche Interessen im Vordergrund. Denn viele Industrielle und Kaufleute wollten vor allem die Rohstoffe wie Baumwolle und Kautschuk billig für die eigene Industrie nach Deutschland ausführen. Davon versprachen sich sowohl die Fabrikanten in Deutschland als auch die Plantagenbesitzer in den Kolonien hohe Gewinne. Auch hofften die deutschen Unternehmer, in den Kolonien neue Absatzmärkte für ihre fertigen Produkte zu finden.

Doch diese Hoffnungen erfüllten sich kaum. Der Handel mit den Kolonien blieb relativ gering – die meisten Geschäfte wurden doch unter den „entwickelteren", also den europäischen Staaten gemacht. Auch war es sehr kostspielig, die Kolonien zu verwalten und militärisch zu schützen sowie Straßen und Eisenbahnstrecken auszubauen. Insgesamt steckten die europäischen Mächte weit mehr Geld in ihre Kolonialgebiete hinein, als sie an Einnahmen daraus gewannen.

Politische Ziele

Trotz der Schwierigkeiten hielt man an den Kolonien fest, denn Kolonien waren mittlerweile auch zu „Prestigeobjekten" geworden. Sowohl die Regierungen als auch die Bürgerinnen und Bürger in den europäischen Staaten glaubten, es sei eine Frage des Ansehens und der Macht in der Welt, möglichst viele Kolonien zu besitzen. Denn nur mächtige und reiche Nationen könnten im „Kampf ums Dasein" überleben. Dabei bewegten sich die Kolonialmächte oft am Rande eines Krieges, weil sie sich nicht immer über die Grenzen ihrer überseeischen Gebiete einigen konnten.
Russland war neben Österreich-Ungarn der einzige größere europäische Staat geblieben, der keine Gebiete in Afrika oder im Pazifik erwarb. Vielmehr konzentrierte sich die russische Regierung darauf, ihre Herrschaft über die Völker in Mittelasien sowie über China auszudehnen. Auch die USA und Japan reihten sich schließlich in den Kreis der Kolonialmächte ein. Während die USA vorwiegend den eigenen Kontinent erschloss, breitete sich Japan im asiatischen Raum aus und eroberte Gebiete in Korea und in Taiwan. Um 1900 waren große Teile der Welt in riesige Kolonialreiche unter europäischer Herrschaft aufgeteilt. Diese Zeit nennen wir heute das Zeitalter des Imperialismus.

Zeitreise multimedial – Das lange 19. Jahrhundert: Konflikte – „Imperialismus und Erster Weltkrieg"

Q5 *Foto vom Eisenbahnbau in der deutschen Kolonie Togo, 1905.* Deutsche Banken stellten das Kapital, die Stahlindustrie lieferte die Schienen.

Q2 *Aus einer Rede des französischen Politikers Eugène Etienne (1889):*

Heute also muss Frankreich darum besorgt sein, sich seinen eigenen Markt zu bewahren, nämlich denjenigen, den es auf seinem eigenen Territorium, in seinen Kolonien besitzt (...). Wegen der sich immer schneller vollziehenden maschinellen Produktion muss man bemüht sein, den Konsum zu erweitern. Es ist deshalb nötig, dass Frankreich sich nach außen begibt. Frankreich muss nach Afrika und nach Indien gehen. In Indochina haben wir uns für alle Zeit niedergelassen, (...), was auch immer man einwenden möge. (...); wir müssen von dort aus nach China vorstoßen.

Q3 *Der deutsche Historiker Heinrich von Treitschke beschreibt 1890 die Bedeutung von Kolonien für große Mächte aus seiner Sicht:*

Alle großen Völker der Geschichte haben, wenn sie stark geworden waren, den Drang gefühlt, Barbarenländern den Stempel ihres Wesens aufzudrücken. Und heute sehen wir die Völker Europas drauf und dran, weit über den Erdkreis eine Massenaristokratie der weißen Rasse zu schaffen. Wer bei diesem gewaltigen Wettkampf nicht mitwirkt, wird später einmal eine klägliche Rolle spielen. Es ist daher eine Lebensfrage für eine große Nation heute, kolonialen Drang zu zeigen. Das erste Volk der Geschichte, das die Majestät des Welthandels erkannt hatte, die Phöniker, sind auch große Kolonisatoren gewesen. Dann folgt die Kolonisation der Griechen im östlichen und westlichen Becken des Mittelmeers, dann die Römer, im Mittelalter die Deutschen, Spanier und Portugiesen, schließlich Holland und England. (...) Ganz ohne Zweifel ist eine große koloniale Entwicklung ein Glück für ein Volk.

Q4 *Aus einer Rede des britischen Kolonialministers Joseph Chamberlain (1903):*

Unsere nationale Existenz beruht auf unserer industriellen Leistungsfähigkeit und Produktion. Wir sind nicht etwa ein wesentlich Ackerbau betreibendes Land, dies kann niemals die Hauptquelle unseres Wohlstandes sein. Wir sind ein großes industrielles Land. Daraus folgt eins: dass der Handel innerhalb unseres Weltreiches für unser Gedeihen in der Gegenwart unbedingt notwendig ist. Geht dieser Handel nieder oder hört er nur auf im Verhältnis zu unserer Bevölkerung zuzunehmen, dann sinken wir zu einer Nation fünfter Klasse herab.

1. *Beschreibe anhand des VT und der Karte auf der ADS 142/143, wie die Europäer die Welt unter sich verteilten.*
2. *Erläutere die wichtigsten Gründe für den Erwerb von Kolonien (VT).*
3. *Lies Q2 und Q4 und gib die Argumente darin mit eigenen Worten wieder.*
4. *Von Treitschke führt weitere Argumente für die Kolonialpolitik an (Q3). Welche Haltung wird darin deutlich?*

2 Afrika – „herrenloses Land"?

1 *Die Berliner Kongo-Konferenz von 1884/85* (Holzstich nach einer Zeichnung von 1884). Der deutsche Reichskanzler von Bismarck steht rechts im Hintergrund. An der Wand links hängt eine Karte von Afrika. Da man keinem Land das Gebiet am Kongo zusprechen wollte, einigte man sich darauf, ein 2,5 Millionen Quadratkilometer großes Gebiet dem König von Belgien zur Verwaltung zu überlassen.

Das „alte Afrika"

Auf dem afrikanischen Kontinent lebten verschiedene Völker. Einige führten ein Leben als Jäger und Sammler, andere lebten als Bauern und Handwerker in Dörfern, und manche zogen als Hirten umher. Die Menschen lebten in Großfamilien zusammen, die allen Angehörigen Schutz boten. Alle Völker hatten ihre eigenen Lieder und Traditionen, ihre eigene Sprache und Religion. Politisch war der Kontinent in mehrere Reiche aufgeteilt, in denen Könige, Fürsten oder Priester herrschten. Auch gab es jahrhundertealte Städte, die meist an alten Handelswegen lagen.

Reisen in Afrikas Mitte

Lange Zeit waren nur wenige und relativ kleine Gebiete in der Hand der Europäer: 1806 hatten die Briten die Spitze Südafrikas und 1830 die Franzosen das nördliche Algerien besetzt. Im heutigen Angola und Mosambik lebten etwa 3000 Portugiesen. An der Westküste gab es mehrere Handelsniederlassungen, von denen aus europäische Kaufleute regen Handel mit den Völkern aus dem Landesinneren führten. Das Klima, gefürchtete Krankheiten wie Gelbfieber und Malaria, aber auch die Angst vor afrikanischen Kriegern hielten die europäischen Kaufleute und Siedler davon ab, weiter in den Kontinent vorzudringen.

Doch 1856 durchquerte der britische Forscher und Missionar David Livingstone als erster Europäer den afrikanischen Kontinent. Zu Tode erschöpft und an Malaria erkrankt, erreichte er am 25. Mai die Ostküste Afrikas. Als Livingstone von einer zweiten Expedition nicht zurückkehrte, machte sich der amerikanische Reporter Henry Morton Stanley auf die Suche und fand Livingstone schließlich am Tanganjikasee.
Livingstones und Stanleys Reisen ebneten den Weg dafür, Zentralafrika zu kolonialisieren. Der Herrscher von Bugunda am Victoriasee gestattete Stanley in seinem Land zu missionieren. Mit Geld vom belgischen König ließ Stanley dann 1879 eine Straße am Kongofluss bauen, die quer durch den Kontinent führte.

Beute der europäischen Mächte

Beim Wettlauf um die Kolonien gerieten besonders Großbritannien und Frankreich in einen lang andauernden Streit. Die Streitigkeiten wurden noch komplizierter, als auch das Deutsche Reich Gebiete in Südwestafrika, Togo, Kamerun und Ostafrika beanspruchte. Um einen militärischen Konflikt zu vermeiden, lud der deutsche Reichskanzler Bismarck 1884 zu einer Konferenz ein. Hier legten die Vertreter der europäischen Staaten fest, wie der afrikanische Kontinent aufgeteilt werden sollte. Die wichtigste Bestimmung lautete, dass alle Mächte mit Besitz von Küstenländern ihre Grenzen zum Hinterland beliebig erweitern durften.
Am Konferenztisch wurden auf noch ungenauen Karten die neuen Grenzlinien in Afrika gezogen. Dass sie damit in vielen Landesteilen traditionelle Stammesgebiete der afrikanischen Völker zerteilten oder Handelsstraßen zerschnitten, war den europäischen Politikern egal. Sie betrachteten ein Land als „herrenlos", solange es von keiner anderen Kolonialmacht besetzt war.

Q2 *Hendrik Witbooi, Häuptling der Nama in Südwestafrika, sprach 1892 zu anderen Häuptlingen:*

Dieses Afrika ist das Land der roten Kapitäne (Häuptlinge); wir sind von derselben Farbe und Lebensart, haben gemeinschaftliche Gesetze, die für uns und unsere Leute genügen. Wir sind nicht hart gegeneinander, sondern ordnen Dinge in Frieden und Brüderschaft. (...) Die weißen Menschen aber handeln ganz anders. Ihre Gesetze sind unpassend für uns rote Menschen und undurchführbar. Diese unbarmherzigen Gesetze bedrücken den Menschen von allen Seiten; sie kennen kein Gefühl oder Rücksicht darauf, ob ein Mensch reich ist oder arm.
Ich bin sehr ungehalten über euch (...), die ihr deutschen Schutz angenommen habt und dadurch den weißen Menschen Rechte und Einfluss in unserem Land gebt. (...) Die Deutschen lassen sich (...) nieder, ohne erst um Erlaubnis zu bitten, drängen den Menschen, denen die Gebiete gehören, ihre Gesetze auf, verbieten das freie Herumstreifen auf den Wegen, verbieten ihnen freie Verfügung über ihr eigenes Wasser und über die Weide; sie verbieten den Landeseingeborenen die Jagd auf ihr eigenes Wild, verbieten den Menschen, mit Gewehr auf irgendeinem Platz zu erscheinen, geben den Menschen bestimmte Uhrzeiten und Tage als Termine an und halten die Menschen außerhalb der Wohnplätze an.

Q3 *Über den Imperialismus urteilt der nigerianische Historiker Jacob Ajayi 1977:*

Gestützt auf ihre technologische Überlegenheit, errichteten die Europäer ihre Herrschaft über den ganzen Kontinent. Sie zerstörten, unterdrückten oder schufen Staaten nach Belieben. (...) Die Gebiete, in die Afrika aufgeteilt wurde, waren ein völliger Neubeginn. (...) Die Grenzen der früheren Reiche unterlagen häufigen und raschen Veränderungen. Im Hin und Her der Geschichte war nichts von Dauer. Aber die Aufteilung der Europäer zielte darauf ab, die unablässige Veränderung zu unterbinden, indem sie die Entwicklung in völlig ungewohnte Bahnen zu lenken versuchte.

Q4 *Der neue „Rhodes-Koloss"* (Karikatur aus der britischen Zeitschrift „Punch" von 1892). 1892 war die Telegrafenleitung von Kapstadt nach Kairo fertig gestellt worden. Die Figur stellt den britischen Kaufmann und Pionier Cecil Rhodes dar, der sich stark für den Erwerb von Kolonien einsetzte.

1. *Beschreibe, wie die Menschen in Afrika ursprünglich lebten (VT, D1).*
2. *Wie verfuhren die Europäer bei der Aufteilung des afrikanischen Kontinents (VT, Q1)?*
3. *Liste anhand von Q2 und Q3 auf, welche Folgen die europäische Kolonialisierung hatte.*
4. *Wie beurteilt der nigerianische Historiker heute den Imperialismus (Q3)?*

D1 *Afrika vor 1880*

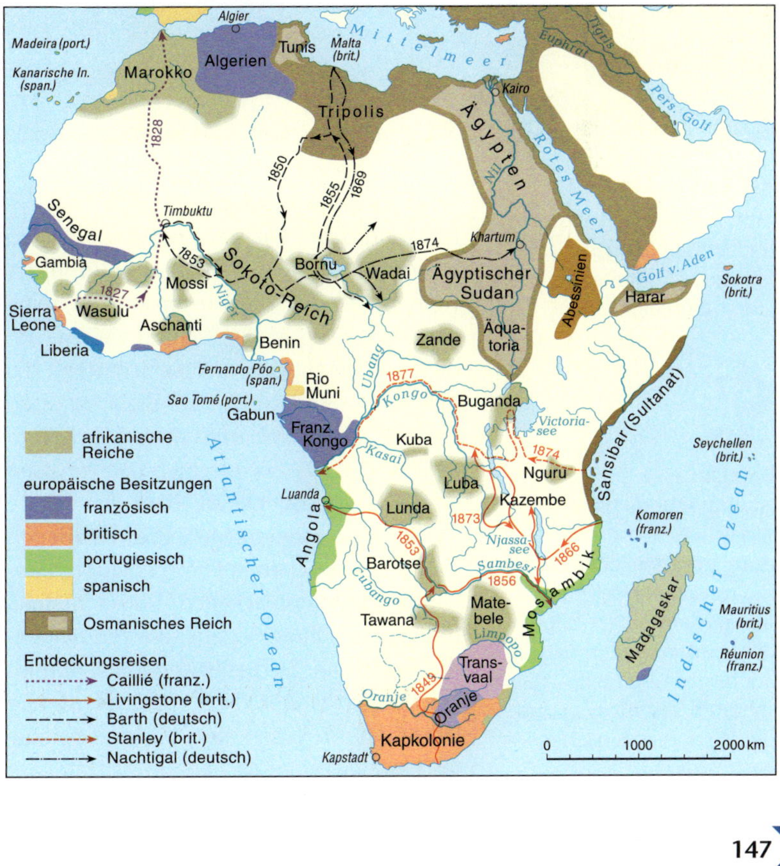

3 Der Globus in der Hand der „überlegenen Rasse“

Q1 *„Frankreich wird Marokko Kultur, Wohlstand und Frieden bringen können“* (Titelseite des „Petit Journal“, 1911)

A-Z

Rassismus
ist eine scheinwissenschaftliche Unterscheidung der Menschen nach biologischen oder kulturellen Merkmalen, z. B. der Hautfarbe, von denen auf bestimmte Eigenschaften geschlossen und der Wert der Menschen bestimmt wird.

Rassismus der Weißen

Der englische Dichter Rudyard Kipling schrieb 1895 das Gedicht „Die Bürde des weißen Mannes“. Darin forderte er seine Landsleute auf, in die Welt zu ziehen, um den „eingefangenen Völkerschaften, die halb Kinder sind und halb Teufel“, zu essen zu geben und dort herrschende Seuchen zu bekämpfen. Wie viele seiner Zeitgenossen war er davon überzeugt, dass die „weiße Rasse“ allen anderen Menschen überlegen sei. Viele Menschen in Europa glaubten daher, die „unterentwickelten“ Völker in Afrika und Asien zu ihrem eigenen Besten zivilisieren zu müssen. Zu diesen angeblich primitiven Völkern zählten die Europäer sogar alte Hochkulturen wie Indien, China oder die hoch entwickelten Aschanti in Westafrika.

Weiße Missionare

Mit den Kolonialherren kamen auch die Missionare, um in den Kolonien den christlichen Glauben zu verbreiten. Außerdem richteten manche Missionare Krankenhäuser und Schulen ein, um das Leben der Menschen in Kolonien zu verbessern. Doch sie trugen auch dazu bei, die alten Lebensgewohnheiten zu zerstören. Zum einen wurden gerade viele einheimische Kinder in den Missionsschulen und Waisenhäusern gezwungen, den christlichen Glauben anzunehmen. Zum anderen verdrängte die Kirche die traditionellen afrikanischen Bräuche, Sitten und Feste, wodurch sich das Leben in den Familien und Dörfern sehr veränderte.

Die Folgen des Rassismus

Auf die gewachsenen Handelsstrukturen und die traditionelle Landwirtschaft der einheimischen Völker nahmen die weißen „Herren“ keine Rücksicht, als sie den Kontinent für sich erschlossen. Sie waren nur daran interessiert, möglichst hohe Gewinne zu erzielen. Handelsgesellschaften und Kaufleute ließen große Plantagen anlegen, auf denen sie Kaffee, Tee, Kakao und Baumwolle anbauten. Auch Bergwerke wurden erschlossen, um wertvolle Rohstoffe wie Gold, Kupfer und Diamanten zu gewinnen. Sowohl auf den Plantagen und in den Bergwerken als auch im Straßen- und Eisenbahnbau ließen die Besitzer tausende Afrikaner als Sklaven für sich arbeiten.
Die europäischen Familien in den Kolonialgebieten wohnten in der Regel in eigenen Stadtteilen mit breiten Straßen und hellen, großen Villen oder Bungalows. Hier waren die einheimischen Männer und Frauen nur als Hauspersonal, Gärtner oder Pförtner geduldet. Ihre Unterkünfte lagen in eng bebauten, stickigen Wohnvierteln, wo es häufig weder feste Straßen noch eine Kanalisation gab.

Q2 *Der spätere Kolonialpolitiker Cecil Rhodes sagte 1877 als junger Student:*

Ich behaupte, dass wir die erste Rasse der Welt sind und dass es für die Menschheit umso besser ist, je größere Teile der Welt wir bewohnen. (…) Darüber hinaus bedeutet es einfach das Ende aller Kriege, wenn der größere Teil der Welt in unserer Herrschaft aufgeht. Da (Gott) sich die Englisch sprechende Rasse offensichtlich zu seinem auserwählten Werkzeug geformt hat, (…) muss es auch seinem Wunsch entsprechen, dass ich alles in meiner Macht Stehende tue, um jener Rasse so viel Spielraum und Macht wie möglich zu verschaffen. Wenn es einen Gott gibt, denke ich, so will er daher eines gern von mir getan haben: nämlich so viel von der Karte Afrikas britisch-rot zu malen wie möglich und anderswo zu tun, was ich kann, um die Einheit der Englisch sprechenden Rasse zu fördern und ihren Einflussbereich auszudehnen.

Q3 *Georges Clemenceau, der spätere französische Ministerpräsident, erwidert in einer Debatte einem anderen Kolonialpolitiker (1885):*

Überlegene Rassen! Minderwertige Rassen! Das ist leicht gesagt! Ich für meinen Teil bin da vorsichtig, seit ich erlebt habe, wie deutsche Gelehrte wissenschaftlich nachgewiesen haben, dass Frankreich den Krieg gegen Deutschland verlieren musste, weil die Franzosen den Deutschen gegenüber eine minderwertige Rasse seien. Die Hindus – eine minderwertige Rasse (…)? Die Chinesen? (…) Nein!

Nein, es gibt kein Recht für so genannte überlegene Nationen gegenüber unterlegenen Nationen. Wir sollten nicht die Gewalt mit der heuchlerischen Bezeichnung Kultur verhüllen. Sprechen wir nicht von Recht oder Pflicht. Die Eroberung, die Sie propagieren, ist nichts anderes als der Missbrauch der Macht, die die Wissenschaft unserer Kultur gegenüber zurückgebliebenen Kulturen gibt. Sie dient dazu, sich der Menschen zu bemächtigen, sie zu foltern oder alles aus ihnen herauszuholen zum Profit des angeblichen Kulturbringers.

Q4 *Ein afrikanischer Lehrer und seine Frau* (Foto, um 1900). Die europäische Kultur wurde auch mit Zwang eingeführt. Selbst private Bereiche wie Heirat und Familienleben waren davon betroffen.

1. *Erkläre den Begriff Rassismus mit eigenen Worten (VT, Lexikon). Finde auch Beispiele aus heutiger Zeit.*
2. *Fasse zusammen, wie die Europäer die Völker in Afrika sahen. Welches Recht leiteten sie daraus ab (VT, Q1, Q5)?*
3. *Lies Q2 und Q3 und gib die Meinungen der Verfasser mit eigenen Worten wieder. Welche von Clemenceaus Argumenten findest du besonders überzeugend?*

Q5 *Einheimische im belgischen Teil des Kongo.* Ihnen wurden die Hände abgehackt, weil sie zu wenig Kautschuk abgeliefert hatten (Foto, 1907). Da die wachsende Elektro-, Auto- und Fahrradindustrie immer größere Mengen an Gummi benötigte, war der Handel mit Kautschuk ein lohnendes Geschäft.

4 Indien wird britische Kolonie

1 *Indische Söldner der britischen Indienarmee um 1850.* Die europäisch ausgerüsteten, von britischen Offizieren ausgebildeten und geführten Truppen – erst ab 1917 gab es auch indische Offiziere – waren bis zum Ende der Kolonie 1947 eine wichtige Stütze der britischen Herrschaft.

Indien wird unterworfen

1498 entdeckte der Portugiese Vasco da Gama den Seeweg um die Südspitze Afrikas nach Indien. Portugal nutzte das, gründete Handelsniederlassungen an den Küsten Indiens und beherrschte über 100 Jahre den einträglichen Handel zwischen Europa und Indien. Vom 17. Jahrhundert an kamen Kaufleute aus anderen Ländern Europas, vor allem Briten und Franzosen, und suchten ihrerseits in das Gewinn bringende Indiengeschäft einzusteigen.

Es folgten Auseinandersetzungen, aus denen schließlich die in der britischen ostindischen Handelskompanie vereinigten Kaufleute als Sieger hervorgingen. Mit Verhandlungsgeschick und militärischer Gewalt, ausgeübt durch eine von britischen Offizieren gedrillte und geführte indische Söldnerarmee, brachten sie sowohl ihre europäischen Konkurrenten als auch die indischen Fürstentümer unter ihre Kontrolle. 1820 beherrschte die britische Kompanie ganz Indien. Damit aber übte sie als Handelskompanie eine politische Macht aus, die eigentlich nur dem britischen Staatsoberhaupt, der Krone (damals der Königin Victoria), zustand. Diese übernahm daher 1858 die Herrschaft über Indien, von 1877 an sogar mit dem Titel „Kaiserin von Indien". Indien war damit zu einer britischen Kronkolonie geworden.

Die Briten in Indien

Die Folgen für das Land und die Menschen waren beträchtlich. Regiert wurde die Kronkolonie von einem Vertreter der Krone, dem britischen „Vizekönig". Dieser konnte mit der Armee und den Beamten der britischen Verwaltung große Macht ausüben. Indien wurde wie ein einheitlicher Staat regiert, obwohl es aus vielen unterschiedlichen Herrschaftsgebieten bestand. Durch den Ausbau des Straßen- und Eisenbahnnetzes beteiligte England Indien zwar am technischen Fortschritt der industriellen Revolution. Aber die Inder lernten auch den Egoismus ihrer Kolonialherren kennen. So war Indien bislang bekannt dafür, feine Baumwollstoffe herzustellen. Als aber in England um 1800 mit Maschinen Stoffe in riesigen Mengen hergestellt werden konnten, zwang man die Inder, britische Stoffe zu kaufen. So konnten die Unternehmer in England zwar ihre Produkte verkaufen, aber die indische Stoffproduktion wurde ruiniert.

Eingriffe in die Religion und die religiösen Lebensformen der Inder vermieden die Engländer, da sie mögliche Aufstände fürchteten. Dennoch sorgten sie dafür, dass sich die britische Kultur in Indien verbreitete. Inder, die in britischen Diensten an der Verwaltung ihres Landes mitarbeiten wollten, mussten Englisch lernen sowie englische Schulen und Universitäten besuchen. Dadurch entstand eine neue indische Elite, die es mit jedem gebildeten Briten aufnehmen konnte.

D1 *Indien als britische Kronkolonie um 1900*

Q2 *Britische Kultur in Indien*

a) Darüber schrieb Lord Macaulay, ein hoher britischer Beamter in Indien, 1835:

Es ist besser, Englisch zu können als Sanskrit oder Arabisch. (…) Die große Masse der Bevölkerung können wir aber nicht erziehen. Wir müssen versuchen, eine Gruppe von Indern heranzubilden, die die Rolle eines Vermittlers zwischen uns und den Millionen, die wir regieren, übernehmen kann – eine Gruppe, die dem Blut und der Hautfarbe nach indisch ist, aber englisch in Lebensform und Meinung, in Sitten und Geist. Dieser Gruppe können wir es überlassen, die Sprachen Indiens zu verfeinern, (…) und der Masse der Bevölkerung englisches Wissen zu vermitteln.

b) Die Folgen beschrieb der britische Journalist E. B. Havell 1909:

Der Einfluss dieser englisch erzogenen Inder auf die Massen des Volks nimmt ständig zu, während der Einfluss der englischen Beamten ständig abnimmt. Wenn wir diesen Indern und dem indischen Volk mehr demokratische Mitspracherechte geben, wird sich ihr Einfluss noch vergrößern und die britische Lage eher verschlechtern als verbessern.

Q3 *Über England und das indische Tuchhandwerk schrieb Karl Marx 1853:*

Es waren die britischen Eindringlinge, die den indischen Handwebern und Handspinnern die Arbeit nahmen. England begann damit, dass es den indischen Kattun (Baumwollstoff) vom europäischen Markt verdrängte. Dann führte es in England mit Maschinen gesponnenes Garn nach Indien ein und überschwemmte schließlich Indien, das eigentliche Mutterland des Kattuns, mit englischen Kattunwaren. Allein von 1818 bis 1836 stieg die Garnausfuhr von England nach Indien um das 5200-fache. Im gleichen Zeitraum sank allein die Bevölkerung des Baumwollzentrums Dakka von 150000 auf 20000 Einwohner durch Hungertod oder Abwanderung.

1. *Beschreibe, wie Indien britische Kolonie wurde und wie die Engländer die Herrschaft ausübten (VT, Q1, D1).*
2. *Stelle die Folgen der britischen Herrschaft zusammen (VT, Q1–Q3, D1).*
3. *Vergleiche die Ausführungen Macaulays und Havells (Q2). Haben sich die Erwartungen Macaulays erfüllt (VT)?*
4. *Nimm Stellung: Haben die Briten den Indern mehr Vorteile oder mehr Nachteile gebracht?*

5 Das Deutsche Reich wird Kolonialmacht

Q1 *Titelbild eines deutschen Schulbuchs von 1891*

Bismarck und die Kolonien

Lange hatte der Reichskanzler Bismarck es abgelehnt, Kolonien zu erwerben. Aus seiner Sicht waren Kolonien schon deswegen nicht erstrebenswert, weil ihre Verwaltung hohe Kosten verursachte. Aber auch aus außenpolitischen Gründen war er gegen deutsche Kolonien. Denn Bismarck glaubte, dass sich die Spannungen mit den Nachbarstaaten nur verschärfen würden, wenn sich auch das Deutsche Reich an dem Wettlauf um überseeische Besitzungen beteiligte. Um die anderen europäischen Mächte, vor allem Frankreich, von Deutschland abzulenken, förderte Bismarck sogar deren koloniale Bestrebungen.

Weltmacht Deutschland?

Doch 1884 musste Bismarck seine ablehnende Haltung aufgeben. Denn einflussreiche Großindustrielle und Großgrundbesitzer forderten immer nachdrücklicher den Erwerb von Kolonien. Zudem meinten viele Politiker, dass man durch eine erfolgreiche Kolonialpolitik leicht von den sozialen Problemen im eigenen Land ablenken könnte. Auch der junge Kaiser Wilhelm II. begeisterte sich für die Idee, das Deutsche Reich in den Kreis der Kolonial- und Weltmächte einzureihen.
Diesen Forderungen gab Bismarck letztlich nach. Im Auftrag der Regierung zogen ab 1884 deutsche Kaufleute, Forscher und Offiziere nach Afrika und in die Südsee, um hier so genannte „Schutzgebiete" zu erwerben. Dazu zählten Kamerun, Togo, Deutsch-Ostafrika, Deutsch-Südwestafrika und kleinere Inselgruppen im Pazifik wie die Marshall-Inseln. Dennoch blieb Bismarck stets ein zurückhaltender Kolonialpolitiker, was viele Zeitgenossen und führende Politiker enttäuschte und was auch zu Meinungsverschiedenheiten zwischen ihm und dem Kaiser führte.

„Im Dienste Seiner Majestät"

Einer der deutschen Afrikareisenden war Carl Peters aus Neuhaus an der Elbe. Er hatte 1884 die „Gesellschaft für deutsche Kolonisation" gegründet. In deren Auftrag unternahm Peters mit sechs Dienern und vierzig Trägern im November 1884 eine Expedition in das östliche Afrika. In fieberhafter Eile durchquerte die Gruppe das Land mehrerer ostafrikanischer Stämme, um von den Stammesfürsten deren Gebiete als deutschen Besitz zu erwerben. Es war ein Wettlauf mit der Zeit, denn auch britische und französische Expeditionen waren mit diesem Ziel unterwegs. Es gelang Carl Peters, innerhalb von fünf Wochen Verträge mit zwölf Stammesfürsten abzuschließen und ein riesiges Gebiet zu erwerben, das die Regierung in Berlin 1890 als Kolonie Deutsch-Ostafrika übernahm.

Q2 *Carl Peters beschreibt, wie er mit den Sultanen die Verträge abschloss:*

Ich selbst hatte mir, um den Sultanen ebenbürtig zu erscheinen, eine Reihe Fahnen mitgenommen, die ich aufziehen ließ (...). Wir tranken dann einen Trunk guten Grogs und brachten seine Hoheit von vornherein in die vergnüglichste Stimmung (...). Alsdann wurden Ehrengeschenke ausgetauscht (...).

Peters schreibt außerdem, wie er vorging, wenn ein Sultan sich weigerte einen Vertrag mit ihm abzuschließen:

Ich wandte mich nun in die benachbarten Dörfer (...), um noch vor Einbruch der Nacht den Leuten eine Lektion zu erteilen. Ich befahl alles, was für uns von Wert war, schnell herauszuräumen, und ließ dann nacheinander sechs von diesen Dörfern in Brand stecken.

Q3 *Zur Kolonialpolitik sagte Wilhelm Liebknecht (SPD) 1885 im Reichstag:*

Was wird mit der so genannten Kolonialpolitik denn eigentlich bezweckt? Wenn wir auf den Grund gehen, so wird als der Zweck hingestellt: die Überproduktion und die Überbevölkerung zu (bekämpfen). (...) Deutschland ist noch lange nicht übervölkert, bei vernünftiger sozialer Organisation, bei zweckmäßiger Organisation der Industriearbeit und bei wissenschaftlichem Betriebe des Ackerbaues könnte Deutschland eine weit größere Bevölkerung ernähren, als dies heutzutage der Fall ist (...). Und gerade so ist es mit der Überproduktion. Da klagen unsere Fabrikanten, dass ihre Produkte keinen Absatz finden. Ja, meine Herren, warum haben sie keinen Absatz? Weil das Volk nicht kaufen kann – abermals eine Folge unserer mangelhaften sozialen Verhältnisse – und wenn die Sozialreform (...) an der richtigen Stelle ansetzen will, dann muss sie dafür sorgen, dass (...) der Nationalreichtum (...) seine richtige Verteilung findet. (...) Und wird etwa durch die Kolonialpolitik etwas nach dieser Richtung erreicht? Nein, meine Herren, sie exportieren einfach die soziale Frage. Sie zaubern vor die Augen des Volks eine Art Fata Morgana auf dem Sande und auf den Sümpfen Afrikas.

Q5 *Carl Peters* (sitzend mit weißer Jacke) mit seinen Begleitern in Ostafrika

Q4 *Das Lied „Bibel und Flinte" entstand etwa 1890 und wurde auf der Melodie von „Es klappert die Mühle am rauschenden Bach" gesungen:*

Was treiben wir Deutschen in Afrika?
Hört, hört!
Die Sklaverei wird von uns allda zerstört.
Und wenn so ein Kaffer von uns nichts will,
den machen wir flugs auf ewig still.
Piff paff, piff paff, hurra!
O glückliches Afrika.

Wir pred'gen den Heiden das Christentum.
Wie brav!
Und wer´s nicht will glauben, den bringen wir um.
Piff paff!
O selig die „Wilden", die also man lehrt
die christliche Liebe mit Feuer und Schwert.
Piff paff, piff paff, hurra!
O glückliches Afrika.

Wir haben gar schneidige Missionär.
Juchhei!
Den Branntwein, den Krupp und das Mausergewehr, die drei.
So tragen Kultur wir nach Afrika;
Geladen! Gebt Feuer! Halleluja!
Piff paff, piff paff, hurra!
O glückliches Afrika!

1 *Stelle gegenüber, wie Bismarck und Kaiser Wilhelm II. über den Erwerb von Kolonien dachten (VT).*

2 *Wie ging die deutsche Regierung vor, um Kolonien in Afrika zu erwerben (VT, Q2, Q5)?*

3 *Vergleiche Q1 mit Q4 und Q6. Was soll das Bild auf dem Schulbuch vermitteln, was drücken das Lied und das Foto aus?*

4 *Fasse die Argumente von Liebknecht zusammen (Q3). Was kritisiert er vor allem?*

Q6 *Der deutsche Reichstagsabgeordnete Dr. Arendt in Deutsch-Ostafrika, 1906*

6 Ausbeutung und Vernichtung

Völkermord
Massenhafte Vernichtung bis hin zur Ausrottung von Menschen einer nationalen, ethnischen oder religiösen Gruppe, wie beispielsweise die Verfolgung der europäischen Juden während des Zweiten Weltkriegs oder der Massenmord an dem Volk der Tutsi in Ruanda in den 1990er-Jahren.

Deutsche brechen jeden Widerstand

Die deutschen Kolonialherren unterschieden sich kaum von den anderen europäischen Mächten darin, wie sie ihre Gebiete beherrschten. Die weißen Siedler nahmen der Bevölkerung ihr Land und häufig auch ihr Vieh und zwangen die Männer und Frauen, auf ihren Plantagen zu arbeiten. Aufseher und Plantagenbesitzer gingen rücksichtslos und ohne jeden Respekt mit den Arbeitern um, misshandelten sie und vergewaltigten ungezählte Frauen. Immer wieder kam es zu Aufständen der einheimischen Bevölkerung, die aber meist schnell mit Gewalt niedergeschlagen wurden.
An einen Aufstand, der auch im Deutschen Reich Aufsehen erregte, erinnerten im Jahr 2004 sowohl die Menschen im heutigen Namibia als auch Politiker in Deutschland und Europa.

Ein Volk wehrt sich …

1883 hatte der Bremer Kaufmann Adolf Lüderitz an der Südwestküste Afrikas Ländereien erworben, welche die deutsche Regierung später zur Kolonie Deutsch-Südwestafrika erklärte. Hier, am Rand einer großen Wüste, lebten die Herero, die als Nomaden mit ihren Viehherden von Weideplatz zu Weideplatz zogen. Als eine Rinderpest unter ihren Tieren ausbrach, waren die Herero gezwungen, ihr überlebendes Vieh zu einem Spottpreis an die weißen Siedler zu verkaufen.
1903 wurde den Herero von den deutschen Behörden ein Gebiet zugewiesen, wo sie künftig leben sollten. Doch dieses Reservat bestand aus unfruchtbarem Land, das Weideland der Herero hatten die Deutschen für sich behalten. Der Zorn der Herero wurde weiter angestachelt, als die Behörden eine Eisenbahnlinie von der Küste zu den Minen im Landesinneren bauen ließen. Dadurch wurden die Herero von den lebensnotwendigen Wasserlöchern abgeschnitten.
Ihre Not und ihr Zorn brachte die Herero dazu, sich gegen die Kolonialherren zu wehren. In der Nacht zum 12. Januar 1904 gingen sie gegen die Deutschen vor und vertrieben sie aus ihren Häusern und von ihrem Land. Der Angriff kam so unerwartet, dass die Herero in kurzer Zeit das Zentrum des Landes besetzen konnten. Insgesamt wurden ungefähr 100 Siedler getötet.

… und wird vernichtet

Doch gegen die Gewehre und Kanonen der deutschen Truppen waren sie chancenlos. Die Soldaten trieben alle Herero – Männer, Frauen und Kinder – in die Omaheke-Wüste und riegelten das gesamte Gebiet ab. Wenn jemand versuchte, aus der Wüste zu entkommen oder an eines der wenigen Wasserlöcher zu gelangen, schossen die Soldaten. Bis zu 60 000 Herero kamen in der Wüste um. Nur etwa 15 000 Menschen überlebten diese Militäraktion, die viele afrikanische und auch europäische Historiker den ersten Völkermord des 20. Jahrhunderts nennen.
Zwar kritisierten manche Deutsche das gnadenlose Vorgehen. Aber man hielt es durchaus für richtig, die Ansprüche der Siedler gegenüber den einheimischen Völkern notfalls auch gewaltsam zu verteidigen.

Q1 *Mit ihren Maschinengewehren waren die deutschen Soldaten den einfacher bewaffneten Herero überlegen* (Foto, 1904).

Q2 *Ein deutscher Farmer schrieb nach einem Überfall der Herero:*

Für solch unbarmherziges Rauben, Morden und Schänden kann es nur eine Strafe geben: (…). Von den überlebenden Mördern müssen für jeden erschlagenen Weißen mindestens fünf Stück aufgehängt werden (…). Für die Überlebenden: Frondienst, bis diese sich (…) bewusst sind, der Weiße, und ganz speziell der Deutsche, ist Herr und nicht gesonnen, seine Herrschaft abzutreten.

Q3 *Der Häuptling der Herero schrieb an den deutschen Gouverneur:*

Der Anfang des Krieges ist nicht jetzt in diesem Jahr durch mich begonnen worden, sondern er ist begonnen worden von den Weißen. Du weißt, wie viele Herero durch die weißen Leute, besonders durch Händler, mit Gewehren und in Gefängnissen getötet worden sind (…). Die Händler raubten meine Leute aus. Für ein oder zwei Pfund Sterling Schulden nahmen sie meinen Leuten zwei oder drei Rinder gewaltsam weg (…). Leutnant N. fing an, meine Leute im Gefängnis zu töten. Es starben zehn und es hieß, sie seien an Krankheit gestorben, aber sie starben durch die Aufseher (…). Jetzt muss ich die Weißen töten (…).

Q1 *Deutsch-Südwestafrika und der Aufstand der Herero, 1904/05.* Nach dem Aufstand bestimmte der deutsche Kaiser, dass die Herero ihr gesamtes Land verloren. Der Gouverneur der Kolonie, Lothar von Trotha, ließ die gefangenen Herero Zwangsarbeit beim Eisenbahnbau leisten. Alle Überlebenden wurden in speziellen Lagern untergebracht, die sie nicht eigenmächtig verlassen durften. Außerdem wurden die Männer und Frauen als Arbeitskräfte auf Werften, beim Straßenbau und anderen öffentlichen Arbeiten eingesetzt.

Q4 *Herero, die vor deutschen Truppen geflüchtet waren, nach ihrer Rückkehr aus der Omaheke-Wüste* (Foto, 1907)

1. *Erkläre, warum es zum Aufstand der Herero gegen die Deutschen kam (VT, Q3).*
2. *Schreibe einen kritischen Zeitungsartikel über das Vorgehen der deutschen Truppen (VT, Q1, Q4).*
3. *Wie erklärst du die Haltung vieler Deutschen gegenüber den Herero (VT, Q2)?*

7 Afrika heute

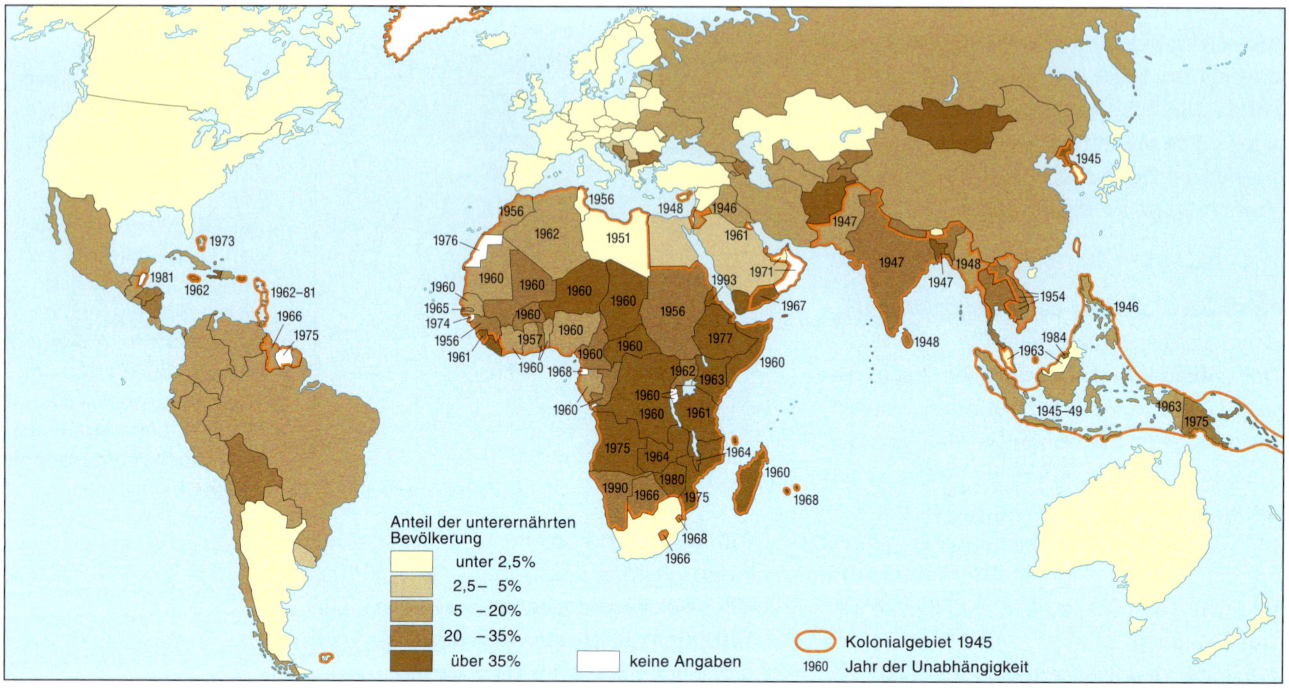

D1 *Hunger in der Welt*

Entwicklungsländer/ unterentwickelte Länder
Beide Begriffe sollen die wirtschaftlich schwächsten Länder der Erde bezeichnen. Sie spiegeln allerdings nur die Sichtweise der reichen Industrieländer, indem sie andere Länder an der eigenen Entwicklung messen.

Die Folgen der Kolonialherrschaft

Die Kolonialmächte bestimmten die weitere wirtschaftliche Entwicklung „ihrer" Kolonien. Da die Bodenschätze und die Erträge der Plantagen vor allem den Mutterländern zugute kommen sollten, wurde die industrielle Entwicklung in den Kolonien nicht gefördert. Durch die Plantagenwirtschaft wurden Produkte wie Kaffee, Tee und Bananen für die Menschen in Europa immer erschwinglicher. Für die Kolonien bedeutete die Plantagenwirtschaft aber, dass andere einheimische Pflanzen- und Gemüsesorten kaum noch angebaut wurden.
Doch die Veränderungen durch die Europäer gingen noch weiter: Neue Grenzziehungen zerschnitten in vielen Landesteilen traditionelle Stammesgebiete oder Wanderwege der Nomaden. Zudem wurden die Großfamilien auseinandergerissen, da viele Männer und Frauen auf den Plantagen, in den Bergwerken oder auf den Baustellen der Europäer arbeiten mussten.

Bürgerkriege und Hunger

Immer wieder brechen in verschiedenen Teilen Afrikas Bürgerkriege aus. Eine Ursache dafür liegt auch in der Kolonialgeschichte: 1884/85 verteilten die Kolonialmächte 1000 Volksgruppen auf neu festgelegte Territorien. So wurden beispielsweise Stämme, die seit langem verfeindet waren, in gemeinsame Staatsgebiete gezwungen. Da sich diese Grenzen bis heute kaum verändert haben, brechen in vielen Staatsgebilden immer wieder Konflikte zwischen den verschiedenen Volksgruppen auf.
Zudem wurden auch Staaten gebildet, die wirtschaftlich kaum lebensfähig sind. Einige Länder verfügen über Bodenschätze und fruchtbare Böden, andere liegen in Wüstengebieten. Allein 31 afrikanische Staaten gehören zu den Ländern mit den niedrigsten Bevölkerungseinkommen der Welt. Sämtliche Staaten Afrikas werden zu einer Gruppe von Ländern gezählt, die wir als „Entwicklungsländer" bezeichnen.

Q1 *Brunnen in einem äthiopischen Dorf.* Das ist immer noch die Ausnahme. 91 Prozent der äthiopischen Bevölkerung hat keinen Zugang zu sauberem Trinkwasser.

Q2 *Dorfschule in Ghana.* Noch immer kann ein großer Teil der Menschen in Afrika nicht lesen und schreiben. Dies zu ändern, ist eine wichtige Aufgabe der afrikanischen Regierungen und internationaler Hilfsorganisationen.

Q3 *Zwei Meinungen zu den Problemen im heutigen Afrika.*

a) Die Sozialwissenschaftler D. Hansohm und R. Kappel schreiben 1994:

Es ist eine verkürzte Sicht, Probleme, die sich historisch entwickelt haben, militärisch lösen zu wollen. Es ist bodenlos naiv (…) zu glauben, im Handstreich gesellschaftliche Probleme lösen zu können. Es wird keine schnellen Lösungen geben. Reformen sind unabdingbar. Wir müssen die herrschenden [Führungsschichten] von der Notwendigkeit ernsthafter Armutsbekämpfung überzeugen, ihr Bemühen aber von mehreren Seiten her unterstützen. Wir könnten auf vielen Ebenen Unterstützung leisten, z. B. den zahllosen Selbsthilfegruppen durch Aus- und Fortbildung helfen oder Genossenschaften durch Kreditvergabe fördern. Auf einer anderen Ebene wäre es sinnvoller als militärisch einzugreifen, den Export von Waffen wirksam zu unterbinden. Unsere Verantwortung leitet sich weniger aus kolonialer Vergangenheit ab als einfach daraus, dass wir heute in einer Weltgesellschaft leben, die nur gemeinsam in [menschlicher Weise] auf diesem Planeten überleben kann.

b) Die kamerunische Sozialwissenschaftlerin Axelle Kabou, 1993:

Die Afrikaner sind die einzigen Menschen auf der Welt, die noch meinen, sich nicht selbst um die eigene Entwicklung kümmern zu müssen. Afrikas Probleme lassen sich nicht von außen lösen. Das Problem heißt nicht Kolonialismus und Verschuldung (…). Das Hauptproblem ist der Minderwertigkeitskomplex der Afrikaner gegenüber dem Westen. Afrika ist gelähmt durch die [Unfähigkeit] seiner politischen Klassen und durch dreißig Jahre Entwicklungs- und Nahrungsmittelhilfe. Afrika muss endlich aus seiner (Trägheit) aufwachen und seine Entwicklung in die eigenen Hände nehmen.

1 Liste die Folgen der europäischen Kolonialherrschaft auf dem afrikanischen Kontinent auf (VT).

2 Erkläre, zu welchen Problemen diese Folgen heute beitragen (VT).

3 Sind die ehemaligen Kolonialmächte an der Not in Afrika schuld? Halte deine Meinung in Stichworten fest. Lies Q3a und Q3b. Wie begründen diese Verfasser die Probleme in Afrika?

4 Informiere dich im Internet über verschiedene Hilfsorganisationen und ihre Projekte in Afrika.

Q4 *Kinder in einem Flüchtlingslager im Sudan.* Niemand kennt die genaue Zahl der Kriegswaisen. Oft genug haben diese Kinder mit ansehen müssen, wie ihre Eltern getötet wurden.

8 Projekt
Kolonialwaren gestern und heute

Q1 *Der „Sarotti-Mohr"*

Waren aus den Kolonien – ein Hauch von Exotik
Kaffee oder Kakao zum Frühstück, eine Tasse Tee am Nachmittag – das war Ende des 19. Jahrhunderts etwas ganz Neues, kamen diese Waren doch aus den weit entfernten Kolonien. Handelsgesellschaften führten diese Produkte nach Europa ein, wo sie in so genannten Kolonialwarenläden zu erschwinglichen Preisen verkauft wurden. Diese neuartigen Waren veränderten die Ess- und Trinkgewohnheiten der Menschen in Europa sehr stark und prägten einen neuen Lebensstil.

Damals wie heute geht dieser Genuss allerdings auf Kosten der Kolonien bzw. der heutigen Länder in der Dritten Welt. Denn nach wie vor kontrollieren große Handelsgesellschaften den Weltmarkt für Kaffee, Tee und Kakao und zwingen die Erzeuger, ihre Produkte zu niedrigsten Erlösen weiterzuverkaufen. Aber es gibt auch Beispiele für „fairen Handel" zwischen alternativen Handelsorganisationen und Kleinbauern in der Dritten Welt. Diese fair gehandelten Produkte findet ihr vor allem in Eine-Welt-Läden oder auch in gut sortierten Supermärkten.

D1 *Ein Kolonialwarenladen um 1900 (Rekonstruktion)*

Q2 *Werbeplakate um 1900*

Dritte Welt
Die Bezeichnung knüpft an die Blockbildung nach dem Zweiten Weltkrieg an. Die westlichen Industriestaaten sahen sich als die „Erste Welt", die Staaten des sozialistischen Ostblocks als die „Zweite Welt". Die anderen z. T. sehr unterschiedlichen Länder wurden zur „Dritten Welt" gezählt.

D 2 *Eine gute Idee:* Auf einem Schulfest könnt ihr selbst einen Verkaufsstand mit fair gehandelten Produkten einrichten. Am besten arbeitet ihr dafür mit einem Weltladen zusammen. Ihr könnt euren Besuchern auch Kaffee, Tee und Kakao aus dem fairen Handel zum Probieren anbieten. Über den Erlös und freiwillige Spenden freut sich sicherlich eine der vielen Hilfsorganisationen für die „Dritte Welt", zum Beispiel die Welthungerhilfe oder Menschen für Menschen.

TRANSFAIR
FAIRTRADE

Q 4 *Dieses Logo steht für „fairen" Handel.*

Q 3 *Produkte aus dem Eine-Welt-Laden*

Vom Kolonialwarenladen zum Eine-Welt-Laden

1. Sucht in Läden und Supermärkten nach ehemaligen „Kolonialwaren" und achtet in Zeitschriften und im Fernsehen auf Werbung für Kaffee, Tee, Kakao und Schokolade. Erinnert noch etwas an die koloniale Vergangenheit dieser Produkte? Bringt Beispiele dafür mit in die Klasse.
2. Informiert euch im Erdkundeunterricht, in Eine-Welt-Läden oder im Internet über die Situation der Kleinbauern in den Entwicklungsländern (www.weltlaeden.de oder www.gepa.de). Bringt auch Produkte und Informationsmaterial aus einem solchen Laden mit.
3. Gestaltet in eurem Klassenzimmer eine Ausstellung zum Thema „Kolonialwaren heute".

9 Bündnisse und Konflikte

1 *Kaiser Wilhelm II. in Admiralsuniform* (Ausschnitt aus einer Ansichtskarte um 1900). Mit solchen Darstellungen wurde in der deutschen Bevölkerung für die Flottenaufrüstung geworben.

Bismarcks Bündnispolitik

Um das Deutsche Reich abzusichern, hatte Bismarck Bündnisse mit Russland, Österreich-Ungarn und Italien geschlossen. Auf diese Weise sollte Frankreich isoliert und für das Reich ungefährlich gehalten werden. Doch mit der Zeit verfeindeten sich Österreich-Ungarn und Russland immer stärker, da sie beide Macht und Einfluss auf die Völker in den Balkanländern ausüben wollten. Durch diese Feindschaft geriet das Deutsche Reich in Gefahr, in einen Krieg gegen Russland verwickelt zu werden.

1888 bestieg der junge Kaiser Wilhelm II. den Thron. Zwischen ihm und Bismarck kam es bald zu großen Streitigkeiten, denn der junge Kaiser wollte in seiner Außenpolitik einen neuen Kurs verfolgen, so viele Kolonien wie möglich erwerben und das Deutsche Reich zu einer Weltmacht machen. Bismarck dagegen war zurückhaltender in der Kolonialpolitik. 1890 forderte Wilhelm II. Bismarck auf zurückzutreten, was dieser verbittert tat.

Bismarcks Nachfolger erneuerten das Bündnis mit Russland nicht mehr. Daraufhin verständigten sich Frankreich und Russland auf ein Bündnis, sodass Deutschland sich nun von zwei Seiten bedroht sah.

„Unsere Zukunft liegt auf dem Wasser"

Das jedenfalls behauptete Kaiser Wilhelm II. Eine große Kriegsflotte sollte dem Deutschen Reich eine führende Stellung in der Welt sichern. Die deutsche Regierung beschloss daher, die Flotte auf insgesamt 36 Linienschiffe, 22 große und 38 kleine Kreuzer auszubauen. Im Ausland wurde die deutsche Politik misstrauisch beobachtet. Vor allem die britische Regierung sah ihre Vormachtstellung auf See gefährdet. Ab 1904 begannen deshalb auch die Briten, ihre Flotte mit mehr und größeren Kriegsschiffen aufzurüsten.

Konflikte um Kolonien

Wilhelm II. nahm in Kauf, dass er durch seine Weltmachtpolitik mit anderen Mächten in Streit geriet. Doch während sich die Beziehungen zwischen dem Deutschen Reich und seinen Nachbarn verschlechterten, änderte sich das Verhältnis der anderen europäischen Mächte untereinander.

1898 hatte sich die Lage in den afrikanischen Kolonialgebieten gefährlich zugespitzt: Frankreich und Großbritannien beanspruchten beide ein Gebiet am oberen Nil bei Faschoda im heutigen Sudan. Es drohte zum Krieg zu kommen. Doch letztlich erkannten beide Regierungen, dass es besser sei, sich über die Kolonialpolitik zu verständigen. Deshalb schlossen sie 1904 eine Allianz, welche sie „Entente cordiale" („herzliches Übereinkommen") nannten.

Als Frankreich nach dieser Krise Marokko besetzte, protestierte die deutsche Regierung. Doch nun zeigte sich, dass Frankreich und Großbritannien gegen das Deutsche Reich zusammenhielten. Auch Großbritannien und Russland einigten sich, nachdem sie lange um Macht und Einfluss in Persien und Afghanistan gestritten hatten. Das Deutsche Reich war nun von allen Seiten eingekreist und isoliert.

Q2 *Im Jahr 1892 schlossen Frankreich und Russland ein Militärabkommen. Darin wurde Folgendes festgeschrieben:*

1. Falls Frankreich von Deutschland oder von Italien mit Deutschlands Unterstützung angegriffen wird, wird Russland alle seine verfügbaren Kräfte für einen Angriff auf Deutschland einsetzen. Falls Russland von Deutschland oder von Österreich mit Unterstützung Deutschlands angegriffen wird, wird Frankreich alle seine verfügbaren Kräfte zum Kampf gegen Deutschland einsetzen.

2. Falls der Dreibund oder eine der an ihm beteiligten Mächte etwa mobil machen sollten, werden auch Frankreich und Russland auf die erste Kunde von diesem Ereignis sofort gemeinsam ihre gesamten Streitkräfte mobil machen und so nahe wie möglich an die Grenze werfen.

3. Die gegen Deutschland verfügbaren Streitkräfte werden auf französischer Seite 1 300 000 Mann, auf russischer Seite 700 000 bis 800 000 Mann betragen. Diese Streitkräfte werden mit Nachdruck (...) derart vorgehen, dass Deutschland zugleich sowohl nach Osten wie nach Westen hin zu kämpfen hat.

D1 *Bündnisse und Spannungen zwischen den Großmächten 1887 und 1914*

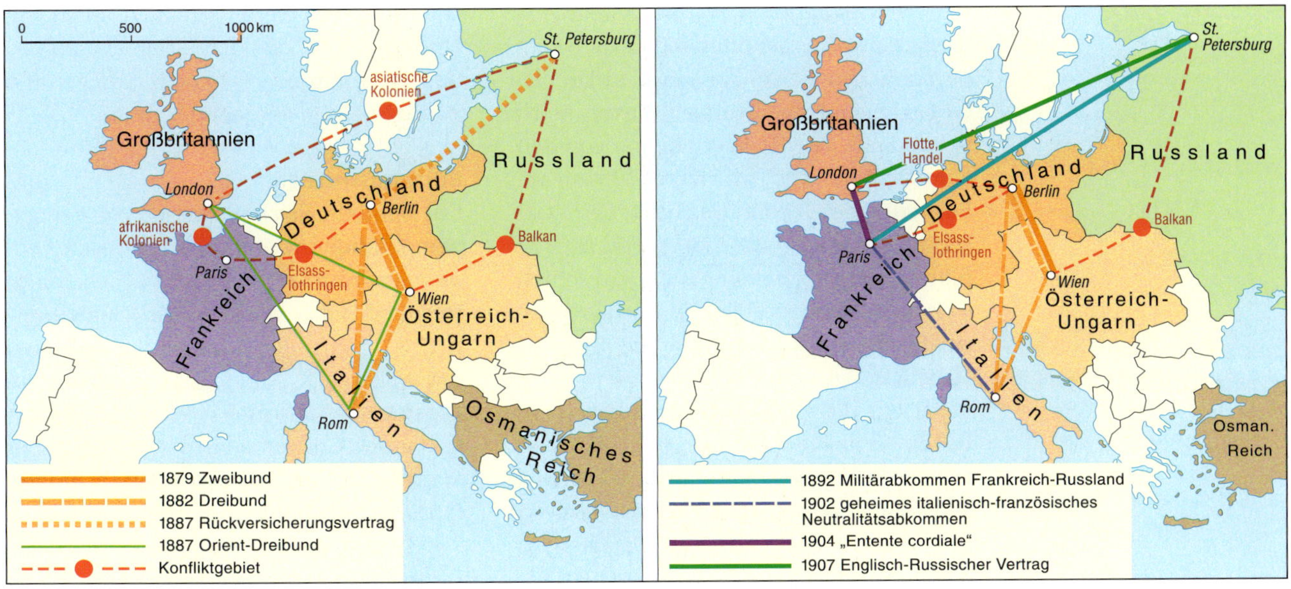

Q3 *Die Sozialdemokraten zur geplanten Verstärkung der deutschen Flotte (1900):*

Die Arbeiterklasse hat kein Interesse, Rüstungen zu unterstützen, welche die Gefahren zu Reibungen zwischen den Kulturstaaten vermehren (...). Insbesondere ist es wieder die Arbeiterklasse, auf deren Schultern die Last der neuen ins Riesenhafte sich steigernden Ausgaben hauptsächlich abgewälzt wird, wohingegen die herrschenden Klassen durch die ungeheuren Profite aus diesen Rüstungen ihren Reichtum ins Ungemessene steigern und neue einflussreiche Posten und Versorgungsstellen für ihre Angehörigen gewinnen.

Q4 *Der britische Außenminister Grey sagte 1911 zur deutschen Flottenpolitik:*

Aber ich meine, die deutsche öffentliche Meinung sollte bedenken, (...) wenn eine Nation die größte Armee in der Welt besitzt und wenn sie eine sehr große Flotte hat und fortfährt, eine noch größere Flotte zu bauen, dann muss sie alles, was in ihren Kräften steht, tun, um den natürlichen Befürchtungen vorzubeugen, die sonst bei andern, die keine aggressiven Absichten gegen jene Macht haben, darin entstehen würden, dass jene Macht mit ihrer Armee und Flotte aggressive Absichten gegen sie hege.

1. *Untersuche die Bündnisse und Konflikte zwischen den europäischen Großmächten (D1). Wer stand sich 1914 gegenüber?*
2. *Prüfe, ob Frankreich und Russland 1892 ein Verteidigungs- oder Angriffsbündnis geschlossen haben (Q2).*
3. *Arbeite aus Q3 und Q4 die Argumente gegen die deutsche Flottenpolitik heraus. Welche Gefahren sahen die jeweiligen Parteien?*

10 „Pulverfass" Balkan

1 *Die fünf Großmächte auf einem Dampfkessel* (Karikatur aus der englischen Satirezeitschrift „Punch", 1908). – Kannst du die Aufschrift auf dem Kessel übersetzen?

Ein Krisenherd in Europa

Der „Wettlauf" der imperialistischen Mächte um Kolonien sowie ihre Streitigkeiten um Grenzziehungen und Einflussgebiete belasteten ihre Beziehungen auch in Europa. Zusätzlich bedrohte das Flottenwettrüsten zwischen dem Deutschen Reich und Großbritannien den Frieden. In dieser angespannten Situation bildete der Balkan eine weitere Krisenregion.

Die Balkanvölker gehörten seit langem zum Osmanischen Reich, das vom türkischen Sultan beherrscht wurde. Dieses Reich wurde Ende des 19. Jahrhunderts von den Europäern nur noch als „kranker Mann am Bosporus" bezeichnet. Versuche, den Staat durch Reformen in das Industriezeitalter zu führen, waren gescheitert. Zudem lebten viele verschiedene Völker in den Grenzen des Reichs, wodurch es politisch recht instabil war.

Vor allem die slawischen Völker auf dem Balkan versuchten, sich von der türkischen Herrschaft loszulösen. Sie lebten zum Teil verstreut über die Staatsgrenzen hinweg und strebten danach, Nationalstaaten zu bilden. So wollte beispielsweise Serbien alle Serben in einem „großserbischen Reich" vereinen. Dazu sollten auch die Serben gehören, die auf dem Gebiet des österreichisch-ungarischen Kaiserreichs lebten. Russland als größte slawische Nation verstand sich als Beschützer aller Slawen, also auch der Serben.

Kriege auf dem Balkan

1908 rebellierten türkische Offiziere gegen den Sultan. Österreich-Ungarn nutzte diese Krise des Osmanischen Reichs aus und annektierte Bosnien und Herzegowina. Damit löste die österreichische Regierung eine gefährliche Krise aus: Serbien betrachtete Österreich als Feind und drohte militärisch vorzugehen. Auch Russland fühlte sich durch die österreichische Annexion in seinen Interessen angegriffen. Doch die deutsche Regierung, die ja mit Österreich-Ungarn verbündet war, warnte Russland davor, Serbien gegen Österreich zu unterstützen.

Auf dem Balkan selbst brachen in den folgenden Jahren mehrere Kriege einiger Staaten untereinander sowie gegen die Türkei aus. Nur mit Mühe gelang es den europäischen Großmächten, diese Kämpfe zu beenden. Doch seit 1908 galt der Balkan als „Pulverfass", von dem jederzeit Kriege zwischen den Bündnisstaaten ausgehen konnten.

Rüstungswettlauf

Das Deutsche Reich fühlte sich von den anderen Bündnismächten „eingekreist". Umso mehr rüstete die deutsche Regierung: Heer und Flotte wurden 1912/13 noch vergrößert. Die anderen Mächte antworteten mit weiteren Rüstungen. So entstand ein allgemeines Wettrüsten. Auf der einen Seite standen Großbritannien, Frankreich und Russland, auf der anderen Deutschland mit Österreich-Ungarn und Italien, das aber 1902 einen geheimen Nichtangriffspakt mit Frankreich geschlossen hatte.

	1889 bis 1900	1900 bis 1910	1910 bis 1913
Großbritannien	38	36	20
Deutschland	12	25	13
Frankreich	15	11	11
Russland	15	6	4

D1 *Der Bau schwerer Kriegsschiffe*

	1905	1910	1913
Frankreich	991	1177	1327
Russland	1069	1435	2050
Großbritannien	1263	1367	1491
Deutschland	1064	1377	2111
Österreich-Ungarn	460	660	720

D2 *Rüstungsausgaben* (in Millionen Mark)

1 Erläutere, aus welchen Gründen der Balkan ein „Pulverfass" für Europa war (VT, Q1).

2 Prüfe, was Österreich mit der Annexion von Bosnien und Herzegowina erreichen wollte (Q2). Welche Folgen hatte dieser Schritt (Q3)?

3 Untersuche die Karikatur Q4. Auf welche Gefahren weist der Zeichner hin?

Q2 *Österreichs Haltung gegenüber Serbien formulierte der österreichische Generalstabschef am 20. Januar 1913:*

Die Entwicklung eines selbstständigen großserbischen Staates ist eine (sehr große) Gefahr für die Monarchie (Österreich-Ungarn); sie liegt darin, dass (...) die Slawen der Monarchie (...) ihren Hort in diesem neuen, von Russland unterstützten Staatswesen suchen, dass vor allem die Serben der Monarchie die Angliederung an dasselbe anstreben werden; damit droht der Monarchie der Verlust der wichtigsten Gebiete für ihre Großmachtstellung und ihr wirtschaftliches Gedeihen. (...) Eingekeilt zwischen Russland, dann einem mächtig gewordenen Serbien und Montenegro und einem auf die Dauer kaum verlässlichen Italien wird die Monarchie zur politischen Ohnmacht und damit zum sicheren Niedergang verurteilt sein. (...) Die Monarchie muss durch eine militärische Kraftäußerung ihr Prestige, besser gesagt ihre politische Geltung, wiederherstellen.

Q3 *Die serbische Zeitung „Piemont" schrieb am 8. Oktober 1913, dem Jahrestag der Annexion Bosniens und Herzegowinas:*

Den Schmerz, der an diesem Tage dem serbischen Volke zugefügt wurde, wird das serbische Volk noch durch Jahrzehnte fühlen. (...) Das Volk legt das Gelübde ab, Rache zu üben, um durch einen heroischen Schritt zur Freiheit zu gelangen. Serbische Soldaten (...) legen heute das Gelübde ab, dass sie gegen die „zweite Türkei" ebenso vorgehen werden, wie sie (...) gegen die Balkan-Türkei vorgegangen sind. (...) Der Tag der Rache naht. Eine Türkei verschwand. Der gute serbische Gott wird geben, dass auch die „zweite Türkei" verschwindet.

Q4 *„Wie sollen wir uns da die Hand geben?"* (deutsche Karikatur von 1912, in der satirischen Zeitschrift „Simplicissimus"). Die Figur links stellt den „deutsche Michel", die Figur rechts England dar.

D3 *Der Balkan 1908 bis 1913*

11 Julikrise und Kriegsausbruch

Q1 *Kurz nach dem Attentat:* Der serbische Student Gavrilo Princip wird überwältigt und festgenommen (Fotografie, 1914).

Zeitreise multimedial – Das lange 19. Jahrhundert: Konflikte – „Darum auf! Zu den Waffen!"

Mobilmachung
Damit wird die Kriegsbereitschaft der Streitkräfte (Heer, Flotte, Luftwaffe) hergestellt, so müssen z. B. Transportmittel bereitgestellt und Reservisten einberufen werden. Eine Mobilmachung gilt auch als Form der Kriegsdrohung.

Das Attentat in Sarajewo

Der 28. Juni 1914 war ein prächtiger Sommertag in Europa. Aber am Abend erschienen in allen europäischen Großstädten Extrablätter mit einer entsetzlichen Meldung: In der bosnischen Stadt Sarajewo war auf Erzherzog Franz Ferdinand, den österreichischen Thronfolger, und seine Frau geschossen worden. Der Attentäter war ein serbischer Student, der mit seiner Tat gegen die Unterdrückung der Serben in Österreich-Ungarn protestieren wollte. Die Menschen in Europa waren empört und bestürzt über diesen politischen Mord.

Krieg statt Diplomatie

Das Streben der Serben nach einem eigenen Staat war für Österreich-Ungarn seit langem eine Gefahr. Daher sah die Regierung in Wien in dem Attentat einen geeigneten Anlass, um mit Serbien „abzurechnen". Das Deutsche Reich war bereit, diese Politik zu unterstützen. Die Regierung in Berlin ging davon aus, dass Russland einem Krieg Österreichs gegen Serbien tatenlos zusehen würde. So sicherte die deutsche Regierung Österreich-Ungarn am 6. Juli ihre bedingungslose Unterstützung zu. Damit erteilte sie dem österreichischen Bündnispartner eine Art „Blankovollmacht" für jedes weitere Vorgehen.

Falls Russland Serbien aber doch militärisch unterstützen sollte, wäre ein europäischer Krieg kaum vermeidbar. Denn alle europäischen Großmächte waren durch ihre Bündnisse feste militärische Verpflichtungen eingegangen. Über dieses Risiko waren sich die Politiker in Berlin von Anfang an im Klaren. Großbritannien schlug mehrfach vor, alle Staaten, die an dem Konflikt beteiligt waren, sollten eine Verhandlungslösung suchen. Doch aus Sicht der Regierungen in Berlin und Wien wäre ein politischer Kompromiss eine Niederlage gewesen.

Beginn des „Weltbrandes"

Ende Juli stellte die österreichische Regierung Serbien ein Ultimatum: Unter anderem sollten österreichische Beamte an den Untersuchungen des Attentats vom 28. Juni mitwirken. Die serbische Regierung war bereit, Wien entgegenzukommen, lehnte aber eine Einmischung in die inneren Angelegenheiten ab. Daraufhin erklärte Österreich Serbien den Krieg. Entgegen der deutschen Hoffnung begann die russische Regierung mit der Mobilmachung, um die Serben gegen die Österreicher zu unterstützen. Daraufhin erklärte die deutsche Reichsregierung Russland und dessen Verbündeten Frankreich den Krieg.

Gleich zu Kriegsbeginn überfielen deutsche Truppen das neutrale Belgien. Die deutsche militärische Führung wollte Frankreich von Norden her schnell besiegen, um sich dann gegen Russland zu wenden. Für Großbritannien war der Überfall auf Belgien der Anlass, an der Seite Frankreichs und Russlands in den Krieg einzutreten. Damit waren innerhalb kurzer Zeit alle europäischen Großmächte in den Krieg verwickelt, der sich bald zu einem „Weltbrand" ausweitete.

Q2 *Zwei Historiker über die Schuld am Ausbruch des Ersten Weltkriegs:*

a) Fritz Fischer (1967):

Bei der angespannten Weltlage des Jahres 1914, nicht zuletzt als Folge der deutschen Weltpolitik (...), musste jeder lokale Krieg in Europa, an dem eine Großmacht unmittelbar beteiligt war, die Gefahr eines allgemeinen Krieges unvermeidbar nahe heranrücken. Da Deutschland den österreichisch-serbischen Krieg gewollt und gedeckt hat und, im Vertrauen auf die deutsche militärische Überlegenheit, es im Juli 1914 bewusst auf einen Konflikt mit Russland und Frankreich ankommen ließ, trägt die deutsche Reichsführung den entscheidenden Teil der historischen Verantwortung für den Ausbruch des allgemeinen Krieges.

Q3 *Am 1. August 1914 in Berlin:* Kriegsbegeisterte Jugendliche ziehen durch die Stadt (Fotografie).

Q4 *Extrablatt einer Berliner Zeitung vom 28. Juni 1914*

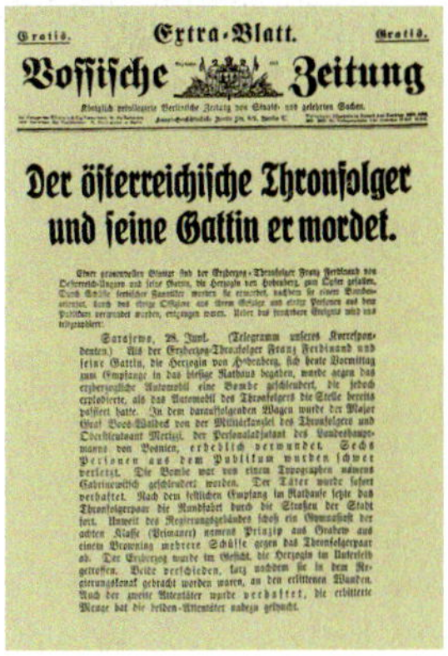

Gratis. Extra-Blatt. Gratis.

Vossische Zeitung

Der österreichische Thronfolger und seine Gattin ermordet.

b) Karl Dietrich Erdmann (1985):

Gewiss, keine der europäischen Regierungen hat den allgemeinen Krieg gewollt. Aber fragen wir einmal umgekehrt: Haben sie den Frieden gewollt? Jede hätte den Krieg verhindern können, wenn sie bereit gewesen wäre, den Preis für den Frieden zu zahlen: Österreich, wenn es darauf verzichtet hätte, den seine Existenz als Vielvölkerstaat bedrohenden großserbischen Nationalismus zu zerbrechen; Deutschland, wenn es Österreich hierbei nicht angetrieben, sondern zurückgehalten hätte (...); Russland, wenn es darauf verzichtet hätte, den serbisch-österreichischen Konflikt durch seine Mobilmachung zu einem europäischen Konflikt zu erweitern (...); Frankreich, wenn es dem russischen Bundesgenossen nicht die Gewissheit gegeben hätte, unter allen Umständen mit französischer Hilfe rechnen zu können (...); England, wenn es nicht seinen Entente-Partnern (Bündnispartnern) die Gewissheit gegeben hätte, dass es im Kriegsfall auf deren Seite stehen werde.

D1 *Die Kriegsmaschine kommt in Gang* – die Ereignisse im Sommer 1914

28. Juni	Attentat in Sarajewo
5. Juli	Die deutsche Reichsführung versichert gegenüber Österreich ihre volle Rückendeckung und Bündnistreue.
23. Juli	österreichisches Ultimatum an Serbien, unter anderem mit der Forderung nach Untersuchung der Schuld unter Beteiligung österreichischer Beauftragter
25. Juli	russisches Hilfsversprechen für Serbien, serbische Mobilmachung
28. Juli	Kriegserklärung Österreich-Ungarns an Serbien
30. Juli	russische Mobilmachung
31. Juli	deutsches Ultimatum an Frankreich (Frankreich sollte in einem russisch-deutschen Krieg neutral bleiben); deutsches Ultimatum an Russland (Einstellung der Mobilmachung)
1. August	15 Uhr französische Mobilmachung 17 Uhr deutsche Mobilmachung 19 Uhr Kriegserklärung Deutschlands an Russland
3. August	Kriegserklärung Deutschlands an Frankreich
4. August	deutscher Einmarsch in Belgien, Kriegserklärung Englands an Deutschland

1 *Fasse zusammen, wie es zum Kriegsausbruch kam (VT, D1).*
2 *Beschreibe anhand von Q3 die Stimmung in der Bevölkerung.*
3 *Welche Gründe für den Kriegsausbruch führen die beiden Historiker in Q2 an?*
4 *Urteile selbst: Was waren die Ursachen und was war der Anlass für den Ersten Weltkrieg?*

12 Ist der Frieden noch zu retten?

Q1 *Bertha von Suttner (1843–1914) schrieb 1889 das Buch „Die Waffen nieder!“.* Sie erhielt 1905 den Friedensnobelpreis und war Vizepräsidentin des Internationalen Friedensbüros in der Schweiz.

Eine Friedensbewegung entsteht

Viele Menschen waren im 19. Jahrhundert zu der Überzeugung gekommen, dass Krieg kein Mittel sei, um politische Probleme zu lösen. Schon der amerikanische Bürgerkrieg von 1861–1864 hatte deutlich gemacht, dass ein Krieg im Industriezeitalter furchtbare Verluste und großes Leid mit sich brachte. In Europa und den USA gründeten sich Friedensgesellschaften, in denen Männer und Frauen darüber diskutierten, wie sich Kriege verhindern und Konflikte friedlich lösen ließen.

1862 veröffentlichte der Schweizer Henri Dunant ein Buch über seine grauenvollen Erlebnisse auf einem Schlachtfeld. 1889 erschien der Roman „Die Waffen nieder!“ der Österreicherin Bertha von Suttner. Dieses Buch wurde in fast alle europäischen Sprachen übersetzt und machte die Friedensidee weit bekannt und populär. Bertha von Suttner nahm an zahlreichen Friedenskonferenzen teil und setzte sich in der ganzen Welt dafür ein, Kriege durch internationale Vereinbarungen zu ächten.

Sprengstoff für den Frieden?

Der schwedische Chemiker Alfred Nobel schlug dagegen einen anderen Weg ein. Er wollte „einen Stoff oder eine Maschine schaffen können von so fürchterlicher, massenhaft verheerender Wirkung, dass dadurch Kriege überhaupt unmöglich würden (…) An dem Tag, da zwei Armeekorps sich gegenseitig in einer Sekunde werden vernichten können, werden wohl alle zivilisierten Nationen zurückschaudern und ihre Truppen verabschieden“ – so glaubte er. 1867 erfand Nobel das Dynamit. Doch als er sah, was seine Erfindung in den folgenden Jahren anrichtete, änderte sich sein Denken radikal. Mit seinem Vermögen, das er mit dem Dynamit verdient hatte, stiftete er einen besonderen Preis. Bis heute wird der Friedensnobelpreis jedes Jahr an Politiker oder andere Menschen verliehen, die sich um den Frieden in der Welt verdient gemacht haben.

Proteste gegen den Krieg

1899 und 1907 kamen in Den Haag die Vertreter zahlreicher Staaten zu einer Friedenskonferenz zusammen. Doch sie schafften es nicht, sich auf Schritte zu einer allgemeinen Abrüstung zu verständigen. 1912 trafen sich dann in der Schweiz zahlreiche Vertreter der europäischen Arbeiterparteien, um über die Kriegsgefahr in Europa zu diskutieren. Sie waren sich einig, dass in einem künftigen Krieg in den Massenheeren des Industriezeitalters vor allem die Arbeiterschaft die größten Opfer bringen würde.

Als nach dem Attentat von Sarajewo ein europaweiter Krieg drohte, demonstrierten Hunderttausende Arbeiterinnen und Arbeitern sowie andere Friedensanhänger vor allem in Deutschland und Frankreich gegen die Kriegspolitik ihrer Regierungen. Doch auch die europäische Friedensbewegung konnte den Krieg nicht verhindern.

A-Z

Pazifismus
(von lat. pax = Frieden) bezeichnet eine Grundhaltung, die militärische Gewalt zur Lösung von Konflikten grundsätzlich ablehnt.

Q2 *Aus einer Reichstagsrede von August Bebel (SPD), 1911:*

Eines Tages kann die eine Seite sagen: Das kann nicht so weitergehen. Sie kann auch sagen: Halt, wenn wir länger warten, dann geht es uns schlecht, dann sind wir der Schwächere statt der Stärkere. Dann kommt die Katastrophe. Dann werden in Europa sechzehn bis achzehn Millionen Männer, die Blüten der verschiedenen Nationen, ausgerüstet mit den besten Mordwaffen, gegeneinander ins Feld rücken. (...) Hinter diesem Krieg steht der Massenbankrott, steht das Massenelend, steht die Massenarbeitslosigkeit, die große Hungersnot.

Q3 *Der protestantische Pfarrer Otto Umfrid schrieb 1913:*

Wenn es der Kriegspartei in Deutschland gelingen sollte, uns wirklich in den fürchterlichsten Zukunftskrieg hineinzuhetzen, wenn dann die Blüte der deutschen männlichen Jugend auf dem Schlachtfeld zerrissen daliegen wird, dann wird das deutsche Volk vielleicht eine Antwort finden auf die Frage, ob derjenige sein Vaterland mehr geliebt habe, der seine ganze Kraft dransetzte, ihm diese Schrecken zu ersparen, oder derjenige, der Blut säte und dafür Blut erntete.
Die Friedenssonne aber wird und muss über die Nebel der Vorurteile siegen trotz Flotten- und Wehrverein.

Q4 *Bürgerliche Pazifisten, zu denen auch der Physiker Albert Einstein gehörte, veröffentlichten im Oktober 1914 diesen Aufruf:*

Der heute tobende Kampf wird kaum einen Sieger, sondern wahrscheinlich nur Besiegte zurücklassen. Darum scheint es nicht nur gut, sondern auch bitter nötig, dass gebildete Männer aller Staaten ihren Einfluss dahin aufbieten, dass (...) die Bedingungen des Friedens nicht die Quelle künftiger Kriege werden, dass vielmehr die Tatsache, dass durch diesen Krieg alle europäischen Verhältnisse in einen gleichsam labilen (...) Zustand geraten sind, dazu benutzt werde, um aus Europa eine organische Einheit zu schaffen.

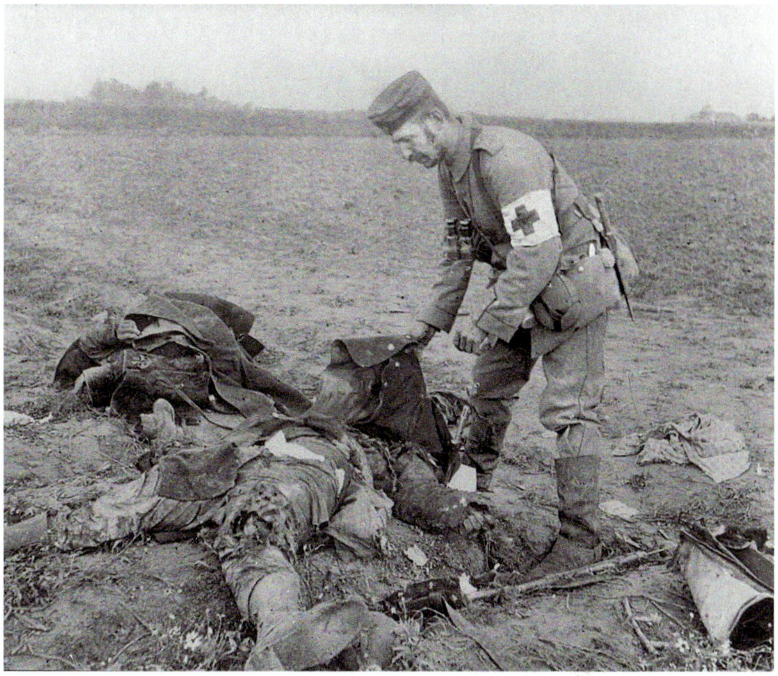

Q5 *Sanitäter mit einer Rotkreuz-Armbinde* (Foto aus dem Ersten Weltkrieg). Der Schweizer Henri Dunant gründete das Rote Kreuz 1864. Die Organisation kümmert sich seitdem unter anderem um Verwundete im Krieg und um das Schicksal von Vermissten.

Q6 *Der russische Zar Nikolaus II. schlug eine Abrüstungskonferenz vor. In seinem Aufruf vom 24. August 1898 heißt es:*

Die Aufrechterhaltung des allgemeinen Friedens und eine mögliche Herabsetzung der übermäßigen Rüstungen, die auf allen Nationen lasten, stellen sich in der gegenwärtigen Lage der ganzen Welt als ein Ideal dar, auf das die Bemühungen aller Regierungen gerichtet sein müssen (...). Hunderte von Millionen werden aufgewendet, um furchtbare Zerstörungsmaschinen zu beschaffen, die heute als das letzte Wort der Wissenschaft betrachtet werden und schon morgen dazu verteufelt sind, jeden Wert zu verlieren infolge irgendeiner neuen Entdeckung auf diesem Gebiet (...). Diesen unaufhörlichen Rüstungen ein Ziel zu setzen und die Mittel zu suchen, dem Unheil vorzubeugen, das die ganze Welt bedroht, das ist die höchste Pflicht, die sich heutzutage allen Staaten aufzwingt.

1. *Fasse die Gründe vieler Menschen im 19. Jahrhundert zusammen, sich für den Frieden einzusetzen (VT).*
2. *Russland war im Jahr 1898 Deutschland und Österreich militärisch unterlegen. Prüfe vor diesem Hintergrund, warum Zar Nikolaus für eine Abrüstung argumentierte (Q6).*
3. *Liste die Gefahren und möglichen Folgen eines Krieges auf, wie sie die Verfasser von Q2 bis Q4 sahen.*
4. *Überlege, warum die Friedensbewegung den Krieg nicht verhindern konnte.*

13 Europa wird zum Schlachtfeld

Q1 *Deutsche Soldaten fahren in einem Güterwagen an die Westfront* (Foto, 1914). Begeisterte Menschen verabschiedeten die Truppen an den Bahnhöfen. Viele junge Männer meldeten sich freiwillig an die Front.

Zeitreise multimedial – Das lange 19. Jahrhundert: Konflikte – „Der Erste Weltkrieg"

Kriegsbeginn

Als im August 1914 die Züge mit Millionen von Soldaten an die Fronten rollten, herrschte in der deutschen Bevölkerung überwiegend Begeisterung. Waren die Reichstagsabgeordneten der Arbeiterparteien zunächst gegen den Krieg, wollten sie nun nicht als Vaterlandsverräter gelten. Mit wenigen Ausnahmen stimmten sie Kriegskrediten zu, damit die Regierung die hohen Kriegskosten bezahlen konnte. Die Regierung ging davon aus, dass sie nach einem gewonnenen Krieg hohe Entschädigungen von Frankreich erhalten würde.

Die deutschen Truppen marschierten über Belgien in Richtung Paris vor. Unerwartet früh griffen russische Armeen Deutschland im Osten an, sodass die deutschen Armeen zugleich gegen Belgier, Briten, Franzosen und Russen kämpfen mussten.

Nach verlustreichen Kämpfen an der Marne in der Nähe von Paris kam im September der deutsche Vormarsch zum Stehen. Zur gleichen Zeit besiegten deutsche Truppen im Osten zwei russische Armeen. Damit verhinderten sie zwar einen Einmarsch der russischen Truppen in Ostdeutschland, an ein schnelles Kriegsende glaubten aber immer weniger Menschen.

Fronten auf dem gesamten Globus

Zwar lagen die Hauptkriegsschauplätze im Westen in Frankreich und im Osten in Russland. Doch das Netz der Fronten spannte sich fast über den gesamten Globus, denn auch in den Kolonien kämpften die europäischen Mächte gegeneinander.

Am 29. Oktober 1914 trat das Osmanische Reich auf der Seite der Mittelmächte in den Krieg ein. Damit bildeten sich neue Frontlinien, und zwar im Kaukasus, in Ägypten sowie an den Meerengen zum Schwarzen Meer und im heutigen Irak. Ein weiterer Kriegsschauplatz entwickelte sich, als Italien im Mai 1915 aus dem Dreibund ausschied und Österreich-Ungarn den Krieg erklärte. Den Süden Europas durchzog nun die so genannte Alpenfront.

Seeblockade und U-Boot-Krieg

Eine strategisch besonders wichtige Rolle spielten jedoch die Weltmeere. Mit Beginn des Krieges blockierte die britische Kriegsflotte die Zugänge von der Nordsee in den Atlantik. Damit war das Deutsche Reich von kriegswichtigen Nachschüben aus Übersee abgeschnitten.

Da die deutschen Kriegsschiffe die Blockade nicht durchbrechen konnten, griffen die deutschen Militärstrategen zu anderen Mitteln. Neu entwickelte U-Boote wurden gegen britische Schiffe eingesetzt, um die Handelsverbindungen nach Amerika und in die Kolonien zu unterbrechen. Es entwickelte sich ein regelrechter Handelskrieg, der auch eine große Zahl von zivilen Opfern forderte. So versenkte das deutsche U-Boot „U 20" im Mai 1915 vor der irischen Südküste das britische Schiff „Lusitania". Fast 2000 Menschen kamen dabei ums Leben, darunter auch 120 US-Bürger. Die USA reagierten, indem sie Druck auf die deutsche Militärführung ausübten. Die Deutschen gaben nach und reduzierten die U-Boot-Einsätze.

Q2 *Der deutsche Reichskanzler Bethmann Hollweg skizzierte am 9. September 1914 in dem geheimen „Septemberprogramm" die deutschen Kriegsziele:*

Das allgemeine Ziel des Krieges: Sicherung des Deutschen Reiches nach West und Ost auf erdenkliche Zeit. Zu diesem Zweck muss Frankreich so geschwächt werden, dass es als Großmacht nicht neu erstehen kann, Russland von der deutschen Grenze nach Möglichkeit abgedrängt und seine Herrschaft über die nichtrussischen Vasallenvölker gebrochen werden. Die Ziele des Krieges im Einzelnen:

1. Frankreich. Von den militärischen Stellen zu beurteilen, ob die Abtretung von Belfort, des Westabhangs der Vogesen, die Schleifung der Festungen und die Abtretung des Küstenstrichs von Dünkirchen bis Boulogne zu fordern ist. In jedem Falle abzutreten, weil für die Erzgewinnung unserer Industrie nötig, das Erzbecken von Briey. Ferner eine in Raten zahlbare Kriegsentschädigung; sie muss so hoch sein, dass Frankreich nicht imstande ist, in den nächsten 18 bis 20 Jahren erhebliche Mittel für Rüstung aufzuwenden. Des Weiteren: ein Handelsvertrag, der Frankreich in wirtschaftliche Abhängigkeit von Deutschland bringt, es zu unserem Exportland macht und es ermöglicht, den englischen Handel in Frankreich auszuschalten. (…)

2. Belgien. (…) Jedenfalls muss ganz Belgien, wenn es auch als Staat äußerlich bestehen bleibt, zu einem Vasallenstaat herabsinken.

Q3 *Der französische Botschafter beschrieb am 12. September 1914 in St. Petersburg die russischen Ziele:*

1. Das Hauptziel der drei Verbündeten würde sein, die Macht Deutschlands und seinen Anspruch auf militärische und politische Herrschaft zu brechen. (…)

3. Russland würde sich den Unterlauf des Njemen und den östlichen Teil Galiziens aneignen. Es würde dem Königreich Polen das östliche Posen, Schlesien (…) und den westlichen Teil Galiziens angliedern.

4. Frankreich würde Elsass-Lothringen wiedernehmen, wobei es ihm freisteht, einen Teil Rheinpreußens und der Pfalz hinzuzufügen. Belgien würde (…) einen bedeutenden Gebietszuwachs erhalten. (…)

12. England, Frankreich und Japan würden sich die deutschen Kolonien teilen.

13. Deutschland und Österreich würden eine Kriegskontribution zahlen.

Q4 *Kanonen, Unterstände und Kriegsgerät in der Gegend um die nordfranzösische Stadt Arras* (Foto, 1917)

1 *Schildere den Verlauf des Krieges in den ersten Monaten (VT, Q1, D1).*

2 *Vergleiche die Kriegsziele der Deutschen und der Alliierten (Q2, Q3). Erläutere die möglichen Folgen dieser Ziele.*

D1 *Frontenverlauf des Ersten Weltkriegs*

14 Kriegswirklichkeit

Q1 *Deutsche Infanteristen an der Westfront stürmen aus ihrem Schützengraben.*

A-Z

Stellungskrieg
Krieg, der an einer fast starren und von Schützengräben, Stacheldrahtzäunen und Unterständen durchzogenen Linie stattfindet. Geländegewinne waren nur durch gezielte Offensiven mit erheblichem Materialeinsatz möglich.

Verdun
Die Schlacht um Verdun war die blutigste Materialschlacht des Ersten Weltkriegs – Hunderttausende französischer und deutscher Soldaten wurden getötet, verwundet, gefangen genommen oder vermisst gemeldet.

Materialschlacht und Stellungskrieg

Bald machten sich die riesigen Verluste an Menschen und Kriegsmaterial bemerkbar. Die Fabriken konnten die angeforderten Mengen an Munition kaum liefern. Der Krieg erstarrte zum „Stellungskrieg" und bald zogen sich Stellungen aus Schützengräben von der Küste durch Belgien und Frankreich bis zur Schweiz.

Das Kampfgeschehen spielte sich meist in einem Geländestreifen von wenigen Kilometern ab, die feindlichen Linien oft in Sichtweite. Gewehrsalven und das Trommelfeuer der Geschütze hielten den Gegner in Schach. Angriffe, häufig im Rahmen von Materialschlachten durchgeführt, bedeuteten für den einzelnen Soldaten ein Himmelfahrtskommando. Die meisten fühlten sich den Kriegsgewalten hilflos ausgeliefert, viele wurden nervenkrank.

Infolge des ständigen Geschützfeuers verwandelte sich die Landschaft rasch in ein ödes Trichterfeld mit Erd- und Schlammgruben, die oft bis zum Rand mit Wasser gefüllt waren. Ratten, Schlamm und Kälte in den Gräben gefährdeten die Gesundheit der Soldaten. Die Gräuel wurden in den letzten Kriegsjahren noch gesteigert, als die Strategen Giftgas einsetzten. Dieses Gas verursachte entsetzliche Leiden bei den Soldaten, führte aber auch keine Kriegsentscheidung herbei.

Die Hölle von Verdun

Am 21. Februar 1916 eröffnete die deutsche 5. Armee das Feuer auf die Festung Verdun sowie auf die Nachschubwege und die gegnerischen Schützengräben. Die Strategie war, Frankreich „ausbluten" zu lassen und so zum Aufgeben zu zwingen. Über Monate hinweg tobten grausame Schlachten zwischen dem deutschen und französischen Heer, wobei zehntausende Männer von Maschinengewehren „niedergemäht" oder von Granaten zerrissen wurden. Im Oktober letztlich waren die deutschen Truppen gezwungen, aus Verdun abzuziehen. An einem einzigen Tag gewannen die Franzosen das Gelände zurück, das die Deutschen in vier Monaten erkämpft hatten.

Alltag in der Heimat

Da die britische Seeblockade die Warenlieferungen nach Deutschland behinderte, mangelte es vor allem in den Städten an Nahrungsmitteln, Kleidungsstücken und Gebrauchsgegenständen. Es mussten Ersatzstoffe hergestellt werden, Nahrungsmittel wurden rationiert, Höchstpreise festgelegt und die gesamte Wirtschaft auf den Krieg ausgerichtet.

Jeder männliche Deutsche, der zwischen 17 und 60 Jahren alt und kein Soldat war, musste Arbeit in der Kriegsindustrie, in der Landwirtschaft oder der Krankenpflege leisten. Auch Kinder, Jugendliche, Frauen, Invaliden, Kriegsgefangene und Zwangsarbeiter wurden als Arbeitskräfte eingesetzt. Die Bevölkerung sollte Goldschmuck und andere Wertstoffe abliefern, Kirchenglocken wurden eingeschmolzen und zu Kanonen gegossen.

Q2 *Ein Soldat an der Front schreibt an seine Familie:*

Ich schicke euch einen Brief, den ein Urlauber erst in Deutschland aufgibt, denn wir dürfen nicht schreiben, wie es uns geht, es wird alles gelesen. Ich bin nun 19 Tage hier (...). In dieser Stellung ist noch keine feste Mauer und kein bombenfester Unterstand. Da heißt es jetzt zwei Stunden Posten stehen, dann zwei Stunden arbeiten, so geht's Tag und Nacht. Hat man dann einmal ein paar Stunden zum Schlafen, dann kann man eine Stunde nicht schlafen wegen der Ratten, die alles zusammenbeißen und gruppenweise über das Gesicht springen. Und dieser Dreck, von oben bis unten voll Lehm (...). Jetzt die Hauptsache, das Essen. In der Stellung wird abends Kaffee (warmes Wasser) gefasst und gleich für den anderen Morgen. Es ist vielleicht so viel wie bei euch eine Tasse, dann kannst du hungern die ganze Nacht, von Schlafen keine Rede und früh zwischen neun und zehn Uhr gibt's schon das Mittagessen. Eine Dörrgemüsesuppe, ein Stück Fleisch und wieder Kaffee, dann ist Schluss.

Q3 *Aufruf an alle Schülerinnen und Schüler in Deutschland:*

Herrliche Taten verrichten unsere Soldaten an der Westfront in Kämpfen (…). Doch die Entscheidung wird zum großen Teil in der Heimat fallen. (…) Jetzt gilt es: Wer die Entbehrungen, die aus der Unterdrückung des Seehandels erwachsen, am längsten ertragen kann, der ist Sieger! Die kommenden Monate sollen die Entscheidung bringen. Und dabei mitzuwirken, sind wir alle berufen. (…)

Sammelt die Knochen aus euren Haushaltungen! Denn aus Knochen lässt sich ein gutes Speisefett herstellen. Sammelt die Obstkerne! (…) Denn daraus wird Speiseöl gewonnen. Sammelt die Brennnesselstängel! Denn sie werden zu Gespinststoffen verarbeitet und dienen unseren Feldgrauen zur Kleidung! (…) Sammelt das Menschenhaar! Denn daraus werden wegen des Ledermangels Treibriemen für die Munitionsfabriken hergestellt. (…) Sammelt Weißblech (Konservendosen usw.) für die Munitionsfabriken, damit nicht die Orgelpfeifen unserer Kirchen der Glut der Schmelzflammen zum Opfer fallen müssen. Sammelt Alt-Gummi; Alt-Papier und alle Metalle (…)! Sucht nach in Boden und Keller, auch bei Freunden und Bekannten, wo ein Stück Metall nutzlos daliegt.

Q5 *„DONA NOBIS PACEM"* (= „Gib uns Frieden"; Postkarte von Ernst Barlach, 1916)

Q4 *Im April 1916 erhielten Anna Böhmer und ihre Tochter Nachricht, dass ihr Mann bzw. Vater Gottfried Böhmer gefallen war:*

Sehr geehrte Frau Anna Böhmer!

Ihr Schreiben vom 3. März (…) hat mich erreicht, und ich bin in der Lage, Ihnen persönlich über den Tod unseres lieben Böhmer Auskunft zu geben. (…) Hätte er mir gefolgt, wäre er zur kritischen Stunde in Urlaub gewesen, aber er wollte erst am 7. April fahren, um die Ostern mit Ihnen zu verleben. (…) Sein Tod war schmerzlos, da er durch eine Granate voll getroffen, hoch in die Luft flog und tot zurückkam. Wer so stirbt, stirbt als Held und es ist sicher Gottes Schickung gewesen, so sterben zu müssen. Ich selbst habe ihn (…) zurückgebracht auf meinem Schlitten, und am 25. 3. Abend 7 Uhr ist er mit 7 Kameraden von mir eigens ins kühle Grab gesenkt worden. (…) Nun liebe Frau Böhmer trösten Sie sich über den herben Schlag, der Teilnahme der ganzen Kompagnie seien Sie versichert. Gott hat es so gewollt, und unser lieber Böhmer ruht sanft, denn wer den Tod im heiligen Kampfe fand, ruht auch in fremder Erde im Vaterland!

(…) Bleiben Sie stark für die fernere Zukunft.

Ergebenst A. Beiersdörfer, Feldwebel.

Zeitreise multimedial – Das lange 19. Jahrhundert: Konflikte – „Eine neue Form des Krieges"

1 *Versetze dich in die Lage eines Soldaten an der Front und schreibe einen Brief an deine Eltern (VT, Q1, Q2).*
2 *Beschreibe, wie sich der Krieg auf die Lebensumstände in der Heimat auswirkte (VT, Q3, Q4).*

15 Projekt
Schauplatz der Geschichte – Verdun

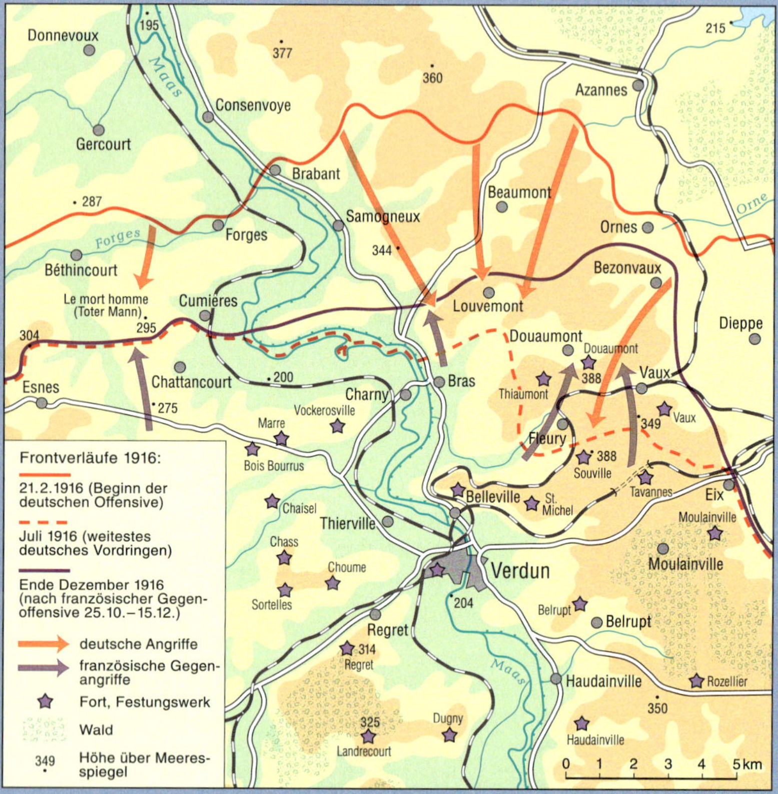

D1 *Das Schlachtfeld von Verdun*

Informationen zu Verdun:
www.dhm.de/lemo/html/wk1/kriegsverlauf/verdun/

Die „Hölle von Verdun" im Jahr 1916

Verdun war nicht die größte „Materialschlacht" des Ersten Weltkrieges, aber nirgendwo anders hatte sich die Zerstörungskraft auf einem solch kleinen Raum konzentriert.

21. 02.: Beginn des deutschen Angriffs in Richtung Verdun

25. 02.: Einnahme des Fort Douaumont durch die Deutschen

6. 03.: Beginn des deutschen Angriffs auf dem Westufer der Maas

8. 05.: Explosionskatastrophe im Fort Douaumont

24. 10.: Rückeroberung des Fort Douaumont durch die Franzosen

15. 12.: Rückeroberung des Geländes durch die Franzosen bis zu den deutschen Ausgangsstellungen im Februar

Q1 *Der deutsche Heerführer Falkenhayn über den Zweck des Angriffs auf Verdun:*

In unserer Reichweite liegen (...) Ziele, für deren Erhalten der französische Generalstab gezwungen wäre, alles bis zum letzten Mann einzusetzen. Wenn er das tut, werden die französischen Streitkräfte (...) verbluten, ob wir unser Ziel erreichen oder nicht.

Q2 *Aus dem Brief eines französischen Hauptmanns vom April 1916:*

Ich bin hier mit 175 Mann angekommen und mit 34 zurückgekehrt, von denen einige halbverrückt geworden sind.

Q3 *Aus dem Brief eines Soldaten, 1916:*

Der letzte Tag vor Verdun und der schrecklichste (...) Ungefähr 600 Meter von unserem Bestimmungsort rasteten wir in einem Granatloch, um Kraft zu sammeln, da wir diese Strecke möglichst schnell (...) machen mussten: denn da war schreckliches Sperrfeuer*. (...) Ich hatte mich kaum hingelegt, da schlägt eine Granate direkt vor uns ein. Geschrei, Gewinsel, Geheul, zugleich der Ruf: „Auf, auf, marsch, marsch, was noch kann!" Ich nahm meine letzte Kraft zusammen und sprang auf. Wir waren natürlich alle bepackt. Ich bin die letzten 600 Meter nicht mehr gegangen, sondern gefallen von einem Granatloch ins andere. Im Unterstand gingen von den 17 Mann sechs ab, drei waren tot, darunter Reiser, der mit mir auf der Schulbank rumgebummelt. Unser Unterstand war eine alte halb zusammengeschossene französische Kasematte, 150 Meter vom Panzerwerk Thiaumont entfernt. (...) Wie ein Fuchsloch war der Eingang. Dahinter führte eine verschüttete Stiege in den Raum, in dem wir vier Tage lagen. Tote lagen unter dem Schutt (...)

* Vorhang aus einschlagenden Granaten

Q4 *In den Kellern des Fort Vaux auf dem Schlachtfeld von Verdun.* Im Vordergrund ein erschöpfter französischer Soldat mit einer Rotkreuz-Binde am Arm.

Q7 *Deutsche Soldaten in einem eroberten französischen Schützengraben, im Hintergrund Fort Douaumont, Juni 1916*

Q5 *Der Schriftsteller Kurt Tucholsky besuchte 1924 das ehemalige Schlachtfeld von Verdun und schrieb über seine Besichtigung von Fort Vaux:*

Ein französischer Soldat führt, er hat eine Karbidlampe in der Hand (...) Es geht ein paar Stufen hinunter. Um diesen Kohlenkeller haben sich zwei Nationen vier Jahre lang geschlagen (...) In diesem Holzgang lagen einst die Deutschen; gegenüber, einen Meter von ihnen, die Franzosen. Hier mordeten sie, Mann gegen Mann, Handgranate gegen Handgranate, im Dunkeln, bei Tag und bei Nacht (...) Am 8. Juni 1916 fiel das Fort. Fiel? Die Leute mussten truppweise herausgehackt werden, mit den Bajonetten, mit Flammenwerfern, mit Handgranaten und mit Gas. An eine Mauer ist noch eine deutsche Inschrift, mit schwarzer Farbe aufgemalt, schwach zu entziffern. Und dann gehen wir ins Verbandszimmer (...) An den Wänden kleben die Schreie – hier wurde zusammengeflickt und umwickelt, hier verröchelte, erstickte, verbrüllte und krepierte, was oben zugrunde gerichtet war (...) Drüben liegt das Fort Douaumont. Einem alten Soldaten, der hier gestanden hat und lebendig herausgekommen ist, muss merkwürdig zumute sein, wenn er jetzt diese Gegend wiedersieht, still, stumpf, kein Schuss.

Q6 *Soldatenfriedhof und Gedenkstätte von Verdun*

Geschichtserkundung

Die Franzosen schufen 1920 auf dem Schlachtfeld von Verdun eine Erinnerungsstätte. Sie soll daran mahnen, nie wieder solches Unheil zuzulassen. Noch nach 90 Jahren können Besucher Spuren der historischen Ereignisse finden. Kritische Stimmen warnen vor einem „Schlachtfeldtourismus". Besucher sollten daher gut vorbereitet sein.

Vorbereitung einer Geschichtserkundung am Beispiel Verdun

- Sichtung von Materialien im Internet
- Besorgung von Unterlagen aus dem Museum von Verdun
- Erstellung von Beobachtungs- bzw. Forschungsaufgaben vor Ort (z. B. Lageskizzen, Objektbeschreibungen, Interviewfragen)
- Kurzreferate zu einzelnen Themenbereichen

Vorbereitung von Kurzreferaten mit den Materialien in „Zeitreise"

1. Die Befestigungsanlagen um Verdun
2. Strategische Planung und Ablauf der Schlacht
3. Leben im Schützengraben
4. Leiden in Fort Douaumont und Fort Vaux
5. Kriegstechnik: Materialschlacht und Trommelfeuer
6. Umgang mit der Erinnerung: Gedenkstätte Verdun

16 Methode
Fotografien als Geschichtsquellen betrachten

Geschichte objektiv?
Mit der Erfindung der Fotografie Mitte des 19. Jahrhunderts konnten erstmals historische Ereignisse in dem Moment festgehalten werden, in dem sie geschahen. Außerdem gibt es seit dieser Zeit auch Aufnahmen aus dem täglichen Leben der Menschen. Fotografien sind deshalb wertvolle Geschichtsquellen für uns. Aber wir müssen Fotos auch immer kritisch befragen, denn der Fotograf hält nur einen Ausschnitt der Wirklichkeit fest. Manchmal werden Fotos auch gezielt eingesetzt, um den Betrachter zu beeinflussen. Das kann so weit gehen, dass Fotografien nachträglich retuschiert, d. h. mit Absicht gefälscht werden.

Der Erste Weltkrieg auf Fotos
Aus der Zeit des Ersten Weltkriegs sind zahlreiche Fotos erhalten geblieben. Sie zeigen sowohl die Geschehnisse an der Front als auch das Leben in den Städten zu Hause. Doch diese Fotografien müssen wir besonders kritisch betrachten, denn gerade in Kriegszeiten werden Fotos oft dazu benutzt, um ein ganz bestimmtes Bild zu vermitteln und über die schrecklichen Seiten des Krieges hinwegzutäuschen.

Q1 Soldaten schützen sich mit Gasmasken gegen das Giftgas. Diese Waffe war eine deutsche Erfindung.

Methodische Arbeitsschritte

1. Betrachte das Foto genau und beschreibe die Einzelheiten.
2. Fasse zusammen, welche konkrete Situation der Fotograf auf dem Bild festgehalten hat.
3. Überlege, zu welchem Zweck das Foto aufgenommen wurde. Ist es ein Pressefoto oder eine private Aufnahme?
4. Beschreibe die Wirkung des Fotos. Welche Einzelheiten hat der Fotograf besonders hervorgehoben; welche Stimmung herrscht auf dem Bild?
5. Betrachte das Foto kritisch. Trifft der Fotograf eine bestimmte Aussage? Will er sachlich informieren oder eine bestimmte Wirkung beim Betrachter erzielen?

Q2 *Nach der Schlacht.* Verwundete Soldaten werden im Feldlazarett versorgt.

Q3 *Todesnachricht von der Front*

Q4 *Arbeiterinnen beim Reinigen von Maschinengewehren, 1916.* Das preußische Kriegsministerium erklärte in einem Schreiben vom 5. Februar 1917: „Die Industrie muss damit rechnen, dass ihr immer mehr Männer entzogen werden. Die Nutzbarmachung der weiblichen Arbeitskräfte gewinnt daher immer größere Bedeutung."

1. *Ordne die Fotografien auf dieser Seite zeitlich in den Kriegsverlauf ein. In welchem Zusammenhang sind sie entstanden?*
2. *Betrachte die Fotos anhand der methodischen Arbeitsschritte. Welche Fotos sind eher sachlich-informierend, welche sollen eine emotionale Wirkung erzielen?*
3. *Suche dir ein weiteres Foto aus den vorangegangenen oder den nächsten Kapiteln aus und analysiere es.*
4. *Frage in deiner Familie nach, ob ihr Fotos aus der Zeit des Ersten Weltkriegs besitzt, und bringe sie mit in die Klasse.*

17 Das Entscheidungsjahr 1917

Q 1 *„Nur die Marine kann dies beenden“* (US-Plakat, 1917). Propagandaplakate wie dieses ließen in den USA die Antikriegsstimmung der Bevölkerung innerhalb weniger Monate in Kriegshysterie umschlagen.

A-Z

Propaganda
ist die gezielte Verbreitung von bestimmten, meist politischen Ideen. Politische Parteien oder diktatorische Regime versuchen so, die Massen zu beeinflussen und für sich zu gewinnen. Propaganda kann auf vielfältige Weise verbreitet werden: auf Plakaten, in Zeitungsartikeln und Flugblättern oder auch in Reden, Radiomeldungen und Kinofilmen.

Der verpasste Frieden

Deutschlands Kraft begann Ende 1916 merklich zu schwinden. Daher machte Reichskanzler Bethmann Hollweg den Alliierten ein Friedensangebot. England und Frankreich lehnten aber ab. Daraufhin forderte der amerikanische Präsident Wilson die Krieg führenden Mächte auf, ihre Bedingungen für eine Friedenskonferenz zu nennen. Einen „Frieden ohne Sieg“ war es, was Wilson vorschlug. Aber dazu war keine der beteiligten Regierungen bereit.

Auf wessen Seite stehen die USA?

Als der Krieg in Europa begann, verkündete der amerikanische Präsident Wilson: „Wir müssen unparteiisch sein in Gedanken und in der Tat.“
Die Sympathien der meisten Amerikaner waren aber eindeutig aufseiten der Alliierten: Zum einen galt Frankreich seit dem Unabhängigkeitskrieg von 1776 als Freund Amerikas. Zum anderen fühlten sich die Amerikaner mit England durch Sprache und Kultur verbunden. Außerdem verstärkte eine geschickte Propaganda der Alliierten antideutsche Gefühle bei den Amerikanern, indem sie Gräuelmärchen über die deutschen Soldaten verbreitete. Die Vorstellung, der deutsche Militarismus könnte ganz Europa beherrschen, beunruhigte die Amerikaner sehr.
Aber auch aus einem anderen Grund war es für die USA schwierig, strikt neutral zu bleiben: Seit 1914 befand sich das Land in einer Wirtschaftskrise. Warenlieferungen an die Alliierten steigerten die Gewinne der Unternehmen und senkten die Arbeitslosenzahlen. Außerdem stellten die Vereinigten Staaten Frankreich und Großbritannien über zwei Milliarden Dollar als Kredite zur Verfügung. Bei einem deutschen Sieg wäre dieses Geld wohl verloren gewesen.

Die entscheidende Wende

Angesichts der zunehmend ausweglosen Lage an allen Fronten verschärfte die Oberste Heeresleitung im Februar 1917 den Krieg zur See. Deutsche U-Boote sollten nun ohne Vorwarnung Handels- und Passagierschiffe versenken. Als in dem folgenden „uneingeschränkten U-Boot-Krieg“ auch amerikanische Schiffe versenkt wurden, erklärte Präsident Wilson den Deutschen im April 1917 den Krieg. In nur eineinhalb Jahren brachten die USA über 30 Milliarden Dollar und 4,5 Millionen Soldaten für den Krieg in Europa auf.
Im selben Jahr brach in Russland eine Revolution aus: Der Zar wurde gestürzt und die Sozialisten übernahmen die Macht. Doch politische Kämpfe im ganzen Land und Probleme in der Lebensmittelversorgung schwächten die russische Regierung und die Truppen. Im Frühjahr 1918 schloss der Führer der herrschenden Partei, Wladimir Iljitsch Lenin, deshalb einen von Deutschland diktierten Friedensvertrag. Damit schied Russland aus dem Krieg aus.

Q3 *„Wenn wir unterliegen"* (deutsche Postkarte vom Dezember 1917). Im Hintergrund rechts sieht man zerstörte Städte und Ruinen von Industrieanlagen.

Q2 *Stimmen zum Kriegseintritt der USA.*

a) Präsident Wilson am 2. April 1917:

Der gegenwärtige deutsche U-Boot-Krieg gegen den Handelsverkehr ist ein Krieg gegen die Menschheit. (…) Unser Ziel ist es, die Grundsätze des Friedens und der Gerechtigkeit gegen selbstsüchtige Gewalt zu verteidigen. (…) Es ist eine fürchterliche Sache, dieses große friedfertige Volk in den Krieg zu führen. (…) Aber das Recht ist kostbarer als der Friede und wir werden für die Dinge kämpfen, die unseren Herzen immer am nächsten waren – für die Demokratie (…), für die Rechte und Freiheiten kleinerer Nationen, für eine weltumspannende Herrschaft des Rechts durch einen Bund freier Völker, der Frieden und Sicherheit für alle bringen und schließlich die Welt selbst befreien wird.

b) Senator Norris im Senat 1917:

Nach meiner Meinung hätten wir von Anfang an die strikteste Neutralität wahren sollen. Wenn wir das getan hätten, stünden wir jetzt nicht am Rande eines Krieges. (…) Der Krieg bringt Reichtümer für die [Munitionsfabrikanten und die] Spekulanten der Wall Street. (…) Sie wollen Geld verdienen durch den Krieg und die Vorbereitung des Krieges. (…) Wir gehen in den Krieg auf Befehl des Goldes. (…)

Die Folgen können sein, dass Millionen unserer Brüder ihr Blut vergießen müssen, Millionen von Frauen weinen, Millionen Kinder frieren und Millionen Säuglinge verhungern müssen – und alles nur, weil wir das Recht amerikanischer Bürger wahren wollen, Waffen an Krieg führende Staaten zu liefern.

1. *Untersuche das Plakat Q1. An welche Gefühle appelliert die Kriegspropaganda?*
2. *Beschreibe das Bild Q3. Was sollen der Text und das Motiv bei der deutschen Bevölkerung bewirken?*
3. *Versuche, den Stimmungsumschwung in den USA zu erklären (VT, Q2). Warum brachte der Kriegseintritt der USA die entscheidende Wende?*

Q4 *Ein U-Boot-Kreuzer im Gefecht.* Dieses kriegsverherrlichende Gemälde fertigte Willy Stöwer an, der Marinemaler Kaiser Wilhelms II.

18 Waffenstillstand und Kriegsende

Waffenstillstand
bedeutet die Einstellung von Feindseligkeiten zwischen Krieg führenden Staaten. Meistens folgen Friedensverhandlungen. Werden Kampfhandlungen für kurze Zeit – z. B. zur Bergung von Verwundeten – eingestellt, spricht man von Waffenruhe.

Revolution und Waffenstillstand

Erstmals seit vier Jahren geriet der Krieg wieder in Bewegung. Aber jetzt machte sich bemerkbar, dass die USA gewaltige Massen an Kriegsmaterial nach Europa gebracht hatten und dass die deutsche Armee erschöpft war. Auch die Verbündeten des Deutschen Reichs standen kurz vor dem Zusammenbruch. Der Krieg war praktisch verloren.

Im September 1918 verlangte die Oberste Heeresleitung unter Hindenburg und Ludendorff von der deutschen Regierung, einen Waffenstillstand herbeizuführen. Die deutsche Marineführung aber erteilte Anfang November der deutschen Hochseeflotte den Befehl, gegen die englische Flotte auszulaufen. Lieber heldenhaft untergehen, als die Flotte an den Feind auszuliefern, war ihre Devise. Doch die Matrosen verweigerten den Gehorsam. In Kiel kam es zum bewaffneten Aufstand, der sich zu einer Revolution in ganz Deutschland ausbreitete. Am 9. November musste Kaiser Wilhelm II. von seinem Thron zurücktreten. Zwei Tage später, am 11. November um 17 Uhr, unterzeichneten Vertreter der neuen demokratischen Regierung mit den Siegermächten einen Waffenstillstand.

Q1 *Die deutsche Waffenstillstandskommission* mit weißen Fahnen an den Autos fährt durch den französischen Ort Compiègne zu den Verhandlungen.

Leid und Schicksal in Zahlen?

Der Krieg brachte unermessliches Leid über die Menschen in ganz Europa, über das Opferstatistiken nur wenig aussagen können. Allein zwei Millionen deutsche Soldaten starben während der vier Kriegsjahre, viele von ihnen hinterließen Frau und Kinder. Die meisten Ehefrauen erhielten als Kriegerwitwen vom Staat nur eine geringe Rente. Sie waren deshalb gezwungen, sich eine Arbeit zu suchen, um überleben zu können. Die meisten Männer, die aus dem Krieg zurückkehrten, litten ihr Leben lang an den gesundheitlichen und seelischen Schäden.

In der Bevölkerung wurden für die Blinden, Gehörlosen, Arm- und Beinamputierten Geld gesammelt, um sie in so genannten Kriegsversehrtenschulen wieder auf einen Einsatz in der Arbeitswelt vorzubereiten.

In den vier Kriegsjahren starben 750 000 Menschen an Unterernährung, Mangelerscheinungen und Schwäche; besonders Säuglinge und alte Menschen waren davon betroffen. Auch die Kälte wurde zur Geißel. Als sich 1918 eine Grippewelle über ganz Europa ausbreitete, fielen ihr die geschwächten Menschen zu Millionen zum Opfer.

Veränderungen für Frauen

Das Leben der Frauen wurde durch den Krieg besonders verändert. Während des Krieges mussten sie in der Familie, im Geschäft, in Behörden oder Fabriken die Männer ersetzen. Allerdings ergaben sich für die Frauen auch Chancen: Sie bewiesen, dass sie in der Lage waren, Aufgaben zu übernehmen, die vorher den Männern vorbehalten waren. So waren manche Frauen nach dem Krieg nicht mehr bereit, einfach an den Herd zurückzukehren. Durch ihre Berufstätigkeit gewannen Frauen nicht nur ein größeres Selbstbewusstsein, sondern auch eine gewisse finanzielle Unabhängigkeit.

Q2 *Kriegsversehrter in einer Werkstatt.* Fotos wie dieses wurden während des Krieges nicht veröffentlicht.

D1 *rechts: Der Erste Weltkrieg in Zahlen*

Länder	während des Krieges insgesamt mobilisierte Streitkräfte	gefallen und gestorben	Verwundete	Gefangene und Vermisste	Gesamtausfälle der mobil. Streitkräfte in %
Alliierte und verbündete Staaten:					
Russland	12 000 000	1 700 000	4 950 000	2 500 000	76,3
Frankreich*	8 410 000	1 357 800	4 266 000	537 000	73,3
Großbritannien*	8 904 467	908 371	2 090 212	191 652	35,8
Italien	5 615 000	650 000	947 000	600 000	39,1
USA	4 355 000	126 000	234 300	4 500	8,2
Japan	800 000	300	907	3	0,2
Rumänien	750 000	335 706	120 000	80 000	71,4
Serbien	707 343	45 000	133 148	152 958	46,8
Belgien	267 000	13 716	44 686	34 659	34,9
Griechenland	230 000	5 000	21 000	1 000	11,7
Portugal	100 000	7 222	13 751	12 318	33,3
Montenegro	50 000	3 000	10 000	7 000	40,0
Gesamt	42 188 810	5 152 115	12 831 004	4 121 090	52,3
Mittelmächte:					
Deutschland	11 000 000	1 773 700	4 216 058	1 152 800	64,9
Österreich-Ungarn	7 800 000	1 200 000	3 620 000	2 200 000	90,0
Türkei	2 850 000	325 000	400 000	250 000	34,2
Bulgarien	1 200 000	87 500	152 390	27 026	22,2
Gesamt	22 850 000	3 386 200	8 388 448	3 629 829	67,4
Gesamtbilanz	65 038 810	8 538 315	21 219 452	7 750 919	57,6

*einschließlich Kolonialtruppen

Q3 *Berliner schlachten einen Pferdekadaver aus* (Foto, 1918).

Zeitreise multimedial – Das lange 19. Jahrhundert: Konflikte – „Das Tagebuch der Maria Anna Kohns"

1. *Schildere mit eigenen Worten den Ausgang des Krieges (VT, Q1).*
2. *Liste die Folgen auf, die der Krieg für die Menschen im Land hatte (VT, Q2, Q3).*
3. *Überlege, an welchen seelischen Schäden die heimgekehrten Soldaten zu leiden hatten.*
4. *Betrachte D1. Was können uns solche Statistiken mitteilen, was aber nicht?*

19 Methode
Kriegerdenkmäler befragen

Denkmäler für die Gefallenen
Nach dem Ersten Weltkrieg wurden in vielen Städten und Dörfern Denkmäler errichtet, um der Gefallenen aus der eigenen Gemeinde zu gedenken. Die Gestaltung der Denkmäler fiel allerdings sehr unterschiedlich aus. Dienten die Kriegerdenkmäler im 19. Jahrhundert noch dazu, militärische Siege oder erfolgreiche Feldherren zu verherrlichen, so drückten nach dem Ersten Weltkrieg viele Künstler in ihren Denkmälern auch das Leid der Soldaten und die Trauer der Familien aus. Schon bei der Planung und Errichtung vieler Kriegerdenkmäler gab es deshalb Streit unter den Künstlern, Auftraggebern und dem Publikum. Manche Denkmäler wurden später sogar beschmutzt oder zerstört.

Ein Denkmal als Quelle nutzen
Ein Denkmal ist also eine sehr aufschlussreiche historische Quelle, denn zum einen erinnert es an Ereignisse oder Personen aus der Geschichte. Zum anderen sagt ein Denkmal auch viel über die Menschen aus, die es in Auftrag gegeben, gestaltet und aufgestellt haben. Am Ort des Denkmals steht meist auch eine Tafel, die dir erste Informationen gibt. Weitere Informationen zum Denkmal und seiner Geschichte finden sich in Zeitungsartikeln, Festreden oder anderen Berichten zur Stadtgeschichte. Diese Dokumente liegen im Stadtarchiv.

Q 1 *Kriegerdenkmal in Hildesheim* zu Ehren der Gefallenen des Ersten Weltkriegs. „Nie wieder Krieg" stand 1981 eines Morgens in großen weißen Buchstaben auf dem Denkmal. Viele Einwohner reagierten empört.

Methodische Arbeitsschritte

1. Beschreibe das Denkmal genau. Was ist dargestellt, welche Einzelheiten fallen auf?
2. Wie wirkt das Denkmal auf dich? Zeigt es wirkliche Menschen oder Helden? Werden Gefühle wie Trauer und Schmerz sichtbar oder verkörpern die Figuren Heldenmut und Stärke?
3. Gibt es eine Inschrift und was sagt sie aus?
4. An welchem Ort ist das Denkmal aufgestellt? Hat dieser Platz eine besondere Bedeutung für die Stadt?
5. Informiere dich über die Entstehungsgeschichte des Denkmals. Aus welchem Anlass wurde es errichtet, wer hat den Auftrag dazu gegeben und wer hat es geschaffen?
6. Versuche, die Botschaft des Denkmals zu formulieren. Kannst du ihr zustimmen?

Q2 *Die Brüder Hans und Peter Kollwitz als Kinder*

Q3 *Aus dem Tagebuch von Käthe Kollwitz:*

Sonntag, 9. August 1914

Karl (der Vater): „Das Vaterland braucht dich noch nicht, sonst hätte es dich schon gerufen." Peter leise, aber fest: „Das Vaterland braucht meinen Jahrgang noch nicht, aber mich braucht es." Immer wendet er sich stumm mit flehenden Blicken zu mir, dass ich für ihn spreche.

Montag, 10. August 1914

Verzweifeltes Aufwachen am Morgen. Gefühl der Unmöglichkeit der Hingabe Peters. Mit Peter nach dem Frühstück gesprochen. Gesagt, dass ich nichts zurücknähme vom gestrigen Abend. Er müsse über sich selbst bestimmen. Aber ob er nicht doch noch etwas warten wolle, bis er gerufen werde? Die Wahrscheinlichkeit läge nahe, dass keiner dieser Jünglinge wiederkäme.

(…) Während des Sprechens dasselbe Gefühl wie am Abend vorher, als Karl sprach: Man spricht umsonst und man findet keine Worte, weil der stumm zuhörende Junge mit Macht sich gegen das eigene Innere durchsetzt.

(…) Abends ich und Karl allein. Weinen, Weinen, Weinen.

1 Betrachte die beiden Denkmäler Q1 und Q4 anhand der methodischen Arbeitsschritte. Was wollten die Künstler jeweils ausdrücken?

2 Lies die Zusatzinformationen zu dem Denkmal von Kollwitz. Erläutere nun genauer, wie das Denkmal entstanden ist.

3 Informiere dich im Internet oder in der Bibliothek über Kollwitz und ihre Werke. Finde weitere Bilder von ihr, in denen sie sich mit dem Krieg auseinandersetzt.

4 Gibt es in eurer Stadt auch ein Denkmal für die gefallenen Soldaten des Ersten Weltkriegs? Besucht es und betrachtet es genau auf seine Aussage und Wirkung hin.

Q4 *Trauerndes Elternpaar* (Denkmal von Käthe Kollwitz, 1867–1945, auf dem Soldatenfriedhof Vladslo bei Dixmude in Belgien). Die Künstlerin Käthe Kollwitz verlor im Ersten Weltkrieg ihren damals 18-jährigen Sohn Peter. Diesen Verlust konnte sie ihr ganzes Leben nicht verwinden. Vor allem machte sie sich Vorwürfe, dass sie ihren Sohn nicht davon abgehalten hatte, sich freiwillig als Soldat zu melden. Nach einer kurzen Ausbildung wurde Peter im Kampfgebiet in Flandern eingesetzt, wo er nach wenigen Tagen fiel.

20 Abschluss
Wohin der „Wettlauf“ um Kolonien führte

Es war ein verhängnisvoller Weg, den die europäischen Großmächte im letzten Drittel des 19. Jahrhunderts einschlugen und der letztlich in einer Katastrophe endete. Entscheidende „Stationen“ dieser Jahre kannst du hier noch einmal nachvollziehen.
Start ist an einem Verhandlungstisch in Berlin. An insgesamt 18 Weggabelungen erhältst du eine Frage mit zwei Antwortmöglichkeiten. Folge dem Pfeil, der an der – wie du meinst – richtigen Lösung steht, weiter zur nächsten Station.
An der Strecke findest du mehrere Buchstaben, die du dir notieren solltest. Wenn du die Buchstaben am Ende in die richtige Reihenfolge bringst, erfährst du, wer sich immer wieder gegen die Kolonialpolitik und das Wettrüsten der europäischen Mächte ausgesprochen hat.

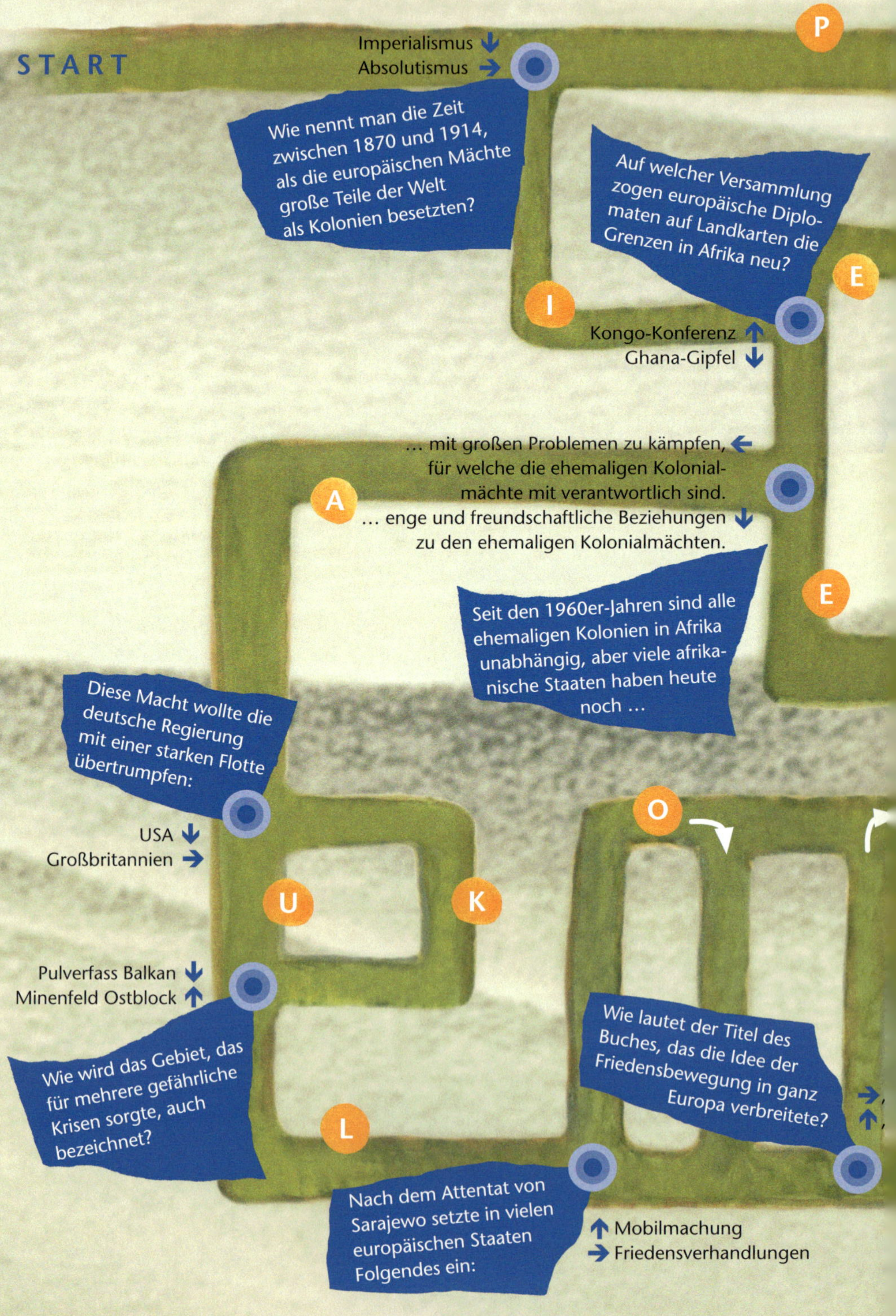

S

O

Wie bezeichnet man die Einstellung, wenn sich ein Volk oder eine Person aufgrund ihrer Herkunft oder Hautfarbe anderen Menschen überlegen fühlt?

D

Als was betrachteten die Europäer den afrikanischen Kontinent?

- gesetzloses Land ↓
- herrenloses Land ↑

Z

- Rassismus ←
- Nationalismus ↓

Was behaupteten die Europäer, den einheimischen Völkern in den Kolonien zu bringen?

- Kultur und Zivilisation →
- Reichtum und Frieden ↓

Wer von diesen beiden Männern begeisterte sich von Anfang an für den Erwerb von möglichst vielen Kolonien?

- Otto v. Bismarck ↑
- Kaiser Wilhelm II. ↓

An welchem Volk verübten die deutschen Kolonialtruppen einen Massenmord?

- Kongolesen ↑
- Herero ←

R

M

Wie hieß die Kolonie, die Carl Peters im Auftrag der deutschen Regierung erwarb?

- Deutsches Südafrika ↑
- Deutsch-Ostafrika ←

A

Was baute Bismarck auf, um das Deutsche Reich politisch und militärisch abzusichern?

- ← ein mehrseitiges Bündnissystem
- ↓ mehrfach überwachte Grenzen

- ↓ Matrosen der Kriegsflotte
- → Junge Rekruten an der französischen Front

Wer verweigerte im Oktober 1918 den Befehl der Offiziere und rief zur Revolution auf?

Welches Ereignis brachte 1917 eine entscheidende Kriegswende?

- ↑ Die USA traten in den Krieg ein.
- ← Russische Truppen eroberten Berlin.

- Verdun ↓
- Stalingrad →

Bei der Schlacht um diese Stadt im Jahr 1916 verloren Hunderttausende Soldaten ihr Leben.

T

N

r Krieg“
n nieder“

W

- → den Waffenstillstandsvertrag
- ↑ ein Friedensangebot an die Alliierten

Am 11. November 1918 unterzeichneten Vertreter der deutschen Regierung …

ZIEL

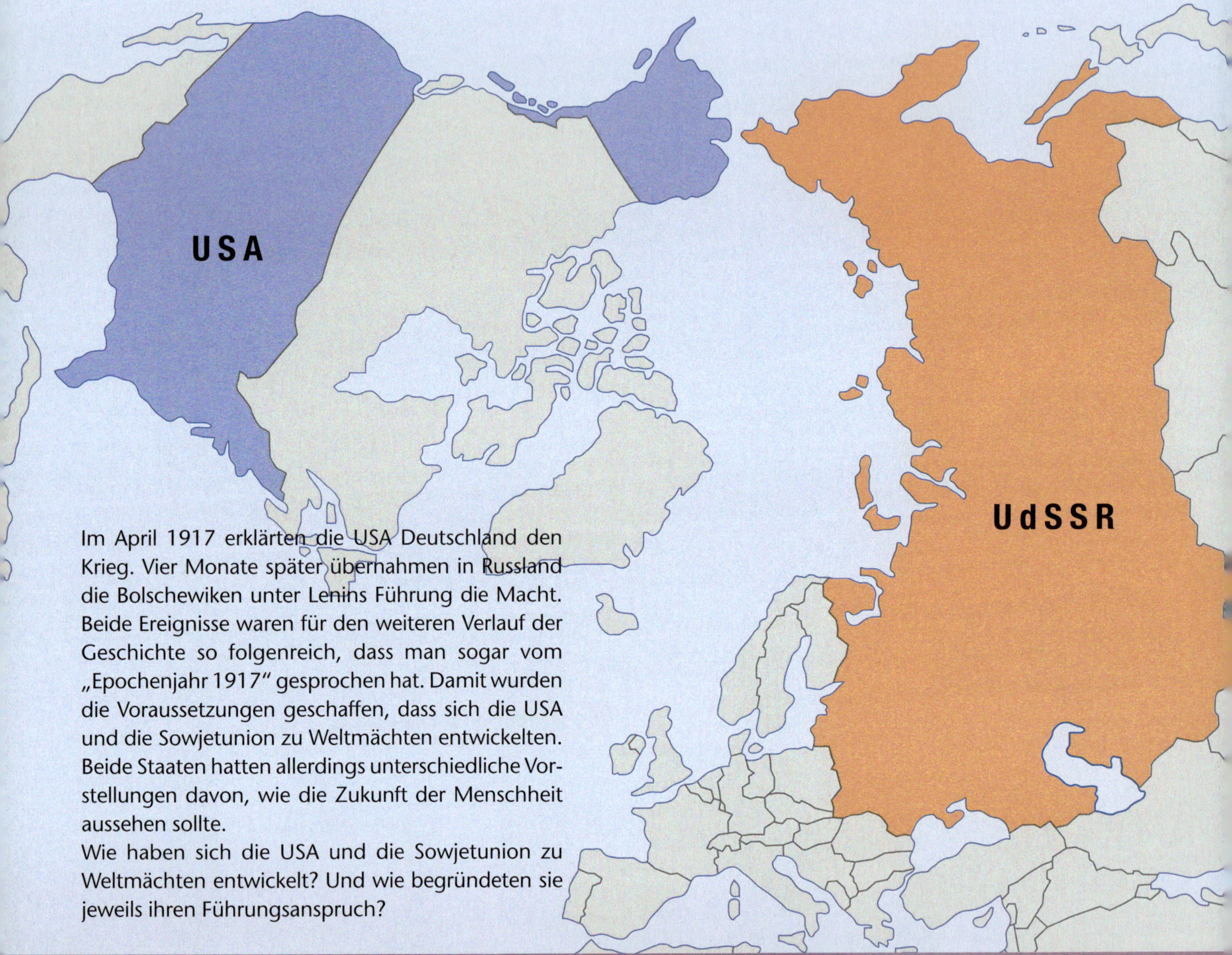

Im April 1917 erklärten die USA Deutschland den Krieg. Vier Monate später übernahmen in Russland die Bolschewiken unter Lenins Führung die Macht. Beide Ereignisse waren für den weiteren Verlauf der Geschichte so folgenreich, dass man sogar vom „Epochenjahr 1917" gesprochen hat. Damit wurden die Voraussetzungen geschaffen, dass sich die USA und die Sowjetunion zu Weltmächten entwickelten. Beide Staaten hatten allerdings unterschiedliche Vorstellungen davon, wie die Zukunft der Menschheit aussehen sollte.

Wie haben sich die USA und die Sowjetunion zu Weltmächten entwickelt? Und wie begründeten sie jeweils ihren Führungsanspruch?

19. Jahrhundert

Mit der Erweiterung des Eisenbahnnetzes wird in Russland die Industrialisierung vorangetrieben.

um 1900

Die USA dehnt ihr Einflussgebiet auf den Pazifischen Ozean und Mittelamerika aus.

April 1917

Mit der Kriegserklärung an Deutschland treten die USA in den Ersten Weltkrieg ein.

Die neuen Weltmächte entstehen

Die Freiheitsstatue steht seit 1886 in der Einfahrt zum Hafen von New York. Die französische Regierung hatte sie dem demokratischen Vorbild USA zu dessen hundertjährigem Bestehen geschenkt. Die Frauengestalt ist über 46 Meter hoch. In der rechten Hand trägt sie eine Fackel als Zeichen der Freiheit, in der linken hält sie die Unabhängigkeitserklärung.

Die Flagge der USA hat 13 Streifen. Das ist die Zahl der amerikanischen Gründerstaaten, die 1776 ihre Unabhängigkeit vom Mutterland England erkämpften. Die Anzahl der Sterne steht für die Zahl der heutigen Staaten.

„Arbeiter und Kolchosbäuerin". So heißt die 25 Meter hohe Skulptur. Die Künstlerin Vera Muchina schuf sie für die Pariser Weltausstellung 1937 im Auftrag der sowjetischen Regierung. Das Standbild zeigt das Idealbild des sozialistischen Menschen. (Eine Kolchosbäuerin ist eine Arbeiterin in einem sowjetischen Landwirtschaftsbetrieb.)

Die sowjetische Flagge zeigt die Werkzeuge Hammer und Sichel. Sie stehen für die Arbeit in Industrie und Landwirtschaft in einem kommunistischen „Arbeiter- und Bauernstaat". Der rote Stern symbolisiert die sozialistische Weltanschauung.

)ktober 1917

ie russische Zarenherrschaft ird durch eine kommunistische Diktatur abgelöst.

1922

Die „Union der Sozialistischen Sowjetrepubliken" (UdSSR) wird gegründet.

1924–1953

Stalin baut seine Herrschaft auf Terror und Personenkult auf.

1963

Die amerikanische Bürgerrechtsbewegung demonstriert gegen Rassentrennung und Diskriminierung.

1 Das „goldene Zeitalter"?

Q1 *Kinderarbeit in einer Baumwollspinnerei* (Lancaster Cotton in South-Carolina, Foto, 1908). In den Textilfabriken der Südstaaten arbeiteten um 1900 etwa 1,7 Millionen Kinder in Zwölf-Stunden-Schichten.

Die Erschließung des Westens

Nach dem Ende des Bürgerkrieges erlebten die USA einen rasanten Wirtschaftsaufschwung. Das hing vor allem mit der Erschließung des Landes von Ost nach West zusammen. Immer mehr Siedler und Einwanderer zog es Mitte des 19. Jahrhunderts in den Westen des nordamerikanischen Kontinents. Hier hatte man die Möglichkeit, von den Indianern geraubtes Land billig als Ackerland und Weide zu nutzen. In den Kupfer-, Zinn- und Zinkminen der Rocky Mountains und auf den Ölfeldern in Texas gab es genug Arbeit. Abenteurer glaubten, als Goldwäscher in Nevada oder Kalifornien schnell reich zu werden. Um Menschen und Materialien in das Prärieland im Westen zu transportieren, wurde das Eisenbahnnetz ausgebaut. Die Ostküste am Atlantik und die Westküste am Pazifik sollten durch eine Transkontinentalbahn verbunden werden. Bis 1910 wuchs das Streckennetz auf fast 400.000 Kilometer, das war mehr als in allen anderen Staaten der Welt zusammen.

Die Wirtschaft boomt

Tausende Menschen fanden bei den Eisenbahngesellschaften Arbeit. Die Fabriken im Osten produzierten Schienen, Lokomotiven und Waggons in riesigen Stückzahlen. Maschinen für die Landwirtschaft, den Bergbau und die Erdölförderung konnten mit der Eisenbahn schnell befördert werden. Die junge Auto- und Elektroindustrie boomte. Die Farmer im Süden lieferten Nahrungsmittel für die vielen Menschen, die in den neu entstehenden Städten lebten. Großstädte wie Chicago, Philadelphia oder Los Angeles entwickelten sich in atemberaubendem Tempo.

Reichtum in wenigen Händen

Mit dem wirtschaftlichen Aufschwung wurde „money making" zum neuen Schlagwort. Um schnell reich zu werden, bedienten sich Unternehmer fragwürdiger Methoden: Konkurrenten wurden in den Ruin getrieben und wenn es dienlich war, auch Politiker bestochen. Unternehmer wie der „Eisenbahnkönig" Cornelius Vanderbildt, der „Stahlkönig" Andrew Carnegie oder der „Ölkönig" John D. Rockefeller kauften andere Unternehmen auf. So entstanden Monopole, die ganze Wirtschaftszweige kontrollierten und riesige Vermögen anhäuften. Die Regierung mischte sich kaum in die Wirtschaft ein, im Gegenteil: Die Unternehmen hatten im Kapitalismus freie Hand und die Monopole übten oft großen Einfluss auf die Politik aus.

The „American Dream"

Viele Amerikaner waren fasziniert von der Möglichkeit, zu märchenhaftem Reichtum aufzusteigen. In der Tat hatten es viele Amerikaner geschafft, angesehene wohlhabende Bürger zu werden. Sie meinten, durch Fleiß, Geschick und den Glauben an sich selbst könne man zu Erfolg und Ansehen gelangen. Der Tüchtige setze sich durch. Viele übersahen dabei, dass eine Grundlage des Reichtums die rücksichtslose Ausbeutung anderer war: Fabrikbesitzer ließen ihre Arbeiter für Hungerlöhne bis zu 72 Stunden in der Woche arbeiten. Für die meisten Amerikaner blieb der „amerikanische Traum" unerfüllt.

A-Z

Kapitalismus
Wirtschaftsordnung, in der Privateigentümer ihr Kapital vermehren wollen. Sie ist vom freien Wettbwerb geprägt.

Monopol
Das Monopol besitzen Unternehmen, die in einem bestimmten Wirtschaftszweig den Markt beherrschen. Nachdem sie Konkurrenten ausgeschaltet haben, können Monopole die Preise bestimmen. In Deutschland wird heute darauf geachtet, dass ein Unternehmen nicht allein den Markt beherrscht und die Preise diktiert.

5 *Die Brooklyn-Bridge in New York* war die größte Hängebrücke der Welt. Seit 1883 verband sie das Geschäfts- und Finanzzentrum auf der Insel Manhattan mit der Nachbarstadt Brooklyn. Wie die Wolkenkratzer zu Beginn des 20. Jahrhunderts wurde die Brücke zum Symbol für den gigantischen wirtschaftlichen Aufschwung.

2 *Andrew Carnegie war als 13-Jähriger nach Amerika eingewandert, arm und ungebildet. 1889 galt er als „Stahlkönig" der USA. Seine Auffassung:*

Das Gesetz des Wettbewerbs (...) mag zwar für den Einzelnen gelegentlich hart sein, für die Menschheit ist es jedoch zum Besten, weil es auf jedem Gebiet das Überleben der Tüchtigsten sicherstellt. Daher akzeptieren und begrüßen wir die große Ungleichheit der Lebensbedingungen, die Konzentration von Industrie und Handel in den Händen von wenigen und das Gesetz des freien Wettbewerbs zwischen ihnen, (...) da sie für den künftigen Fortschritt der Menschheit nicht nur günstig, sondern notwendig sind.

3 *Der Schriftsteller Henry D. Lloyd schrieb 1894:*

Wirtschaftliche Tätigkeit, die von der Selbstsucht des Einzelnen bestimmt wird, führt überall zum Monopol, wo sie das soziale Leben berührt – zum Land-, Transport-, Handelsmonopol (...).
Wir müssen (einen) Feldzug planen gegen (...) die Menschen, die die Regierungsbefugnisse, die von allen für alle verliehen wurden, als Sonderrecht für ihre persönliche Machterweiterung benutzen. Genauso wollen sie die gemeinsame Arbeit aller und die allen gehörenden Geschenke der Natur – das Land, die Energiequellen, die Bergwerke, die Ortschaften – statt dem allgemeinen Nutzen nur dem eigenen Interesse dienstbar machen, sodass einige wenige im Überfluss und die vielen in Armut leben.

4 *Der „Ölkönig" John Davison Rockefeller* (1839–1937) war seinerzeit der reichste Mann der Welt. Mit seinem 1882 gegründeten Öl-Unternehmen kontrollierte er 95 Prozent des amerikanischen Raffineriegeschäftes.

1. *Miss im Atlas die Entfernung zwischen der Ost- und der Westküste der USA. Überlege, welche Hindernisse Ingenieure und Arbeiter beim Bau der Eisenbahnlinie von Küste zu Küste überwinden mussten (VT).*
2. *Erkläre den Grundgedanken des amerikanischen Wirtschaftssystems (VT, Q2).*
3. *Formuliere Forderungen, die man aus der Kritik Lloyds ableiten könnte (Q3).*
4. *Manche amerikanischen Historiker bezeichnen die Entwicklung nach 1870 als „goldenes Zeitalter". Sammelt in der Klasse Argumente für und gegen diesen Begriff (VT, Q1–Q5). Welche Meinung hast du dazu?*

2 Die USA auf dem Weg zur Weltmacht

Q1 *Der US-Dollar ist seit 1944 die Welt-Leitwährung.* Der Wert ausländischer Währungen richtet sich nach dem Dollar. Auch internationale Geschäfte werden in Dollar abgewickelt.

Dollar-Imperialismus
Der Begriff bezeichnet die besondere Form des amerikanischen Imperialismus, der seit Beginn des 20. Jahrhunderts vornehmlich mit wirtschaftlichen Mitteln betrieben wurde.

Q2 *„Der große Knüppel“* (Karikatur von W. A. Rogers, 1904). Der amerikanische Präsident Theodore Roosevelt sagte zur USA-Politik gegenüber den mittelamerikanischen Staaten: „Speak softly but carry a big stick.“ Die US-Schiffe tragen folgende Namen: „Receiver“ (Steuereintreiber), „The Sheriff“ und „Debt Collector“ (Schuldeneinzieher).

Der Dollar-Imperialismus

Am Ende des 19. Jahrhunderts stellte die rasant gestiegene Produktion die Unternehmen vor Probleme: Die Farmer und Fabriken erzeugten mehr Nahrungsmittel und Industrieprodukte als die Bevölkerung verbrauchte. Die Unternehmen befürchteten, in Zukunft nicht mehr genügend Käufer für all die neuen Waren zu finden. Außerdem brauchte man für die Produktion viele Rohstoffe, die in den USA nicht ausreichend vorhanden waren. Die Großunternehmen drängten deshalb die Regierung, neue Märkte im Ausland zu erschließen.

Und so investierten die US-Monopole gewaltige Summen in die Wirtschaft vieler mittel- und südamerikanischer sowie pazifischer Staaten. Oft verschuldeten sich diese Länder und gerieten dadurch in wirtschaftliche und politische Abhängigkeit von den USA. US-Unternehmen und die Regierung nutzten das aus: Sie handelten günstige Bedingungen für den Verkauf der eigenen Produkte und den Erwerb von Rohstoffen aus. Länder, die sich der US-Politik widersetzten, wurden oft finanziell oder militärisch unter Druck gesetzt, um die Interessen der USA durchzusetzen. Das Vorgehen, mit Geld Politik zu machen, bezeichnet man als Dollar-Imperialismus. Durch ihre wirtschaftliche Stärke gewannen die USA weltweit auch immer mehr politischen Einfluss.

USA entscheiden den Ersten Weltkrieg

Nachdem 1914 in Europa der Erste Weltkrieg ausgebrochen war, verhielten sich die Amerikaner zunächst neutral. Als aber 1917 die deutsche Kriegsmarine im U-Boot-Krieg auch amerikanische Schiffe versenkte, erklärte US-Präsident Wilson Deutschland den Krieg. Der Einsatz der Armee und gewaltige Waffenlieferungen an Frankreich und Großbritannien waren schließlich mitentscheidend für die deutsche Niederlage.

3 *Der 82 Kilometer lange Panama-Kanal* wurde 1914 eingeweiht und verbindet den Atlantischen mit dem Pazifischen Ozean. Gegen zehn Millionen Dollar sicherten sich die Amerikaner für 99 Jahre eine zehn Meilen breite Zone rechts und links des Ufers. Damit kamen alle Einnahmen aus dem Kanal den USA zugute. Der Staat Panama versuchte wiederholt, den Vertrag mit den USA zu kündigen, doch noch 1989 landeten US-Truppen in der Kanalzone, um die amerikanischen Ansprüche zu sichern. Erst 1999 gaben die USA die Kanalzone an Panama ab.

Mit dem Kriegseintritt waren die USA auch für die Europäer zu einer Weltmacht geworden. 1918 legte Präsident Wilson ein Friedensprogramm für eine neue Weltordnung vor. Darin forderte der Präsident das Selbstbestimmungsrecht aller Völker und die Schaffung eines Völkerbundes, einer internationalen Organisation zur Sicherung des Friedens. Wilsons Vorschläge waren im eigenen Land, aber auch in Europa umstritten, und als der Völkerbund 1919 gegründet wurde, traten die USA ihm nicht bei. Die amerikanische Weltmacht zog sich aus der europäischen Politik wieder zurück.

Wirtschaftskrise und „New Deal"

Im Oktober 1929 fand der amerikanische Wirtschaftsaufschwung ein jähes Ende: Meldungen über steigende Arbeitslosenzahlen und sinkende Unternehmensgewinne ließen an der New Yorker Börse die Kurse einbrechen. Viele Aktien verloren die Hälfte ihres Werts, manche sogar bis zu 90 Prozent. Banken wurden zahlungsunfähig, Betriebe mussten die Produktion einstellen, Kleinanleger verloren ihre Sparguthaben. Bis 1933 war z. T. jeder dritte Amerikaner arbeitslos. Für viele Amerikaner, die an den „amerikanischen Traum" von einem erfolgreichen Leben geglaubt hatten, wirkte die Wirtschaftskrise wie ein Schock.

1932 wurde der Demokrat Franklin D. Roosevelt zum Präsidenten gewählt. Im Gegensatz zu seinen Vorgängern, die kaum in das Wirtschaftsleben eingegriffen hatten, forderte Roosevelt eine aktivere Rolle des Staates. Mit seiner Politik des „New Deal" wollte er die Wirtschaftskrise überwinden und die Kluft zwischen Arm und Reich vermindern. Öffentliche Bauprojekte, ein freiwilliger Arbeitsdienst, kürzere Arbeitszeiten, gesetzliche Mindestlöhne und eine staatliche Sozialversicherung sollten vielen Amerikanern wieder Beschäftigung und Zuversicht geben. Die Zahl der Arbeitslosen nahm zunächst ab, doch 1938 waren wieder über neun Millionen Menschen ohne Arbeit. Erst der Ausbruch des Zweiten Weltkrieges und damit die Produktion von Waffen und Rüstungsgütern brachte ein Ende der Wirtschaftskrise.

A-Z

New Deal
So nennt man Franklin D. Roosevelts Sozialpolitik seit 1933. Der Begriff stammt aus dem Kartenspiel und bezeichnet die Neuverteilung der Karten und damit auch der Chancen.

Q 4 *Thomas Woodrow Wilson* von der Demokratischen Partei war von 1913 bis 1921 Präsident der USA. Foto, 1910.

Q 5 *Aus dem „Programm des Weltfriedens" von US-Präsident Wilson vom 8. Januar 1918:*
I. Offene Friedensverträge, die offen zustande gekommen sind, und danach sollen keine geheimen internationalen Vereinbarungen irgendwelcher Art mehr getroffen werden (…). **II.** Vollkommene Freiheit der Schifffahrt auf den Meeren (…). **III.** Beseitigung aller wirtschaftlicher Schranken, soweit möglich, und Errichtung gleicher Handelsbeziehungen unter allen Nationen (…). **IV.** Austausch ausreichender Garantien dafür, dass die nationalen Rüstungen auf das niedrigste, mit der inneren Sicherheit zu vereinbarende Maß herabgesetzt werden. **V.** Eine freie, weitherzige und unbedingt unparteiische Schlichtung aller kolonialen Ansprüche (…). **VI.** Räumung des ganzen russischen Gebiets und eine solche Regelung aller Russland betreffenden Fragen, die ihm die beste und freieste Zusammenarbeit der anderen Nationen der Welt für die Erlangung (…) seiner eigenen politischen Entwicklung und nationalen Politik sicherstellt (…). **VII.** Belgien muss, wie die ganze Welt übereinstimmen wird, geräumt und wiederhergestellt werden (…). **VIII.** Alles französische Gebiet sollte befreit und die besetzten Teile sollten wiederhergestellt werden (…). **IX.** Es sollte eine Berichtigung der Grenzen Italiens nach den klar erkennbaren Linien der Nationalität durchgeführt werden. **X.** Den Völkern Österreich-Ungarns (…) sollte die freie Gelegenheit zu autonomer Entwicklung gewährt werden. **XI.** Rumänien, Serbien und Montenegro sollten geräumt werden (…) und die Beziehungen der verschiedenen Balkanstaaten zueinander sollten durch freundschaftliche Verständigung gemäß den geschichtlich feststehenden Grundlinien von Zugehörigkeit und Nationalität bestimmt werden. **XII.** Den türkischen Teilen des gegenwärtigen Osmanischen Reiches sollte (…) Sicherheit der Existenz und unbeeinträchtigt Gelegenheit für autonome Entwicklung zugesichert werden. **XIII.** Es sollte ein unabhängiger polnischer Staat errichtet werden (…). **XIV.** Es muss zum Zwecke wechselseitiger Garantieleistung für politische Unabhängigkeit und territoriale Unverletzlichkeit der großen wie der kleinen Staaten (…) eine allgemeine Gesellschaft von Nationen gebildet werden.

Q 6 *„I want you for the US-Army".* Von dem Plakat wurden 1917 fünf Millionen Exemplare gedruckt. Damals gab es in den USA keine Wehrpflicht. – Erkläre, mit welchen Mitteln der Zeichner James Flagg für den Eintritt in die Armee wirbt. Tipp: Seit dem 19. Jahrhundert galt die Figur des „Uncle Sam" als Symbol für die USA.

Q7 *„World's highest standard of living"?* Das Foto zeigt Opfer einer Flutkatastrophe in Louisville, die nach Lebensmitteln und frischem Wasser anstehen. Das Plakat im Hintergrund war in den 1930er-Jahren an vielen Autobahnen aufgestellt. Die Aufnahme machte Fotografin Margaret Bourke-White. Als Bildreporterin der Illustrierten „Life" brachte sie 1937 ein Buch über Armut in den USA heraus. – Versuche zu erklären, warum das Foto in den USA berühmt geworden ist.

Q8 *Der republikanische Präsident Hoover äußerte sich im Präsidentschafts-Wahlkampf 1932 zu den Ideen seines demokratischen Herausforderers Franklin D. Roosevelt:*
Die ursprüngliche Idee dieses ganzen „Amerikanischen Systems" ist nicht die Reglementierung von Menschen, sondern das Zusammenwirken freier Menschen. (…) Die Zentralisation von Regierung untergräbt Verantwortlichkeiten und wird das System zerstören. (…) Liberalismus ist eine Kraft, die dem Geist der tiefen Überzeugung entspringt, dass wirtschaftliche Freiheit nicht geopfert werden darf, wenn politische Freiheit bewahrt werden soll.

Q9 *Die Auswirkung der neuen Gesetze beschrieb ein Arbeiter 1935:*
Gestern war der überraschendste Tag: Dem Boss wurde befohlen, uns nach dem gesetzlichen Lohn zu bezahlen. Und mehr noch: Ihm wurde befohlen, uns nachzuzahlen, was er uns seit dem Beginn der gesetzlichen Festlegung schuldete, und wir kriegten das Geld richtig auf die Hand; Sie können sich vorstellen, dass mir das Geld gelegen kam. (…) Aber da ist etwas, das ist mehr wert als Geld. Das ist das Bewusstsein, dass der Arbeiter den Bossen und ihren gerissenen Rechtsanwälten und allen ihren Tricks nicht allein gegenübersteht. Da ist jetzt eine Regierung, die dafür sorgt, dass die Dinge gerecht für uns laufen. Ich sage Ihnen: Das ist mehr als Geld. Es gibt Ihnen ein gutes Gefühl.

1. *Mit welchen Einzelheiten (Symbolen) kennzeichnet der Künstler die Politik der USA gegenüber den mittelamerikanischen Staaten? Erkläre, was Roosevelt mit seinem Ausspruch gemeint hat (VT, Q2).*
2. *Suche im Atlas den Panamakanal. Erläutere, worin die Vorteile des Kanalbaus für die USA bestanden. Mit welchen Methoden haben sie ihre Interessen durchgesetzt (Q3)?*
3. *Lasst in einem Rollenspiel Befürworter und Gegner eines Eintritts der USA in den Ersten Weltkrieg zu Wort kommen (VT, Q2a und Q2b auf S. 177).*
4. *Nenne die Folgen des Kriegseintritts für die Stellung der USA in der Welt (VT).*
5. *Diskutiert, ob die im „Weltprogramm des Friedens" genannten Forderungen heute erfüllt sind (VT, Q5).*
6. *Was würde ein Anhänger des „New Deal" von den Argumenten Hoovers halten? Schreibe eine Entgegnung (VT, Q8, Q9).*

3 Land der unbegrenzten Möglichkeiten?

1 *Die Freiheitsstatue* steht in der Einfahrt zum Hafen von New York. Die französische Regierung schenkte sie den USA 1886. In der rechten Hand trägt die Figur eine Fackel als Zeichen der Freiheit, in der linken hält sie die Unabängigkeitserklärung.

A-Z

Bürgerrechtsbewegung
Seit den 1950er-Jahren setzten sich US-Bürger unterschiedlicher Herkunft für die tatsächliche Gleichberechtigung der Minderheiten ein. Ab 1964 verboten neue Gesetze die Diskriminierung aufgrund von Rasse, Geschlecht oder der Zugehörigkeit zu ethnischen oder religiösen Gruppen.

Der Traum von Freiheit und Erfolg

In keinem Land der Erde leben so viele Menschen unterschiedlichster Herkunft zusammen wie in den Vereinigten Staaten von Amerika. Lange Zeit waren die USA der einzige demokratisch regierte Staat der Welt. Jahr für Jahr kamen Hunderttausende von Menschen, die hier ihr Glück suchten. Die Einwohnerzahlen der USA spiegeln das wider: Um 1800 lag die Bevölkerungszahl schon bei vier bis fünf Millionen, 1850 waren es 23 Millionen, 1940 fast 132 Millionen und 2006 mehr als 300 Millionen.

Bis in die zweite Hälfte des 19. Jahrhunderts kamen die Zuwanderer überwiegend aus Nord-, Mittel- und Westeuropa, also aus Ländern mit einer langen gemeinsamen Geschichte. Sie lebten sich meist recht leicht in der neuen Heimat ein, da vieles so ähnlich war wie in Europa.

„Schmelztiegel" der Völker

Zu Beginn des 20. Jahrhunderts strömten immer mehr Menschen aus Süd- und Osteuropa in die Städte der USA ein. Für viele ansässige Familien waren diese Zuwanderer Fremde. Sie trugen noch lange die Volkstrachten ihrer Heimat, sprachen nur gebrochen Englisch und blieben in eigenen Stadtvierteln unter sich. Auch gehörten viele Einwanderer der katholischen Kirche an, während die Einheimischen überwiegend Protestanten waren. Hinzu kam außerdem, dass sie als Billigarbeiter die Löhne der Einheimischen unterboten. Doch letztlich integrierte die amerikanische Gesellschaft auch diese Neubürger. Man bezeichnete Amerika als „melting pot", das heißt Schmelztiegel der Völker und Nationen.

Die Bürgerrechtsbewegung

Minderheiten, besonders die Afro-Amerikaner, mussten hart um ihre politischen Rechte kämpfen. Zwar war die Sklaverei seit dem amerikanischen Bürgerkrieg durch den 13. Zusatz zur Verfassung verboten. Ein weiterer Zusatz sicherte den ehemaligen Sklaven die Bürgerrechte zu. Doch einzelne Südstaaten, die im Bürgerkrieg für die Beibehaltung der Sklaverei gekämpft hatten, behinderten Farbige trotzdem in ihren politischen Rechten, vor allem daran, das Wahlrecht auszuüben.

Darüber hinaus wurden in vielen Bereichen des öffentlichen Lebens Rassentrennungen vorgenommen. An Schulen etwa durften farbige nicht mit weißen Kindern zusammen unterrichtet werden. Erst die Bürgerrechtsbewegung erkämpfte in den 1960er-Jahren Veränderungen. So schaffte der 24. Verfassungszusatz 1964 die Wahlsteuer ab. In den Südstaaten stieg die Wahlbeteiligung der Afro-Amerikaner von 28,6 auf 47,5 Prozent. Eine völlige Chancengleichheit ist aber bis heute nicht erreicht.

Q2 *„I have a Dream". Aus einer Rede, die der Führer der amerikanischen Bürgerrechtsbewegung, Martin Luther King, am 28. August 1963 hielt:*

Als die Erbauer unserer Republik die herrlichen Worte der Verfassung und der Unabhängigkeitserklärung schrieben, unterzeichneten sie einen Schuldschein, an dem jeder Amerikaner seinen Anteil erben sollte. Dieser Schuldschein war ein Versprechen, dass allen Menschen, ja, schwarzen Menschen ebenso wie weißen, die unveräußerlichen Rechte des Lebens, der Freiheit und des Strebens nach Glück zugesichert werden sollten. Heute ist es offensichtlich, dass Amerika, was seine farbigen Brüder betrifft, diese Schuld nicht bezahlt hat. (...) Ich habe einen Traum, dass meine vier kleinen Kinder eines Tages inmitten einer Nation leben werden, in der man sie nicht nach ihrer Hautfarbe, sondern nach ihrem Charakter beurteilt. (...) Ich habe einen Traum, dass eines Tages unten in Alabama mit seinen bösartigen Rassisten (...) kleine schwarze Jungen und Mädchen kleinen weißen Jungen und Mädchen als Brüder und Schwestern die Hände reichen können. (...) Mit diesem Glauben werden wir imstande sein, einen Stein der Hoffnung aus dem Berg der Verzweiflung herauszuhauen. (...) Mit diesem Glauben werden wir imstande sein, zusammen zu arbeiten, zusammen zu beten, zusammen ins Gefängnis zu gehen, zusammen für die Freiheit aufzustehen, wissend, dass wir eines Tages frei sein werden.

Q4 *Demonstration* gegen den Schulbesuch von farbigen Kindern und Jugendlichen an „weißen" Schulen in den 1950er-Jahren.

1. *Aus welchen Gründen wurde die Freiheisstatue (Q1) mit den Symbolen Fackel und Unabhängigkeitserklärung ausgestattet?*
2. *Trage die folgenden Jahreszahlen in einen Zeitstrahl ein: 1776, 1787, 1865, 1963, 1964. Schreibe jeweils eine kurze Erläuterung.*
3. *Mit welchem Argument fordert Martin Luther King in Q2 ein Ende der Rassendiskriminierung? Welche Vision hat er?*
4. *Beurteile das Foto Q4. Überlege, wer dem Mädchen wohl das Plakat umgehängt hat.*

Q3 *unten: Der „Marsch auf Washington" am 28. August 1963.* Über 200 000 Bürgerrechtler – Schwarze und Weiße, Frauen und Männer – demonstrierten an diesem Tag gegen die Rassentrennung in der amerikanischen Gesellschaft. Angeführt wurde der Marsch von dem schwarzen Pfarrer Martin Luther King (vierter von rechts). Martin Luther King erhielt 1964 für seinen Einsatz in dieser Bewegung den Friedensnobelpreis. 1968 fiel er einem Attentat zum Opfer.

4 Russland auf dem Weg zur Industrialisierung

1 *„Reparaturarbeiten an einer Eisenbahnlinie"* (Gemälde von Konstantin A. Sawizkij, 1874).
– Beachte die eingesetzten technischen Hilfsmittel. Welchen Eindruck gewinnst du von der Arbeitseffektivität?

Zarismus
(von lat. caesar) wird die bis 1905 uneingeschränkte Herrschaft des Zaren in Russland genannt. Noch Ende des 19. Jahrhunderts konnte der Zar nach Belieben regieren, Gesetze erlassen, Todesurteile aussprechen und über die Einkünfte und den Landbesitz des Staates verfügen. Der Begriff „Staatsbürger" war unbekannt. Der Zar sprach in seinen Gesetzen stets von „Untertanen".

Rückständig

Zu Beginn des 20. Jahrhunderts hatte Russland eine Fläche von 23 Millionen Quadratkilometern. In diesem riesigen Land lebten fast 150 Millionen Menschen und jedes Jahr kamen etwa zwei Millionen dazu. Vier von fünf Russen waren verarmte Kleinbauern, Landarbeiter oder Knechte. Erst 1861 war die Leibeigenschaft abgeschafft worden. Um eigenen Grund und Boden zu erhalten, mussten die Bauern jedoch hohe Ablösesummen bezahlen. Dazu waren die meisten nicht in der Lage, einige mussten sich hoch verschulden. So blieben zwei Drittel des Landes weiterhin in der Hand von Grundbesitzern. Durch hohe Steuerbelastung, starken Geburtenanstieg und Missernten ging es den meisten Bauern schlechter als zu der Zeit vor der „Bauernbefreiung".

Späte Industrialisierung

Feste Straßen gab es in Russland kaum. Erst in der zweiten Hälfte des 19. Jahrhunderts gelang es der Regierung, durch den Bau der Eisenbahn und der Telegrafenlinien die riesigen Entfernungen in Russland unabhängig von der Jahreszeit zu überwinden. Mit dem Ausbau des Eisenbahnnetzes machte auch die Industrialisierung große Fortschritte. Industriezentren entstanden und mit ihnen eine Arbeiterschaft. Reiche Bodenschätze lockten ausländische Geldgeber, die Fabriken errichteten, an. So gehörte die Eisenindustrie bald überwiegend französischen Anlegern, die ergiebigen russischen Ölquellen waren fast ganz in britischer Hand.
Es fehlte der Industrialisierung allerdings an Breite. So konnte die russische Wirtschaft insgesamt bis 1914 den Rückstand zu Westeuropa nicht aufholen.

Soziale und politische Missstände

Die Großindustrie konzentrierte sich auf wenige Gebiete, vor allem um St. Petersburg und Moskau. Zur Jahrhundertwende lebten dort in übervölkerten Elendsquartieren und Arbeiterkasernen etwa drei Millionen Industriearbeiter. Sie erhielten bei langen Arbeitszeiten geringe Löhne und hatten keinerlei Schutz bei Krankheiten oder Unfällen.
Das größte Hindernis auf dem Weg zu einem modernen Russland war jedoch der Zarismus. Gegner der bestehenden Ordnung ließ der Zar mithilfe seiner Beamten verfolgen. Die Polizei hatte das Recht, politisch verdächtige Personen zu verhaften, zu verhören, ins Gefängnis zu bringen und in die Verbannung zu schicken. Keine Druckschrift durfte in Russland ohne Zensur der politischen Polizei veröffentlicht werden.

Die Unzufriedenheit wächst

Gegen Ende des 19. Jahrhunderts nahm die Unzufriedenheit der Bevölkerung mit der Zarenherrschaft stetig zu. Gebildete Frauen und Männer aus dem Bürgertum forderten einen fortschrittlicheren Staat mit mehr Freiheit für die Menschen. Später nahmen sich Intellektuelle auch der Sache der russischen Arbeiter an. In den 1890er-Jahren wurde die Sozialdemokratische Arbeiterpartei Russlands gegründet, in der der Rechtsanwalt Wladimir Iljitsch Uljanow, genannt Lenin, großen Einfluss gewann.

D1 *Russland in den Grenzen von 1914.*

Q2 *Am 9. Januar 1905 zogen etwa 150 000 Menschen mit einer Bittschrift zum Zaren:*

Herrscher! Wir, die Arbeiter der Stadt Petersburg, unsere Frauen, Kinder und hilflosen alten Eltern, sind zu Dir gekommen, um Gerechtigkeit und Schutz zu suchen. (…) Verweigere Deinem Volk die Hilfe nicht, führe es heraus aus dem Grab der Rechtlosigkeit, des Elends und der Unwissenheit. Gib ihm die Möglichkeit, selbst sein Schicksal zu bestimmen, nimm von ihm das unerträgliche Joch der Beamten. Zerstöre die Scheidewand zwischen Dir und Deinem Volk und lass es zusammen mit Dir das Land regieren.

(Plötzlich schossen Soldaten in die friedliche Menge; es gab über 100 Tote.)

Q3 *Erklärung der Bauern des Dorfes Makarjevka vom Dezember 1905 (Auszüge):*

Am 7. Dezember 1905. Nachdem sich die Dorfversammlung an diesem Tage versammelt hatte, berieten wir (…) darüber, wie unser bitteres Los zu bessern wäre, und kamen zu der Überzeugung, dass für unseren Wohlstand folgende Bedingungen unumgänglich sind:

1. Uns in genügender Menge Land zuzuweisen, da zur Zeit ein Anteil auf zwei bis drei Familien kommt und wir notgedrungen hungern oder in unbezahlbare Schulden geraten müssen.
4. In jedem Dorf sollen Volksschulen mit fünf Jahreskursen eingerichtet werden.
8. Alles Land der Geistlichkeit ist wegzunehmen und den Bauern zu einem wertentsprechenden Preis zu übergeben.
13. In ihren Rechten sind Bauern und Kleinbürger mit den Adligen gleichzustellen. Allen ist die Bezeichnung „Bürger" beizulegen.

Q4 *Zur Bergwerksarbeit in Sibirien verurteilte Häftlinge werden in Ketten geschmiedet.* Um 1898 lebten etwa 300 000 Verbannte in Sibirien. Der Fotograf dieser Aufnahme von 1905 ist der russische Dichter Tschechow.

1. *Beim Bau der Transsibirischen Eisenbahn wurden überwiegend Häftlinge eingesetzt. Beschreibe deren Arbeits- und Lebensbedingungen (Q1, Q4).*
2. *Suche in Q2 Wörter, an denen sich die Haltung der Demonstranten gegenüber dem Zaren ablesen lässt.*
3. *Beschreibe die Stimmung unter den Bauern von Makarjevka. Welche Beschlüsse forderten den Staat besonders heraus (Q3)?*
4. *Erläutere die Hauptursachen für die wirtschaftliche Rückständigkeit Russlands gegenüber den Staaten in Westeuropa (VT, D1).*
5. *Beschreibe die Unterdrückungsmethoden des Staates (VT, Q4).*

5 Lenin und die russische Revolution

Sowjets
„Räte“, ausschließlich von Arbeitern, Soldaten und Bauern gewählte und gebildete „Parlamente“.

Bolschewiki/ Menschewiki
(von russ. bolsche = mehr und mensche = weniger) Die Namen entstanden auf dem Spaltungsparteitag der Sozialdemokratischen Partei Russlands 1903. Die Mehrheit der Abgeordneten (Bolschewiki) entschied sich für den revolutionären Kurs Lenins. Eine knappe Minderheit (Menschewiki) wollte eine demokratische Massenpartei.

Ein weltgeschichtliches Ereignis

Kaum ein anderes Ereignis hat die Entwicklung der russichen Geschichte im 20. Jahrhundert so beeinflusst wie die Oktoberrevolution von 1917. Durch sie wurde der erste kommunistische Staat der Welt – Sowjetrussland – begründet.

Widerstand gegen die Zarenherrschaft

Wie kam es dazu? Die Unzufriedenheit mit den gesellschaftlichen und politischen Zuständen führte 1905 zur Auflehnung nahezu aller Schichten und Gruppen gegen die Zarenherrschaft. Die städtische Intelligenz (Anwälte, Ärzte usw.) demonstrierte für demokratische Grundrechte und forderte eine Beteiligung an der Regierung. Die Arbeiter, die seit langem eine Verbesserung ihrer Lebens- und Arbeitsbedingungen gefordert hatten, gründeten im Herbst 1905 Räte zur Vertretung ihrer Interessen. Die Ausschreitungen der Bauern gegen ihre Gutsherren häuften sich. Mithilfe des Militärs konnte Zar Nikolaus II. seine Herrschaft zwar noch einmal retten, er musste aber der Ausfertigung einer Verfassung und der Einrichtung einer Volksvertretung (Duma) zustimmen.

Zu Beginn des 20. Jahrhunderts entstanden auch in Russland politische Parteien, um die Interessen der verschiedenen Bevölkerungsgruppen zu vertreten: Das liberale Bürgertum sammelte sich in der Kadettenpartei, während das Bauerntum von der Partei der Sozialrevolutionäre vertreten wurde. Die Sozialdemokratie schließlich galt als Vertretung der Arbeiterschaft. Ein Führer dieser Partei war Lenin. Er wollte sie zu einem Bündis radikaler Berufsrevolutionäre machen. Damit waren nicht alle Parteimitglieder einverstanden. Deshalb kam es 1903 zur Spaltung der Partei in die radikalen Bolschewiki unter Lenins Leitung und die gemäßigten Menschewiki.

Wirkliche Mitspracherechte aber hatten zu dieser Zeit weder die Parteien noch das 1906 widerwillig vom Zaren zugelassene russische Parlament. Und so blieb es, solange sich der Zar auf die Unterstützung der Polizei und der Armee verlassen konnte.

Q1 *„Der Sturm auf das Winterpalais des Zaren“*, den Sitz der Provisorischen Regierung am 25. Oktober 1917 (Ölgemälde von E. I. Deshalyt). In Wirklichkeit gab es keinen Sturm. Die Bolschewiki betraten durch einen unbewachten Nebeneingang das Palais. Die Provisorische Regierung ergab sich kampflos. – Warum hat der Maler die Szene wohl anders dargestellt? (Vgl. dazu S. 202/203.)

Vom Sturz des Zaren …

Das Versagen der Zarenregierung im Ersten Weltkrieg brachte die Wende in Russland. Eine Serie von Niederlagen an der Front und große Hungersnot in der Heimat führten im Februar 1917 zu schweren Unruhen von Arbeitern und Soldaten in der Hauptstadt Petrograd. Erstmals verweigerten dagegen eingesetzte Truppen den Gehorsam. Unfähig, Ordnung zu schaffen, dankte der Zar ab. Eine Provisorische Regierung aus adligen und bürgerlichen Duma-Abgeordneten übernahm die Herrschaft. Die eigentliche Macht aber lag bei den Räten (Sowjets), die überall im Lande von Arbeitern, Soldaten und Bauern gewählt wurden. In den Sowjets hatten anfangs Sozialrevolutionäre und Menschewiki die Mehrheit. Sie duldeten die Provisorische Regierung, weil sie Russland für den Übergang zum Sozialismus noch nicht für reif hielten.

… zur Oktoberrevolution

Das sah Lenin ganz anders. Er forderte die Sowjets auf, sofort die Macht zu ergreifen, den Krieg zu beenden und den Sozialismus – wenn nötig mit Gewalt – in Russland einzuführen. Aber noch beherrschten die Gegner Lenins die Sowjets. Das änderte sich, als auch die Provisorische Regierung die Lage an der Front und im Land nicht in den Griff bekam. Jetzt fanden die Bolschewiki mit ihren Forderungen nach Frieden und Brot Anklang beim Volk und wurden verstärkt in die Sowjets gewählt. Im Oktober hatten sie die beiden wichtigsten Sowjets, in Petrograd und Moskau, unter Kontrolle. Das nutzte Lenin zum Umsturz. Am 25. Oktober ließ er die Provisorische Regierung verhaften und übernahm selber an der Spitze einer bolschewistischen Regierung die Macht.

Diktatur des Proletariats …

Noch war es völlig offen, ob sich das neue Regime würde halten können. Doch Lenin brach mit äußerster Härte den Widerstand seiner Gegner. Die neue Geheimpolizei „beseitigte“ bürgerliche Politiker, Sozialrevolutionäre und Menschewiki. 1918 gab es nur noch die Bolschewiki, die sich nun in „kommunistische Partei“ umbenannten. Zarentreue Truppen, die das Regime bedrohten, wurden von der neuen Revolutionsarmee, der „Roten Armee“, besiegt. 1921 war die Revolution gesichert und mit ihr die kommunistische Sowjetrepublik.

… aber keine Weltrevolution

Lenin hatte gehofft, die russische Revolution würde zumindest die Arbeiter der Verliererstaaten des Ersten Weltkriegs – Deutschland und Österreich – mit sich reißen. Zwar gründeten sich dort kommunistische Parteien, deren Aufstände wurden aber niedergeschlagen. Auch der Versuch, den Kommunismus gewaltsam mithilfe der Roten Armee auszubreiten, scheiterte. Truppen des polnischen Generals und Sozialdemokraten Pilsudski brachten den Vormarsch an der Weichsel zum Stehen.

Erfolgreicher war Lenin mit der Kommunistischen Internationalen. 1919 gründete er in Moskau die Organisation, in der die kommunistischen Parteien aller Länder zusammengeschlossen waren.

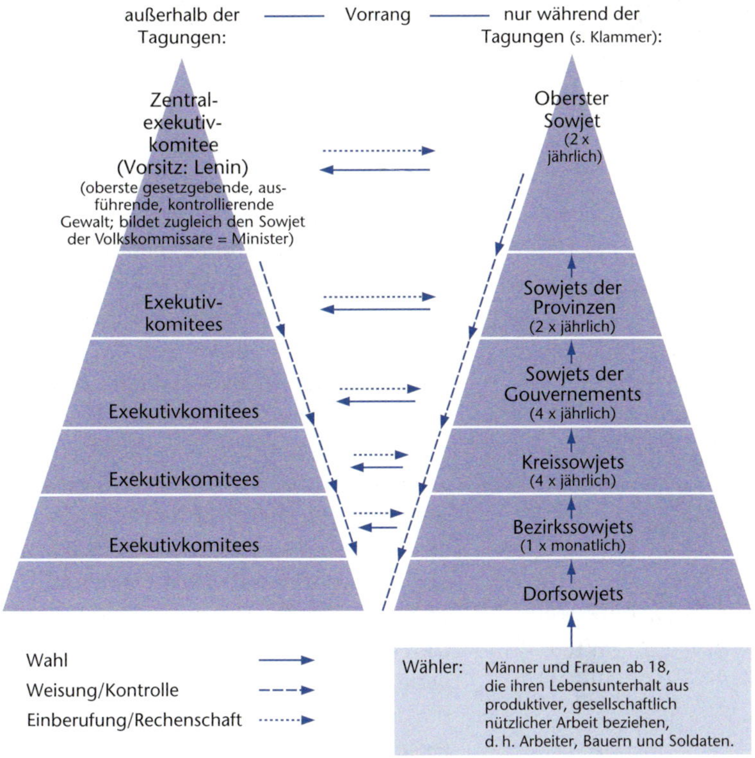

D1 *Aufbau der russischen Sowjetrepublik nach der Verfassung vom 10. Juli 1918.*
– Bedenke bei diesem Schaubild, dass es damals nur die kommunistische Partei gab. Beachte außerdem die zeitlich sehr begrenzte Machtausübung der Sowjets gegenüber der Machtfülle der Exekutivkomitees, besonders des Zentralexekutivkommitees.

Komitee
Versammlung einer Gruppe von Personen; Ausschuss

Q2 *Über den Aufbau des Sozialismus in Russland schrieb Lenin 1923:*
Diktatur des Proletariats – von einem anderen Ausweg kann für ein Land, das eine außergewöhnlich schnelle Entwicklung mit außergewöhnlich großen Wandlungen durchmacht, bei der fürchterlichen Zerrüttung durch den Krieg nicht einmal die Rede sein. Alle maßvollen Entscheidungen sind entweder Betrug der Bourgeoisie oder Stumpfsinn kleinbürgerlicher (Sozial-)Demokraten (...). Wir müssen die Notwendigkeit (...) des Zwanges für den Übergang vom Kapitalismus zum Sozialismus anerkennen (...). Deshalb besteht nicht der geringste grundsätzliche Widerspruch zwischen der [Einführung der] sozialistischen Rätedemokratie und der Anwendung diktatorischer Macht einzelner Personen. Der Unterschied zwischen der proletarischen Diktatur und der bürgerlichen besteht darin, dass die erste – auch durch einzelne Personen – ihre Schläge gegen die Minderheit der Ausbeuter im Interesse der ausgebeuteten Mehrheit richtet (...). Vom Standpunkt der Aufgaben dieses Moments aus muss man sagen, dass die Fundament[legung] des Sozialismus eine unbedingte und strenge Einheit des Willens erfordert, der die gemeinsame Arbeit von Hunderten, Tausenden, Zehntausenden Menschen leitet (...). Das ist stets von allen, die jemals über den Sozialismus nachgedacht haben, als seine Voraussetzung anerkannt worden. Aber wie kann die strengste Einheit des Willens gesichert werden? Durch die Unterordnung des Willens von Tausenden unter den Willen eines Einzigen.

Q3 *Programm der Komintern 1920:*
Die Kommunistische Internationale stellt sich zum Ziel: mit allen Mitteln, auch mit der Waffe in der Hand, für den Sturz der internationalen Bourgeoisie und für die Schaffung einer internationalen Sowjetrepublik, als Übergangsstufe zur völligen Vernichtung des Staates, zu kämpfen (...). Und die Kommunistische Internationale hält die Sowjetmacht für die geschichtlich gegebene Form der Diktatur des Proletariats (...). Die Kommunistische Internationale unterstützt voll und ganz die Eroberungen der großen proletarischen Revolution in Russland, der ersten siegreichen sozialistischen Revolution in der Weltgeschichte, und ruft die Proletarier der ganzen Welt auf, denselben Weg zu gehen (...). In der gegenwärtigen Epoche des verschärften Bürgerkrieges wird die kommunistische Partei nur dann imstande sein, ihrer Pflicht zu genügen, wenn sie auf möglichst zentralistische Weise organisiert ist, wenn eiserne Disziplin in ihr herrscht und wenn ihr Parteizentrum [in Moskau] mit der Fülle der Macht, Autorität und den weitestgehenden Befugnissen ausgestattet wird (...). Jede Partei, die der Kommunistischen Internationale angehören will, hat den Namen zu tragen: kommunistische Partei des und des Landes (...). Es ist notwendig, dass einem jeden einfachen Werktätigen der Unterschied zwischen den kommunistischen Parteien und den alten offiziellen „sozialdemokratischen" und „sozialistischen" Parteien, die das Banner der Arbeiterklasse verraten haben, klar ist.

Q4 *Genosse Lenin säubert die Welt von Unrat* (Plakat eines unbekannten Künstlers).

Sozialismus
(von lat. socialis = gesellschaftlich) strebt Veränderungen in der Gesellschaft zum Wohle der arbeitenden Bevölkerung an.

Kommunismus
(von lat. communis = gemeinschaftlich) betont die Gleichheit aller Menschen und die Aufhebung des Privateigentums.

Klassen
Gruppen der Bevölkerung, für die gleiche wirtschaftliche und soziale Gegebenheiten gelten.

Standpunkte: Urteile über Lenin

Q5 *Der österreichische Journalist Hugo Portisch kommt 1991 zu folgendem Urteil:*

Man hat damals und bis heute oft die Frage gestellt, ob die Sowjetunion nicht einen völlig anderen Weg eingeschlagen hätte, wäre Lenin länger am Leben geblieben (...). Die meisten heutigen Historiker [sind der Ansicht], seine Nachfolger, insbesondere Stalin, hätten später nur entwickelt, was Lenin im Ansatz schon geplant, ja vorgeschrieben hatte. (...) Mit Sicherheit lässt sich das natürlich nicht sagen. Aber mit noch weniger Recht lässt sich annehmen, dass der Sowjetstaat unter einem langlebigen Lenin ein liberalerer, demokratischer, wohlhabenderer Staat geworden wäre. Keine der von Lenin nach der Oktoberrevolution gesetzten Maßnahmen (...) lässt eine solche Vermutung zu. Nichts war ihm wichtiger als die Macht. Alles andere hat er diesem Ziel untergeordnet.

Q7 *Der französische Historiker François Furet urteilt 1995 so:*

Lenins Paradox [Widerspruch] besteht darin, dass er alles daransetzte, die Diktatur seiner Partei zu errichten, und die daraus entstehenden Folgen fürchtete. Dieser fanatische Prinzipienreiter und entschlossene Mann der Tat scheute nicht davor zurück, den Staat unter die Vormundschaft der Partei zu stellen und Terror walten zu lassen, doch vor seinem Tod wurde ihm angst angesichts der wachsenden Bürokratisierung des Regimes, das er begründet hatte. (...) Auf Lenin geht die Diktatur der Partei zurück, die er mit der Diktatur des Proletariats gleichgesetzt hat. (...) Dennoch wird unter Lenin in der Partei diskutiert. [Die Partei], die ihre alte Mannschaft um jeden Preis aus dem Wege räumen will, das ist Stalin.

Q6 *Lenin verkündet das Werden des sozialistischen Russland* (Plakat von G. Kluzis, 1930). Lenin wurde zur Kultfigur des Sowjetkommunismus.

Q8 *Lenin* erlitt 1922/23 mehrere Schlaganfälle, die ihn an den Rollstuhl fesselten (Foto mit seiner Schwester und einem Arzt). Er starb am 24. Januar 1924.

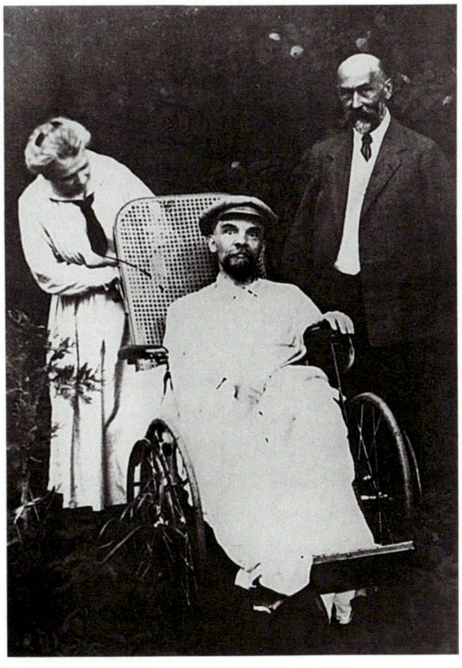

1 Beschreibe, wie es zur Machtergreifung der Bolschewiki und zur Entstehung des kommunistischen Russland kam (VT, Q1–Q3, D1). Hebe heraus, welchen persönlichen Anteil Lenin daran hatte.

2 Lenin gilt als Begründer des sowjetischen „demokratischen Zentralismus". Lege anhand von Q2, Q3 und D1 dar, was darunter zu verstehen ist. Würdest du dabei auch von „demokratisch" sprechen?

3 Vergleiche die Urteile über Lenins Wirken (Q5, Q7). Ergeben sie ein einheitliches Bild?

4 Nimm Stellung: Wie beurteilst du die Aussage, der entscheidende Fehler des Sowjetsystems wäre schon bei der Entstehung, also durch Lenin, gemacht worden?

5 Vergleiche die Darstellungen Lenins auf den Plakaten (Q4, Q6) mit der auf dem Foto (Q8). Überlege, warum das Foto bis zum Ende der Sowjetunion geheim gehalten wurde.

6 Stalin und der „Stalinismus“

Q 1 *Funktionäre der kommunistischen Partei (KP)* erläutern russischen Bauern die Kolchosenwirtschaft und fordern sie auf, ihr Land und ihren sonstigen Besitz in Gemeinschaftseigentum zu überführen. Wer sich nicht fügte, musste mit schweren Strafen rechnen.

Hochgesteckte Ziele

Niemand hat den Sowjetkommunismus so geprägt wie Josef Stalin (1879–1953), der 1924 die Nachfolge Lenins antrat. Er wollte aus dem wirtschaftlich rückständigen Russland das Musterland des Kommunismus machen, das die fortschrittlichsten kapitalistischen Länder ein- und überholen sollte.

„Sozialismus in einem Land“

Stalin verabschiedete sich vom Gedanken an die Weltrevolution. Er konzentrierte sich allein auf den wirtschaftlichen und gesellschaftlichen Umbau Russlands, wollte den Sozialismus in einem Land. Um die Erträge in der Landwirtschaft zu erhöhen, ließ er Kolchosen einrichten. Dafür mussten die Bauern ihren Besitz in Gemeineigentum überführen, das gemeinschaftlich bewirtschaftet wurde. Oft geschah das gegen den Willen der Betroffenen. Großbauern, Kulaken, wurden einfach enteignet. Eine Wahl hatten aber auch die anderen nicht. Arbeitszeiten, Anbauarten und -mengen, Ablieferung und Verteilung der Erzeugnisse, alles wurde genau festgelegt und überwacht. Abweichungen davon galten als Verbrechen gegen den Staat, die streng bestraft wurden. Wirtschaftlich zeigte das System Erfolge. Russland wurde zum größten Getreideexporteur – zwar zu Lasten der Eigenversorgung, aber das Geld wurde dringend für den Import von Industriegütern gebraucht.
Die Industrialisierung wurde ebenfalls radikal vorangetrieben. Fünfjahrespläne legten seit 1929 fest, welche Aufbauleistungen zu erbringen waren. Fabriken und Kraftwerke, Verkehrswege, ganze Städte wurden buchstäblich aus dem Boden gestampft. In kurzer Zeit stieg die Sowjetunion zu einer wirtschaftlichen und – durch den Ausbau der Rüstungsindustrie – auch militärischen Großmacht auf.

Gewaltherrschaft „Stalinismus“

Der wirtschaftliche Aufbau war jedoch aufs Engste mit der rücksichtslosen Ausbeutung der Bevölkerung verbunden und offenbarte den Staat Stalins als eine menschenverachtende Diktatur.
Ca. 20 Millionen Menschen, so wird geschätzt, mussten den sozialistischen Aufbau der Landwirtschaft und Industrie mit dem Leben bezahlen. Sie wurden hingerichtet oder starben an den Folgen des rücksichtslosen Arbeitseinsatzes und der Zwangsumsiedlungen. Ein riesiges Netz von Lagern mit oftmals willkürlich verurteilten Strafgefangenen lieferte ständig die „Sklaven“ für den Bau der Großprojekte. Kritik war tödlich. Schon der bloße Verdacht, nicht die Parteilinie Stalins zu vertreten, reichte zum Todesurteil. Das bekam während der großen „Parteisäuberung“ 1936–1938 auch die Parteiprominenz zu spüren.
Der Stalinismus war folgenschwer für den Sowjetkommunismus. In einem Klima der Angst und des Terrors wurde starre Parteihörigkeit so zur Gewohnheit, dass Reformfähigkeit nicht mehr da war, als sie nötig wurde.

A-Z

Kolchose
Landwirtschaftlicher Großbetrieb in sozialistischen Ländern.
Land, Vieh und Werkzeuge der Kolchose sind Gemeinschaftseigentum. Ähnlich wie bei Industriebetrieben musste nach genauen Zeit- und Leistungsvorgaben gearbeitet werden.

Stalinismus
Die von Stalin geprägte Art des Sowjetkommunismus mit den Merkmalen: kultische Verehrung der Person und Parteilehre Stalins sowie rigoroser Terror gegen jede Abweichung davon.

Q2 *Stalin verkündet den „Sozialismus in einem Land" (1925):*

Wir arbeiten und bauen unter den Bedingungen der kapitalistischen Umkreisung. Das bedeutet, dass unsere Wirtschaft und unser Aufbau sich im Gegensatz zwischen unserem sozialistischen Wirtschaftssystem und dem kapitalistischen Wirtschaftssystem entwickeln werden. Diesem Widerspruch können wir in keiner Weise entrinnen. (…) [Unser Ziel ist,] unser Land zu einem wirtschaftlich selbstständigen, unabhängigen, auf dem inneren Markt basierenden Land zu machen, zu einem Land, das zum Anziehungsfeld für alle anderen Länder wird, die nach und nach vom Kapitalismus abfallen und in die Bahnen der sozialistischen Wirtschaft einlenken werden. (…) Anders wird sich die Lage gestalten, sobald die Revolution in Deutschland oder Frankreich oder in beiden Ländern gesiegt hat. (…) Dann werden wir zur Politik der Einbeziehung unseres Landes in die gemeinsame Bahn der sozialistischen Entwicklung übergehen.

Q4 *„Ruhm dem großen Stalin – dem Architekten des Kommunismus"* (Plakat von N. Petrow/K. Iwanow, 1952). Stalin im Kreml vor der Kulisse Moskaus – Personenkult wurde unter Stalin groß geschrieben.

Q3 *Lew Kopelew, späterer Stalingegner, berichtet 1975 über seine Zeit als KP-Funktionär unter Stalin:*

Damals [um 1930] war ich von einem fest überzeugt: Das Ziel heiligt die Mittel. Unser großes Ziel war der Sieg des Weltkommunismus; um seinetwillen kann man und muss man lügen, rauben, Hunderttausende ja Millionen von Menschen vernichten – alle, die diesem Ziel hinderlich im Wege stehen oder auch nur im Wege stehen könnten. (…) So urteilte ich auch, als ich sah, wie die „totale Kollektivierung" und die „Entkulakisierung" [der Landwirtschaft] durchgeführt wurden, wie die Bauern im Winter 1932/1933 erbarmungslos ausgeplündert wurden. Ich war selbst dabei, hörte nicht auf das Heulen der Weiber, das Winseln der Kinder. Damals war ich überzeugt, dass wir alle die große sozialistische Umgestaltung des Dorfes vollbringen, dass es danach allen Bauern unendlich viel besser gehen würde (und) dass die, die mich geschickt hatten, besser als die Bauern wussten, wie diese zu leben, zu pflügen, zu säen hatten.

Q5 *Wolfgang Leonhard (geb. 1922), mit seiner Mutter, einer deutschen Kommunistin, seit 1935 in Moskau im Exil, erlebte die Parteisäuberung als Opfer:*

Jeder von uns [in unserem Moskauer Heim für Kinder von Exilkommunisten] wusste längst, dass Mutter oder Vater unschuldig verhaftet waren. (…) Aber bei keinem von uns – wir waren etwa 10 Jugendliche, deren Eltern [wie meine Mutter] verhaftet worden waren – führte dieser persönliche schwere Schicksalsschlag sofort zur Opposition gegen das System. Instinktiv schreckten wir vor dem Gedanken zurück, dass es sich bei den Massenverhaftungen der Jahre 1936–1938 um etwas handelte, was zu unseren Idealen des Sozialismus in direktem Gegensatz stand (…). Immer wieder versuchten wir, die Säuberung zu rechtfertigen, um uns unser Ideal, unseren Glauben an die Sowjetunion als das erste Land des Sozialismus, zu erhalten. (…) Noch [kam es bei mir] nicht zu einem innerlichen Bruch mit dem System. (…) Mein Bruch mit dem Stalinismus sollte erst mehr als zehn Jahre später erfolgen.

1. *Zeige auf, welche Ziele Stalin verfolgte und wie er sie zu erreichen suchte (VT, Q1–Q5).*
2. *Erkläre, wie Stalin seine Politik begründete (Q2).*
3. *Untersuche, wie sich Stalins Begründung in Lew Kopelews Denken und Handeln niederschlägt (Q2, Q3).*
4. *Vergleiche die Sichtweisen in Q3 und Q5. Was fällt auf?*
5. *Lege dar, warum es deiner Ansicht nach zu der verhängnisvollen Entwicklung des Sowjetkommunismus unter Stalin kam (VT, Q1–Q5).*

7 Methode
Verfälschte Bildaussagen interpretieren

Bilder, die lügen

Mit Bildern lassen sich falsche Wirklichkeitsvorstellungen beim Betrachter erzeugen. Die Bildaussage erweckt stets den Anschein, Abbild der Wirklichkeit zu sein. Das gilt besonders für Fotos, weil sie scheinbar „automatisch“ entstehen und daher „objektiv“ wirken. Tatsächlich aber lassen sie sich manipulieren, also verfälschen: schon durch die Wahl des Ausschnitts oder des Moments. Dinge können wegretuschiert oder dazumontiert werden, eine anscheinend spontane Szene kann gestellt oder der Bildkommentar irreführend sein. Heute ist die „Technik“ der Manipulation fast grenzenlos geworden.

Für den Betrachter sind Verfälschungen nur erkennbar, wenn er Dargestelltes und Wirklichkeit vergleichen kann (etwa als Augenzeuge oder durch den Vergleich mit anderen Bildern oder Berichten). Um die Absicht einer Verfälschung zu verstehen, braucht man Hintergrundinformationen, wie in dem Beispiel links etwa über den Machtkampf bei der Nachfolge des zur Kultfigur erhobenen Lenin.

Q **1** *Foto oben: Lenin bei einer Rede* zu Soldaten vor ihrem Einsatz im Bürgerkrieg am 5. Mai 1920 in Moskau. Rechts auf der Treppe des Rednerpodiums zwei Parteigrößen und enge Gefolgsleute Lenins: Trotzki (vorn) und Kamenew.
Foto Mitte: Aufnahme, die derselbe Fotograf wenig später machte, aber mit einer in der Stalinzeit vorgenommenen Retuschierung. Stalin, 1924 Lenins Nachfolger, ließ die Rivalen Trotzki und Kamenew beseitigen.
Gemälde unten: Darstellung des Ereignisses nach dem retuschierten Foto durch den Maler Brodsky 1932. Unter Stalin wurde der Personenkult wichtiger Bestandteil des Sowjetkommunismus, oberste Kultfigur war Lenin.

Methodische Arbeitsschritte

1. Analysiere und deute das Bild so, wie es vor dir liegt. Wende dabei die dir bereits bekannten Schritte zur Interpretation eines Gemäldes bzw. eines Fotos an. Vergleiche dazu S. 207 ff. im Methodenglossar.
2. Stelle durch Bildvergleich oder mithilfe der Textinformation zur Verfälschung die Art der Manipulation fest.
3. Stelle, noch ohne Informationen zu wichtigen Begleitumständen und Hintergrundereignissen zu lesen, Vermutungen darüber an, welche Absichten hinter der Manipulation stecken könnten.
4. Lies die Informationen zu wichtigen Begleitumständen bzw. Interessen des Fälschers und benutze sie zu einer Deutung der Manipulation.

1 Wende die Arbeitsschritte auf das mittlere Foto (Q1) und das Gemälde (Q2) an.

2 Kopiere die Abbildung Q2, nimm die beschriebene Manipulation durch Retuschierung vor, kopiere die retuschierte Kopie und stelle Vermutungen über die Absicht der Manipulation an (Arbeitsschritte 2 und 3).

3 Deute die Manipulation unter Zuhilfenahme des Hintergrundwissens.

Q 2 *„Lenin verkündet die Sowjetmacht"* (Gemälde von Vladimir Serov, 1947). Hinter Lenin die drei Parteigrößen Stalin, Kalinin, Ordschonikidse.
Information zur Manipulation: 1957 muss Serov das Bild noch einmal malen – ohne Stalin.
Hintergrundwissen: 1956 erklärt Chruschtschow, damals an der Spitze der UdSSR, Stalin wegen seiner „Taten" zum Verbrecher und verurteilt das Andenken an ihn.

8 Abschluss

Filmriss bei den Weltmächten

Füge den Film wieder zusammen: Schneide auf einer Kopie dieser Seite die Bilder aus und klebe sie in der richtigen zeitlichen Abfolge auf. Schreibe jeweils das Ereignis und die Jahreszahl dazu und formuliere eine kurze Bildunterschrift. Auf den vorderen Umschlagseiten dieses Buches findest du eine Vorlage zum Kopieren.

Leider ist der Film über die Geschichte der beiden Weltmächte USA und Sowjetunion gerissen. Nun müssen die Filmausschnitte in der richtigen Reihenfolge rekonstruiert werden. Das heißt, du musst wissen, um welches Ereignis es sich handelt und in welchem Jahr oder Zeitraum es stattfand.

Mal sehen, wer von euch das beste „Zeitgefühl" hat!

April 1917

Beginn des 20. Jhdts.

Okt. 1917

Ende des 19. Jhdts.

Bürgerrechtsbewegung

Dollar-Imperialismus

Eintritt der USA in den Ersten Weltkrieg

Weltwirtschaftskrise

Das „goldene Zeitalter“

Russische Revolution

Stalinismus

Unzufriedenheit mit der Zarenherrschaft in Russland

1929

1883

1924–1953

1963

Methodenglossar (Band 1)

Einen Stammbaum erstellen (S. 14)

1. Zeichne auf einem DIN-A3-Blatt deinen Familienstammbaum. (Ganz vorne im Buch findest du auch eine Vorlage zum Kopieren.) Das oberste Feld ist für dich selbst, die zwei Felder darunter sind für deine Eltern gedacht.
2. Sammle folgende Angaben von jedem Familienmitglied den Vor- und Nachnamen, das Geburts- (*) und gegebenenfalls das Todesdatum (†), den Geburtsort, die Kinderzahl und den Beruf. Die Daten kannst du erfragen oder im Familienbuch nachschlagen.
3. Trage die Angaben in die einzelnen Felder ein. Der Stammbaum wird für den Betrachter noch interessanter, wenn du Fotos deiner Verwandten oder andere Erinnerungsstücke neben das entsprechende Feld klebst.

Vomfund zur Rekonstruktion (S. 40)

1. Beschreibe den ursprünglichen Fund. Wie viel war von dem Gegenstand oder Gebäude erhalten und in welchem Zustand war der Fund?
2. Vergleiche die Rekonstruktion mit dem Fund. Was wurde originalgetreu wiedergegeben? An welchen Stellen hat der Archäologe etwas hinzugefügt?
3. Betrachte die Rekonstruktion kritisch. Was konnte der Archäologe wissen, wo musste er dagegen Vermutungen anstellen? Hat er vielleicht auch an manchen Stellen seine Fantasie spielen lassen?

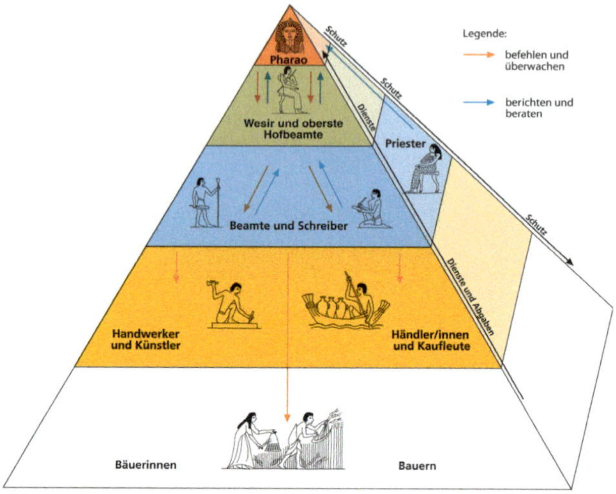

Ein Schaubild verstehen (S. 58)

1. Stell fest, welches Thema das Schaubild behandelt. Die Legende verrät es dir.
2. Untersuche, warum einzelne Teile des Schaubildes in verschiedenenfarben dargestellt sind.
3. An welchen Stellen werden Pfeile und Linien verwendet? Was sagen sie über die Beziehungen zwischen den Personen aus?
4. Warum eignet sich die gewählte Form des Schaubildes besonders gut, um das Thema darzustellen? Kannst du dir noch eine andere Form vorstellen?

Schriftliche Quellen auswerten (S. 74)

Fragen zum Text

1. Worum geht es in dem Text? Welche Orte, Personen oder Gruppen werden genannt?
2. Gibt es Wörter oder Sätze, die du nicht verstehst? Schlage in einem Wörterbuch nach oder frage deine Lehrerin bzw. deinen Lehrer.
3. Unterteile den Text in einzelne Abschnitte und verfasse für jeden Abschnitt eine kurze Überschrift.

Fragen zum Verfasser

4. Wer hat den Text verfasst?
5. Kannst du erkennen, an wen sich der Verfasser mit seinem Text wendet?
6. Schreibt der Verfasser über Dinge, die er selbst erlebt hat, oder woher hat er seine Kenntnisse?
7. Mit welcher Absicht mag der Verfasser den Text geschrieben haben?

Geschichtskarten lesen und auswerten (S. 100)

1. Über welches Thema gibt die Karte Auskunft? Beachte dafür die Überschrift und die Legende.
2. Welcher Raum wird gezeigt? Welche Orte werden hervorgehoben? Vergleiche mit dem Geografie-Atlas, um welches heutige Gebiet es sich handelt.
3. Über welche geschichtliche Zeit informiert die Karte? Bezieht sie sich auf ein bestimmtes Jahr, auf einen kurzen oder langen Zeitabschnitt? Werden unterschiedliche Zeitstufen dargestellt?
4. Beachte die Legende. Was bedeuten die Zeichen, Farben, Linien und Pfeile in der Karte?

Bilder als Geschichtsquelle (S. 144)

1. Betrachte das Bild in Ruhe und mache dir erste Gedanken.
   – Was zeigt das Bild?
   – Was fällt dir auf?
   – Welche Teile des Bildes sind besonders interessant?
   – Was verstehst du nicht?
2. Beschreibe das Bild genau.
   – Um welche Art von Bild handelt es sich?
   – Was ist dargestellt? Welche Situation bzw. Situationen sind auf dem Bild festgehalten?
   – Welche Farben und Formen tauchen in dem Bild besonders oft auf?
3. Versuche das Bild zu deuten. Vielleicht benötigst du hierfür zusätzliche Informationen.
   – Wer hat das Bild gemalt?
   – Was möchte der Künstler dem Betrachter mit diesem Bild mitteilen?
   – Warum hat der Maler gerade diese Personen und Ereignisse für sein Bild ausgewählt?
   – Ist die Darstellung naturgetreu?
   – Hat der Künstler in der Zeit gelebt, die er auf dem Bild dargestellt hat?

Schriftliche Quellen vergleichen (S. 166)

1. Stelle möglichst genau fest, was in den Quellen steht und wer sie geschrieben hat. (Du kannst das Verfahren von Seite 84 dafür anwenden.)
2. Stelle fest, womit sich die Texte/Autoren gemeinsam befassen bzw. was beide erklären wollen.
3. Liste stichwortartig auf, worin sie übereinstimmen.
4. Liste nun für jeden Text/Autor getrennt auf, was er
   a) zusätzlich und
   b) ganz anders als der andere berichtet. So erkennst du, wo sich die Berichte ergänzen und wo sie sich widersprechen.
5. Überlege bei den Widersprüchen, welcher Text/Autor dir glaubwürdiger erscheint.
6. Fasse die Ergebnisse deines Vergleichs in einem Bericht darüber zusammen, was sich damals wahrscheinlich zugetragen hat.

Stadtpläne erzählen aus der Geschichte (S. 178)

1. Wo liegt der älteste Siedlungskern?
2. Wie entwickelte sich die Stadt in den folgenden Jahrhunderten?
3. Welche besonderen Gebäude und Sehenswürdigkeiten erkennst du?
4. Wann wurden diese Gebäude gebaut und welche Funktion hatten sie?
5. Was sagen die Namen von Straßen, Plätzen und Vierteln über ihre (frühere) Bedeutung aus?
6. Wie verlief wohl das wirtschaftliche, kirchliche und gesellschaftliche Leben in der Stadt?

Historische Karten untersuchen (S. 210)

1. Aus welcher Zeit stammt die Karte?
2. Welche Kontinente und Länder sind dargestellt?
3. Gibt es Einzelheiten, die besonders hervorgehoben sind?
4. Über welche Kenntnisse verfügte der Zeichner, was war ihm dagegen noch nicht bekannt?
5. Zu welchem Zweck wurde die Karte angefertigt?
6. Welche geografischen, politischen oder religiösen Vorstellungen der damaligen Zeit lassen sich aus der Karte ablesen?

Herrscherbilder zum Sprechen bringen (S. 252)

1. Betrachte das Bild und notiere deinen ersten Eindruck.
2. Untersuche das Bild genau.
   - Wie ist der Herrscher auf dem Bild platziert?
   - Wie ist seine Haltung?
   - Welche Herrschaftszeichen finden sich und was bedeuten sie?
   - Welche Farben sind verwendet und wie wirken sie?
3. Finde heraus, wer das Bild gemalt hat und wer der Auftraggeber war.
4. Betrachte das Bild kritisch. Welche Wirkung soll es beim Betrachter erzielen? Wie sieht sich der dargestellte Herrscher selbst?

Eine Pro-Contra-Disskussion führen (S. 220)

1. Wählt einen Diskussionsleiter/-eine Diskussionsleiterin.
2. Bildet zwei Gruppen, die jeweils entgegengesetzte Meinungen vertreten.
3. Gebt den Gruppen Zeit um ihre Argumente zu sammeln.
4. Stimmt darüber ab, wer für die eine Meinung ist und wer für die andere. Haltet das Ergebnis fest.
5. Hört euch die Argumente der beiden Gruppen an und stellt ihnen anschließend fragen.
6. Stimmt noch einmal zu den gegensätzlichen Meinungen ab.
7. Wertet die Diskussion aus.
   - Welche Argumente waren überzeugend, welche nicht?
   - Hat sich das Abstimmungsergebnis verändert und wenn ja, warum?

Gruppenarbeit (S. 262)

Vorbereitung in der Klasse

1. Legt genau fest, was ihr gemeinsam erarbeiten und mit welchen Schritten ihr zum Ziel kommen wollt.
2. Besprecht, wie die Ergebnisse in der Klasse präsentiert werden sollen.
3. Klärt, wie viel Zeit ihr für die Gruppenarbeit habt.
4. Teilt euch in Gruppen auf. Achtet darauf, dass nicht immer dieselben Schüler eine Gruppe bilden. Ihr könntet z. B. Zufallsgruppen auslosen.
5. Schiebt die Tische in eurem Klassenraum zu Gruppentischen zusammen, sodass alle Gruppen ungestört arbeiten können.

Durchführung in der Gruppe

6. Entscheidet zunächst, wer später als Gruppensprecher der Klasse eure Ergebnisse vorstellen soll.
7. Teilt die Arbeit dann untereinander auf. Ein schriftlicher Arbeitsplan kann hierbei hilfreich sein. Wichtig ist, dass niemand ausgeschlossen wird und jedes Gruppenmitglied eine Aufgabe übernimmt.

Präsentation der Ergebnisse

8. Die Gruppensprecher stellen die Ergebnisse vor. Wenn beim Vortrag etwas fehlt, können die anderen Gruppenmitglieder ergänzen.
9. Vergleicht die Ergebnisse der einzelnen Gruppen miteinander und fasst sie zusammen.
10. Sprecht zum Schluss darüber, wie euch die Gruppenarbeit gefallen hat. Was hat gut geklappt, was muss geändert werden? Waren alle gleichberechtigt? Müssen noch weitere Regeln vereinbart werden?

Methodenglossar (Band 2)

Ein Verfassungsschema interpretieren (S. 18)

Das Schema nach Gruppen und Personen zerlegen

1. Wie ist das Schema gegliedert? Lassen sich verschiedene Blöcke, Farben und Symbole erkennen?
2. Wie sind die Blöcke miteinander verbunden? Welche Richtung und Bedeutung haben Pfeile und Linien?
3. Gibt es Begriffe, die du im Lexikon nachschlagen musst?

Verfassungsmerkmale Machtausübung, Gesetzgebung und Rechtsprechung

3. Wer darf Gesetze vorschlagen? Wer arbeitet sie aus? Wer erlässt sie?
4. Wer sorgt dafür, dass Regierung und Bürger sich an die Gesetze halten?
5. Wer regiert den Staat, d.h. übt Macht mithilfe der Gesetze aus?
6. Wer kann durch seinen Einspruch dafür sorgen, dass ein Gesetz vorläufig nicht in Kraft treten darf? Wer darf Gesetze sogar rückgängig machen?
7. Gibt es Grundrechte, die kein neues Gesetz verletzen darf?

Verfassungsmerkmal Wahl

8. Welche Ämter werden durch Wahl besetzt, welche nicht?
9. Wer darf wählen, wer nicht? Wer darf gewählt werden?

Verfassungsmerkmale Machtverteilung und Machtkontrolle

10. Welche Macht haben die verschiedenen Personen bzw. Gruppen im Staat?
Wo ist besonders viel Macht konzentriert?
11. Wo sind „Sicherungen" in der Verfassung eingebaut, damit Einzelne ihre Macht nicht missbrauchen können (z. B. um eine Diktatur zu errichten)?

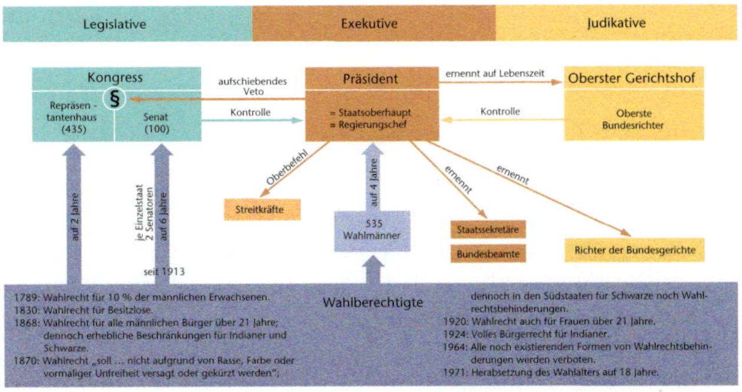

Historienmalerei – gemalte Geschichte? (S. 42)

Fragen zur Person des Malers und zur Person des Auftraggebers

1. Wer war der Maler des Bilde? Wann hat er gelebt?
2. Wer war der Auftraggeber? Welche Position hatte er inne?

Fragen zu den dargestellten Ereignissen und Personen

3. Was ist auf dem Gemälde zu sehen? Wie sind die Personen dargestellt?
4. Welche Personen oder Handlung stellt der Maler in den Mittelpunkt?
5. Hat der Maler das Dargestellte selbst gesehen oder haben ihm andere davon berichtet?

Fragen zur Wirkung

6. Wie setzt der Maler Farben oder den Wechsel von Licht und Schatten ein um eine bestimmte Wirkung zu erzielen?
7. Welchen Eindruck wollte der Maler oder Auftraggeber dem Betrachter vermitteln?
8. Wie wirkt das Gemälde auf dich selber?

Karikaturen richtig deuten (S. 28)

1. Aus welcher Zeit stammt die Karikatur? Wer hat sie gezeichnet?
2. Welche Szene zeigt das Bild? Welche Gegenstände, Sachverhalte, Tiere oder Personen werden abgebildet?
3. Wo weicht der Künstler oder die Künstlerin von der Wirklichkeit ab. Was ist also übertrieben oder verzerrt dargestellt?
4. Welche Symbole erkennst du? Erkläre ihre Bedeutung.
5. Gegen wen richtet sich die Kritik? Wird zum Beispiel eine Person verspottet, oder werden gesellschaftliche Verhältnisse kritisiert?
6. Versuche die Aussage der Karikatur in einem Satz zusammenzufassen.
7. Überlege, welche Wirkung der Zeichner beim Betrachter erzielen wollte:
Welches Publikum sollte angesprochen werden?
Ergreift der Karikaturist für eine Person oder eine Sache Partei?
Wie wirkt die Karikatur auf dich?

Politische Lieder (S. 74)

1. Wann ist das Lied entstanden?
2. Wer hat den Text geschrieben?
3. Um welche Ereignissen und Personen geht es in dem Lied?
4. Was sagt der Titel des Liedes aus?
5. Wie klingt der Text – anklagend, ironisch, aufrührerisch oder spöttisch?
6. Wie wirkt das Lied insgesamt auf dich?
7. Was hat der Verfasser mit diesem Lied beabsichtigt?

Aus den „unpolitischen Liedern" von Heinrich Hoffmann von Fallersleben, 1841:

Wie ist doch die Zeitung interessant
für unser liebes Vaterland!
Was haben wir heute nicht alles vernommen!
Die Fürstin ist gestern niedergekommen,
und morgen wird der Herzog kommen,
hier ist der König heimgekommen,
dort ist der Kaiser durchgekommen –
bald werden sie alle zusammenkommen –
wie interessant! Wie interessant!
Gott segne das liebe Vaterland!

Statistiken auswerten (S. 88)

1. Thema erfassen:
- Um welchen Sachverhalt geht es? (Meistens steht es in der Überschrift oder in der Legende.)
- Welchen Zeitraum umfassen die Zahlenangaben?

2. Inhalt und Darstellungsform beschreiben:
- Wie wird das statistische Material dargestellt: als Tabelle oder Grafik, in absoluten Zahlen oder in Prozentangaben?
- Sind die Zahlen übersichtlich zusammengestellt und vollständig (Maßstab, Datenmenge)?

3. Statistik auswerten:
- Was sagen die angegebenen Daten genau aus?
- Lassen sich Entwicklungen ablesen?
- Gibt es Zusammenhänge mit anderen Informationen oder Materialien?
- Inwiefern hat die Statistik neue Erkenntnisse hervorgebracht?

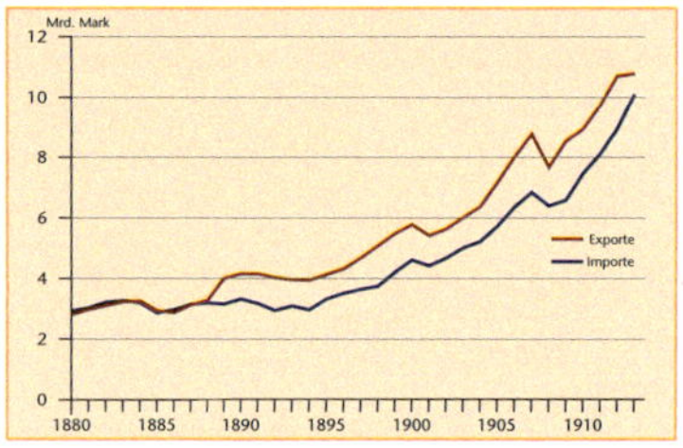

4. Statistik kritisch betrachten:
- Beruhen die Zahlen auf Schätzungen oder auf genauen Zählungen?
- Gibt es Zweifel am Wahrheitsgehalt der Aussagen?

Ein „Zeitbild" untersuchen (S. 138)

1. Welche Arten von Quellen stehen für das Zeitbild zur Verfügung?
2. Untersuche jede Quelle einzeln:
   - Worum geht es in dieser Quelle?
   - Welche Person bzw. welche Gruppe kommt darin „zu Wort"?
   - Welches ist die wesentliche Aussage der Quelle?
   - Welchen Eindruck vermitteln sie von der Zeit in der sie entstanden sind?
   - Was sagen sie über die Gesellschaft und die herrschende Meinung dieser Zeit aus?
3. Fasse die Aussagen der Quellen zusammen und gib deinen Gesamteindruck wieder.

Fotografien als Geschichtsquellen betrachten (S. 174)

1. Betrachte das Foto genau und beschreibe die Einzelheiten.
2. Fasse zusammen, welche konkrete Situation der Fotograf auf dem Bild festgehalten hat.
3. Überlege, zu welchem Zweck das Foto aufgenommen wurde. Ist es ein Pressefoto oder eine private Aufnahme?

4. Beschreibe die Wirkung des Fotos. Welche Einzelheiten hat der Fotograf besonders hervorgehoben; welche Stimmung herrscht auf dem Bild?
5. Betrachte das Foto kritisch. Trifft der Fotograf eine bestimmte Aussage? Will er sachlich informieren oder eine bestimmte Wirkung beim Betrachter erzielen?

Kriegerdenkmäler befragen (S. 180)

1. Beschreibe das Denkmal genau. Was ist dargestellt, welche Einzelheiten fallen auf?
2. Wie wirkt das Denkmal auf dich? Zeigt es wirkliche Menschen oder Helden? Werden Gefühle wie Trauer und Schmerz sichtbar oder verkörpern die Figuren Heldenmut und Stärke?
3. Gibt es eine Inschrift und was sagt sie aus?
4. An welchem Ort ist das Denkmal aufgestellt? Hat dieser Platz eine besondere Bedeutung für die Stadt?
5. Informiere dich über die Entstehungsgeschichte des Denkmals. Aus welchem Anlass wurde es errichtet, wer hat den Auftrag dazu gegeben und wer hat es geschaffen?
6. Versuche die Botschaft des Denkmals zu formulieren. Kannst du ihr zustimmen?

Verfälschte Bildaussagen interpretieren (S. 202)

1. Analysiere und deute das Bild so, wie es vor dir liegt.
2. Stelle durch Bildvergleich oder mit Hilfe der Textinformation zur Verfälschung die Art der Manipulation fest.
3. Stelle, noch ohne Informationen zu Begleitumständen und Hintergrundereignissen, Vermutungen darüber an, welche Absichten hinter der Manipulation stecken könnten.
4. Lies die Informationen zu wichtigen Begleitumständen bzw. Interessen des Fälschers und benutze sie zu einer Deutung der Manipulation.

Verzeichnis der Namen, Sachen und Begriffe

Verwendete Abkürzungen:
Abb. = Abbildung;
afrik. =afrikanisch;
amerik. = amerikanisch;
bayr. = bayrisch;
bolschewist. = bolschewistisch;
bosn.-serb. = bosnisch-serbisch;
brit. = britisch;
bürgerl. = bürgerlich;
christl. = christlich;
dt. = deutsch;
engl. = englisch;
europ. = europäisch;
evang. = evangelisch;
frz. = französisch;
holl. = holländisch;
ital. = italienisch;
Jh. = Jahrhundert;
napol. = napoleonisch;
österreich. = österreichisch;
pfälz. = pfälzisch;
polit. = politisch;
poln. = polnisch;
port. = portugiesisch;
preuß. = preußisch;
prolet. = proletarisch;
protest. = protestantisch;
republik. = republikanisch;
russ. = russisch;
schles. = schlesisch;
schwed. = schwedisch;
schweiz. = schweizerisch;
sowjet. = sowjetisch;
sozialist. = sozialistisch;
span. = spanisch;

Hinweise:
▷Verweis auf ein Stichwort
~ersetzt das Stichwort bei Wiederholung
Halbfett gesetzt sind historische Grundbegriffe, die im Mini-Lexikon des Buches erläutert werden. Die halbfette Seitenzahl gibt den Fundort an.
Bei Herrschern und kirchlichen Amtsträgern werden so weit möglich die Regierungs-/Amtsdaten, bei allen anderen Personen die Lebensdaten angegeben.

Verzeichnis der Textquellen

Das Zeitalter der Aufklärung und der bürgerlichen Revolutionen

S. 11: Q2 René Descartes, Abhandlung über die Methode, 1637, zit. nach: Ders., Ausgewählte Schriften, Frankfurt/M. 1986, S. 49f. und 58f.
Q3 Immanuel Kant, Was ist Aufklärung, in: Werke, Bd. 9, Darmstadt 1975, S. 53f.

S. 13: Q2 Denis Diderot, Artikel über politische Autorität in der Enzyklopädie, 1751, in: Erich Stahleder, Absolutismus und Aufklärung 1648–1789, Ebenhausen 1964, S. 112–114
Q3 Jean-Jacques Rousseau, Der Gesellschaftsvertrag oder die Grundsätze des Staatsrechts, Stuttgart 1963, S. 20 u. 36
Q4 Grundgesetz der Bundesrepublik Deutschland

S. 15: Q2 zit. nach: H. J. Stammel, Indianer. Legende und Wirklichkeit von A–Z, Gütersloh 1992, S. 79
Q3 zit. nach: H. J. Stammel, Indianer. Legende und Wirklichkeit von A–Z, Gütersloh 1992, S. 86
Q4 Willi Paul Adams (Hg.), Die Amerikanische Revolution in Augenzeugenberichten, München 1976, S. 19f.

S. 17: Q2 John Locke, Two Treatises on Government, 1689; aus: Lebendige Vergangenheit 3, Stuttgart 1992, S. 13
Q3 Willi Paul Adams (Hg.), Die Amerikanische Revolution in Augenzeugenberichten, München 1976, S. 230f.
Q5 Herbert Krieger (Hg.), Handbuch des Geschichtsunterrichts, Bd. 4, Frankfurt/M., S. 200

S. 21: Q2 John Hope Franklin, From Slavery to Freedom, New York 1947, S. 249
Q3 zit. nach: Willi Paul Adams, Die Vereinigten Staaten von Amerika, Frankfurt/M. 1977, S. 113
Q4 Carl Sandburg, Abraham Lincoln, 1958, S. 417f.
Q6 zit. nach: V. Austin, Der Amerikanische Bürgerkrieg in Augenzeugenberichten, München 1973, S. 310f.

S. 23: Q2 zit. nach: Willi Paul Adams, Die Vereinigten Staaten von Amerika, Frankfurt/M. 1977, S. 149f.
Q3a Dee Brown, Begrabt mein Herz an der Biegung des Flusses, München 1976, S. 189
Q3b Heinz Dieter Schmid (Hg.), Fragen an die Geschichte, Bd. 3, Frankfurt/M. 1981, S. 127

S. 25: Q2 Volkmar Wittmütz, Die französische Revolution, Frankfurt/M. 1983, S. 20

S. 27: Q3 Heinz Dieter Schmid, Fragen an die Geschichte, Bd. 3, Frankfurt/M. 1981, S. 148
Q4 Ina u. Paul Hartig, Die Französische Revolution, Stuttgart 1984, S. 34f.
Q5 Cahier de doléances des femmes en 1789 et autres textes, zit. nach: Geschichte auch für Mädchen, hg. v. d. Landesregierung NRW, S. 20

S. 31: Q4 Olympe de Gouges, Schriften, Frankfurt/M. 1980, S. 41.
Q6 Olympe de Gouges, Schriften, Frankfurt/M., Basel 1980, S. 39

S. 32: Q1 Resolution der UN-Generalversammlung 217A (III.)
D1 zs.-gestellt v. Verf.

S. 33: Q2 Henriette Akofa, Keine Zeit für Tränen. Mein Leben als Sklavin in Paris, München 2001
Q3 unicef-Nachrichten 3, September 2003, Thema „Kindersoldaten", Deutsches Komitee für UNICEF e.V. (Hg.), Köln, S. 7, 10 (Auszüge)

S. 35: Q2 Ulrich Friedrich Müller, Die Französische Revolution, Ebenhausen 1961, S. 65ff.

S. 37: Q2 Hans Dieter Schmid (Hg.), Fragen an die Geschichte, Bd. 3, Frankfurt/M. 1981, S. 162
Q3 Walter Grab, Die Revolution von 1848/49. Eine Dokumentation, München, 1980, S. 171f.
Q4 Michael Sauer, Historische Lieder, Stuttgart 1997, S. 25

S. 39: Q2 Jean Paul Marat, Les pamphlets, hg. v. Charles Valley, Paris 1911, S. 25, übers. v. Erich Goerlitz
Q3 Ina u. Paul Hartig, Die Französische Revolution, Stuttgart 1984, S. 97f.
Q5 Camille Desmoulins, Le vieux Cordelier, 20 décembre 1793 (übers. v. Verf.)

S. 41: Q2 M. de Melito, Mémoires I., S. 163f.
Q3 J. Godoche, Les Institutes de la France, Paris 1968, S. 752 (übers. v. Verf.)
Q4 Christian Daniel Erhard (Hg.), Code Napoléon, Leipzig 1908, S. 105ff.

Neugestaltung – Restauration – Revolution

S. 49: D2 zs.-gestellt v. Verf.
Q2 F. M. Kircheisen (Hg.), Gespräche mit Napoleon, Stuttgart 1912, Bd. 2, S. 163

S. 51: D2 zs.-gestellt v. Verf.
Q2 G. Winter (Hg.), Die Reorganisation des preußischen Staates unter Stein und Hardenberg, Teil I, Bd. I, Leipzig 1931, S. 316ff.

S. 53: Q2 Klemens Wenzel Nepomuk Lothar von Metternich, Denkwürdigkeiten, Bd 1., hg. v. Otto von Brandt, München 1921, S. 246ff.
Q3 Deutschland unter Napoleon in Augenzeugenberichten, Eckart Kleßmann (Hg.), München 1976, S. 380ff.

S. 55: D2 Jürgen Müller, Die französische Herrschaft; in: Geschichte der Stadt Koblenz, Bd. 2: Von der französischen Stadt bis zur Gegenwart, Stuttgart 1993, S. 48
Q2 Walter Grab (Hg.), Freyheit oder Mordt und Todt. Revolutionsaufrufe deutscher Jakobiner, Berlin 1979, S. 80f.
Q3 Joseph Hansen (Hg.), Quellen zur Geschichte des Rheinlandes im Zeitalter der französischen Revolution 1780–1801, Bd. 3, Bonn 1931–1938, S. 213ff.

S. 57: Q2 Napoleon's Werke, in: Heinz Georg Gotthardt, „Vive l'empereur!", Hamburg 196, S. 243
Q5 François-René de Chateaubriand, Erinnerungen, München 1968, S. 243

S. 59: Q2 Hans Hohlwein, Aufbruch in die neue Zeit, Stuttgart 1969, S. 51
Q4 Denkschrift Steins vom 24. Juni 1815, zit. nach: Geschichte in Quellen. Das bürgerliche Zeitalter 1815–1914, München 1980, S. 26

S. 61: Q3 Ernst Rudolf Huber (Hg.), Dokumente zur deutschen Verfassungsgeschichte, Bd. 1, Stuttgart 1961, S. 91f.

Q4 Heinrich von Gagern, Das Leben des Generals Friedrich von Gagern, Bd. 1, Heidelberg 1856, S. 270ff.
S. 63: Q2 Heinrich Heine, Werke, Berlin u. a. 1963, S. 472
Q4 Günter Böhmer, Die Welt des Biedermeier, München 1968, S. 302f.
S. 65: Q3 Karl Obermann (Hg.), Flugblätter der Revolution 1848/49, München 1972, S. 47ff.
S. 67: D1 Heinrich Lutz, Zwischen Habsburg und Preußen. Deutschland 1815–1866, Berlin 1994, S. 268f.
Q2 Johannes Hohlfeld (Hg.), Verfassung des Deutschen Reiches vom 28. März 1849, Amtliche Ausgabe, zit. nach: Dokumente der Deutschen Politik und Geschichte von 1848 bis zur Gegenwart, Bd. 1, Berlin und München 1951, S. 47ff.
S. 69: D1 zs.-gestellt v. Verf.
Q2 Rudolf Göhler, Großherzog Carl Alexander und Fanny Lewald-Stahr in ihren Briefen 1848–1899, Bd. 1, Berlin 1932, S. 30f.
Q4 Katalog der Erinnerungsstätte für die Freiheitsbewegungen in der deutschen Geschichte, Koblenz/Rastatt 1974, S. 5
S. 71: D1 zs.-gestellt v. Verf.
Q3 Roland Bauer, Berlin Illustrierte Chronik bis 1870, Bd. 1, Berlin 1988, S. 294
Q4 Hoffmann von Fallersleben, Unpolitische Lieder II, Hamburg 1842
Q5 Karl Haenchen, Revolutionsbriefe 1848, Leipzig 1930
S. 73: Q2 www.info-westpfalz.de/Info-Westpfalz-Ordner/Info-KL-Taten/Fruchthalle/FH-Dokument03.html (Stand 24. 03. 2006)
Q3 Ortschronik Ensheim, www.ensheim-saar.de/ehp_231.htm (Stand 24. 03. 2006)
Q4 Hans Jessen (Hg.), Die deutsche Revolution 1848/49 in Augenzeugenberichten, Düsseldorf 1968, S. 318
S. 75: Q2 Lebendige Vergangenheit 3, Stuttgart 1992, S. 53
Q3 Hoffman von Fallersleben, in: Lebendige Vergangenheit 3, Stuttgart 1992, S. 64
Q5 Text: Ludwig Pfau, Melodie: „Maikäfer, flieg", in: Lebendige Vergangenheit 3, Stuttgart 1992, S. 64

Industrialisierung und soziale Frage
S. 83: Q2 Geschichte in Quellen, Bd. 5, München 1980, S. 111f.
S. 85: D1 zit. nach: Jürgen Kocka/Bernd Müller, Wirtschaft und Gesellschaft im Zeitalter der Industrialisierung, München 1984, S. 54ff.
Q2 Dieter Bradtke, Die Industrielle Revolution in Deutschland, Stuttgart 1985, S. 20
S. 87: Q2 Alfons Thun, Die Industrie am Niederrhein und ihre Arbeiter, Teil 1, Leipzig 1879, S. 173f.
Q3 zit. nach: H. Hauser, Les methodes allemandes d'expansion Economique, Paris 1915, S. 1ff. (übers. v. Verf.)
Q5 Arthur Wilke, Die Elektrizität, (ihre Erzeugung und ihre Anwendung in Industrie und Gewerbe), Leipzig 1893
S. 89: D2 R. Gömmel, Realeinkommen in Deutschland, Nürnberg 1979, S. 27ff.
D3 Friedrich-Wilhelm Henning, Die Industrialisierung in Deutschland 1800 bis 1914, Paderborn, S. 20
S. 91: D3 Essen im 19. und 20. Jahrhundert, hg. v. Vorstand der Gesellschaft Institut für Geographie, Essen o. J., S. 422f.
Q2 F. J. Pielert, Das Ruhrtal, zit. nach: Chronik des Ruhrgebietes, Dortmund 1987, S. 186
Q3 Dietrich Baedeker, zit. nach: Chronik des Ruhrgebietes, Dortmund 1987, S. 186
S. 93: Q3 Jochen Boberg (Hg.), Exerzierfeld der Moderne, Industriekultur in Berlin im 19. Jahrhundert, München 1984, S. 211f.
Q4 Aus einem Bericht von Heinrich Grunholzer von 1843, in: H. Pönicke (Hg.), Quellen zur Geschichte des 19. Jahrhunderts: Die wirtschaftliche und soziale Entwicklung Europas, S. 18ff. (bearb. v. Verf.)
S. 95: D1 Christoph Bartels, Schieferdörfer, Pfaffenweiler 1986, S. 256
D2 U. Hoppe-Oehl und S. Weger, Die Sayner Hütte, in: Denk-mal! Denkmäler im Unterricht, Bd. 2, Bad Kreuznach 1997, S. 57ff.
Q2 Jörg Hajt, Eisenbahnmythos Rheintal, Königswinter 2003, S. 10
S. 97: D1 Wolfgang Latz (Hg.), Erdkunde Rheinland-Pfalz, Bd. 1, Braunschweig 2004, S. 170
D2 Wolfgang König (Hsg.), Propyläen Technikgeschichte, Bd. 4, Berlin 1997, S. 360
Q3 BASF AG (Hg.), Chemie für die Zukunft. 125 Jahre BASF, Ludwigshafen 1990, S. 339
S. 99: D1 zs.-gestellt v. Verf. aus zeitgenössschen Quellen
Q2 Interview des Verf. mit einer Zeitzeugin von 1998
Q4 zit. nach: Gisbert Brenneke u. a. (Hg.), „Es gilt die Arbeit zu befreien", Geschichte der Bielefelder Gewerkschaftsbewegung, Köln 1989, S. 26f.
S. 101: Q3 Adelheid Popp, Jugend einer Arbeiterin, Nachdruck Berlin 1977, S. 35.
Q4 Auguste Cornu, Karl Marx und Friedrich Engels. Leben und Werk, Bd. 1, Berlin 1954, S. 185f.
Q5 zit. nach: Annette Stockmann, Fabrikkinder in Cromford, Köln 1989, S. 16
Q6 zit. nach: Werner Pöls (Hg.), Deutsche Sozialgeschichte, Bd. 1, München 1973, S. 244f.
S. 102: RUGMARK http://www.rugmark.de/presse/prmeldg/Rugmark_Pressemitteilung_11_06_2003.doc
S. 103: Interview Süddeutsche Zeitung, April 2004
S. 105: Q2 Walter Grab (Hg.), Die Französische Revolution. Eine Dokumentation, München 1973, S. 278, S. 280, S. 282f.
Q3 Bruno Hildebrand, Die Nationalökonomie der Gegenwart und Zukunft (1848), in: Wilhelm Treue u. a. (Hg.), Quellen zur Geschichte der industriellen Revolution, Göttingen 1966, S. 200f.
S. 107: Q2 Iring Fetscher (Hg.), Karl Marx/Friedrich Engels. Studienausgabe in 4 Bänden, Bd. 3, Frankfurt/M. 1966, S. 76f.
S. 109: Q2 Hans Schwab-Felisch, Gerhart Hauptmann: Die Weber. Vollständiger Text des Schauspiels. Dokumentation, Frankfurt/M., Berlin 1993, 33. Aufl., S. 153/154
Q4 Bodo Harenberg (Hg.), Chronik des Ruhrgebiets, Dortmund 1987, S. 172
Q5 Helmut Hirsch (Hg.), August Bebel, Köln/ Berlin 1968, S. 352
S. 111: D1 Jürgen Kuczynski, Die Geschichte der Lage der Arbeiter unter dem Kapitalismus, Berlin 1962, S. 338

Q2 Auszug aus dem preußischen Vereinsgesetz von 1850
Q3 Elke Frederiksen, Die Frauenfrage in Deutschland 1865–1915, Stuttgart 1981, S. 220
Q4 Der Textilarbeiter, Nr. 6, o. O., 1909
S. 113: Q3 Werner von Siemens, Briefe, ausgewählt und hg. v. Friedrich Heintzenberg, Stuttgart 1953, zit. nach: Gerhard A. Ritter/Jürgen Kokka (Hg.), Deutsche Sozialgeschichte, Bd. II, München 1974, S. 148
Q4 Wolfgang Kleinknecht u. H. Krieger, Die Neueste Zeit, Frankfurt/M. 1965, S. 87
S. 115: D1 zs.-gestellt v. Verf.
D2 Statistik der Steinkohlewirtschaft e. V., Essen
Q3 www.debatte-ruhrgebiet.de/politik/cdu_rede_ruettgers.shtml

Das deutsche Kaiserreich
S. 121: Q2 Geschichte in Quellen, Das bürgerliche Zeitalter 1815–1914, München, S. 312
Q3 Geschichte in Quellen, Das bürgerliche Zeitalter 1815–1914, München, S. 367f.
Q4 zit. nach: Helmut Böhme (Hg.), Die Reichsgründung, München 1967, S. 273
S. 123: Q3 Max Schneckenburger, „Die Wacht am Rhein", in: Wolffs Poetischer Hausschatz des Deutschen Volkes, Leipzig o. J., S. 49
Q4 Das Tagebuch der Baronin Spitzemberg geb. Freiin von Varnbüler, Aufzeichnungen aus der Hofgesellschaft des Hohenzollernreiches, Deutsche Geschichtsquellen des 19. u. 20. Jahrhunderts, Bd. 43, Göttingen 1960, S. 121
S. 125: Q2 Heinrich von Sybel, Das neue deutsche Reich, in: H. v. Sybel, Vorträge u. Aufsätze, 2. Aufl., Berlin 1875, S. 327
Q3 Hans-Ulrich Wehler, Das Deutsche Kaiserreich 1871–1918, in: Reinhard Rürup/Hans-Ulrich Wehler/Gerhard Schulz (Hg.), Deutsche Geschichte, Bd. 3, Göttingen 1985, S. 248
Q4 Thomas Nipperdey, Deutsche Geschichte 1866–1918, Bd. II: Machtstaat vor der Demokratie, München 1992, S. 99f.
S. 127: Q3 zit. nach: E. Bernstein, Die Geschichte der Berliner Arbeiter-Bewegung, Teil 2, Berlin 1907, Nachdruck Glashütten 1972, S. 298
S. 129: D1 Peter-Christian Witt, Die Finanzpolitik des Deutschen Reiches von 1903 bis 1913, Lübeck und Hamburg 1970, S. 387
Q3 Max Menzel, Der Infanterie-Einjährige und Offizier des Beurlaubtenstandes, Berlin 1901 (5. Aufl.), zit. nach: Heinrich Pleticha (Hg.), Deutsche Geschichte, Bd. 10, Gütersloh 1984
Q4 Stenografische Berichte über die Verhandlungen des Deutschen Reichstags, 13. Legislaturperiode, 1. Session 1914, Bd. 294, Berlin 1914, S. 8091
S. 130: Q1 Franz Pöggeler (Hg.), Politik im Schulbuch, Bonn 1985, S. 269
Q2 Franz Pöggeler (Hg.), Politik im Schulbuch, Bonn 1985, S. 281
S. 131: Q3 J. Mundt, Rechenbuch für Volksschulen, Cöln 1913, S. 54, 102, in: Franz Pöggeler (Hg.), Politik im Schulbuch, Bonn 1985, S. 398f.
Q4 Franz Pöggeler (Hg.), Politik im Schulbuch, Bonn 1985, S. 286
Q5 Jann Berghaus erzählt. Lebenserinnerungen, hg. v. Siever Johanna Meyer-Abich, Aurich 1967, S. 30f.
S. 133: Q3a Stefan Zweig, Die Welt von gestern, Frankfurt/M. 1970, S. 94f.
Q3b zit. nach: Reinhard Vogelsang, Bielefelds Weg ins Industriezeitalter, Bielefeld 1986, S. 202
S. 135: Q2 zit. nach: Violet Schultz, In Berlin in Stellung, Dienstmädchen im Berlin der Jahrhundertwende, Berlin 1989, S. 20f.
Q3 Theodor Fontane, Der Stechlin, Berlin 1899
Q4 zit. nach: Gerhard A. Ritter/Jürgen Kocka (Hg.), Deutsche Sozialgeschichte, Bd. II, München 1974, S. 259
S. 137: Q2 zit. nach: Uwe Spiekermann, „Hereinspaziert in die Welt Ihrer Träume". Das Warenhaus als Ort des Konsums, in: Praxis Geschichte, 4/1998, Braunschweig 1998, S. 38
Q3 zit nach: Karl. H. Höfele, Geist und Gesellschaft der Bismarckzeit, Göttingen 1967, S. 74f.
S. 139: Q2 zit. nach: Michael Wolffsohn/Uwe Puscher, Geschichte der Juden in Deutschland. Quellen und Kontroversen, München 1992, S. 91f.
Q3 zit. nach: Chaim Schatzker, Jüdische Jugend im zweiten Kaiserreich, Frankfurt/M. 1988, S. 41
Q4 Ernst Toller, Eine Jugend in Deutschland, Reinbek 1963, S. 161f.

Imperialismus und Erster Weltkrieg
S. 145: Q2 Peter Alter (Hg.), Imperialismus, Stuttgart 1989, S. 25f.
Q3 zit. nach: Werner Grütter, Der Imperialismus von 1870 bis 1914, Paderborn 1982, S. 53f.
Q4 Gottfried Guggenbühl, Quellen zur Allgemeinen Geschichte, Bd. IV, Zürich 1954, S.303ff.
S. 147: Q2 Hendrik Witbooi, Afrika den Afrikanern!, hg. v. W. Reinhard, Berlin 1982, S. 132f.
Q3 Peter Alter, Der Imperialismus, Stuttgart 1985, S. 67f.
S. 149: Q2 Heinz Dieter Schmid (Hg.), Fragen an die Geschichte, Bd.3, Frankfurt/M. 1981, S. 302
Q3 zit. nach: Klaus Wohlt, „Gloire à la plus grande France". Imperialismus – das französische Beispiel, in: Praxis Geschichte, 1/1993, S. 22
S. 151: Q2 Dietmar Rothermund, Der Freiheitskampf Indiens, Stuttgart 1966, S. 10, S. 14
Q3 Marx-Engels Studienausgabe, Bd. 4, hg. von Iring Fetscher, Frankfurt/M. 1966, S. 133
S. 153: Q2 Carl Peters, Wie Deutsch-Ostafrika entstand, Leipzig 1912, S. 27ff.
Q3 Heinz Dieter Schmid (Hg.), Fragen an die Geschichte, Bd.3, Frankfurt/M. 1981, S. 307
Q4 Heide Buhmann/Hanspeter Haescher, Das kleine dicke Liederbuch. Lieder und Tänze bis in unsere Zeit, Darmstadt 1981, S. 512
S. 155: Q2 zit. nach: Alldeutsche Blätter, Nr. 12 vom 19. 3. 1904
Q3 Imperialimus, Weinheim/Basel 1978, S. 36
S. 157: Q3a Dirk Hansohm/Robert Kappel, Schwarz-weiße Mythen, Münster 1994, S. 16
Q3b Axelle Kabon, in: Weder arm noch ohnmächtig, Basel 1993
S. 161: Q2 Friedrich Shere, Deutschland und Europa 1890–1914, Berlin 1928, S. 180ff.
Q3 Dieter Fricke (Hg.), Dokumente zur deutschen Geschichte 1897/98

bis 1904, Frankfurt/M. 1977, S. 54f.
Q4 Die Britischen Amtlichen Dokumente über den Ursprung des Weltkriegs 1989–1914, Bd. 7/2, Berlin und Leipzig 1932, S. 1199
S. 163: D1 W. Kleinknecht/H. Krieger (Hg.), Handbuch des Geschichtsunterrichts, Bd. 5, Frankfurt/M. 1965, S. 119f.
D2 Reichsarchiv (Hg.), Kriegsrüstung und Kriegswirtschaft, Anlagenband, S. 530
Q2 Franz Conrad v. Hötzendorff, Aus meiner Dienstzeit 1906–1918, Bd. 3, Wien 1922, S. 12f.
Q3 Wolfgang Kleinknecht/Herbert Krieger (Hg.), Materialien für den Geschichtsunterricht in den mittleren Klassen, Bd. 5, Frankfurt/M. 1965, S. 140
S. 165: Q2a Fritz Fischer, Griff nach der Weltmacht. Die Kriegszeilpolitik des Kaiserlichen Deutschland 1914/1918, Düsseldorf 1967, S. 82
Q2b Karl Dietrich Erdmann, „Hat Deutschland auch den ersten Weltkrieg entfesselt?", in Europa 1914 – Krieg oder Frieden, hg. v. Kultusminister des Landes Schleswig-Holstein, Kiel 1985, S. 45ff.
S. 167: Q2 Stenographische Berichte des Reichstages 1911, I, 7730
Q3 Otto Umfried, An die Adresse von Genera Keim, in: Otto Umfried u. a. (Hg.), Der Wehrverein. Eine Gefahr für das deutsche Volk, Esslingen o. J., S. 15
Q4 Dokumente zur deutschen Geschichte 1914–1917, hg. v. Dieter Fricke, Frankfurt/M., S. 53
Q6 Heinrich Schulthess (Hg.), Europäischer Geschichtskalender, Nördlingen 1898, S. 326ff.
S. 169: Q2 Gunther Mai, Das Ende des Kaiserreiches, München 1993, S. 201
Q3 Asmut Brückmann, Historisch-politische Weltkunde: Die europäische Expansion, Stuttgart 1993, S. 151
S. 171: Q2 Marianne Sporer, Ein Feldpostbrief ihres Onkels Friedrich Dietz (1895–1916, gefallen) aus dem Ersten Weltkrieg, in: Heimatglocken Nr. 4, 20. 04. 2002, Beilage zur Passauer Neuen Presse
Q3 Kopiervorlage FT 2477: 1917– Jahr der Entscheidung, Schülerarbeitsbogen 1, © Institut für Film und Bild, München
Q4 Familienarchiv des Autors
S. 172: Q1 Alistair Horne, Des Ruhmes Lohn. Verdun 1916, Minden/Westf. 1964, in: Hans Dollinger (Hg.), Der Erste Weltkrieg in Bildern und Dokumenten, München 1965, S. 219
Q2 Alistair Horne, Des Ruhmes Lohn. Verdun 1916, Minden/Westf. 1964, in: Hans Dollinger (Hg.), Der Erste Weltkrieg in Bildern und Dokumenten, München 1965, S. 222
Q3 Ph. Witkop (Hg)., Kriegsbriefe gefallener Studenten, Leipzig 1918, in: Hans Dollinger (Hg.), Der Erste Weltkrieg in Bildern und Dokumenten, München 1965, S. 226f.
S. 173: Q5 Kurt Tucholsky, Vor Verdun, in: Weltbühne, August 1924, abgedruckt in: Christian Zentner, Illustrierte Geschichte des Ersten Weltkriegs, München 1980, S. 193
S. 177: Q2a Johannes Hohlfeld (Hg.), Dokumente der Deutschen Politik und Geschichte von 1848 bis zur Gegenwart, Bd. II, Nr. 144c, Berlin o. J., S. 343ff.
Q2b Richard Hofstadter, Great Issues in American History, Bd. 2, New York 1961, S. 219ff., übers. v. Joachim Rohlfes, in: Diethelm Düsterloh, Joachim Rohlfes, Politische Weltkunde II, Die Vereinigten Staaten von Amerika, Stuttgart 1980, S. 59
S. 179: D1 Hans Dollinger, Der Erste Weltkrieg, München 1965, S. 423
S. 181: Q3 Catherine Krahmer/Käthe Kollwitz, Hamburg 1992, S. 181

Die neuen Weltmächte entstehen
S. 187: Q2 Andrew Carnegie, Wealth, in: North American Review 148, S. 665f.
Q3 Zit. nach: Richard Hofstadter, Great Issues in American History, Bd. 2, New York 1961, übersetzt von Joachim Rohlfes
S. 190: Q5 Zit. nach: H. Michaelis/E. Schraepler (Hg.), Ursachen und Folgen, Bd. 2, München 1959, S. 374ff.
S. 191: Q8 zit. nach: E. H. Merill, Responses to Economic Collapse, Boston 1964, S. 85ff.
Q9 F. Freidel (Hg.), The New Deal and the American People, Englewood Cliffs 1964, S. 41.
S. 193: Q2 zit nach: H. Schambeck, H. Widder, M. Bergmann (Hg.), Dokumente zur Geschichte der Vereinigten Staaten von Amerika, Berlin 1993, S. 572f.
S. 195: Q2 S. Wegner-Korfes, Blutsonntag 1905, Fanal der Revolution, in: Illustrierte historische Hefte, 5, Berlin (Ost) 1976, S. 3
Q3 Berthold Krapp, Bauernnot in Russland, Stuttgart 1973, S. 33f.
S. 198: Q2 Lenin. Aus den Schriften 1895–1923, hg. v. Hermann Weber, München 1980, S. 210ff.
Q3 Julius Braunthal, Geschichte der Internationale, Bd. 1, Hannover 1961, S. 554, S. 560
S. 199: Q5 Hugo Portisch, Hört die Signale, München 1993, S. 171
Q7 François Furet, Das Ende der Illusion, München/Zürich 1996, S. 181
S. 201: Q2 Hugo Portisch, Hört die Signale. Aufstieg und Fall des Sow-

Verzeichnis der Bildquellen

Cover Deutsche Bahn Museum im Verkehrsmuseum, Nürnberg
S. 8, 1748 Ets J. E. Bulloz, Paris
1776 Picture-Alliance, Frankfurt (dpa)
1789 BPK, Berlin
S. 9, Ballhausschwur AKG, Berlin
1789 AKG, Berlin
1793/94 BPK, Berlin
1799–1804 Bridgeman Art Library, London (Giraudon)
S. 10, Q1 oben RMN, Paris (Popvitch)
Q1 unten AKG, Berlin
S. 11, Q4 Deutsches Museum, München
Q5 Collection Kharbine-Tapabor, Paris
S. 12, Q1 Ets J. E. Bulloz, Paris
S. 13, Q5 AKG, Berlin
S. 14, Q1 Corbis, Düsseldorf (Bettmann)
S. 16, Q1 AKG, Berlin
S. 17, Q4 Corbis, Düsseldorf (Bettmann)
S. 19, Q1 BPK, Berlin
S. 20, Q1 AKG, Berlin
S. 21, Q5 Punch Library, London
S. 22, Q1 The Granger Collection, New York
S. 23, Q4 rechts AKG, Berlin
S. 24, Q1 AKG, Berlin
S. 25, Q3 AKG, Berlin (Erich Lessing)
S. 26, Q1 Bridgeman Art Library, London (Giraudon)
S. 27, Q2 AKG, Berlin
S. 29, Q2 Bridgeman Art Library, London
S. 30, Q1 AKG, Berlin
S. 31, Q2 AKG, Berlin
Q3 AKG, Berlin
Q4 AKG, Berlin
S. 33, Q4 Beate Diergardt/ati-design, Rodenbach
S. 34, Q1 Bridgeman Art Library, London (Musee Carnavalet)
S. 35, Q3 Bridgeman Art Library, London (Giraudon)
S. 36, Q1 Bridgeman Art Library, London (Giraudon)
S. 37, Q5 Bridgeman Art Library, London
S. 38, Q1 AKG, Berlin
S. 39, D2 BPK, Berlin
Q4 Bridgeman Giraudon, Paris
S. 40, Q1 AKG, Berlin
S. 41, Q5 Bridgeman Art Library, London
S. 42, Q1 AKG, Berlin
S. 43, Q2 Bridgeman Giraudon, Paris
S. 46, 1797 Mittelrhein-Museum der Stadt Koblenz
1806 Mary Evans Picture Library, London
1813 BPK, Berlin
1815 AKG, Berlin
S. 47, Gemälde BPK, Berlin
1819 AKG, Berlin
1832 AKG, Berlin
1848 AKG, Berlin
1848/49 AKG, Berlin
S. 49, Q1 Mary Evans Picture Library, London
S. 50, Q1 AKG, Berlin
S. 52, Q1 AKG, Berlin
S. 53, Q4 BPK, Berlin
S. 54, Q1 Stadtarchiv, Mainz
S. 55, Q4 Mittelrhein-Museum der Stadt Koblenz
S. 56, Q1 AKG, Berlin
S. 57, Q3 Bridgeman Giraudon, Paris
Q5 ullstein bild, Berlin
S. 58, Q1 AKG, Berlin
S. 60, Q1 AKG, Berlin
S. 61, Q2 AKG, Berlin
S. 62, Q1 BPK, Berlin
S. 63, Q3 Interfoto, München
S. 64, Q1 Bridgeman Art Library, London (Archives Charmet)
S. 65, Q2 AKG, Berlin
S. 66, Q1 AKG, Berlin
S. 68, Q1 aus: Günter Böhmer: Die Welt des Biedermeier, Rheingauer Verlagsgesellschaft, Eltville 1981, S. 343, © Verlag Kurt Desch, München 1968
S. 69, Q3 Reiss-Museum, Mannheim
S. 70, Q1 aus: Günter Böhmer: Die Welt des Biedermeier, Rheingauer Verlagsgesellschaft, Eltville 1981, S. 339, © Verlag Kurt Desch, München 1968
S. 71, Q2 BPK, Berlin
S. 72, Q1 Heimatmuseum Kirchheimbolanden
S. 73, Q5 Landesmedienzentrum/Regierungskasse, Koblenz (Gustav Rittstieg)
S. 74, Q1 BPK, Berlin
S. 76, Q1 BPK, Berlin
Q2 Klett-Archiv, Stuttgart (David Ausserhofer)
S. 77, Zeichnungen Klett-Archiv, Stuttgart (Sandy Schygulla, Leipzig)
S. 78, 1834 Schapowalow, Hamburg (Atlantide)
1835 Deutsche Bahn Museum im Verkehrsmuseum, Nürnberg
1844 BPK, Berlin
S. 79, Gemälde Bridgeman Art Library, London
1863 BPK, Berlin
1879 ullstein bild, Berlin (Siemens AG, München)
1960 ullstein bild, Berlin
S. 80, Q1 BPK, Berlin
S. 81, Q2 Heritage-Images, London
Q3 BASF AG, Ludwigshafen
S. 82, Q1 AKG, Berlin
S. 83, Q3 Bridgeman Art Library, London
S. 84, Q1 Deutsche Bahn Museum im Verkehrsmuseum, Nürnberg
S. 85, Q3 BPK, Berlin
Q4 Werkbild von Krauss-Maffei
S. 86, Q1 AKG, Berlin
S. 87, Q4 BPK, Berlin
Q6 AKG, Berlin
S. 88, Grafiken Klett-Archiv, Stuttgart
S. 89, D4 Klett-Archiv, Stuttgart (Sandy Schygulla, Leipzig)
S. 92, Q1 BPK, Berlin
S. 93, Q5 BPK, Berlin
S. 94, Q1 Picture-Alliance, Frankfurt (dpa/dpaweb/Werner Baum)
S. 95, Q4 Kauber Heimat- und Kulturverein, Kaub
S. 96, Q1 BASF Unternehmensarchiv, Ludwigshafen
Q2 ullstein bild, Berlin
S. 97, Q4 ullstein bild, Berlin
Q5 BASF Unternehmensarchiv, Ludwigshafen
S. 98, Q1 Ruhrlandmuseum, Essen
S. 99, Q3 Bayerisches Landesamt für Arbeitsschutz, Arbeitsmedizin und Sicherheitstechnik, München
S. 100, Q1 BPK, Berlin
Q2 Picture-Alliance, Frankfurt (Tim Brakemeier)
S. 101, Q7 ullstein bild, Berlin
S. 102, links laif, Köln
rechts Visum, Hamburg (David Klammer)
S. 103 laif, Köln (Dorigny/REA)
S. 104, Q1 Getty Images, München (Mansell/Time Life Pictures)

S. 105, Q4 Getty Images, München (Hulton Archive)
S. 106, Q1 Collection Kharbine-Tapabor, Paris
S. 107, Q3 Picture-Alliance, Frankfurt
S. 108, Q1 BPK, Berlin
S. 109, Q6 AKG, Berlin
S. 110, Q1 BPK, Berlin
S. 112, Q1 BPK, Berlin
S. 113, D1 Klett-Archiv, Stuttgart (Sandy Schygulla, Leipzig)
Q2 BPK, Berlin
S. 114, Q1 ullstein bild, Berlin
S. 115, Q4 ullstein bild, Berlin (Oberhauser/CARO)
S. 116/117, Spiel Klett Archiv Stuttgart (Katja und Steffi Kassler, Leipzig)
Gasometer Caro Fotoagentur, Berlin (Dobiey)
Villa Hügel Caro Fotoagentur, Berlin (Oberhäuser)
Jahrhunderthalle Werner Otto, Oberhausen
S. 118, 1866/1870 BPK, Berlin
1871 BPK, Berlin
1871–1890 BPK, Berlin
S. 119, Gemälde BPK, Berlin
1878 Archiv Gerstenberg, Wietze
1896 aus: Winfried Mogge, Bilder aus dem Wandervogel-Leben. Die bürgerliche Jugendbewegung in Bildern von Julius Groß, Köln 1986
ab Ende des 19. Jh. Wilhelm Stöckle, Filderstadt
S. 120, Q1 BPK, Berlin
S. 121, Q5 BPK, Berlin
Q6 BPK, Berlin
S. 122, Q1 DHM, Berlin
S. 123, Q2 Picture-Alliance, Frankfurt (dpa)
Q5 AKG, Berlin
S. 125, Q5 AKG, Berlin
S. 126, Q1 Archiv Gerstenberg, Wietze
Q2 AKG, Berlin
S. 128, Q1 ullstein bild, Berlin
S. 129, Q2 BPK, Berlin
Q5 Wilhelm Stöckle, Filderstadt
S. 130, Q1 aus: Franz Pöggeler (Hg.): Politik im Schulbuch, Bundeszentrale für politische Bildung, Bonn 1985, S. 269
Q2 aus: Franz Pöggeler (Hg.): Politik im Schulbuch, Bundeszentrale für politische Bildung, Bonn 1985, S. 281
S. 131, Q4 aus: Franz Pöggeler (Hg.): Politik im Schulbuch, Bundeszentrale für politische Bildung, Bonn 1985, S. 286
Q6 BPK, Berlin, VG Bild-Kunst, Bonn 2004
S. 132, Q1 aus: Winfried Mogge, Bilder aus dem Wandervogel-Leben. Die bürgerliche Jugendbewegung in Bildern von Julius Groß, Köln 1986
S. 133, Q2b BPK, Berlin
Q2c AKG, Berlin
Q2d BPK, Berlin
S. 134, Q1 AKG, Berlin
S. 135, Q5 BPK, Berlin
Q6 Deutsches Kochbuchmuseum der Stadt Dortmund/Museum für Kunst und Kulturgeschichte der Stadt Dortmund
Q7 Landesarchiv Berlin
S. 136, Q1 AKG, Berlin
S. 137, Q4 BPK, Berlin
Q5 ullstein bild, Berlin
S. 138, Q1 links Wilhelm Stöckle, Filderstadt
Q1 rechts BPK, Berlin
S. 139, Q5 Karl Stehle, München
S. 140/141 Klett-Archiv, Stuttgart (Katja und Steffi Kassler, Leipzig)
S. 142 ab 1880 BPK, Berlin
1890 Friedrich-Ebert-Gedenkstätte, Heidelberg
1904 ullstein bild, Berlin
1912/13 Klett-Archiv, Stuttgart
S. 143 Ansichtskarte Wilhelm Stöckle, Filderstadt
1914 ullstein bild, Berlin
1917 Imperial War Museum, London
1918 Süddeutscher Verlag, München
S. 144, Q1 BPK, Berlin
S. 145, Q5 AKG, Berlin
S. 146, Q1 AKG, Berlin
S. 147, Q4 Punch Library, London
S. 148, Q1 © Kharbine/Tapabor, Paris
S. 149, Q4 Basler Mission (Johannes Leimenstoll)
Q5 ullstein bild, Berlin
S. 150, Q1 Geschichte mit Pfiff 2/95, S. 12, Nürnberg 1995
S. 152, Q1 Friedrich-Ebert-Gedenkstätte, Heidelberg
S. 153, Q5 AKG, Berlin
Q6 ullstein bild, Berlin
S. 154, Q1 ullstein bild, Berlin
S. 155, Q4 ullstein bild, Berlin
S. 157, Q1 Stiftung Menschen für Menschen, München
Q2 STUDIO X, Limours (GA/Chatin Jérome)
Q4 Picture-Alliance, Frankfurt
S. 158, D1 Museum Wustrow, Wustrow (Wendland)
Q1 Stollwerck AG, Köln
Q2 AKG, Berlin
S. 159, D2 Klett-Archiv, Stuttgart (Siegfried Gommel)
Q3 Klett-Archiv, Stuttgart (Henry Zeidler, Leipzig)
Q4 TransFair e.V., Köln
Kaba-Dose Kraft Foods, Bremen
S. 160, Q1 BPK, Berlin
S. 162, Q1 AKG, Berlin
S. 163, Q4 BPK, Berlin
S. 164, Q1 AKG, Berlin
S. 165, Q3 Archiv Gerstenberg, Wietze
Q4 ullstein bild, Berlin
S. 166, Q1 links BPK, Berlin
Q1 rechts Arbeitsstelle Friedensforschung, Bonn
S. 167, Q5 ullstein bild, Berlin
S. 168, Q1 BPK, Berlin
S. 169, Q4 ullstein bild, Berlin
S. 170, Q1 SPIEGEL-Verlag, Hamburg
S. 171, Q5 Ernst Barlach Lizenzverwaltung Ratz, Ratzeburg
S. 173, Q4 ullstein bild, Berlin (Roger Viollet)
Q6 Dr. Hans-Dieter Schmid, Hannover
Q7 ullstein bild, Berlin
S. 174, Q1 AKG, Berlin
S. 175, Q3 ullstein bild, Berlin
Q4 ullstein bild, Berlin
S. 176, Q1 Imperial War Museum, London
S. 177, Q3 Wilhelm Stöckle, Filderstadt
Q4 ullstein bild, Berlin (Claus Bergen)
S. 178, Q1 Süddeutscher Verlag, München
S. 179, Q3 BPK, Berlin
S. 180, Q1 Gabriele Klimek, Hildesheim
S. 181, Q2 Käthe Kollwitz Museum, Köln
Q4 VG Bild-Kunst, Bonn 2005
S. 182/183 Spiel Klett Archiv Stuttgart (Katja und Steffi Kassler, Leipzig)

Start-Bild AKG, Berlin
Ziel-Bild Süddeutscher Verlag, München
S. 184, 19. Jahrhundert Jürgens Photo, Berlin
um 1900 Corbis, Düsseldorf
April 1917 AKG, Berlin
S. 185, amerikanische Fahne Comstock, Luxemburg
Freiheitsstatue Picture-Alliance (dpa), Frankfurt
sowjetische Fahne AKG, Berlin
Monument Russische Nachrichtenagentur Nowosti, Berlin
Oktober 1917 Bibliothèque nationale de France, Paris
1922 Interfoto (Archiv Friedrich), München
1924–1953 ullstein bild, Berlin
1963 Süddeutscher Verlag, München
S. 186, Q1 AKG, Berlin
S. 187, Q4 ullstein bild, Berlin
Q5 ullstein bild, Berlin (Granger Collection)
S. 188, Q2 Corbis, Düsseldorf
S. 189, Q3 Corbis, Düsseldorf
S. 190, Q4 Corbis, Düsseldorf
Q6 AKG, Berlin
S. 191, Q7 Getty Images (Time Life Pictures), München
S. 192, Q1 Picture-Alliance, Frankfurt/M. (dpa)
S. 193, Q3 Süddeutscher Verlag, München
Q4 Süddeutscher Verlag, München
S. 194, Q1 Jürgens Photo, Berlin
S. 195, Q4 AKG, Berlin
S. 196, Q1 BPK, Berlin
S. 198, Q4 Bibliothèque nationale de France, Paris
S. 199, Q8 AKG, Berlin
S. 200, Q1 ullstein bild, Berlin (Nowosti)
S. 201, Q4 ullstein bild, Berlin
S. 202, Q1 oben AKG, Berlin
Q1 Mitte Interfoto, München (Archiv Friedrich)
Q1 unten Bridgeman Art Library, London
S. 203, Q2 ullstein bild, Berlin
S. 204 oben 1. v. li Süddeutscher Verlag, München
oben 3. v. li ullstein bild, Berlin
oben 4. v. li Getty Images (Time Life Pictures), München
unten 1. v. li BPK, Berlin
unten 2. v. li AKG, Berlin
unten 3. v. li AKG, Berlin
unten 4. v. li ullstein bild, Berlin (Granger Collection)
S. 206 Familienfoto Klett-Archiv, Stuttgart (Helmut Heimbach, Duisburg)
Schaubild Klett-Archiv, Stuttgart
S. 207 Missionar AKG, Berlin
Bischof Terry Jones/Alan Ereira, Die Kreuzzüge, München 1995, S. 58
S. 208, Karte AKG, Berlin
Ludwig Bridgeman Giraudon, Paris
Schülerinnen Klett-Archiv, Stuttgart (Klaus-Ulrich Meier, Petersberg)
S. 209 Karikatur Bridgeman Art Library, London
Gemälde Bridgeman Giraudon, Paris
S. 210 Karte Wilhelm Stöckle, Filderstadt
Denkmal VG Bild-Kunst, Bonn 2005
Fotografie Interfoto, München (Archiv Friedrich)

Nicht in allen Fällen war es uns möglich, den Rechteinhaber der Abbildungen ausfindig zu machen. Berechtigte Ansprüche werden selbstverständlich im Rahmen der üblichen Bedingungen abgegolten.